개념원리

이홍섭 지음

확률과 통계

개념원리 수학연구소

함께 만드는 최상의 수학 콘텐츠, 개념원리

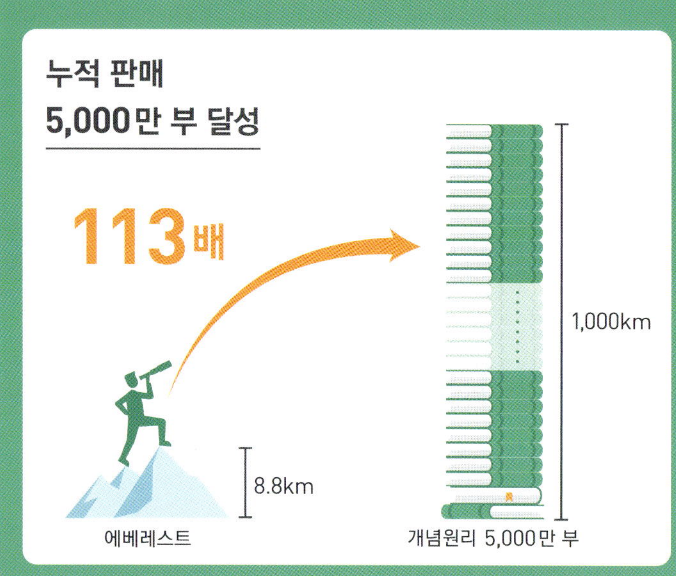

01 실사용자 의견 반영

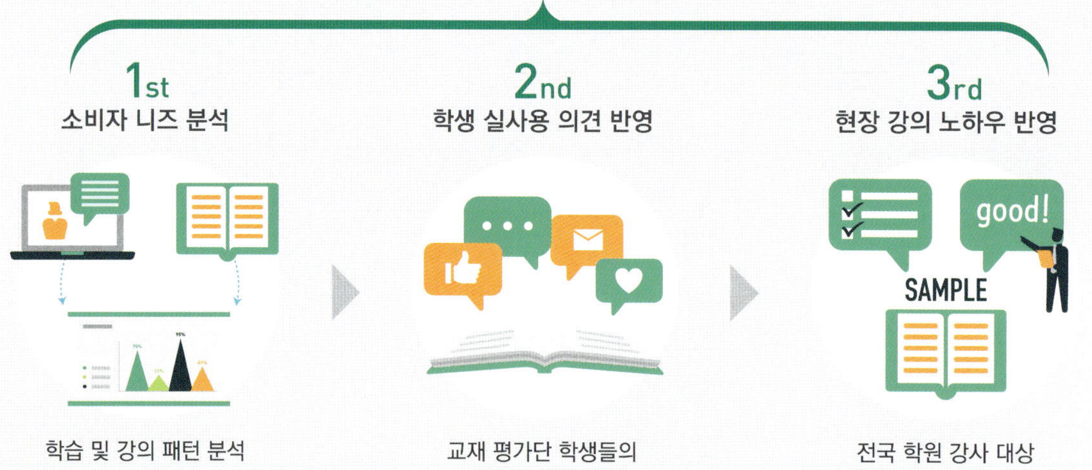

02 빅데이터 분석

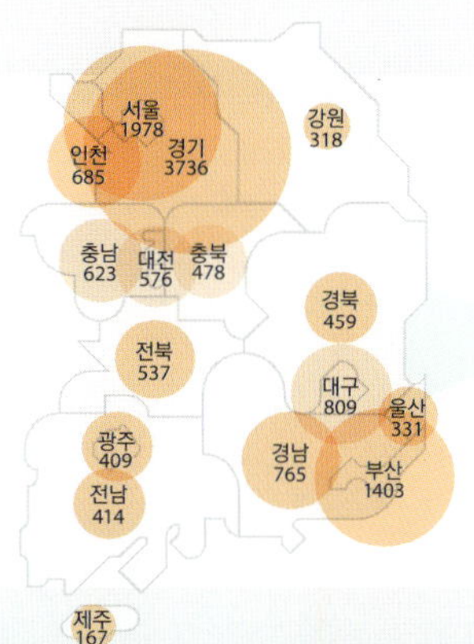

분석 시험지 총 수

13,688 장

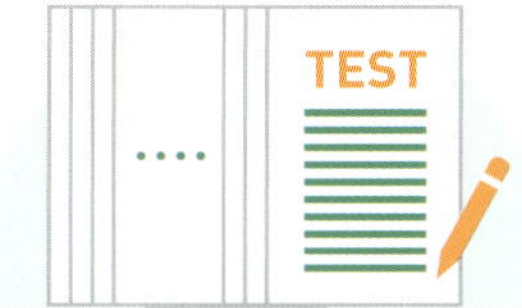

분석 기출문제 수

301,137 문제

트렌드 A

분석

평가원·교육청 기출문제와 동일
혹은 변형한 기출문제
출제율 증가

TEST

16% → **23%**

2017 2018

결과 반영

기출문제 보강 및
기출문제 수 추가

1.34배

47 문제 (Before) → 63 문제 (After)

트렌드 B

분석

변별력을 요하는
고난도 문제 평균
1-2 문제씩 출제

$$\sqrt{2} \times \int_{2} \cdots (\alpha+\beta)^2$$

결과 반영

고난도 문제를 위한
실력 UP
코너 강화

1.25배

12 코너 (Before) → 15 코너 (After)

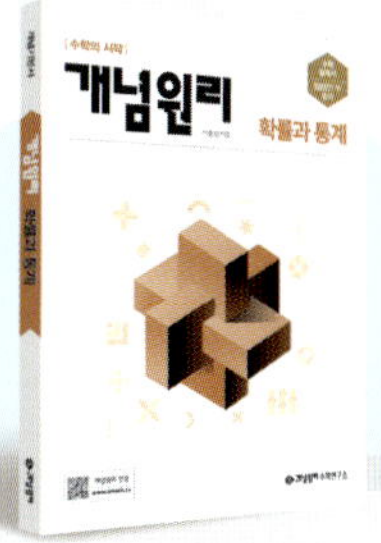

개념을 알면 원리가 보인다
수학의 시작, 개념원리

발행일	2025년 2월 15일 2판 7쇄
지은이	이홍섭
기획 및 개발	개념원리 수학연구소

사업 책임	정현호
마케팅 책임	권가민
제작/유통 책임	이미혜, 이건호
콘텐츠 개발 총괄	한소영
콘텐츠 개발 책임	오영석, 오지애, 모규리, 김현진
디자인	스튜디오 에딩크, 손수영

펴낸이	고사무열
펴낸곳	(주)개념원리
등록번호	제 22-2381호
주소	서울시 강남구 테헤란로 8길 37, 7층(역삼동, 한동빌딩) 06239
고객센터	1644-1248

개념원리

확률과 통계

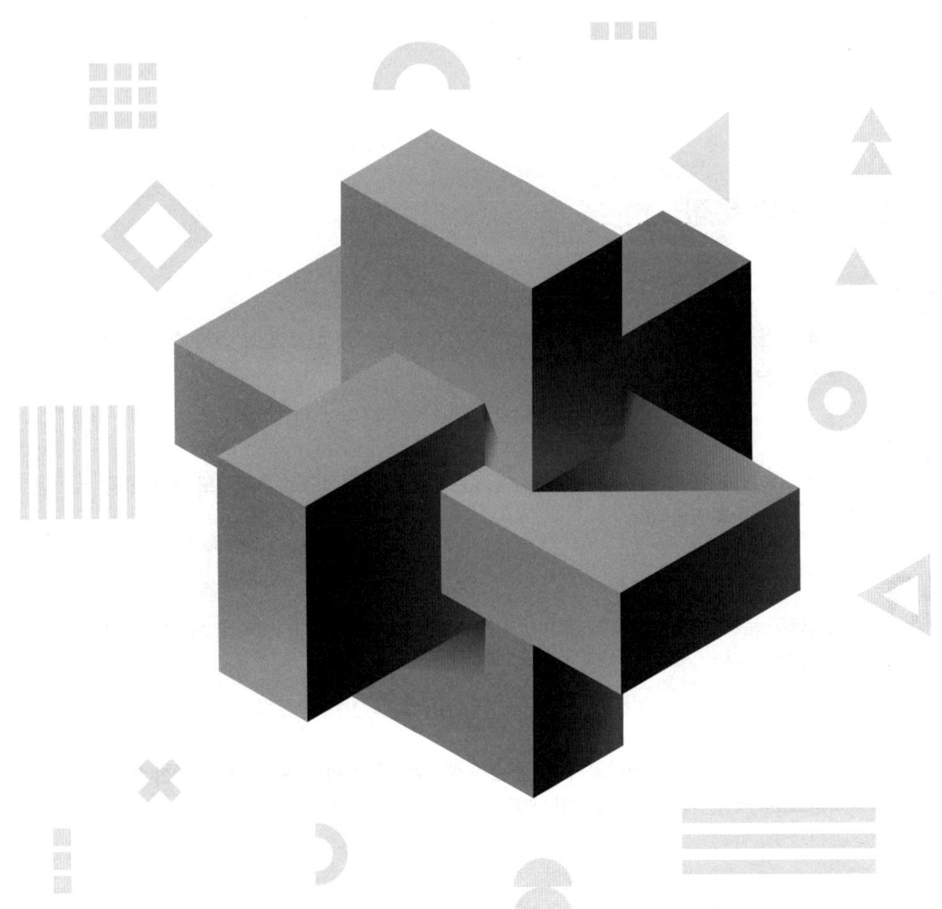

많은 학생들은 왜 개념원리로 공부할까요?
정확한 개념과 원리의 이해,
수학의 비결
개념원리에 있습니다.

개념원리수학의 특징

01 하나를 알면 10개, 20개를 풀 수 있고 어려운 수학에 흥미를 갖게 하여 쉽게 수학을 정복할 수 있습니다.

02 나선식 교육법을 채택하여 쉬운 것부터 어려운 것까지 단계적으로 혼자서도 충분히 공부할 수 있도록 하였습니다.

03 페이지마다 문제를 푸는 방법과 틀리기 쉬운 부분을 체크하여 개념원리를 충실히 익히도록 하였습니다.

04 전국 주요 학교의 중간·기말고사 시험 문제 중 앞으로 출제가 예상되는 문제를 엄선 수록함으로써 어떤 시험에도 철저히 대비할 수 있도록 하였습니다.

이 책을 펴내면서

수험생 여러분!
수학을 어떻게 하면 잘 할 수 있을까요?
이것은 과거에나 현재나 끊임없이 제기되고 있는 학생들의 질문이며 가장 큰 바람입니다.
그런데 안타깝게도 대부분의 학생들이 공부는 열심히 하지만 성적이 오르지 않아서 흥미를 잃고 중도에 포기하는 경우가 많이 있습니다.
수학 공부를 더 열심히 하지 않아서 그럴까요? 머리가 나빠서 그럴까요? 그렇지 않습니다. 그것은 공부하는 방법이 잘못되었기 때문입니다.
새 교육과정은 수학적 사고를 기르는 데 초점을 맞추고 있고 현재 출제 경향은 단순한 암기식 문제 풀이 위주에서 벗어나 근본적인 개념과 원리의 이해를 묻는 문제와 종합적이고 논리적인 사고력, 추리력, 응용력을 요구하는 복잡한 문제들로 바뀌고 있습니다.
따라서 개념원리수학은 단순한 암기식 문제 풀이가 아니라 개념원리에 의한 독특한 교수법으로 사고력, 응용력, 추리력을 배양하도록 제작되어 생각하는 방법을 깨칠 수 있게 하였습니다.
이 책의 구성에 따라 인내심을 가지고 꾸준히 공부한다면 학교 내신 성적은 물론 다른 어떤 시험에도 좋은 결실을 거둘 수 있으리라 확신합니다.

구성과 특징

01 개념원리 이해

각 단원마다 중요한 개념과 원리를 정확히 이해하고 쉽게 응용할 수 있도록 정리하였습니다.

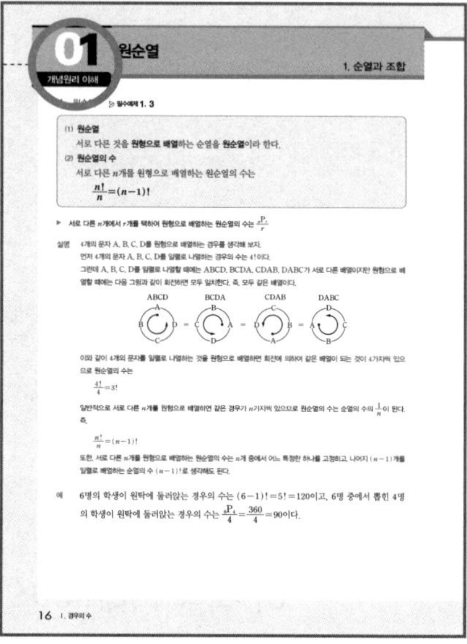

02 개념원리 익히기

학습한 내용을 확인하기 위한 쉬운 문제로 개념과 원리를 정확히 이해할 수 있도록 하였습니다.

03 필수예제

필수예제에서는 꼭 알아야 할 문제를 수록하여
학교 내신과 수능에 대비하도록 하였습니다.

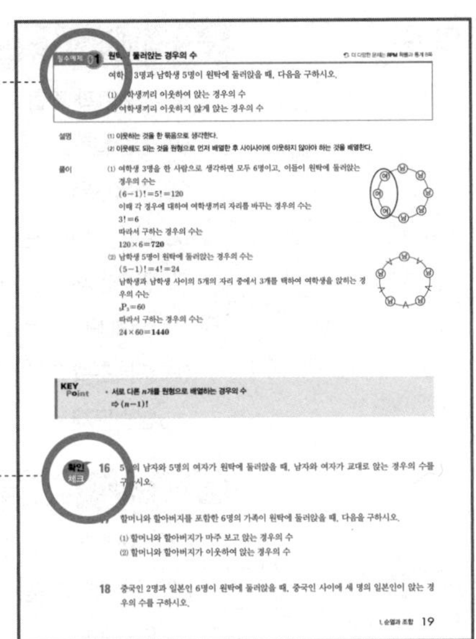

확인체크

수학에서 충분한 연습은 필수! 직접 풀면서
실력을 키울 수 있도록 하였습니다.

04 연습문제 · 실력UP

연습문제에서는 그 단원에서 알아야 할 핵심
적인 문제들을 풀어봄으로써 단계적으로 실력
을 키울 수 있도록 하였습니다.
실력UP에서는 고난도 문제를 통하여 단 한 문
제도 놓치지 않는 실력을 키울 수 있도록 하였
습니다.

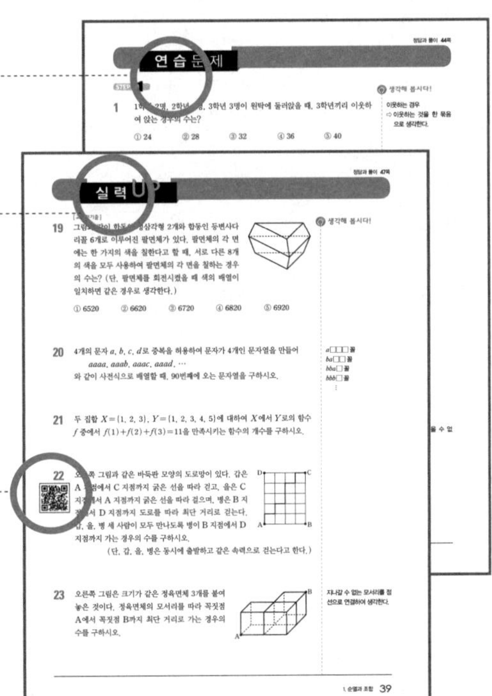

QR코드

어려운 문제에 QR코드를 제공하여 모바일
기기로 동영상 강의를 언제, 어디서든 쉽게
들을 수 있도록 하였습니다.

차례

I 경우의 수

II 확률

차례

I

경우의 수

1. 합의 법칙

> 두 사건 A, B가 **동시에 일어나지 않을 때**, 사건 A와 사건 B가 일어나는 경우의 수가 각각
> m, n이면 **사건 A 또는 사건 B가 일어나는** 경우의 수는
> $$m+n$$

▶ ① 합의 법칙은 어느 두 사건도 동시에 일어나지 않는 셋 이상의 사건에 대해서도 성립한다.
　② 두 사건 A, B가 일어나는 경우의 집합을 각각 A, B라고 하면
　　사건 A와 사건 B가 동시에 일어나는 경우의 집합은 $A \cap B$이므로
　　　$n(A \cup B) = n(A) + n(B) - n(A \cap B)$
　　그런데 두 사건 A, B가 동시에 일어나지 않을 때에는 $A \cap B = \varnothing$이므로
　　　$n(A \cup B) = n(A) + n(B)$

2. 곱의 법칙

> 두 사건 A, B에 대하여 사건 A가 일어나는 경우의 수가 m이고 그 각각에 대하여 사건 B가
> 일어나는 경우의 수가 n일 때, **두 사건 A, B가 동시에 일어나는** 경우의 수는
> $$m \times n$$

▶ ① 곱의 법칙은 동시에 일어나는 셋 이상의 사건에 대해서도 성립한다.
　② 두 사건 A, B가 일어나는 경우의 집합을 각각 A, B라고 하면
　　집합 A의 원소 각각에 집합 B의 원소를 하나씩 대응시키는 순서쌍의 개수는
　　　$n(A) \times n(B)$

3. 순열

⑴ 서로 다른 n개에서 $r \ (0 < r \leq n)$개를 택하여 일렬로 나열하는
　것을 **n개에서 r개를 택하는 순열**이라 하고, 이 순열의 수를 기호로
　　$_n\mathrm{P}_r$
　와 같이 나타낸다.

$$_n\mathrm{P}_r$$

(2) **순열의 수**

> ① 서로 다른 n개에서 r개를 택하는 순열의 수는
> $$_n\mathrm{P}_r = \underbrace{n(n-1)(n-2) \times \cdots \times (n-r+1)}_{r\text{개}} \ (\text{단, } 0 < r \le n)$$
> ② $n!$을 이용한 순열의 수
> - $_n\mathrm{P}_n = n(n-1)(n-2) \times \cdots \times 3 \times 2 \times 1 = n!$
> - $_n\mathrm{P}_r = \dfrac{n!}{(n-r)!} \ (\text{단, } 0 \le r \le n)$
> - $_n\mathrm{P}_0 = 1, \ 0! = 1$

▶ 1부터 n까지의 자연수를 차례대로 곱한 것을 n의 **계승**이라 하고, 이것을 기호로 $n!$과 같이 나타낸다.

4. 조합

(1) 서로 다른 n개에서 **순서를 생각하지 않고** $r \ (0 < r \le n)$개를 택하는 것을 **n개에서 r개를 택하는 조합**이라 하고, 이 조합의 수를 기호로

$$_n\mathrm{C}_r$$

와 같이 나타낸다.

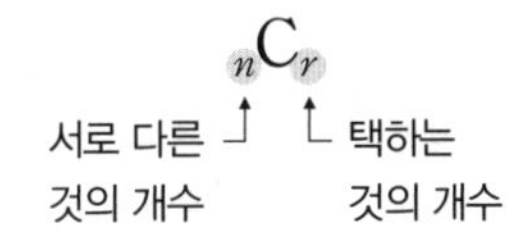

(2) **조합의 수**

> ① 서로 다른 n개에서 r개를 택하는 조합의 수는
> $$_n\mathrm{C}_r = \dfrac{_n\mathrm{P}_r}{r!} = \dfrac{n!}{r!(n-r)!} \ (\text{단, } 0 \le r \le n)$$
> ② 조합의 수와 관련된 공식
> - $_n\mathrm{C}_0 = 1, \ _n\mathrm{C}_n = 1, \ _n\mathrm{C}_1 = n$
> - $_n\mathrm{C}_r = {}_n\mathrm{C}_{n-r} \ (\text{단, } 0 \le r \le n)$
> - $_n\mathrm{C}_r = {}_{n-1}\mathrm{C}_r + {}_{n-1}\mathrm{C}_{r-1} \ (\text{단, } 1 \le r \le n-1)$

▶ ① $_n\mathrm{P}_r = {}_n\mathrm{C}_r \times r!$, 즉 (순열의 수) = (조합의 수) × (r개를 일렬로 나열하는 경우의 수)
  ② 순열은 순서를 생각하여 일렬로 나열한 것이고, 조합은 순서를 생각하지 않고 그 일부를 뽑은 것이다.
   예를 들어, 어떤 모임의 대표 2명을 뽑는 경우는 조합이고 회장과 부회장을 뽑는 경우는 순열이다.

서로 다른 두 개의 주사위를 동시에 던질 때, 다음을 구하시오.

⑴ 나오는 눈의 수의 합이 5 또는 10이 되는 경우의 수

⑵ 나오는 눈의 수의 합이 4의 배수가 되는 경우의 수

풀이

⑴ (ⅰ) 눈의 수의 합이 5가 되는 경우

$(1, 4)$, $(2, 3)$, $(3, 2)$, $(4, 1)$의 4가지

(ⅱ) 눈의 수의 합이 10이 되는 경우

$(4, 6)$, $(5, 5)$, $(6, 4)$의 3가지

(ⅰ), (ⅱ)의 경우는 동시에 일어날 수 없으므로 구하는 경우의 수는 합의 법칙에 의하여

$4+3=$ **7**

⑵ 서로 다른 두 개의 주사위를 동시에 던질 때, 나오는 눈의 수의 합이 4의 배수가 되는 경우는 4 또는 8 또는 12이므로

(ⅰ) 눈의 수의 합이 4가 되는 경우

$(1, 3)$, $(2, 2)$, $(3, 1)$의 3가지

(ⅱ) 눈의 수의 합이 8이 되는 경우

$(2, 6)$, $(3, 5)$, $(4, 4)$, $(5, 3)$, $(6, 2)$의 5가지

(ⅲ) 눈의 수의 합이 12가 되는 경우

$(6, 6)$의 1가지

(ⅰ)~(ⅲ)의 경우는 동시에 일어날 수 없으므로 구하는 경우의 수는 합의 법칙에 의하여

$3+5+1=$ **9**

KEY Point

• 두 사건 A, B가 동시에 일어나지 않을 때, 사건 A가 일어나는 경우가 m가지, 사건 B가 일어나는 경우가 n가지이면

(사건 A 또는 사건 B가 일어나는 경우의 수)$=m+n$

1 x, y가 자연수일 때, 부등식 $x+y<4$를 만족시키는 순서쌍 (x, y)의 개수를 구하시오.

2   서로 다른 두 개의 주사위를 동시에 던질 때, 나오는 눈의 수의 차가 1 이하인 경우의 수를 구하시오.

다음을 구하시오.

(1) 144의 양의 약수의 개수

(2) $(a+b)(l+m+n)(x+y+z)$를 전개할 때, 생기는 항의 개수

풀이

(1) 144를 소인수분해하면 $144=2^4\times3^2$이므로
2^4의 양의 약수는 1, 2, 2^2, 2^3, 2^4의 5개이고,
3^2의 양의 약수는 1, 3, 3^2의 3개이다.
따라서 144의 양의 약수의 개수는 곱의 법칙에 의하여
$5\times3=\mathbf{15}$

$\times$	1	2	2^2	2^3	2^4
1	1	2	4	8	16
3	3	6	12	24	48
3^2	9	18	36	72	144

(2) 주어진 다항식에서 a, b 중 어느 하나를 택하면
그 각각에 대하여 l, m, n의 3가지의 선택이 가능하고
이들 각각에 대하여 x, y, z의 3가지의 선택이 가능하다.
따라서 구하는 항의 개수는 곱의 법칙에 의하여
$2\times3\times3=\mathbf{18}$

KEY Point

- 두 사건 A, B에 대하여 사건 A가 일어나는 경우가 m가지이고 그 각각에 대하여 사건 B가 일어나는 경우가 n가지이면
(두 사건 A, B가 동시에 일어나는 경우의 수)$=m\times n$

확인체크 **3** 다음 수의 양의 약수의 개수를 구하시오.

(1) 54   (2) 120   (3) 252

4 $(a+b+c)(p+q)(x+y)$의 전개식에서 a를 포함한 항의 개수를 구하시오.

5 두 자리 자연수 중에서 십의 자리의 수는 홀수이고, 일의 자리의 수는 소수인 것의 개수를 구하시오.

다음을 구하시오.

(1) 축구 승부차기에서 선수 5명의 순서를 정하는 경우의 수

(2) 회원이 10명인 어느 동아리에서 대표 1명과 총무 1명을 뽑는 경우의 수

(3) 4개의 문자 a, b, c, d를 일렬로 나열할 때, a, c를 이웃하게 나열하는 경우의 수

풀이

(1) 5명에서 5명을 택하는 순열의 수이므로

$$_5P_5 = 5! = 5 \times 4 \times 3 \times 2 \times 1 = \mathbf{120}$$

(2) 10명에서 2명을 택하는 순열의 수이므로

$$_{10}P_2 = 10 \times 9 = \mathbf{90}$$

(3) a와 c를 한 문자로 생각하여 3개의 문자를 일렬로 나열하는 경우의 수는

$$3! = 3 \times 2 \times 1 = 6$$

a와 c의 자리를 바꾸는 경우의 수는

$$2! = 2 \times 1 = 2$$

따라서 구하는 경우의 수는

$$6 \times 2 = \mathbf{12}$$

KEY Point

- 서로 다른 n개에서 r개를 택하는 순열의 수는

$$_nP_r = n(n-1)(n-2) \times \cdots \times (n-r+1)$$

$$= \frac{n!}{(n-r)!} \quad (단, 0 \le r \le n)$$

6 제주도의 관광지인 광치기해변, 섭지코지, 성산일출봉, 우도 네 곳의 순서를 정하여 네 곳 모두 관광하는 경우의 수를 구하시오.

7 5개의 숫자 1, 2, 3, 4, 5 중에서 서로 다른 3개의 숫자를 택하여 만들 수 있는 세 자리 자연수의 개수를 구하시오.

8 olympic에 있는 7개의 문자를 일렬로 나열할 때, c, y를 양 끝에 오게 나열하는 경우의 수를 구하시오.

다음을 구하시오.

(1) 남학생 5명과 여학생 4명으로 구성된 모임에서 4명의 대표를 뽑을 때, 남학생 2명과 여학생 2명을 뽑는 경우의 수

(2) A, B를 포함한 8명 중에서 A와 B를 포함하여 5명을 뽑아 일렬로 세울 때, A, B 두 사람을 서로 이웃하게 세우는 경우의 수

풀이

(1) 남학생 5명 중에서 2명을 뽑는 경우의 수는

$$_5C_2=\frac{5\times4}{2\times1}=10$$

여학생 4명 중에서 2명을 뽑는 경우의 수는

$$_4C_2=\frac{4\times3}{2\times1}=6$$

따라서 구하는 경우의 수는

$$10\times6=\mathbf{60}$$

(2) 8명 중에서 A와 B를 포함하여 5명을 뽑는 경우의 수는 A와 B를 제외한 나머지 6명 중에서 3명을 뽑는 경우의 수와 같으므로

$$_6C_3=\frac{6\times5\times4}{3\times2\times1}=20$$

A, B를 포함하여 뽑은 5명 중에서 A, B를 한 사람으로 생각하여 4명의 사람을 일렬로 세우는 경우의 수는 4!이고, 그 각각의 경우에 대하여 A, B가 자리를 바꾸는 경우의 수는 2!이므로 A, B 두 사람을 서로 이웃하게 세우는 경우의 수는

$$4!\times2!=24\times2=48$$

따라서 구하는 경우의 수는

$$20\times48=\mathbf{960}$$

KEY Point

• 서로 다른 n개에서 r개를 택하는 조합의 수는

$$_nC_r=\frac{_nP_r}{r!}=\frac{n!}{r!(n-r)!}\ (\text{단},\ 0\leq r\leq n)$$

9 농구 선수 12명 중에서 5명을 뽑는 경우의 수를 구하시오.

10 7개의 문자 A, B, C, D, E, F, G 중에서 C, F를 포함하여 4개의 문자를 뽑아 일렬로 나열할 때, C, F가 이웃하지 않게 나열하는 경우의 수를 구하시오.

11 1부터 9까지의 자연수 중에서 서로 다른 세 수를 택할 때, 세 수의 곱이 짝수가 되는 경우의 수를 구하시오.

01 원순열

1. 원순열 ▷ 필수예제 **1, 3**

---

(1) **원순열**

서로 다른 것을 **원형으로 배열**하는 순열을 **원순열**이라 한다.

(2) **원순열의 수**

서로 다른 n개를 원형으로 배열하는 원순열의 수는

$$\frac{n!}{n}=(n-1)!$$

▶ 서로 다른 n개에서 r개를 택하여 원형으로 배열하는 원순열의 수는 $\dfrac{{}_n\mathrm{P}_r}{r}$

설명 4개의 문자 A, B, C, D를 원형으로 배열하는 경우를 생각해 보자.

먼저 4개의 문자 A, B, C, D를 일렬로 나열하는 경우의 수는 $4!$이다.

그런데 A, B, C, D를 일렬로 나열할 때에는 ABCD, BCDA, CDAB, DABC가 서로 다른 배열이지만 원형으로 배열할 때에는 다음 그림과 같이 회전하면 모두 일치한다. 즉, 모두 같은 배열이다.

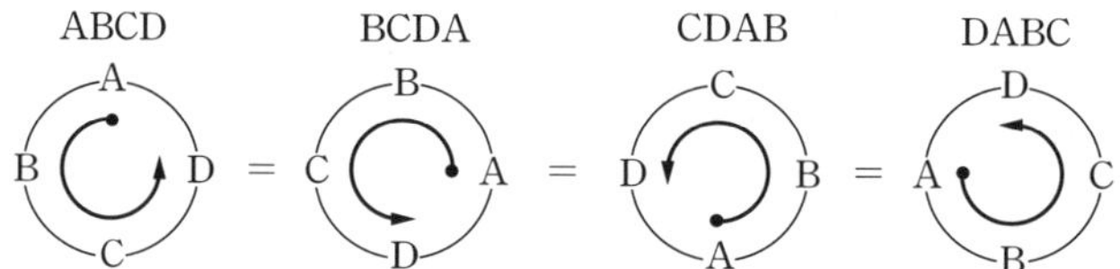

이와 같이 4개의 문자를 일렬로 나열하는 것을 원형으로 배열하면 회전에 의하여 같은 배열이 되는 것이 4가지씩 있으므로 원순열의 수는

$$\frac{4!}{4}=3!$$

일반적으로 서로 다른 n개를 원형으로 배열하면 같은 경우가 n가지씩 있으므로 원순열의 수는 순열의 수의 $\dfrac{1}{n}$이 된다. 즉,

$$\frac{n!}{n}=(n-1)!$$

또한, 서로 다른 n개를 원형으로 배열하는 원순열의 수는 n개 중에서 어느 특정한 하나를 고정하고, 나머지 $(n-1)$개를 일렬로 배열하는 순열의 수 $(n-1)!$로 생각해도 된다.

예 6명의 학생이 원탁에 둘러앉는 경우의 수는 $(6-1)!=5!=120$이고, 6명 중에서 뽑힌 4명의 학생이 원탁에 둘러앉는 경우의 수는 $\dfrac{{}_6\mathrm{P}_4}{4}=\dfrac{360}{4}=90$이다.

(1) **정사각형** 모양의 탁자에 n명을 앉히는 경우의 수

$$\Rightarrow (n-1)! \times \frac{n}{4}$$

(2) 정사각형이 아닌 **직사각형** 모양의 탁자에 n명을 앉히는 경우의 수

$$\Rightarrow (n-1)! \times \frac{n}{2}$$

(3) **정삼각형** 모양의 탁자에 n명을 앉히는 경우의 수

$$\Rightarrow (n-1)! \times \frac{n}{3}$$

설명 서로 다른 n개를 원형으로 배열할 때에는 어느 자리를 기준으로 고정시키더라도 모두 같은 경우이지만 다각형의 모양으로 배열할 때에는 기준이 되는 것의 위치에 따라 서로 다른 경우가 될 수 있다.

예를 들어, ABCDEF의 배열에서 [그림 1]의 경우에는 A를 ①에 고정시키는 것이나 ②에 고정시키는 것이나 ③, …, ⑥에 고정시키는 것이 모두 같은 것이 되지만, [그림 2]의 경우에는 A를 ①, ②의 어디에 고정시키느냐에 따라 2가지의 서로 다른 배열이 나타난다.

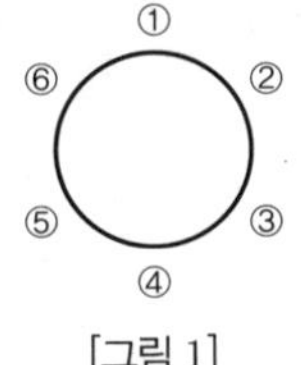

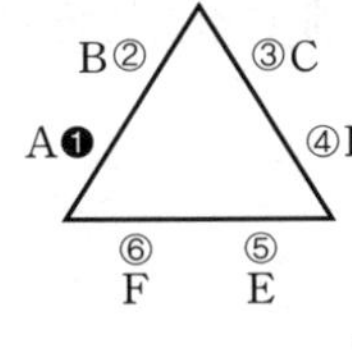

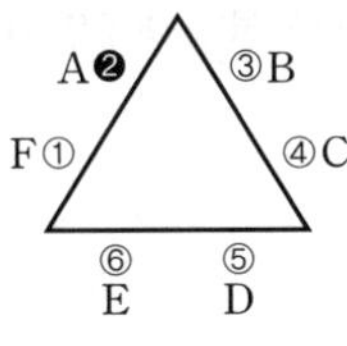

[그림 1]   [그림 2]

따라서 6명이 원탁에 둘러앉는 각 경우에 대하여 특정한 한 사람이 앉을 수 있는 서로 다른 자리는 ①, ②의 2군데이므로 6명이 정삼각형 모양의 탁자에 둘러앉는 경우의 수는

$$(6-1)! \times 2 = 5! \times 2 = 240$$

일반적으로 다각형의 둘레에 배열하는 경우의 수는

$$(\text{원순열의 수}) \times (\text{고정시킬 수 있는 자리의 수})$$

예 (1)

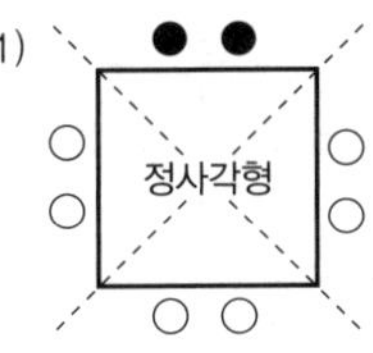

$$(8-1)! \times \frac{8}{4} = 7! \times 2$$

(2)

$$(8-1)! \times \frac{8}{2} = 7! \times 4$$

(3)

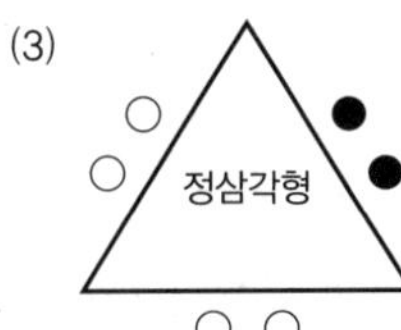

$$(6-1)! \times \frac{6}{3} = 5! \times 2$$

12 다음 빈칸에 알맞은 것을 써넣으시오.

(1) 3개의 문자 A, B, C를 일렬로 나열하는 경우의 수는 $\boxed{}$이다.

(2) 3개의 문자 A, B, C를 일렬로 나열한 것을 원형으로 배열하면 같은 것이 $\boxed{}$가지씩 있다.

(3) 3개의 문자 A, B, C를 원형으로 배열하는 경우의 수는 $\dfrac{3!}{\boxed{}}=\boxed{}$이다.

13 남학생 3명과 여학생 2명이 원탁에 둘러앉는 경우의 수를 구하시오.

14 수진이와 경호를 포함한 5명의 학생이 원탁에 둘러앉을 때, 수진이와 경호가 이웃하여 앉는 경우의 수를 구하시오.

15 오른쪽 그림과 같이 정사각형을 4등분한 영역을 서로 다른 4가지 색을 모두 사용하여 칠하는 경우의 수를 구하시오. (단, 각 영역에 한 가지의 색을 칠하고, 회전하여 일치하는 것은 같은 것으로 본다.)

여학생 3명과 남학생 5명이 원탁에 둘러앉을 때, 다음을 구하시오.

(1) 여학생끼리 이웃하여 앉는 경우의 수

(2) 여학생끼리 이웃하지 않게 앉는 경우의 수

설명

(1) 이웃하는 것을 한 묶음으로 생각한다.

(2) 이웃해도 되는 것을 원형으로 먼저 배열한 후 사이사이에 이웃하지 않아야 하는 것을 배열한다.

풀이

(1) 여학생 3명을 한 사람으로 생각하면 모두 6명이고, 이들이 원탁에 둘러앉는 경우의 수는

$$(6-1)! = 5! = 120$$

이때 각 경우에 대하여 여학생끼리 자리를 바꾸는 경우의 수는

$$3! = 6$$

따라서 구하는 경우의 수는

$$120 \times 6 = \mathbf{720}$$

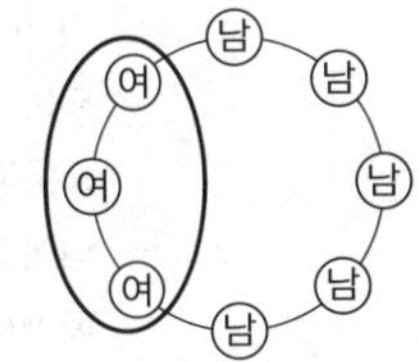

(2) 남학생 5명이 원탁에 둘러앉는 경우의 수는

$$(5-1)! = 4! = 24$$

남학생과 남학생 사이의 5개의 자리 중에서 3개를 택하여 여학생을 앉히는 경우의 수는

$$_5P_3 = 60$$

따라서 구하는 경우의 수는

$$24 \times 60 = \mathbf{1440}$$

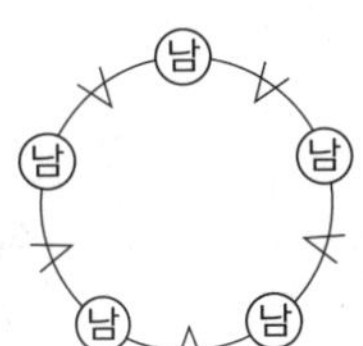

KEY Point

- 서로 다른 n개를 원형으로 배열하는 경우의 수
  ⇨ $(n-1)!$

16 5명의 남자와 5명의 여자가 원탁에 둘러앉을 때, 남자와 여자가 교대로 앉는 경우의 수를 구하시오.

17 할머니와 할아버지를 포함한 6명의 가족이 원탁에 둘러앉을 때, 다음을 구하시오.

(1) 할머니와 할아버지가 마주 보고 앉는 경우의 수

(2) 할머니와 할아버지가 이웃하여 앉는 경우의 수

18 중국인 2명과 일본인 6명이 원탁에 둘러앉을 때, 중국인 사이에 세 명의 일본인이 앉는 경우의 수를 구하시오.

오른쪽 그림과 같은 정오각형 모양의 탁자에 10명이 둘러앉는 경우의 수를 구하시오. (단, 회전하여 일치하는 것은 같은 것으로 본다.)

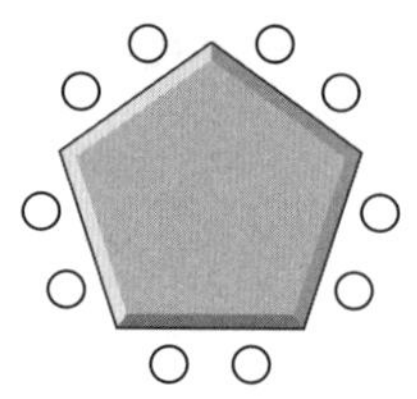

설명

서로 다른 n개를 원형으로 배열할 때에는 어느 자리를 기준으로 고정시키더라도 모두 같은 경우이지만 다각형의 모양으로 배열할 때에는 기준이 되는 것의 위치에 따라 서로 다른 경우가 될 수 있다.

오른쪽 그림은 동일한 원순열이지만 이것이 정오각형이기 때문에 ①을 어디에 고정시키느냐에 따라 2가지의 서로 다른 경우가 나타남을 알 수 있다.

따라서 다각형의 둘레에 배열하는 경우의 수는

(원순열의 수) × (고정시킬 수 있는 자리의 수)

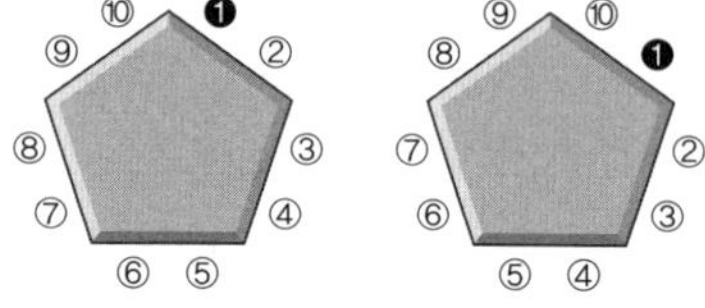

풀이

10명이 원형으로 둘러앉는 경우의 수는

$(10-1)!=9!=362880$

그런데 정오각형 모양의 탁자에 둘러앉는 경우는 원형으로 둘러앉는 한 가지 경우에 대하여 위의 설명의 그림과 같이 2가지의 서로 다른 경우가 존재하므로 구하는 경우의 수는

$362880 \times 2 = \mathbf{725760}$

KEY Point

- 정사각형 모양의 탁자에 n명을 앉히는 경우의 수 ⇨ $(n-1)! \times \dfrac{n}{4}$

- 정사각형이 아닌 직사각형 모양의 탁자에 n명을 앉히는 경우의 수 ⇨ $(n-1)! \times \dfrac{n}{2}$

- 정삼각형 모양의 탁자에 n명을 앉히는 경우의 수 ⇨ $(n-1)! \times \dfrac{n}{3}$

확인체크 19 다음 그림과 같이 (1)은 10명, (2)는 9명이 탁자에 둘러앉는 경우의 수를 구하시오.
(단, (1)의 탁자는 직사각형, (2)의 탁자는 정삼각형 모양이고, 회전하여 일치하는 것은 같은 것으로 본다.)

(1)

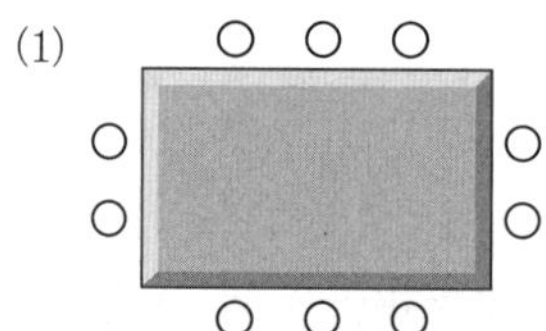

(2)

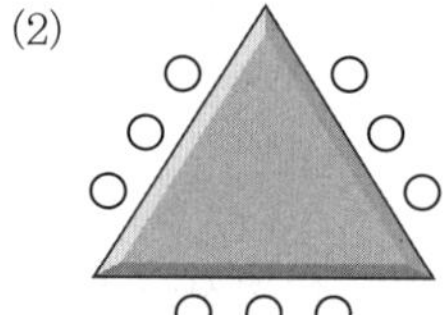

20 오른쪽 그림과 같은 정육각형 모양의 탁자에 12명이 둘러앉는 경우의 수가 $2 \times a!$일 때, 상수 a의 값을 구하시오.
(단, 회전하여 일치하는 것은 같은 것으로 본다.)

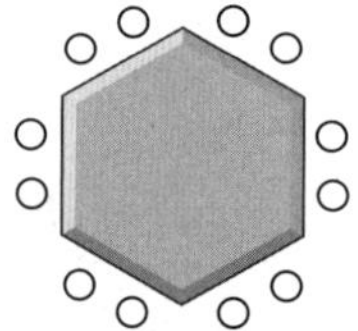

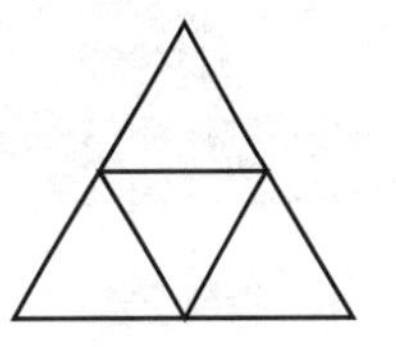

오른쪽 그림과 같이 정삼각형으로 이루어진 4개의 영역을 초록, 노랑, 빨강, 파랑의 4가지 색을 모두 사용하여 칠하는 경우의 수를 구하시오. (단, 각 영역에 한 가지의 색을 칠하고, 회전하여 일치하는 것은 같은 것으로 본다.)

풀이

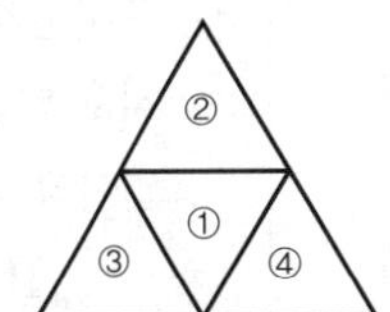

오른쪽 그림의 가운데 영역 ①을 칠하는 경우의 수는 4
나머지 영역인 ②, ③, ④를 칠하는 경우의 수는 가운데 영역 ①에 칠한 색을 제외한 나머지 3가지 색을 원형으로 배열하는 원순열의 수와 같으므로
$(3-1)!=2!=2$
따라서 구하는 경우의 수는
$4 \times 2 = 8$

KEY Point

- 도형에 색칠하는 경우의 수
 (ⅰ) 먼저 기준이 되는 영역에 칠하는 경우의 수를 구한다.
 (ⅱ) 원순열을 이용하여 나머지 영역에 칠하는 경우의 수를 구한다.
 (ⅲ) (ⅰ), (ⅱ)에서 구한 경우의 수를 곱한다.

 **21** 오른쪽 그림과 같이 합동인 정육각형 7개를 붙여 만든 도형의 각 영역을 서로 다른 7가지의 색을 모두 사용하여 칠하는 경우의 수를 구하시오. (단, 각 영역에 한 가지의 색을 칠하고, 회전하여 일치하는 것은 같은 것으로 본다.)

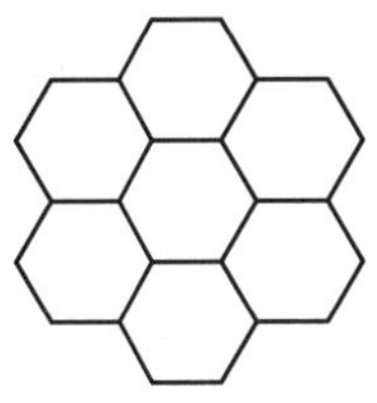

22 오른쪽 그림과 같이 밑면이 정사각형이고 옆면이 모두 합동인 이등변삼각형인 사각뿔의 각 면을 서로 다른 5가지 색을 모두 사용하여 칠하는 경우의 수를 구하시오. (단, 한 면에 한 가지의 색을 칠하고, 회전하여 일치하는 것은 같은 것으로 본다.)

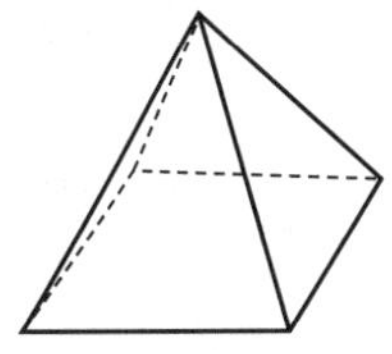

02 중복순열

1. 중복순열 ▷ 필수예제 **4~7**

---

(1) **중복순열**

서로 다른 n개에서 중복을 허용하여 r개를 택하는 순열을 **중복순열**이라 하고, 이 중복순열의 수를 기호로

$$_n\Pi_r$$

와 같이 나타낸다.

$_n\Pi_r$

서로 다른 것의 개수 ┘ └ 택하는 것의 개수

(2) **중복순열의 수**

서로 다른 n개에서 r개를 택하는 중복순열의 수는

$$_n\Pi_r=\underbrace{n\times n\times n\times \cdots \times n}_{r개}=n^r$$

(3) **중복순열인 경우**

① **중복을 허용하여 만드는 정수의 개수** 문제   ② **기명 투표** 문제

③ **모스 부호(•, ─)** 문제   ④ **깃발 신호** 문제

⑤ **우체통** 문제   ⑥ **반 편성** 문제

⑦ **함수의 개수** 문제   ⑧ **호텔 투숙** 문제

▶ ① $_n\Pi_r$의 Π는 곱을 뜻하는 Product의 첫 글자 P에 해당하는 그리스 문자로 '파이'라 읽는다.

② '서로 다른', '중복 불허'의 뜻이 있으면 순열 (중복순열이 아닌 순열)이고, '중복 불허'의 뜻이 없으면 무조건 중복순열이다.

③ $_n P_r$에서는 반드시 $n \geq r$이어야 하지만, $_n\Pi_r$에서는 중복하여 택할 수 있기 때문에 $n < r$일 수도 있다.

설명   (1) 서로 다른 n개에서 중복을 허용하여 r개를 택하여 일렬로 나열할 때, 첫 번째, 두 번째, 세 번째, $\cdots$, r번째에 올 수 있는 경우는 각각 n가지씩이다.

첫 번째   두 번째   세 번째 $\cdots$ r번째

↑   ↑   ↑   ↑

n가지 n가지 n가지 n가지

따라서 곱의 법칙에 의하여

$$_n\Pi_r=\underbrace{n\times n\times n\times \cdots \times n}_{r개}=n^r$$

이 성립한다.

(2) 중복 허용이란 같은 것이 반복되어도 좋다는 의미이다.

예를 들어, 3개의 숫자 1, 2, 3을 사용하여 두 자리의 정수를 만들 때, 각 자리의 숫자가 다른 경우는 12, 13, 21, 23, 31, 32의 6가지이다.

중복을 허용한다면 6가지의 숫자에 같은 숫자의 반복 11, 22, 33이 포함된 9가지가 된다. 여기서 1, 2, 3의 3개의 숫자에서 중복을 허용하여 만들어지는 두 자리의 정수의 개수는 $_3\Pi_2$로 나타내고, $_3\Pi_2=3^2=9$로 계산한다.

이와 같이 중복을 허용하여 만든 순열을 중복순열이라 한다.

문자의 배열을 통하여 함수와 중복순열의 의미를 생각해 보자.

예를 들어, 3개의 문자 a, b, c에서 2개를 택하는 중복순열은

$$aa,\ ab,\ ac,\ ba,\ bb,\ bc,\ ca,\ cb,\ cc$$

의 9가지이다.

이제 두 집합 $X=\{1,\ 2\}$, $Y=\{a,\ b,\ c\}$에 대하여 함수 $f : X \longrightarrow Y$의 대응 관계와 문자의 배열 관계를 살펴보면

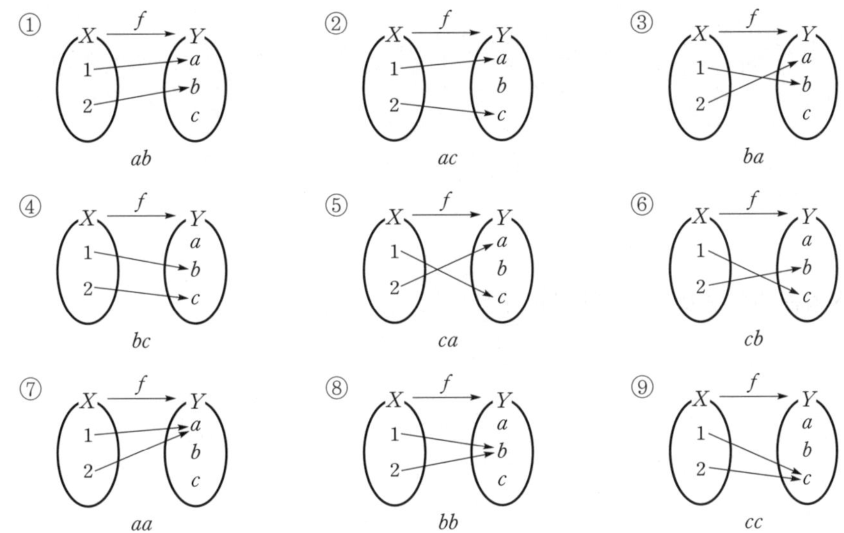

함수란 X의 각 원소에 Y의 원소가 오직 하나씩만 대응할 때이므로 위의 9가지이다. 이것은 정의역의 서로 다른 두 원소에 공역의 같은 원소가 대응되어도 되므로 공역의 원소를 중복하여 택할 수 있기 때문이다. 따라서 함수의 개수는 중복순열의 수와 같다.

참고　일대일함수란 X의 서로 다른 원소에 Y의 서로 다른 원소가 대응할 때이므로 위의 ⑦~⑨를 제외한 6가지이다. 이것은 정의역의 각 원소에 대하여 공역의 서로 다른 원소가 하나씩 대응되어야 하므로 공역의 원소를 중복하여 택할 수 없기 때문이다. 따라서 일대일함수의 개수는 순열의 수와 같다.

KEY Point

두 집합 X, Y에 대하여 $n(X)=r$, $n(Y)=n$일 때
- X에서 Y로의 함수의 개수 ⇨ $_n\Pi_r$ (중복순열의 수)
- X에서 Y로의 일대일함수의 개수 ⇨ $_n\mathrm{P}_r$ (순열의 수) (단, $n \geq r$)

23 다음 값을 구하시오.

(1) $_6\Pi_2$

(2) $_3\Pi_4$

(3) $_7\Pi_1$

(4) $_2\Pi_2$

24 다음을 만족시키는 자연수 n 또는 r의 값을 구하시오.

(1) $_n\Pi_3 = 125$

(2) $_n\Pi_5 = 243$

(3) $_2\Pi_r = 128$

(4) $_7\Pi_r = 343$

25 5개의 숫자 1, 2, 3, 4, 5에서 중복을 허용하여 만들 수 있는 네 자리의 정수의 개수를 구하시오.

26 ○, ×로만 답할 수 있는 5개의 문제에 답하는 경우의 수를 구하시오.

생각해 봅시다!

$_n\Pi_r = n^r$

서로 다른 n개에서 r개를 택하는 중복순열의 수
$\Rightarrow {}_n\Pi_r$

2명의 후보가 출마한 선거에서 6명의 선거인이 한 명의 후보에게 각각 기명으로 투표하는 경우의 수를 구하시오. (단, 기권이나 무효는 없다.)

풀이 각 선거인마다 투표하는 경우가 2가지씩 있으므로 구하는 경우의 수는 2명의 후보에서 6개를 택하는 중복순열의 수와 같다.

$$\therefore {}_2\Pi_6 = 2^6 = \mathbf{64}$$

KEY Point

• 서로 다른 n개에서 r개를 택하는 중복순열의 수는

$$_n\Pi_r = n^r$$

서로 다른 ⌐ └ 택하는 것의
것의 개수　　개수

 **27** 서로 다른 편지 3통을 서로 다른 2개의 우체통에 넣는 경우의 수를 구하시오.

(단, 편지를 넣지 않는 우체통이 있을 수도 있다.)

28 5명의 여행자가 3곳의 호텔에 투숙하는 경우의 수를 구하시오.

(단, 여행자가 투숙하지 않는 호텔이 있을 수도 있다.)

29 남학생 5명, 여학생 4명을 1반, 2반, 3반에 편성할 때, 남학생은 홀수반, 여학생은 짝수반에 편성하는 경우의 수를 구하시오. (단, 각 반에 적어도 1명의 학생이 편성된다.)

모스 부호 ·, −를 사용하여 신호를 만들 때, 이 부호를 1개 이상 4개 이하로 사용하여
만들 수 있는 서로 다른 신호의 개수를 구하시오.

풀이　2개의 모스 부호 중에서 중복을 허용하여
1개를 사용하여 만들 수 있는 신호의 개수는
$${}_2\Pi_1=2^1=2$$
2개를 사용하여 만들 수 있는 신호의 개수는
$${}_2\Pi_2=2^2=4$$
3개를 사용하여 만들 수 있는 신호의 개수는
$${}_2\Pi_3=2^3=8$$
4개를 사용하여 만들 수 있는 신호의 개수는
$${}_2\Pi_4=2^4=16$$
따라서 구하는 신호의 개수는
$$2+4+8+16=\mathbf{30}$$

KEY Point　● 두 개의 부호를 중복을 허용하여 선택한 후 일렬로 나열하는 중복순열의 수이다.

30　청색, 녹색, 적색의 3가지 깃발이 있다. 이 깃발들을 1번 이상 3번 이하로 들어 올려서 만들
수 있는 서로 다른 신호의 개수를 구하시오.
(단, 두 개 이상의 깃발을 동시에 들어 올리지 않는다.)

31　서로 같은 n개의 깃발을 일렬로 나열하였을 때, 이 n개의 깃발을 들어 올리거나 내려서
100개 이상의 서로 다른 신호를 만들려고 한다. 자연수 n의 최솟값을 구하시오.

다음을 구하시오.

(1) 4개의 숫자 1, 2, 3, 4로 중복을 허용하여 만들 수 있는 세 자리의 정수 중 홀수의 개수

(2) 6개의 숫자 0, 1, 2, 3, 4, 5로 중복을 허용하여 만들 수 있는 세 자리의 정수의 개수

풀이

(1) 일의 자리에는 1, 3이 올 수 있고 백의 자리, 십의 자리에는 1, 2, 3, 4가 올 수 있으므로
구하는 홀수의 개수는 $2 \cdot {}_4\Pi_2 = 2 \times 4^2 = \mathbf{32}$

(2) 백의 자리에는 0이 올 수 없으므로 백의 자리에 올 수 있는 숫자는
1, 2, 3, 4, 5의 5가지
십의 자리, 일의 자리에는 0, 1, 2, 3, 4, 5의 6개의 숫자 중에서 중복을
허용하여 2개를 뽑아 일렬로 나열할 수 있으므로 ${}_6\Pi_2 = 6^2 = 36$
따라서 구하는 정수의 개수는 $5 \times 36 = \mathbf{180}$

4개의 숫자 1, 2, 3, 4로 중복을 허용하여 만들 수 있는 네 자리의 자연수 중 2300보다
큰 자연수의 개수를 구하시오.

풀이

2300보다 큰 수는 23☐☐, 24☐☐, 3☐☐☐, 4☐☐☐의 꼴이다.

(i) 23☐☐, 24☐☐ 꼴의 자연수의 개수는 4개의 숫자에서 2개를 택하는 중복순열의 수와 같으므로
$2 \times {}_4\Pi_2 = 2 \times 4^2 = 32$

(ii) 3☐☐☐, 4☐☐☐ 꼴의 자연수의 개수는 4개의 숫자에서 3개를 택하는 중복순열의 수와 같으므로
$2 \times {}_4\Pi_3 = 2 \times 4^3 = 128$

(i), (ii)는 동시에 일어나지 않으므로 구하는 자연수의 개수는 $32 + 128 = \mathbf{160}$

KEY Point
- 각 자리의 숫자가 같아도 되는 정수의 개수는 중복순열의 수이다.

확인 체크 **32** 6개의 숫자 0, 1, 2, 3, 4, 5로 중복을 허용하여 정수를 만들 때, 다음을 구하시오.

(1) 네 자리의 정수 중 짝수의 개수

(2) 세 자리 이하의 정수의 개수

33 4개의 숫자 0, 1, 2, 3으로 중복을 허용하여 만들 수 있는 네 자리의 자연수 중 2000보다
큰 자연수의 개수를 구하시오.

두 집합 $X=\{a, b\}$, $Y=\{1, 2, 3, \cdots, n\}$에 대하여 X에서 Y로의 함수의 개수가 49
일 때, 자연수 n의 값을 구하시오.

설명　X의 각 원소에 Y의 원소가 오직 하나만 대응할 때 그 대응을 X에서 Y로의 함수라 한다.
이때 오른쪽 그림과 같이 정의역의 서로 다른 원소에 공역의 같은 원소가 대응되어도 되므
로 공역의 원소를 중복하여 택할 수 있다. 즉, X에서 Y로의 함수의 개수는 $1, 2, 3, \cdots, n$
의 n개에서 중복을 허용하여 2개를 택하는 중복순열의 수가 된다.

〈함수의 예〉

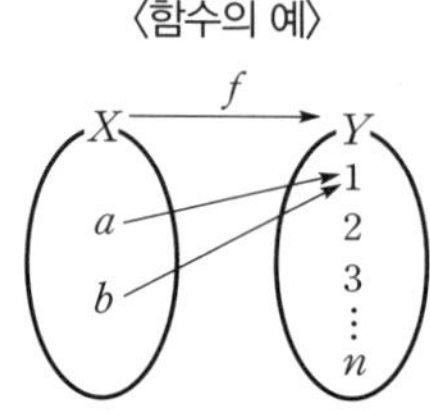

풀이　X에서 Y로의 함수의 개수는 집합 Y의 원소 $1, 2, 3, \cdots, n$의 n개에서 중복을 허용하여 2개를 뽑아 집
합 X의 원소 1, 2에 대응시키는 중복순열의 수와 같으므로
$$_n\Pi_2 = n^2 = 49$$
따라서 n은 자연수이므로 **7**이다.

KEY Point

- 두 집합 X, Y에 대하여 $n(X)=r$, $n(Y)=n$일 때
  X에서 Y로의 함수의 개수 ⇨ $_n\Pi_r$ (중복순열의 수)

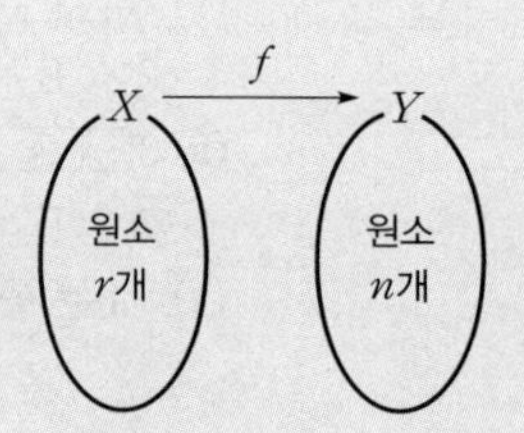

34　두 집합 $X=\{1, 2, 3\}$, $Y=\{a, b, c, d, e\}$에 대하여 X에서 Y로의 함수의 개수를 m,
일대일함수의 개수를 n이라 할 때, $m+n$의 값을 구하시오.

35　두 집합 $X=\{1, 2, 3, 4\}$, $Y=\{5, 6, 7, 8, 9\}$에 대하여 함수 $f : X \longrightarrow Y$ 중에서
$f(1)$, $f(3)$의 값은 짝수, $f(2)$, $f(4)$의 값은 홀수인 함수 f의 개수를 구하시오.

03 같은 것이 있는 순열

개념원리 이해

1. 같은 것이 있는 순열   ▷ 필수예제 **9~11**

(1) **같은 것이 있는 순열의 수**

n개 중에서 서로 같은 것이 각각 p개, q개, $\cdots$, r개씩 있을 때, n개를 일렬로 나열하는 순열의 수는

$$\frac{n!}{p!q! \cdots r!} \ (\text{단}, \ p+q+\cdots+r=n)$$

(2) **순서가 정해진 순열의 수**

서로 다른 n개 중에서 특정한 r개의 순서가 일정하게 정해졌을 때, n개를 일렬로 나열하는 순열의 수는 $\dfrac{n!}{r!}$

설명 (1) 5개의 문자 a, a, a, b, c를 일렬로 나열하는 경우의 수를 알아보자.

구하는 순열의 수를 x라 하고, x가지 중 한 순열인 $aaabc$에 대하여 생각해 보자.

$aaabc$에서 a에 번호를 붙여 a_1, a_2, a_3으로 구별하여 생각하면 이 하나의 순열에 대하여 오른쪽 그림과 같이 3!가지의 서로 다른 순열을 얻을 수 있다.

마찬가지로 x가지의 순열 각각에 대해서도 3!가지의 서로 다른 순열을 얻을 수 있으므로 a_1, a_2, a_3, b, c의 5개의 문자를 일렬로 나열하는 경우의 수는 $x \times 3!$이다. 이것은 서로 다른 5개의 문자를 일렬로 나열하는 경우의 수 5!과 같으므로

$$x \times 3! = 5! \qquad \therefore x = \frac{5!}{3!} = 20$$

a_1	a_2	a_3	b	c
a_1	a_3	a_2	b	c
a_2	a_1	a_3	b	c
a_2	a_3	a_1	b	c
a_3	a_1	a_2	b	c
a_3	a_2	a_1	b	c

일반적으로 n개 중에서 $\underbrace{a, a, \cdots, a}_{p\text{개}}, \underbrace{b, b, \cdots, b}_{q\text{개}}, \underbrace{c, c, \cdots, c}_{r\text{개}}$가 있을 때, n개를 일렬로 나열하는 순열의 수는

$$\frac{n!}{p!q!r!} \ (\text{단}, \ p+q+r=n)$$

(2) 순서가 일정하다는 것은 정해진 순서 이외에는 자리의 바뀜이 없기 때문에 순서가 정해진 것들은 모두 같은 것으로 생각하여 같은 것이 있는 순열의 수를 이용한다.

예 다음을 구하시오.

(1) 6개의 문자 a, a, a, b, b, c를 일렬로 배열하는 경우의 수

(2) 6개의 숫자 1, 2, 3, 4, 5, 6을 일렬로 배열할 때, 2, 4, 6은 이 순서대로 배열하는 경우의 수

풀이 (1) 6개의 문자 중 같은 문자인 a가 3개, b가 2개 있으므로 $\dfrac{6!}{3!2!} = 60$

(2) 2, 4, 6의 순서가 정해졌으므로 2, 4, 6을 같은 한 문자, 즉 x로 생각하여 6개의 문자 1, x, 3, x, 5, x를 일렬로 배열한 후 첫 번째 x를 2, 두 번째 x를 4, 세 번째 x를 6으로 바꾸면 된다.

따라서 구하는 경우의 수는 $\dfrac{6!}{3!} = 120$

2. 최단 거리로 가는 경우의 수 ▷ 필수예제 **12, 13**

같은 것이 있는 순열을 이용하여 도로망이 주어져 있을 때, 최단 거리로 가는 경우의 수를 다음과 같은 방법으로 구할 수 있다.

설명 오른쪽 그림과 같은 도로망이 있을 때, A 지점에서 B 지점까지 최단 거리로 가는 경우의 수를 생각해 보자.

오른쪽으로 한 칸 가는 것을 a, 위쪽으로 한 칸 가는 것을 b로 나타내면 A 지점에서 B 지점까지 최단 거리로 가는 경우의 수는 4개의 a와 3개의 b를 일렬로 나열하는 순열의 수와 같다.

예를 들어, $abaabab$와 같이 문자를 나열했다면 이것은 오른쪽 그림과 같이 A 지점에서 B 지점까지 최단 거리로 가는 경우와 같다.

따라서 A 지점에서 B 지점까지 최단 거리로 가는 경우의 수는

$$\frac{7!}{4!\,3!}=35$$

이다.

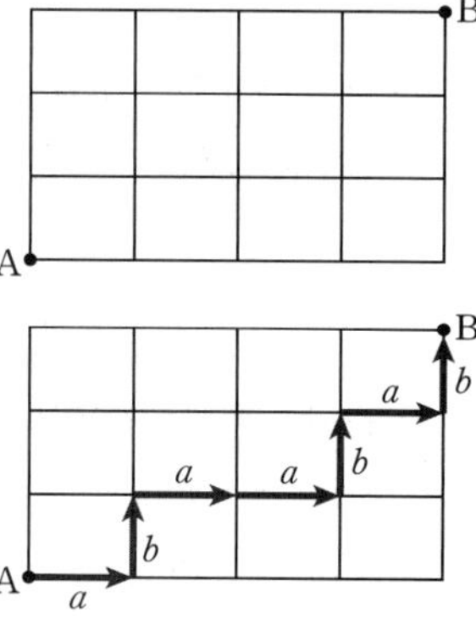

참고 합의 법칙을 이용하여 도로망이 주어져 있을 때, 최단 거리로 가는 경우의 수를 다음과 같이 구할 수 있다.

오른쪽 그림과 같은 도로망에서 출발 지점인 A 지점에서 C 지점과 D 지점까지 최단 거리로 가는 경우의 수를 각각 m, n이라 하면 출발 지점인 A 지점에서 E 지점까지 최단 거리로 가는 경우의 수는

$$m+n$$

이다.

따라서 A 지점에서 B 지점까지 최단 거리로 가는 경우의 수는 오른쪽 그림과 같이 35이다.

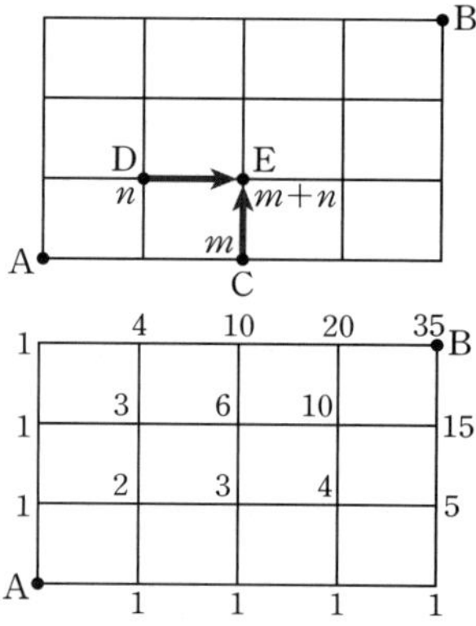

다음을 구하시오.

(1) 5개의 숫자 1, 1, 1, 2, 3을 사용하여 만들 수 있는 다섯 자리의 정수의 개수

(2) 6개의 숫자 0, 1, 1, 2, 2, 2를 사용하여 만들 수 있는 여섯 자리의 정수의 개수

(3) 5개의 숫자 1, 1, 1, 2, 2 중 4개를 택하여 만들 수 있는 네 자리의 정수의 개수

풀이

(1) 5개의 숫자 중 1이 3개이므로 구하는 정수의 개수는 $\dfrac{5!}{3!}=\mathbf{20}$

(2) 전체 경우의 수는 0, 1, 1, 2, 2, 2를 일렬로 나열하는 경우의 수이고, 이때 6개의 숫자 중 1이 2개, 2가 3개이므로 $\dfrac{6!}{2!3!}=60$

맨 앞자리에 0이 오는 경우의 수는 맨 앞자리의 수를 뺀 나머지 다섯 자리에 1, 1, 2, 2, 2의 5개의 숫자를 일렬로 나열하는 경우의 수이고, 이때 5개의 숫자 중 1이 2개, 2가 3개이므로 $\dfrac{5!}{2!3!}=10$

따라서 구하는 정수의 개수는 $60-10=\mathbf{50}$

(3) 1, 1, 1, 2, 2에서 4개의 숫자를 택하는 경우는 $(1, 1, 1, 2)$, $(1, 1, 2, 2)$의 2가지가 있다.

(i) $(1, 1, 1, 2)$로 만들 수 있는 네 자리의 정수의 개수는 $\dfrac{4!}{3!}=4$

(ii) $(1, 1, 2, 2)$로 만들 수 있는 네 자리의 정수의 개수는 $\dfrac{4!}{2!2!}=6$

따라서 구하는 정수의 개수는 $4+6=\mathbf{10}$

다른풀이

(2) 맨 앞자리가 1일 때, $\dfrac{5!}{3!}=20$, 맨 앞자리가 2일 때, $\dfrac{5!}{2!2!}=30$

따라서 구하는 정수의 개수는 $20+30=50$

KEY Point

- n개 중에서 서로 같은 것이 각각 p개, q개, $\cdots$, r개씩 있을 때, n개를 일렬로 나열하는 순열의 수는

$\Rightarrow \dfrac{n!}{p!q!\cdots r!}$ (단, $p+q+\cdots+r=n$)

36 5개의 숫자 1, 1, 1, 2, 2를 사용하여 만들 수 있는 다섯 자리의 정수 중 홀수의 개수를 구하시오.

37 7개의 숫자 0, 1, 1, 1, 2, 2, 3을 사용하여 만들 수 있는 일곱 자리의 정수 중 짝수의 개수를 구하시오.

38 7개의 숫자 1, 1, 2, 2, 2, 3, 3 중 4개를 택하여 만들 수 있는 네 자리의 정수 중 3의 배수의 개수를 구하시오.

다음을 구하시오.

(1) tomorrow에 있는 8개의 문자를 일렬로 나열할 때, 양 끝에 o가 오도록 나열하는 경우의 수

(2) agreement에 있는 9개의 문자를 모음끼리 이웃하여 나열하는 경우의 수

풀이

(1) o□□□□□□o와 같이 양 끝에 o를 나열하고

중간에 t, m, r, r, o, w를 일렬로 나열하면 되는데 r가 2개이므로 구하는 경우의 수는

$$\frac{6!}{2!}=360$$

(2) 모음 a, e, e, e를 한 문자 A로 생각하면

A, g, r, m, n, t의 6개의 문자를 일렬로 나열하는 경우의 수는

$$6!=720$$

이때 모음 a, e, e, e끼리 자리를 바꾸는 경우의 수는

$$\frac{4!}{3!}=4$$

따라서 구하는 경우의 수는

$$720\times4=2880$$

KEY Point

• 양 끝에 오는 것이 있는 순열은 양 끝에 오는 것을 제외한 나머지를 나열한다.

• 이웃하는 것이 있는 순열은 이웃하는 것을 한 문자로 생각하여 나열한다.

39 mathematics에 있는 11개의 문자를 일렬로 나열할 때, 양 끝에 m이 오도록 나열하는 경우의 수를 구하시오.

40 internet에 있는 8개의 문자를 일렬로 나열할 때, 양 끝 모두에 t가 오지 않도록 나열하는 경우의 수를 구하시오.

41 calendar에 있는 8개의 문자를 자음끼리 이웃하여 나열하는 경우의 수를 구하시오.

climate에 있는 7개의 문자를 일렬로 나열할 때, m, a, t, e는 이 순서대로 나열하는 경우의 수를 구하시오.

풀이

m, a, t, e의 순서가 정해져 있으므로 m, a, t, e를 모두 A로 생각하면
A, A, A, A, c, l, i의 7개의 문자를 일렬로 나열한 후
첫 번째, 두 번째, 세 번째, 네 번째 A를 각각 m, a, t, e로 바꾸면 된다.
따라서 구하는 경우의 수는

$$\frac{7!}{4!}=210$$

KEY Point

- 서로 다른 n개 중에서 특정한 r개의 순서가 정해졌을 때, n개를 모두 일렬로 나열하는 순열의 수

$$\Rightarrow \frac{n!}{r!}$$

42 technique에 있는 9개의 문자를 일렬로 나열할 때, t, n, i는 이 순서대로 나열하는 경우의 수를 구하시오.

43 study에 있는 5개의 문자를 일렬로 나열할 때, d가 y보다 앞에 오도록 나열하는 경우의 수를 구하시오.

44 happiness에 있는 9개의 문자를 일렬로 나열할 때, 모음이 자음보다 앞에 오도록 나열하는 경우의 수를 구하시오.

오른쪽 그림과 같은 도로망이 있다. A 지점에서 C 지점을 거쳐 B 지점까지 최단 거리로 가는 경우의 수를 구하시오.

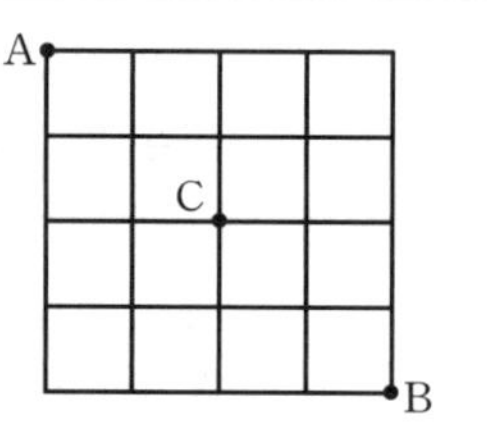

설명

오른쪽으로 한 칸 가는 것을 a, 아래쪽으로 한 칸 가는 것을 b라 할 때, A 지점에서 B 지점까지 최단 거리로 가려면 a를 4번, b를 4번 거쳐야 한다.

이것은 a, a, a, a, b, b, b, b를 일렬로 나열하는 경우의 수와 같음을 이용한다.

풀이

오른쪽으로 한 칸 가는 것을 a, 아래쪽으로 한 칸 가는 것을 b라 하자.

A 지점에서 C 지점까지 최단 거리로 가는 경우의 수는 오른쪽으로 2칸, 아래쪽으로 2칸이므로 a, a, b, b를 일렬로 나열하는 경우의 수와 같다. 즉,

$$\frac{4!}{2!2!} = 6$$

C 지점에서 B 지점까지 최단 거리로 가는 경우의 수는 오른쪽으로 2칸, 아래쪽으로 2칸이므로 a, a, b, b를 일렬로 나열하는 경우의 수와 같다. 즉,

$$\frac{4!}{2!2!} = 6$$

따라서 A 지점에서 C 지점을 거쳐 B 지점까지 최단 거리로 가는 경우의 수는

$6 \times 6 = \mathbf{36}$

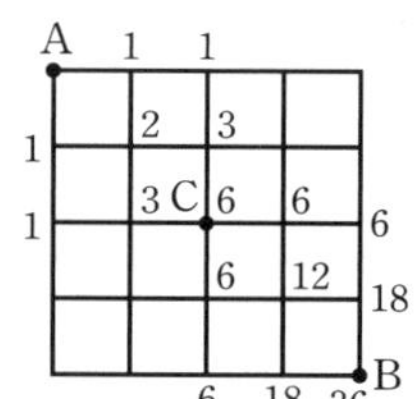

다른 풀이

오른쪽 그림과 같이 합의 법칙을 이용하면 A 지점에서 C 지점을 거쳐 B 지점까지 최단 거리로 가는 경우의 수는 36이다.

확인 체크 45 오른쪽 그림과 같이 A 지점에서 B 지점으로 가는 도로망이 같은 간격으로 되어 있다. A 지점에서 C 지점을 거치지 않고 B 지점까지 최단 거리로 가는 경우의 수를 구하시오.

 최단 거리로 가는 경우의 수 (2)

오른쪽 그림과 같은 도로망이 있다. A 지점에서 B 지점까지 최단 거리로 가는 경우의 수를 구하시오.

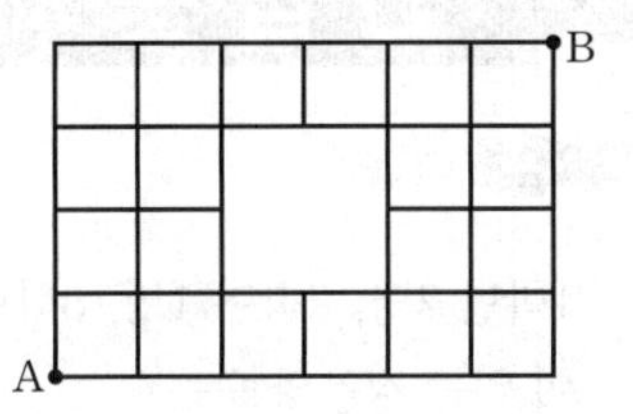

풀이

오른쪽 그림과 같이 네 지점 P, Q, R, S를 잡으면 A 지점에서 B 지점까지 최단 거리로 가는 경우는

$A \rightarrow P \rightarrow B, A \rightarrow Q \rightarrow B, A \rightarrow R \rightarrow B, A \rightarrow S \rightarrow B$

이다.

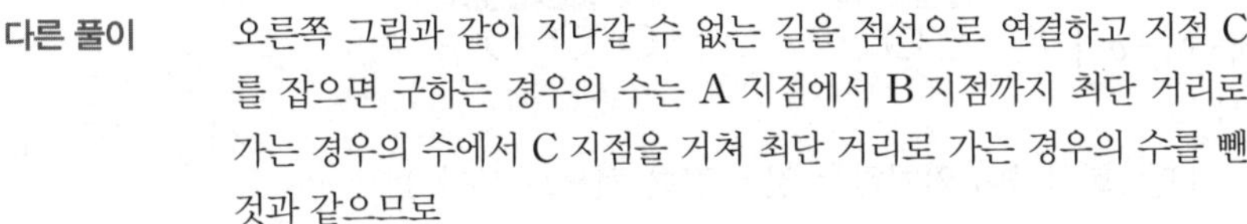

(i) $A \rightarrow P \rightarrow B$로 가는 경우의 수: $\dfrac{5!}{4!} \times 1 = 5$

(ii) $A \rightarrow Q \rightarrow B$로 가는 경우의 수: $\dfrac{5!}{2!3!} \times \dfrac{5!}{4!} = 10 \times 5 = 50$

(iii) $A \rightarrow R \rightarrow B$로 가는 경우의 수: $\dfrac{5!}{4!} \times \dfrac{5!}{2!3!} = 5 \times 10 = 50$

(iv) $A \rightarrow S \rightarrow B$로 가는 경우의 수: $1 \times \dfrac{5!}{4!} = 5$

따라서 구하는 경우의 수는 $5 + 50 + 50 + 5 = \mathbf{110}$

다른 풀이

오른쪽 그림과 같이 지나갈 수 없는 길을 점선으로 연결하고 지점 C를 잡으면 구하는 경우의 수는 A 지점에서 B 지점까지 최단 거리로 가는 경우의 수에서 C 지점을 거쳐 최단 거리로 가는 경우의 수를 뺀 것과 같으므로

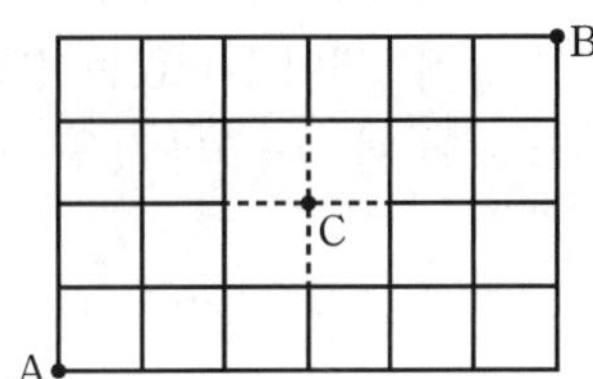

$$\dfrac{10!}{6!4!} - \dfrac{5!}{3!2!} \times \dfrac{5!}{3!2!} = 210 - 10 \times 10 = 110$$

 **46** 오른쪽 그림과 같은 도로망이 있다. A 지점에서 B 지점까지 최단 거리로 가는 경우의 수를 구하시오.

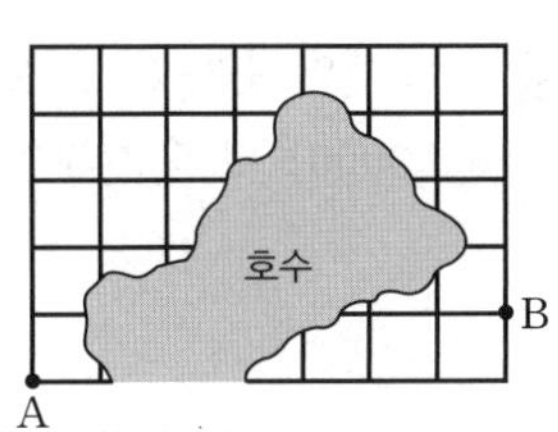

연습문제

생각해 봅시다!

1 1학년 2명, 2학년 1명, 3학년 3명이 원탁에 둘러앉을 때, 3학년끼리 이웃하여 앉는 경우의 수는?

① 24　　　② 28　　　③ 32　　　④ 36　　　⑤ 40

이웃하는 경우
⇨ 이웃하는 것을 한 묶음으로 생각한다.

2 A, B, C, D, E의 5명이 원탁에 둘러앉을 때, A의 양옆에 B, C를 앉게 하는 경우의 수를 구하시오.

3 오른쪽 그림과 같은 정사각형 모양의 탁자 A에 4명이 둘러앉는 경우의 수를 a, 직사각형 모양의 탁자 B에 8명이 둘러앉는 경우의 수를 b라 할 때, $a+b$의 값을 구하시오.

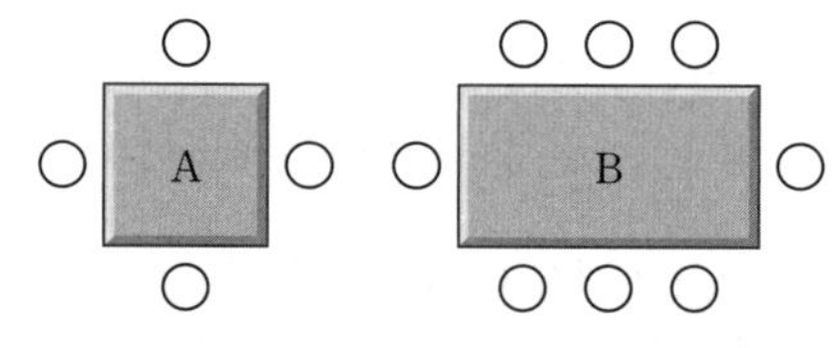

(단, 회전하여 일치하는 것은 같은 것으로 본다.)

[교육청기출]

4 4명이 영화관에 갔더니 관람이 가능한 서로 다른 영화 3편이 있었다. 각자 한 편만 선택하기로 하였다면 4명이 영화를 선택할 수 있는 경우의 수는?

① 12　　　② 24　　　③ 48　　　④ 64　　　⑤ 81

5 5개의 숫자 0, 1, 2, 3, 4로 중복을 허용하여 만들 수 있는 네 자리의 정수 중 짝수의 개수를 구하시오.

0은 맨 앞자리에 올 수 없음에 주의한다.

6 5개의 숫자 0, 1, 2, 3, 4로 중복을 허용하여 네 자리의 자연수를 만들 때, 3000보다 작은 자연수의 개수를 구하시오.

7 집합 $X = \{1,\ 2,\ 3,\ \cdots,\ n\}$에 대하여 X에서 X로의 일대일대응의 개수가 120일 때, X에서 X로의 함수의 개수를 구하시오. (단, n은 자연수)

8 6개의 문자 $a,\ a,\ b,\ b,\ c,\ d$를 일렬로 나열할 때, c와 d가 이웃하지 않도록 나열하는 경우의 수를 구하시오.

9 오른쪽 그림과 같은 도로망이 있다. A 지점에서 B 지점까지 최단 거리로 가는 경우의 수를 구하시오.

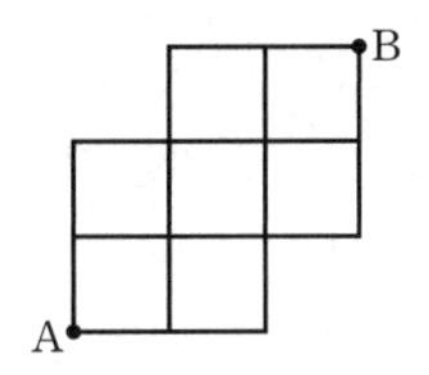

길이 없는 부분을 점선으로 연결한 후 최단 거리로 가는 모든 경우의 수에서 지나갈 수 없는 지점을 지나는 경우의 수를 뺀다.

10 세 쌍의 부부가 원탁에 둘러앉을 때, 부부끼리 이웃하여 앉는 경우의 수를 구하시오.

각 쌍을 묶어서 세 사람으로 생각한다.

11 오른쪽 그림과 같은 직사각형 모양의 탁자에 A, B를 포함한 6명이 둘러앉을 때, A, B는 네 모퉁이에 앉지 않는 경우의 수를 구하시오.
　　(단, 회전하여 일치하는 것은 같은 것으로 본다.)

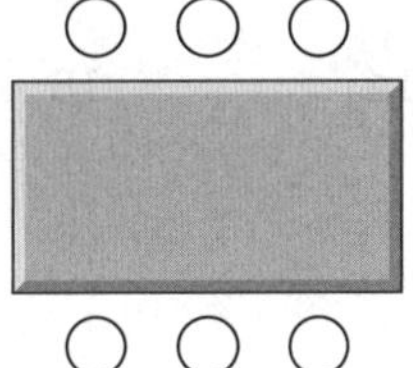

12 4개의 숫자 0, 1, 2, 3으로 중복을 허용하여 만들 수 있는 다섯 자리의 자연수 중 0을 세 번만 포함하는 것의 개수를 구하시오.

다섯 자리의 자연수 중 0을 세 번만 포함하는 경우는 □□000, □0□00, □00□0, □000□ 이다.

13 4개의 숫자 0, 1, 2, 3으로 중복을 허용하여 만든 자연수를 작은 수부터 크기 순으로 배열할 때, 100번째에 해당하는 수를 구하시오.

14 두 집합 $X=\{1, 2, 3\}$, $Y=\{1, 2, 3, 4\}$에 대하여 함수 $f : X \longrightarrow Y$ 중에서 $f(1) \neq 1$인 함수의 개수는?

① 36　　　　② 48　　　　③ 64　　　　④ 72　　　　⑤ 81

15 7개의 숫자 0, 0, 0, 1, 1, 2, 3을 사용하여 만들 수 있는 일곱 자리의 정수 중 홀수의 개수를 구하시오.

일의 자리의 숫자가 1 또는 3이면 홀수이다.

16 7개의 문자 a, b, c, d, e, f, g를 일렬로 나열할 때, a는 c보다 앞에 오고, b는 e보다 앞에 오도록 하는 경우의 수를 구하시오.

17 집합 $X=\{-2, -1, 0, 1, 2\}$에 대하여 X에서 X로의 함수 f 중
$$f(-2) \times f(-1) \times f(0) \times f(1) \times f(2)=1$$
을 만족시키는 함수의 개수는?

① 12　　　　② 14　　　　③ 16　　　　④ 18　　　　⑤ 20

18 오른쪽 그림과 같은 도로망이 있다. A 지점에서 B 지점까지 최단 거리로 가는 경우의 수를 구하시오.

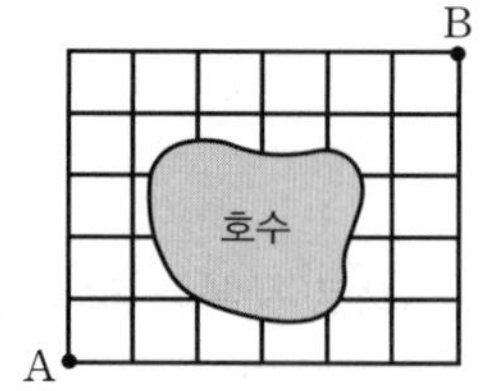

A 지점에서 B 지점까지 최단 거리로 갈 때, 반드시 거쳐 가야 하는 지점을 잡아 경우의 수를 구한다.

실력 UP

[교육청기출]

19 그림과 같이 합동인 정삼각형 2개와 합동인 등변사다리꼴 6개로 이루어진 팔면체가 있다. 팔면체의 각 면에는 한 가지의 색을 칠한다고 할 때, 서로 다른 8개의 색을 모두 사용하여 팔면체의 각 면을 칠하는 경우의 수는? (단, 팔면체를 회전시켰을 때 색의 배열이 일치하면 같은 경우로 생각한다.)

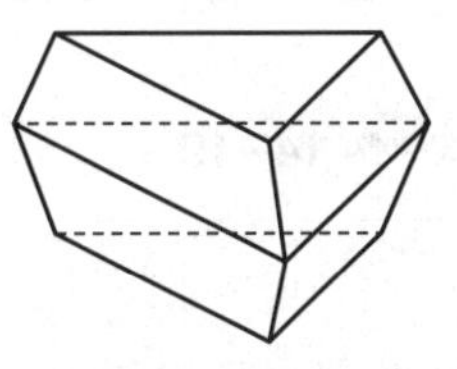

① 6520 ② 6620 ③ 6720 ④ 6820 ⑤ 6920

20 4개의 문자 a, b, c, d로 중복을 허용하여 문자가 4개인 문자열을 만들어
$$aaaa, \ aaab, \ aaac, \ aaad, \ \cdots$$
와 같이 사전식으로 배열할 때, 90번째에 오는 문자열을 구하시오.

$a\square\square\square$ 꼴
$ba\square\square$ 꼴
$bba\square$ 꼴
$bbb\square$ 꼴
⋮

21 두 집합 $X=\{1, 2, 3\}$, $Y=\{1, 2, 3, 4, 5\}$에 대하여 X에서 Y로의 함수 f 중에서 $f(1)+f(2)+f(3)=11$을 만족시키는 함수의 개수를 구하시오.

22 오른쪽 그림과 같은 바둑판 모양의 도로망이 있다. 갑은 A 지점에서 C 지점까지 굵은 선을 따라 걷고, 을은 C 지점에서 A 지점까지 굵은 선을 따라 걸으며, 병은 B 지점에서 D 지점까지 도로를 따라 최단 거리로 걷는다. 갑, 을, 병 세 사람이 모두 만나도록 병이 B 지점에서 D 지점까지 가는 경우의 수를 구하시오.

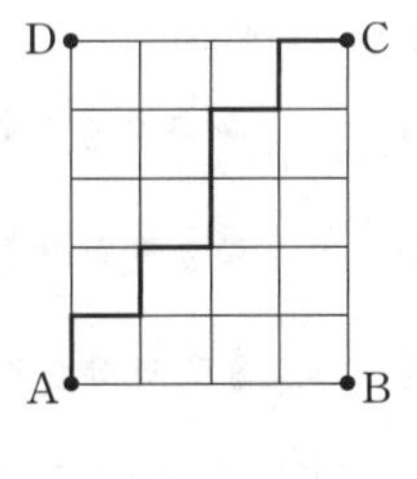

(단, 갑, 을, 병은 동시에 출발하고 같은 속력으로 걷는다고 한다.)

23 오른쪽 그림은 크기가 같은 정육면체 3개를 붙여 놓은 것이다. 정육면체의 모서리를 따라 꼭짓점 A에서 꼭짓점 B까지 최단 거리로 가는 경우의 수를 구하시오.

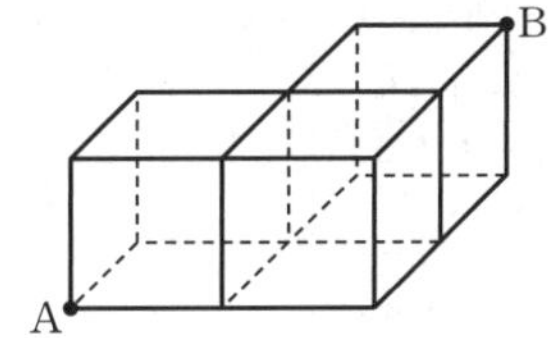

지나갈 수 없는 모서리를 점선으로 연결하여 생각한다.

1. 중복조합   ▷ 필수예제 **14~19**

> **(1) 중복조합의 뜻**
>
> 서로 다른 n개에서 중복을 허용하여 r개를 택하는 조합을 중복조합
>
> 이라 하고, 이 중복조합의 수를 기호로
>
> $$_n\mathrm{H}_r$$
>
> 와 같이 나타낸다.
>
> **(2) 중복조합의 수**
>
> 서로 다른 n개에서 r개를 택하는 중복조합의 수는
>
> $$_n\mathrm{H}_r = {}_{n+r-1}\mathrm{C}_r$$

$_n\mathrm{H}_r$ 서로 다른 것의 개수   택하는 것의 개수

▶ ① $_n\mathrm{H}_r$에서 H는 Homogeneous의 첫 글자이다.

② 조합의 수 $_n\mathrm{C}_r$에서는 $r \le n$이어야 하지만, 중복조합의 수 $_n\mathrm{H}_r$에서는 중복하여 택할 수 있기 때문에 $r > n$일 수도 있다.

설명 1 3개의 문자 a, b, c에서 중복을 허용하여 4개를 택하는 경우는 다음과 같다.

$aaaa$, $aaab$, $aaac$, $aabb$, $aabc$,

$aacc$, $abbb$, $abbc$, $abcc$, $accc$,

$bbbb$, $bbbc$, $bbcc$, $bccc$, $cccc$

위의 각 조합에 대하여 문자를 ●로 나타내고 서로 다른 문자 사이의 경계를 ▌로 나타내면,

즉 (　　)▌(　　)▌(　　)로 나타내면 다음과 같다.

a의 개수　b의 개수　c의 개수

이것은 4개의 ●와 2개의 ▌의 같은 것이 있는 순열이다.

따라서 3개의 문자 a, b, c에서 중복을 허용하여 4개를 택하는 조합의 수 $_3\mathrm{H}_4$는 4개의 ●와 $2(=3-1)$개의 ▌로 이루어진 순열의 수로 볼 수 있으므로 같은 것이 있는 순열의 수에 의하여

$$\frac{\{4+(3-1)\}!}{4!(3-1)!} = \frac{6!}{4!2!} = 15$$

일반적으로 중복조합의 수는 r개의 ●와 $(n-1)$개의 ▌로 이루어진 같은 것이 있는 순열의 수와 같으므로

$$_n\mathrm{H}_r = \frac{\{r+(n-1)\}!}{r!(n-1)!} = {}_{r+(n-1)}\mathrm{C}_r = {}_{n+r-1}\mathrm{C}_r$$

가 성립한다.

3개의 숫자 1, 2, 3에서 중복을 허용하여 2개를 택하는 경우를 순서쌍으로 나타낸 집합을 A라 하면

$A=\{(1, 1), (1, 2), (1, 3), (2, 2), (2, 3), (3, 3)\}$이다.

여기서 이들 각 조합의 두 번째 숫자에 1을 더하여 만든 순서쌍의 집합을 B라 하면

$B=\{(1, 2), (1, 3), (1, 4), (2, 3), (2, 4), (3, 4)\}$이다.

이때 두 집합 A, B의 원소들 사이에는 일대일대응 관계가 성립하므로
$n(A)=n(B)$이다. 그런데 B의 원소의 개수는 4개의 숫자 1, 2, 3, 4에서
2개를 택하는 조합의 수 $_4C_2$와 같다. 한편, $4=3+2-1$이므로 서로 다른
3개에서 2개를 택하는 중복조합의 수는 다음과 같이 나타낼 수 있다.

$$_3H_2=_{3+2-1}C_2=_4C_2=6$$

이와 같은 방법으로 하면 서로 다른 n개에서 중복을 허용하여 r개를 택하는 중복조합의 수는 $(n+r-1)$개에서 r개를
택하는 조합의 수와 같으므로 $_{n+r-1}C_r$임을 알 수 있다.

$$(1, 1), (1, 2), \cdots, (3, 3)$$
$$\downarrow +1 \quad \downarrow +1 \qquad \downarrow +1$$
$$(1, 2), (1, 3), \cdots, (3, 4)$$

---

1. 순열, 중복순열, 조합, 중복조합의 비교

서로 다른 n개에서 r개를 택할 때	순서를 생각하고	중복을 허용하지 않는다. ⇨ **순열: $_nP_r$**
		중복을 허용한다. ⇨ **중복순열: $_n\Pi_r$**
	순서를 생각하지 않고	중복을 허용하지 않는다. ⇨ **조합: $_nC_r$**
		중복을 허용한다. ⇨ **중복조합: $_nH_r$**

서로 다른 3개의 문자 a, b, c에서 2개의 문자를 택하는 경우의 수를 비교해 보자.

⑴ 순서를 생각하고 서로 다른 2개의 문자를 택하는 경우 ⇨ 순열

　　⇨ ab, ba, ac, ca, bc, cb 　　∴ $_3P_2=6$

⑵ 순서를 생각하고 중복을 허용하여 2개의 문자를 택하는 경우 ⇨ 중복순열

　　⇨ $ab, ba, ac, ca, bc, cb, aa, bb, cc$ 　　∴ $_3\Pi_2=9$

⑶ 순서를 생각하지 않고 서로 다른 2개의 문자를 택하는 경우 ⇨ 조합

　　⇨ ab, ac, bc 　　∴ $_3C_2=3$

⑷ 순서를 생각하지 않고 중복을 허용하여 2개의 문자를 택하는 경우 ⇨ 중복조합

　　⇨ ab, ac, bc, aa, bb, cc 　　∴ $_3H_2=6$

47 다음 값을 구하시오.

(1) $_7H_4$

(2) $_2H_5$

(3) $_4H_4$

(4) $_3H_0$

48 다음을 만족시키는 자연수 n의 값을 구하시오.

(1) $_5H_2 = {_nC_2}$

(2) $_2H_3 = {_nC_1}$

49 4개의 문자 a, b, c, d에서 중복을 허용하여 5개의 문자를 택하는 경우의 수를 구하시오.

50 감, 사과, 배의 세 종류의 과일에서 중복을 허용하여 5개의 과일을 사는 경우의 수를 구하시오.

2명의 후보가 출마한 선거에서 6명의 유권자가 한 명의 후보에게 각각 투표할 때, 무기명으로 투표하는 경우의 수를 구하시오. (단, 기권이나 무효는 없다.)

풀이   2명의 후보를 A, B라 하면 무기명 투표는 어느 유권자가 어느 후보를 뽑았는지 알 수 없으므로
A, B 중 중복을 허용하여 6개를 택하는 중복조합의 수와 같다.
따라서 구하는 경우의 수는
$$_2H_6 = {}_7C_6 = {}_7C_1 = \mathbf{7}$$

KEY Point

- 서로 다른 n개에서 r개를 택하는 중복조합의 수
  $$\Rightarrow {}_nH_r = {}_{n+r-1}C_r$$
- $_nC_r = {}_nC_{n-r}$

$${}_nH_r$$
서로 다른 ↑   ↑ 택하는
것의 개수   것의 개수

51 6개의 같은 물건을 모양이 서로 다른 4개의 상자에 넣는 경우의 수를 구하시오.
(단, 물건을 넣지 않는 상자가 있을 수도 있다.)

52 3명의 후보가 출마한 선거에서 10명의 유권자가 한 명의 후보에게 각각 투표할 때, 무기명으로 투표하는 경우의 수를 구하시오. (단, 기권이나 무효는 없다.)

53 동일한 7개의 편지를 서로 다른 3개의 우체통 A, B, C에 나누어 넣는 경우의 수를 구하시오. (단, 편지를 넣지 않는 우체통이 있을 수도 있다.)

> 빨간색 공, 노란색 공, 파란색 공이 각각 4개씩 들어 있는 주머니에서 6개의 공을 꺼낼
> 때, 각 색깔의 공이 적어도 한 개씩은 포함되도록 꺼내는 경우의 수를 구하시오.
>
> （단, 색깔이 같은 공은 구분하지 않는다.）

풀이　빨간색 공, 노란색 공, 파란색 공을 각각 먼저 1개씩 꺼내고 나머지 빨간색 공, 노란색 공, 파란색 공 각
각 3개에서 중복을 허용하여 3개의 공을 꺼내면 된다.
따라서 구하는 경우의 수는
$$_3H_3 = {}_5C_3 = {}_5C_2 = \mathbf{10}$$

KEY Point

- 한 개씩 포함된다.
  ⇨ 먼저 한 개씩 선택한 후 나머지는 중복조합의 수를 이용한다.

54　4명의 학생에게 같은 영화표 8장을 나누어 줄 때, 각 학생에게 적어도 한 장의 영화표를 나
누어 주는 경우의 수를 구하시오.

55　오렌지 주스, 사과 주스, 포도 주스, 딸기 주스 중에서 11병을 사려고 할 때, 오렌지 주스는
2병 이상, 사과 주스는 4병 이상 사는 경우의 수를 구하시오.

　　　　　　　　　　　　　　　　　　　　　　（단, 각 종류의 주스는 11병 이상씩 있다.）

56　서로 같은 종류의 초콜릿 5개와 사탕 7개가 있다. 초콜릿을 4명의 아이에게 각각 1개 이상
씩 나누어 준 후, 초콜릿을 1개 받은 아이에게만 사탕을 각각 1개 이상씩 나누어 주려고 한
다. 초콜릿과 사탕을 남김없이 나누어 주는 경우의 수를 구하시오.

$(x+y+z)^5$을 전개할 때 생기는 서로 다른 항의 개수를 구하시오.

풀이

$(x+y+z)^5=(x+y+z)(x+y+z)(x+y+z)(x+y+z)(x+y+z)$

이므로 3개의 문자 x, y, z 중에서 중복을 허용하여 5개를 택하여 곱하면 주어진 다항식을 전개할 때 생기는 항이 하나씩 만들어진다.

따라서 $(x+y+z)^5$을 전개할 때 생기는 서로 다른 항의 개수는 3개의 문자 x, y, z 중에서 5개를 택하는 중복조합의 수와 같으므로

$$_3H_5 = {}_7C_5 = {}_7C_2 = 21$$

KEY Point

- $(x+y+z)^n$의 전개식의 서로 다른 항의 개수

  ⇨ $_3H_n$ ← 서로 다른 문자 3개

57 다음 식을 전개할 때 생기는 서로 다른 항의 개수를 구하시오.

(1) $(a+b)^4$ (2) $(a+b-c)^6$

58 $(a+b)^5(x+y+z)^4$의 전개식에서 서로 다른 항의 개수를 구하시오.

59 $(a+b+c)^3(p-q)^2(x+y+z+w)$의 전개식에서 서로 다른 항의 개수를 구하시오.

방정식 $x+y+z=10$에 대하여 다음을 구하시오.

(1) 음이 아닌 정수해의 개수

(2) 양의 정수해의 개수

풀이

(1) 음이 아닌 정수해 중에서 $x=5$, $y=4$, $z=1$을 5개의 x, 4개의 y, 1개의 z로 나타낼 수 있다.

따라서 음이 아닌 정수해의 개수는 서로 다른 3개의 문자 x, y, z에서 중복을 허용하여 10개를 택하는 중복조합의 수와 같으므로

$$_3H_{10}={}_{12}C_{10}={}_{12}C_2=\mathbf{66}$$

(2) $x=x'+1$, $y=y'+1$, $z=z'+1$이라 하면

$$(x'+1)+(y'+1)+(z'+1)=10$$

$$\therefore \ x'+y'+z'=7 \ (x', \ y', \ z'\text{은 음이 아닌 정수})$$

따라서 구하는 양의 정수해의 개수는 방정식 $x'+y'+z'=7$의 음이 아닌 정수해의 개수와 같으므로

$$_3H_7={}_9C_7={}_9C_2=\mathbf{36}$$

참고

(2) 서로 다른 3개의 문자 x, y, z에서 중복을 허용하여 10개를 택해야 한다. 이때 x, y, z는 양의 정수이므로 해의 개수는 우선 x, y, z를 하나씩 택한 후 x, y, z에서 중복을 허용하여 7개를 택하는 중복조합의 수와 같다.

KEY Point

• 방정식 $x_1+x_2+\cdots+x_n=r$에서

① 음이 아닌 정수해의 개수 ⇨ $_nH_r$　　←　서로 다른 n개에서 r개를 택하는 중복조합의 수

② 양의 정수해의 개수 ⇨ $_nH_{r-n}$ (단, $n\leq r$)　　←　서로 다른 n개에서 $(r-n)$개를 택하는 중복조합의 수

60 방정식 $x+y+z+w=8$에 대하여 다음을 구하시오.

(1) 음이 아닌 정수해의 개수　　　　　　　(2) 양의 정수해의 개수

61 부등식 $x+y+z\leq2$를 만족시키는 음이 아닌 정수해의 개수를 구하시오.

다음 조건을 만족시키는 음이 아닌 네 개의 정수 a, b, c, d의 모든 순서쌍 (a, b, c, d)의 개수를 구하시오.

> (개) a, b, c, d 중에서 0은 2개이다.　　　　(내) $a+b+c+d=10$

풀이　　a, b, c, d 중에서 0인 것 2개를 정하는 경우의 수는

$_4C_2=6$　　　　　　……　㉠

$a=b=0$일 때, $c=c'+1$, $d=d'+1$이라 하면

조건 (내)에서

$(c'+1)+(d'+1)=10$

$\therefore c'+d'=8$ (c', d'은 음이 아닌 정수)

즉, (c, d)의 개수는 c', d'에서 중복을 허용하여 8개를 택하는 중복조합의 수와 같으므로

$_2H_8=_9C_8=_9C_1=9$　　　　……　㉡

㉠, ㉡에서 모든 순서쌍 (a, b, c, d)의 개수는

$6\times9=\mathbf{54}$

KEY Point　　• a, b, c, d 중에서 0이 2개이므로 나머지 2개는 1 이상인 정수이다.

62　다음 조건을 만족시키는 세 자연수 a, b, c의 모든 순서쌍 (a, b, c)의 개수를 구하시오.

> (개) $a\times b\times c$의 값은 홀수이다.　　　　(내) $a\leq b\leq c\leq12$

63　$1<a<b\leq5<c\leq10$을 만족시키는 네 자연수 a, b, c, d의 모든 순서쌍 (a, b, c, d)의 개수를 구하시오.

두 집합 $X=\{1, 2, 3\}$, $Y=\{4, 5, 6, 7\}$에 대하여 다음 조건을 만족시키는 함수
$f : X \longrightarrow Y$의 개수를 구하시오. (단, $x_1 \in X$, $x_2 \in X$)

(1) $x_1 \neq x_2$이면 $f(x_1) \neq f(x_2)$

(2) $x_1 < x_2$이면 $f(x_1) < f(x_2)$

(3) $x_1 < x_2$이면 $f(x_1) \leq f(x_2)$

풀이

(1) 주어진 조건은 집합 X의 서로 다른 원소에 집합 Y의 서로 다른 원소가 대응하므로

함수 f는 일대일함수임을 의미한다. 즉,

$f(1)$의 값이 될 수 있는 것은 4, 5, 6, 7의 4가지

$f(2)$의 값이 될 수 있는 것은 $f(1)$의 값을 제외한 3가지

$f(3)$의 값이 될 수 있는 것은 $f(1)$, $f(2)$의 값을 제외한 2가지

이것은 집합 Y의 원소 4개 중 3개를 택한 후 순서를 고려하여 일렬로 나열하는 순열의 수와 같으므로

$_4\mathrm{P}_3 = 4 \times 3 \times 2 = \mathbf{24}$

(2) 주어진 조건에 의하여 $f(1) < f(2) < f(3)$

즉, 집합 Y의 원소 4, 5, 6, 7 중 3개를 순서에 상관없이 뽑아 크기가 작은 것부터 차례로 $f(1)$, $f(2)$, $f(3)$에 대응시키면 된다.

따라서 함수 f의 개수는 집합 Y의 원소 4개 중 3개를 택하는 조합의 수와 같으므로

$_4\mathrm{C}_3 = \mathbf{4}$

(3) 주어진 조건에 의하여 $f(1) \leq f(2) \leq f(3)$

즉, 집합 Y의 원소 4, 5, 6, 7 중 3개를 순서에 상관없이 중복을 허용하여 뽑아 크기가 작거나 같은 것부터 차례로 $f(1)$, $f(2)$, $f(3)$에 대응시키면 된다.

따라서 함수 f의 개수는 집합 Y의 원소 4개 중 3개를 택하는 중복조합의 수와 같으므로

$_4\mathrm{H}_3 = {}_6\mathrm{C}_3 = \mathbf{20}$

KEY Point

함수 $f : X \longrightarrow Y$에 대하여 $n(X)=a$, $n(Y)=b$이고 $x_i \in X$, $x_j \in X$일 때

- X에서 Y로의 함수의 개수 ⇨ $_b\Pi_a$
- $x_i \neq x_j$이면 $f(x_i) \neq f(x_j)$인 함수의 개수 ⇨ $_b\mathrm{P}_a$ (단, $b \geq a$)
- $x_i < x_j$이면 $f(x_i) < f(x_j)$인 함수의 개수 ⇨ $_b\mathrm{C}_a$ (단, $b \geq a$)
- $x_i < x_j$이면 $f(x_i) \leq f(x_j)$인 함수의 개수 ⇨ $_b\mathrm{H}_a$

64 두 집합 $X=\{1, 2, 3\}$, $Y=\{1, 2, 3, 4, 5, 6\}$에 대하여 함수 $f : X \longrightarrow Y$ 중에서
$x_1 < x_2$이면 $f(x_1) \geq f(x_2)$를 만족시키는 함수 f의 개수를 구하시오.

$$(\text{단, } x_1 \in X, \ x_2 \in X)$$

연습문제

💡 생각해 봅시다!

24 $_4H_0+_4H_1+_4H_2+_4H_3+_4H_4$의 값을 구하시오.

$_nH_r=_{n+r-1}C_r$

[교육청기출]
25 $_3H_n=21$일 때, 자연수 n의 값을 구하시오.

$_nC_r=_nC_{n-r}$

[평가원기출]
26 사과 주스, 포도 주스, 감귤 주스 중에서 8병을 선택하려고 한다. 사과 주스, 포도 주스, 감귤 주스를 각각 적어도 1병 이상씩 선택하는 경우의 수는?

(단, 각 종류의 주스는 8병 이상씩 있다.)

① 17　　　② 19　　　③ 21　　　④ 23　　　⑤ 25

27 $(a+b+c+d)(x+y+z)^4$을 전개할 때 생기는 서로 다른 항의 개수를 구하시오.

28 부등식 $x+y+z<6$을 만족시키는 양의 정수해의 개수를 구하시오.

x, y, z가 양의 정수이므로
$x+y+z\geq3$

29 자연수 r에 대하여 $_3H_r=_7C_2$일 때, $_5H_r$의 값을 구하시오.

30 같은 종류의 햄버거 5개를 3명의 학생에게 남김없이 나누어 줄 때, 햄버거를 하나도 받지 못한 학생이 1명인 경우의 수를 구하시오.

31 $(p+q+r+s)^6$의 전개식에서 p는 포함하지 않고 r는 포함하는 서로 다른 항의 개수를 구하시오.

32 방정식 $x+y+z=n$을 만족시키는 음이 아닌 정수해의 개수가 105일 때, 자연수 n의 값을 구하시오.

> 방정식
> $x_1+x_2+\cdots+x_n=r$
> 의 음이 아닌 정수해의 개수
> ⇨ 서로 다른 n개에서 r개를 택하는 중복조합의 수
> ⇨ $_n\mathrm{H}_r$

33 집합 $X=\{1,\ 2,\ 3,\ 4,\ 5,\ 6\}$에 대하여 다음 조건을 만족시키는 함수 $f:X\longrightarrow X$의 개수를 구하시오.

> ㈎ $1\le x_1<x_2\le3$이면 $2\le f(x_1)\le f(x_2)$
> ㈏ $4\le x_3<x_4\le6$이면 $f(x_4)\le f(x_3)\le4$

실력 UP

34 같은 종류의 사탕 5개를 3명의 아이에게 1개 이상씩 나누어 주고, 같은 종류의 초콜릿 5개를 1개의 사탕을 받은 아이에게만 1개 이상씩 나누어 주려고 한다. 사탕과 초콜릿을 남김없이 나누어 주는 경우의 수를 구하시오.

실력 UP

35 다음 조건을 만족시키는 네 자연수 $x,\ y,\ z,\ w$의 모든 순서쌍 $(x,\ y,\ z,\ w)$의 개수를 구하시오.

> ㈎ $x+y+z+w=12$
> ㈏ $x,\ y,\ z,\ w$ 중에서 2개는 3으로 나눈 나머지가 1이고, 2개는 3으로 나눈 나머지가 2이다.

I

01 이항정리

개념원리 이해

1. 이항정리 ▷ 필수예제 1~3

(1) 이항정리

자연수 n에 대하여 $(a+b)^n$의 전개식을 조합의 수를 이용하여 나타내면 다음과 같고, 이를 **이항정리**라 한다.

$$(a+b)^n={}_nC_0a^n+{}_nC_1a^{n-1}b+{}_nC_2a^{n-2}b^2+\cdots+{}_nC_ra^{n-r}b^r+\cdots+{}_nC_nb^n$$

이때 ${}_nC_ra^{n-r}b^r$을 $(a+b)^n$의 전개식의 일반항이라 한다.

(2) 이항계수

$(a+b)^n$의 전개식에서 각 항의 계수 ${}_nC_0,\ {}_nC_1,\ {}_nC_2,\ \cdots,\ {}_nC_r,\ \cdots,\ {}_nC_n$을 **이항계수**라 한다.

▶ ① 이항정리는 a에 대한 내림차순(b에 대한 오름차순)으로 정리되어 있다.
② 일반항 ${}_nC_ra^{n-r}b^r$은 r번째 항이 아니고 $(r+1)$번째 항이다.
③ ${}_nC_r={}_nC_{n-r}$이므로 $(a+b)^n$의 전개식에서 $a^{n-r}b^r$과 a^rb^{n-r}의 계수는 서로 같다.

설명   다항식 $(a+b)^3$을 전개하면

$$(a+b)^3=(a+b)(a+b)(a+b)$$
$$=aaa+aab+aba+abb+baa+bab+bba+bbb$$
$$=a^3+3a^2b+3ab^2+b^3$$

이다.

위의 전개식에서 a^2b의 계수 3이 어떻게 얻어졌는지 생각해 보면 세 개의 인수 $(a+b)$, $(a+b)$, $(a+b)$ 중 두 개에서 a를 택하고, 남은 한 개에서 b를 택하여 곱한 경우, 즉 aab, aba, baa를 합하여 3이 된 것이다.

이때 a^2b의 계수는 세 개의 인수 중 b를 택할 인수 한 개를 뽑는 조합의 수인 ${}_3C_1=3$과 같다.

이와 같은 방법으로 생각하면

$$a^3\text{의 계수 }1={}_3C_0,\ ab^2\text{의 계수 }3={}_3C_2,\ b^3\text{의 계수 }1={}_3C_3$$

임을 알 수 있다.

따라서 $(a+b)^3$의 전개식을 조합의 수를 이용하여 나타내면 다음과 같다.

$$(a+b)^3={}_3C_0a^3+{}_3C_1a^2b+{}_3C_2ab^2+{}_3C_3b^3$$

일반적으로 자연수 n에 대하여 $(a+b)^n$은

$$(a+b)^n=\underbrace{(a+b)\times(a+b)\times\cdots\times(a+b)}_{n\text{개}}$$

이므로 $(a+b)^n$의 전개식은 n개의 인수 $(a+b)$의 각각에서 a 또는 b를 하나씩 택하여 곱한 것을 모두 합한 것이다.

이때 $(a+b)^n$의 전개식에서 $a^{n-r}b^r$은 n개의 인수 $(a+b)$ 중 r개에서 b를 택하고 남은 $(n-r)$개에서 a를 택하여 곱한 것이므로 $a^{n-r}b^r$의 계수는 ${}_nC_r$이다.

따라서 $r=0, 1, 2, \cdots, n$에 대하여 각 항의 계수는

$$_nC_0, \ _nC_1, \ _nC_2, \ \cdots, \ _nC_r, \ \cdots, \ _nC_n$$

이고, 다음과 같은 전개식을 얻을 수 있다.

$$(a+b)^n = {_nC_0}a^n + {_nC_1}a^{n-1}b^1 + {_nC_2}a^{n-2}b^2 + \cdots + {_nC_r}a^{n-r}b^r + \cdots + {_nC_n}b^n$$

위의 전개식을 이항정리라 하고, 각 항의 계수 $_nC_0, \ _nC_1, \ \cdots, \ _nC_n$을 이항계수라 한다.

또한, $(r+1)$번째 항 $_nC_r a^{n-r}b^r$을 전개식의 **일반항**이라 한다.

이때 $_nC_r = {_nC_{n-r}}$이므로 두 항 $a^{n-r}b^r$과 $a^r b^{n-r}$의 계수는 서로 같다.

예
$$(a-2b)^3 = {_3C_0}a^3 + {_3C_1}a^2(-2b) + {_3C_2}a(-2b)^2 + {_3C_3}(-2b)^3$$
$$= a^3 - 6a^2 b + 12ab^2 - 8b^3$$

보충학습

수학 I 에서 공부하는 다음의 지수법칙을 이용하면 유리식이 포함된 식의 전개에서 이항정리를 이용할 때 좀 더 쉽게 계수를 구할 수 있다.

$a>0, \ b>0$이고 $x, \ y$가 실수일 때,

(1) $a^x a^y = a^{x+y}$
(2) $a^x \div a^y = a^{x-y}$

(3) $(a^x)^y = a^{xy}$
(4) $(ab)^x = a^x b^x$

(5) $a^{-x} = \dfrac{1}{a^x}$
(6) $a^0 = 1$

예 1
(1) $2^{-2} \times 2^3 = 2^{-2+3} = 2^1 = 2$
(2) $2^{-2} \div 2^3 = 2^{-2-3} = 2^{-5} = \dfrac{1}{2^5} = \dfrac{1}{32}$

(3) $(2^{-2})^3 = 2^{-2 \times 3} = 2^{-6} = \dfrac{1}{2^6} = \dfrac{1}{64}$
(4) $(2 \times 3)^{-2} = 2^{-2} \times 3^{-2} = \dfrac{1}{2^2} \times \dfrac{1}{3^2} = \dfrac{1}{36}$

예 2 $\left(a + \dfrac{1}{a}\right)^4$의 전개식에서 일반항은 $_4C_r a^{4-r}\left(\dfrac{1}{a}\right)^r = {_4C_r}a^{4-r}a^{-r} = {_4C_r}a^{4-2r}$이므로

a^2의 계수는 $r=1$일 때 $_4C_1 = 4$이다.

65 다음 $\square$ 안에 알맞은 것을 써넣으시오.

$$(a-b)^6 = {}_6C_0 a^6 + \boxed{} a^5(-b) + {}_6C_2 a^4(-b)^2 + {}_6C_3 a^3(-b)^3$$
$$+ \boxed{} a^2(-b)^4 + {}_6C_5 a(-b)^{\boxed{}} + \boxed{}(-b)^6$$
$$= a^6 - \boxed{} a^5 b + 15a^4 b^2 - 20a^3 b^3 + \boxed{} a^2 b^4 - 6ab^{\boxed{}} + b^6$$

> **생각해 봅시다!**
>
> $(a+b)^n$
> $= {}_nC_0 a^n + {}_nC_1 a^{n-1} b$
> $\quad + \cdots + {}_nC_n b^n$

66 이항정리를 이용하여 다음 식을 전개하시오.

(1) $(2a+1)^4$

(2) $(3x-2y)^5$

(3) $\left(x+\dfrac{1}{x}\right)^6$

67 다음 식의 전개식의 일반항을 구하시오.

(1) $(2a-3b)^5$

(2) $(x^2+x)^4$

(3) $\left(x-\dfrac{2}{y}\right)^6$

(4) $\left(x^2+\dfrac{1}{x}\right)^8$

> m, n이 자연수일 때
> $a^m \times a^n = a^{m+n}$
> $(a^m)^n = a^{mn}$
> $(ab)^n = a^n b^n$
> $\left(\dfrac{a}{b}\right)^n = \dfrac{a^n}{b^n}\ (b \neq 0)$

다음을 구하시오.

(1) $(2x+5y)^5$의 전개식에서 x^2y^3의 계수

(2) $\left(x^2-\dfrac{1}{2x}\right)^8$의 전개식에서 x^7의 계수

풀이

(1) $(2x+5y)^5$의 전개식의 일반항은

$$_5\mathrm{C}_r(2x)^{5-r}(5y)^r = {}_5\mathrm{C}_r\,2^{5-r}5^r x^{5-r}y^r$$

x^2y^3항은 $5-r=2$일 때이므로 $r=3$

따라서 x^2y^3의 계수는 $_5\mathrm{C}_3\times 2^2\times 5^3 = \mathbf{5000}$

(2) $\left(x^2-\dfrac{1}{2x}\right)^8$의 전개식의 일반항은

$$_8\mathrm{C}_r(x^2)^{8-r}\left(-\dfrac{1}{2x}\right)^r = {}_8\mathrm{C}_r\,x^{16-2r}\left(-\dfrac{1}{2}\right)^r\dfrac{1}{x^r}$$

$$= {}_8\mathrm{C}_r\left(-\dfrac{1}{2}\right)^r\dfrac{x^{16-2r}}{x^r}$$

x^7항은 $16-2r-r=7$일 때이므로 $r=3$

따라서 x^7의 계수는 $_8\mathrm{C}_3\left(-\dfrac{1}{2}\right)^3 = \mathbf{-7}$

KEY Point

- 이항정리에서 계수를 구할 때 ⇨ 일반항을 이용한다.
- $(a+b)^n$의 전개식의 일반항 ⇨ $_n\mathrm{C}_r a^{n-r}b^r$

68 다음을 구하시오.

(1) $(2x-y)^7$의 전개식에서 x^4y^3의 계수

(2) $\left(2x^3+\dfrac{1}{x}\right)^8$의 전개식에서 상수항

(3) $\left(x^3-\dfrac{1}{x}\right)^{10}$의 전개식에서 $\dfrac{1}{x^2}$의 계수

(4) $\left(x-\dfrac{1}{y}\right)^7$의 전개식에서 $\dfrac{x^4}{y^3}$의 계수

69 $\left(x-\dfrac{a}{x^2}\right)^6$의 전개식에서 상수항이 60일 때, 양수 a의 값을 구하시오.

$\left(x^2+2\right)\left(x-\dfrac{1}{x}\right)^{10}$의 전개식에서 상수항을 구하시오.

풀이

$\left(x-\dfrac{1}{x}\right)^{10}$의 전개식의 일반항은

$$_{10}\mathrm{C}_r\,x^{10-r}\left(-\dfrac{1}{x}\right)^r={}_{10}\mathrm{C}_r(-1)^r\dfrac{x^{10-r}}{x^r} \qquad \cdots\cdots\ \unicode{x27E1}$$

이때 $\left(x^2+2\right)\left(x-\dfrac{1}{x}\right)^{10}=x^2\left(x-\dfrac{1}{x}\right)^{10}+2\left(x-\dfrac{1}{x}\right)^{10}$이므로

전개식에서 상수항은 $x^2\times\left(\unicode{x27E1}\text{의 }\dfrac{1}{x^2}\text{항}\right)$, $2\times(\unicode{x27E1}\text{의 상수항})$일 때 나타난다.

(i) $\unicode{x27E1}$에서 $\dfrac{1}{x^2}$항은 $r-(10-r)=2$, 즉 $r=6$일 때이므로

$$_{10}\mathrm{C}_6(-1)^6\dfrac{x^{10-6}}{x^6}=\dfrac{210}{x^2}$$

(ii) $\unicode{x27E1}$에서 상수항은 $10-r-r=0$, 즉 $r=5$일 때이므로

$$_{10}\mathrm{C}_5(-1)^5=-252$$

(i), (ii)에서 구하는 상수항은

$$x^2\times\dfrac{210}{x^2}+2\times(-252)=\mathbf{-294}$$

KEY Point
- $(a+b)(c+d)^n$의 전개식의 일반항
  ⇨ $a(c+d)^n+b(c+d)^n$으로 바꾸어 생각한다.

70 $(2x+3)\left(x-\dfrac{2}{x}\right)^5$의 전개식에서 x의 계수를 구하시오.

71 $\dfrac{(1+2x)^5-1}{x}$의 전개식에서 x^2의 계수를 구하시오.

72 $x(x+a)(x+2)^4$의 전개식에서 x^4의 계수가 32일 때, 상수 a의 값을 구하시오.

$(1+2x)^4(1-x)^5$의 전개식에서 x^2의 계수를 구하시오.

풀이

$(1+2x)^4$의 전개식의 일반항은

$$_4\mathrm{C}_r 1^{4-r}(2x)^r = {_4\mathrm{C}_r} 2^r x^r \qquad \cdots\cdots ㉠$$

$(1-x)^5$의 전개식의 일반항은

$$_5\mathrm{C}_p 1^{5-p}(-x)^p = {_5\mathrm{C}_p}(-1)^p x^p \qquad \cdots\cdots ㉡$$

$$(1+2x)^4(1-x)^5 \qquad \cdots\cdots ㉢$$

㉢의 전개식에서 x^2항은

$$(㉠의\ x^2항) \times (㉡의\ 상수항) + (㉠의\ x항) \times (㉡의\ x항) + (㉠의\ 상수항) \times (㉡의\ x^2항)$$

이므로

$$_4\mathrm{C}_2 2^2 x^2 \times 1 + {_4\mathrm{C}_1} 2x \times {_5\mathrm{C}_1}(-1)x + 1 \times {_5\mathrm{C}_2}(-1)^2 x^2 = 24x^2 - 40x^2 + 10x^2$$
$$= -6x^2$$

따라서 x^2의 계수는 **−6**이다.

KEY Point

- $(a+b)^m(c+d)^n$의 전개식의 일반항

  ⇨ $(a+b)^m$과 $(c+d)^n$의 전개식의 일반항을 각각 구하여 곱한다.

  ⇨ $_m\mathrm{C}_r a^{m-r}b^r \times {_n\mathrm{C}_p} c^{n-p}d^p$

73 $(x+3)^4(3x^2+1)^3$의 전개식에서 x^4의 계수를 구하시오.

74 $(1+x)^m(1+x^2)^5$의 전개식에서 x^2의 계수가 11일 때, 자연수 m의 값을 구하시오.

1. 파스칼의 삼각형 ▷ 필수예제 **4, 5, 8**

$n=1,\ 2,\ 3,\ 4,\ 5,\ \cdots$일 때, $(a+b)^n$의 전개식에서 각 항의 이항계수를 다음 그림과 같이 삼각형 모양으로 배열한 것을 **파스칼의 삼각형**이라 한다.

$$
\begin{aligned}
&n=1\text{일 때, } (a+b)^1\text{의 계수} \iff {}_1C_0\ {}_1C_1 \iff 1\ \ 1\\
&n=2\text{일 때, } (a+b)^2\text{의 계수} \iff {}_2C_0\ {}_2C_1\ {}_2C_2 \iff 1\ \ 2\ \ 1\\
&n=3\text{일 때, } (a+b)^3\text{의 계수} \iff {}_3C_0\ {}_3C_1\ {}_3C_2\ {}_3C_3 \iff 1\ \ 3\ \ 3\ \ 1\\
&n=4\text{일 때, } (a+b)^4\text{의 계수} \iff {}_4C_0\ {}_4C_1\ {}_4C_2\ {}_4C_3\ {}_4C_4 \iff 1\ \ 4\ \ 6\ \ 4\ \ 1\\
&n=5\text{일 때, } (a+b)^5\text{의 계수} \iff {}_5C_0\ {}_5C_1\ {}_5C_2\ {}_5C_3\ {}_5C_4\ {}_5C_5 \iff 1\ \ 5\ \ 10\ \ 10\ \ 5\ \ 1\\
&\hspace{6em}\vdots \hspace{10em} \vdots \hspace{10em} \vdots
\end{aligned}
$$

▶ ① 각 수는 그 수의 왼쪽 위와 오른쪽 위에 있는 두 수의 합과 같다.
  ② 각 행의 수는 좌우 대칭이다.

설명 오른쪽 표시된 부분을 살펴보면

$$1+1=2,\ \text{즉 } {}_1C_0+{}_1C_1={}_2C_1$$
$$1+3=4,\ \text{즉 } {}_3C_0+{}_3C_1={}_4C_1$$

이 됨을 알 수 있다.

즉, 이웃하는 두 이항계수의 합이 그 두 수의 아래쪽 중앙에 있는 이항계수와 같다.

이 성질을 이용하면 이항계수를 일일이 계산하지 않아도 $(a+b)^n$을 쉽게 전개할 수 있다.

실제로 파스칼의 삼각형에서의 이러한 성질로 앞에서 공부한 조합의 성질

$$_{n-1}C_{r-1}+{}_{n-1}C_r={}_nC_r$$

가 성립함을 확인할 수 있다.

또한, 파스칼의 삼각형에서 각 행의 이항계수의 배열이 좌우 대칭이므로
$_nC_r={}_nC_{n-r}$가 성립함을 확인할 수 있다.

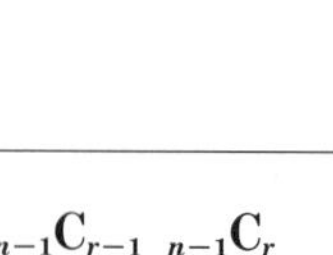

2. 이항계수의 성질 ▷ 필수예제 **6, 7**

이항정리를 이용하여 $(1+x)^n$을 전개하면

$$(1+x)^n={}_nC_0+{}_nC_1x+{}_nC_2x^2+\cdots+{}_nC_nx^n$$

이다. 이를 이용하면 다음과 같은 이항계수의 성질을 얻을 수 있다.

(1) $_nC_0+{}_nC_1+{}_nC_2+\cdots+{}_nC_n=2^n$ (단, n은 자연수)

(2) $_nC_0-{}_nC_1+{}_nC_2-{}_nC_3+\cdots+(-1)^n{}_nC_n=0$ (단, n은 자연수)

(3) $_nC_0+{}_nC_2+{}_nC_4+\cdots+{}_nC_{n-1}={}_nC_1+{}_nC_3+{}_nC_5+\cdots+{}_nC_n=2^{n-1}$

$$\text{(단, } n\text{은 1보다 큰 홀수)}$$

$_nC_0+{}_nC_2+{}_nC_4+\cdots+{}_nC_n={}_nC_1+{}_nC_3+{}_nC_5+\cdots+{}_nC_{n-1}=2^{n-1}$ (단, n은 짝수)

설명 $(1+x)^n={}_nC_0+{}_nC_1x+{}_nC_2x^2+\cdots+{}_nC_nx^n$ ······ ㉠

(1) ㉠의 양변에 $x=1$을 대입하면

$$(1+1)^n={}_nC_0+{}_nC_1+{}_nC_2+\cdots+{}_nC_n$$

$$\therefore {}_nC_0+{}_nC_1+{}_nC_2+\cdots+{}_nC_n=2^n \qquad ······ ㉡$$

(2) ㉠의 양변에 $x=-1$을 대입하면

$$(1-1)^n={}_nC_0-{}_nC_1+{}_nC_2-{}_nC_3+\cdots+(-1)^n{}_nC_n$$

$$\therefore {}_nC_0-{}_nC_1+{}_nC_2-{}_nC_3+\cdots+(-1)^n{}_nC_n=0 \qquad ······ ㉢$$

(3) n이 1보다 큰 홀수일 때, ㉡+㉢을 하면

$$2({}_nC_0+{}_nC_2+{}_nC_4+\cdots+{}_nC_{n-1})=2^n$$

$$\therefore {}_nC_0+{}_nC_2+{}_nC_4+\cdots+{}_nC_{n-1}=2^{n-1}$$

㉡에서 $({}_nC_0+{}_nC_2+{}_nC_4+\cdots+{}_nC_{n-1})+({}_nC_1+{}_nC_3+{}_nC_5+\cdots+{}_nC_n)=2^n$이므로

$${}_nC_0+{}_nC_2+{}_nC_4+\cdots+{}_nC_{n-1}={}_nC_1+{}_nC_3+{}_nC_5+\cdots+{}_nC_n=2^{n-1}$$

n이 짝수일 때, ㉡+㉢을 하면

$$2({}_nC_0+{}_nC_2+{}_nC_4+\cdots+{}_nC_n)=2^n$$

$$\therefore {}_nC_0+{}_nC_2+{}_nC_4+\cdots+{}_nC_n=2^{n-1}$$

㉡에서 $({}_nC_0+{}_nC_2+{}_nC_4+\cdots+{}_nC_n)+({}_nC_1+{}_nC_3+{}_nC_5+\cdots+{}_nC_{n-1})=2^n$이므로

$${}_nC_0+{}_nC_2+{}_nC_4+\cdots+{}_nC_n={}_nC_1+{}_nC_3+{}_nC_5+\cdots+{}_nC_{n-1}=2^{n-1}$$

보충학습

1. 파스칼의 삼각형에서 알 수 있는 여러 가지 성질

(1) 각 행의 수의 합

n행의 모든 수의 합은 항상 2^n이다. 예를 들어,

1행 ⇨ $1+1=2=2^1$

2행 ⇨ $1+2+1=4=2^2$

3행 ⇨ $1+3+3+1=8=2^3$

$\vdots$

이다.

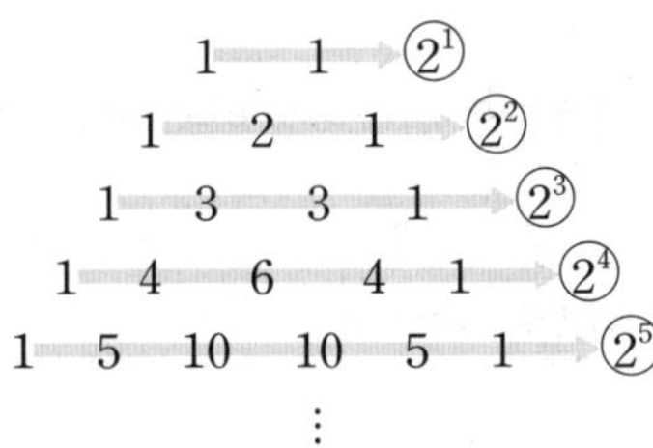

(2) 하키 스틱 패턴

바깥쪽의 1에서 시작하여 대각선 방향으로 수들을 더하면 아래 행의 안쪽 하키 스틱 모양에 있는 수가 된다. 예를 들어, 오른쪽 그림에서

$$1+3+6=10$$

$$1+4+10+20=35$$

이다.

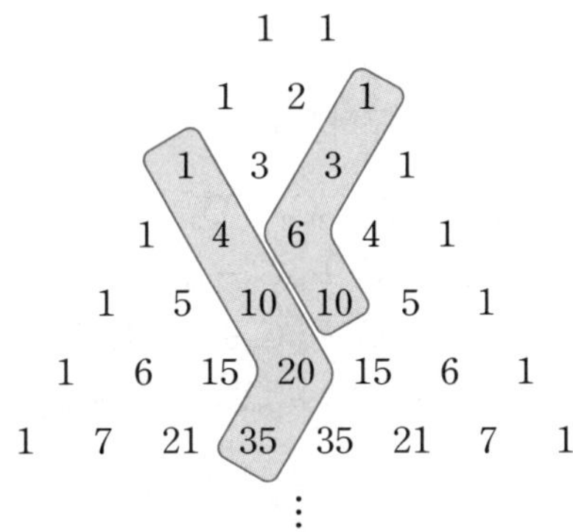

75 다음은 파스칼의 삼각형을 나타낸 것이다. ☐ 안에 알맞은 것을 써넣으시오.

(1)

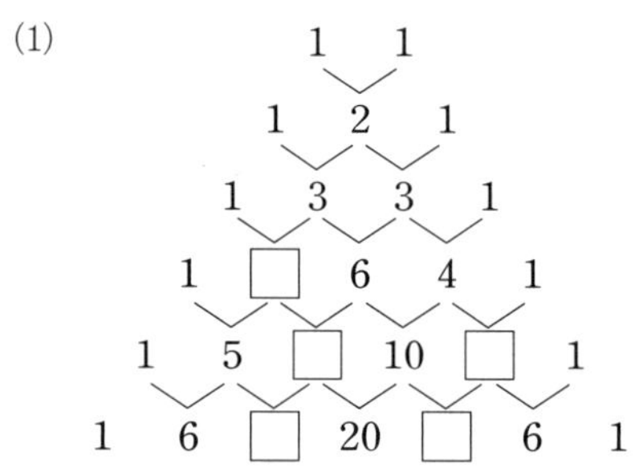

(2)

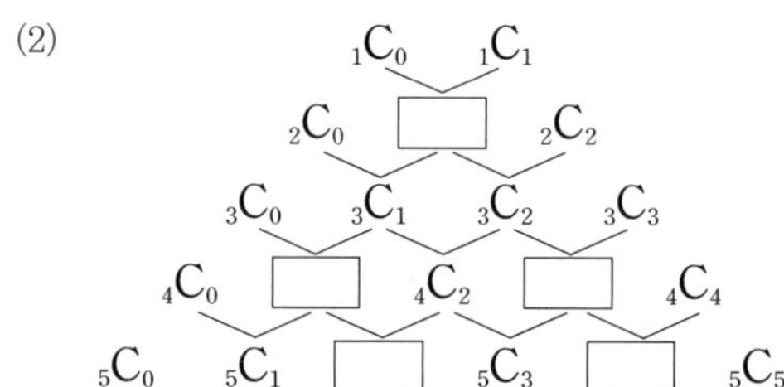

76 파스칼의 삼각형을 이용하여 다음 식을 전개하시오.

(1) $(2x+1)^5$

(2) $(a-2b)^4$

77 다음 값을 구하시오.

(1) $_3C_0+{}_3C_1+{}_3C_2+{}_3C_3$

(2) $_{10}C_0-{}_{10}C_1+{}_{10}C_2-{}_{10}C_3+\cdots+{}_{10}C_{10}$

(3) $_{51}C_0+{}_{51}C_2+{}_{51}C_4+\cdots+{}_{51}C_{50}$

(4) $_{100}C_1+{}_{100}C_3+{}_{100}C_5+\cdots+{}_{100}C_{99}$

오른쪽 그림의 파스칼의 삼각형을 이용하여 다음 식의 값과 같은 것은?

$$_2C_2+{}_3C_2+{}_4C_2+{}_5C_2+\cdots+{}_{10}C_2$$

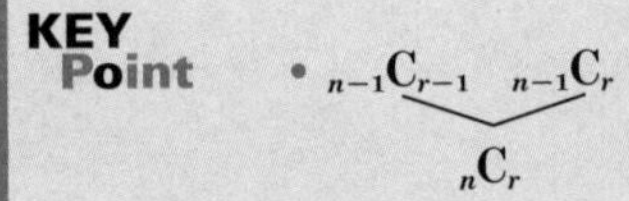

① $_{10}C_2$　　② $_{10}C_5$　　③ $_{10}C_9$

④ $_{11}C_5$　　⑤ $_{11}C_8$

설명　$_nC_0=1,\ _nC_n=1,\ _nC_r={}_nC_{n-r},\ _{n-1}C_{r-1}+{}_{n-1}C_r={}_nC_r$임을 이용한다.

풀이　파스칼의 삼각형을 이용하면

$$\begin{aligned}
_2C_2+{}_3C_2+{}_4C_2+{}_5C_2+\cdots+{}_{10}C_2 &=({}_3C_3+{}_3C_2)+{}_4C_2+{}_5C_2+\cdots+{}_{10}C_2\ (\because {}_2C_2={}_3C_3)\\
&=({}_4C_3+{}_4C_2)+{}_5C_2+\cdots+{}_{10}C_2\ (\because {}_3C_3+{}_3C_2={}_4C_3)\\
&=({}_5C_3+{}_5C_2)+\cdots+{}_{10}C_2\ (\because {}_4C_3+{}_4C_2={}_5C_3)\\
&\qquad\qquad\vdots\\
&={}_{10}C_3+{}_{10}C_2\\
&={}_{11}C_3={}_{11}C_8
\end{aligned}$$

따라서 주어진 식의 값과 같은 것은 ⑤ $_{11}C_8$이다.

KEY Point

- $_{n-1}C_{r-1}\quad {}_{n-1}C_r$
  　　$\searrow\swarrow$
　　$_nC_r$

78 다음 식의 값을 구하시오.

(1) $_2C_0+{}_3C_1+{}_4C_2+{}_5C_3+\cdots+{}_{11}C_9$

(2) $_3C_3+{}_4C_3+{}_5C_3+{}_6C_3+\cdots+{}_{10}C_3$

79 다음 중 $_{15}C_6+{}_{16}C_7+{}_{17}C_8+{}_{18}C_9+{}_{19}C_{10}+{}_{20}C_{11}$의 값과 같은 것은?

① $_{21}C_{11}+{}_{15}C_5$　　② $_{21}C_{11}-{}_{15}C_5$　　③ $_{21}C_{11}$

④ $_{21}C_{10}+{}_{15}C_7$　　⑤ $_{21}C_{10}-{}_{15}C_7$

$(1+x)+(1+x)^2+(1+x)^3+\cdots+(1+x)^7$의 전개식에서 x^3의 계수를 구하시오.

설명　주어진 전개식의 각 항에서 x^3의 계수를 구한 후, $_{n-1}C_{r-1}+_{n-1}C_r=_nC_r$임을 이용한다.

풀이　$(1+x)^n$의 전개식의 일반항은 $_nC_r x^r$이고

3≤n≤7인 경우에만 x^3항이 나오므로

$(1+x)^3$의 전개식에서 x^3의 계수는 $_3C_3$

$(1+x)^4$의 전개식에서 x^3의 계수는 $_4C_3$

$$\vdots$$

$(1+x)^7$의 전개식에서 x^3의 계수는 $_7C_3$

따라서 x^3의 계수는

$$_3C_3+_4C_3+_5C_3+_6C_3+_7C_3=(_4C_4+_4C_3)+_5C_3+_6C_3+_7C_3\ (\because\ _3C_3=_4C_4)$$
$$=(_5C_4+_5C_3)+_6C_3+_7C_3\ (\because\ _4C_4+_4C_3=_5C_4)$$
$$=(_6C_4+_6C_3)+_7C_3\ (\because\ _5C_4+_5C_3=_6C_4)$$
$$=_7C_4+_7C_3\ (\because\ _6C_4+_6C_3=_7C_4)$$
$$=_8C_4=\mathbf{70}$$

다른풀이　수학 Ⅰ 을 학습한 학생은 등비수열의 합을 이용하여 다음과 같이 풀 수 있습니다.

$$(1+x)+(1+x)^2+(1+x)^3+\cdots+(1+x)^7 \qquad \cdots\cdots ㉠$$

㉠은 첫째항이 $1+x$, 공비가 $1+x$, 항의 개수가 7인 등비수열의 합이므로

$$\frac{(1+x)\{(1+x)^7-1\}}{(1+x)-1}=\frac{(1+x)^8-(1+x)}{x} \qquad \cdots\cdots ㉡$$

㉠의 전개식에서 x^3의 계수는 ㉡의 $(1+x)^8$의 전개식에서 x^4의 계수와 같다.

이때 $(1+x)^8$의 전개식의 일반항은 $_8C_r x^r$

따라서 $r=4$일 때이므로 구하는 계수는 $_8C_4=70$

참고　첫째항이 a, 공비가 $r\,(r\neq1)$, 항의 개수가 n인 등비수열의 합은

$$\Rightarrow \frac{a(r^n-1)}{r-1}$$

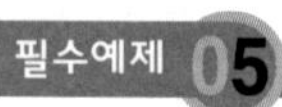

KEY Point　• $(1+x^p)^n$의 전개식의 일반항 $\Rightarrow\ _nC_r x^{pr}$

80　$(1+x^3)+(1+x^3)^2+(1+x^3)^3+\cdots+(1+x^3)^{15}$의 전개식에서 x^6의 계수를 구하시오.

81　$x^2(1+x^2)+x^2(1+x^2)^2+x^2(1+x^2)^3+\cdots+x^2(1+x^2)^{10}$의 전개식에서 x^{10}의 계수를 구하시오.

다음을 구하시오.

(1) $_7C_0+_7C_1+_7C_2+\cdots+_7C_7=2^n$을 만족시키는 자연수 n의 값

(2) $_{20}C_1-_{20}C_2+_{20}C_3-_{20}C_4+\cdots+_{20}C_{19}-_{20}C_{20}$의 값

풀이

(1) $_nC_0+_nC_1+_nC_2+\cdots+_nC_n=2^n$이므로

$_7C_0+_7C_1+_7C_2+\cdots+_7C_7=2^7$

따라서 구하는 n의 값은 **7**이다.

(2) $_nC_0-_nC_1+_nC_2-_nC_3+\cdots+(-1)^n{_nC_n}=0$이므로

$_{20}C_0-_{20}C_1+_{20}C_2-_{20}C_3+\cdots+_{20}C_{20}=0$

$\therefore _{20}C_1-_{20}C_2+_{20}C_3-_{20}C_4+\cdots+_{20}C_{19}-_{20}C_{20}=_{20}C_0=\mathbf{1}$

다음을 구하시오.

(1) $_{2n}C_0+_{2n}C_2+_{2n}C_4+\cdots+_{2n}C_{2n}=128$을 만족시키는 자연수 n의 값

(2) $_{11}C_1+_{11}C_3+_{11}C_5+_{11}C_7+_{11}C_9$의 값

풀이

(1) $_{2n}C_0+_{2n}C_2+_{2n}C_4+\cdots+_{2n}C_{2n}=2^{2n-1}$이므로

$2^{2n-1}=128=2^7$

즉, $2n-1=7$이므로 $n=\mathbf{4}$

(2) $_nC_1+_nC_3+_nC_5+\cdots=2^{n-1}$이므로

$_{11}C_1+_{11}C_3+_{11}C_5+\cdots+_{11}C_{11}=2^{11-1}=2^{10}$

$\therefore _{11}C_1+_{11}C_3+_{11}C_5+_{11}C_7+_{11}C_9=2^{10}-_{11}C_{11}=1024-1=\mathbf{1023}$

KEY Point

- $_nC_0+_nC_1+_nC_2+\cdots+_nC_n=2^n$
- $_nC_0-_nC_1+_nC_2-_nC_3+\cdots+(-1)^n{_nC_n}=0$
- $_nC_0+_nC_2+_nC_4+\cdots+_nC_{n-1}=_nC_1+_nC_3+_nC_5+\cdots+_nC_n=2^{n-1}$ (단, n은 1보다 큰 홀수)
- $_nC_0+_nC_2+_nC_4+\cdots+_nC_n=_nC_1+_nC_3+_nC_5+\cdots+_nC_{n-1}=2^{n-1}$ (단, n은 짝수)

82 $_{19}C_2+_{19}C_4+_{19}C_6+\cdots+_{19}C_{18}$의 값을 구하시오.

83 $_{15}C_8+_{15}C_9+_{15}C_{10}+\cdots+_{15}C_{15}$의 값을 구하시오.

84 $2000<{_nC_1}+_nC_2+_nC_3+\cdots+_nC_n<3000$을 만족시키는 자연수 n의 값을 구하시오.

11^{10}을 100으로 나누었을 때의 나머지를 a, 21^{10}을 400으로 나누었을 때의 나머지를 b라 할 때, $a+b$의 값을 구하시오.

풀이

(i) $11^{10}=(1+10)^{10}$

$$={}_{10}C_0+{}_{10}C_1\,10+{}_{10}C_2\,10^2+\cdots+{}_{10}C_{10}\,10^{10}$$

이때 ${}_{10}C_1\,10+{}_{10}C_2\,10^2+\cdots+{}_{10}C_{10}\,10^{10}$은 100으로 나누어떨어진다.

따라서 11^{10}을 100으로 나누었을 때의 나머지는 ${}_{10}C_0=1$을 100으로 나누었을 때의 나머지와 같으므로 구하는 나머지는 1이다.

(ii) $21^{10}=(1+20)^{10}$

$$={}_{10}C_0+{}_{10}C_1\,20+{}_{10}C_2\,20^2+\cdots+{}_{10}C_{10}\,20^{10}$$

이때 ${}_{10}C_2\,20^2+\cdots+{}_{10}C_{10}\,20^{10}$은 400으로 나누어떨어진다.

따라서 21^{10}을 400으로 나누었을 때의 나머지는 ${}_{10}C_0+{}_{10}C_1\,20=201$을 400으로 나누었을 때의 나머지와 같으므로 구하는 나머지는 201이다.

(i), (ii)에서 $a=1$, $b=201$이므로

$$a+b=\mathbf{202}$$

KEY Point

- $(1+x)^n={}_nC_0+{}_nC_1x+{}_nC_2x^2+\cdots+{}_nC_nx^n$에서 x 대신 상수 a를 대입
  $\Rightarrow (1+a)^n={}_nC_0+{}_nC_1a+{}_nC_2a^2+\cdots+{}_nC_na^n$

85 31^{12}을 900으로 나누었을 때의 나머지를 구하시오.

86 ${}_{15}C_0+3\,{}_{15}C_1+3^2\,{}_{15}C_2+\cdots+3^{15}\,{}_{15}C_{15}$의 값을 구하시오.

연 습 문 제

36 $\left(\dfrac{1}{x^2}-2x\right)^7$의 전개식에서 $\dfrac{1}{x^2}$의 계수를 구하시오.

37 $\left(ax^3+\dfrac{2}{x^2}\right)^4$의 전개식에서 x^2의 계수가 6일 때, 양수 a의 값을 구하시오.

38 $(3x+y)(x+2y)^5$의 전개식에서 x^3y^3의 계수를 구하시오.

39 $(2x+1)^4(x-3)^3$의 전개식에서 x^5의 계수를 구하시오.

40 다음 중 오른쪽 파스칼의 삼각형에서 색칠한 부분에 있는 모든 수의 합과 같은 것은?

① $_{12}C_6$ ② $_{12}C_7$ ③ $_{12}C_8$
④ $_{12}C_9$ ⑤ $_{12}C_{10}$

$$_1C_0 \quad _1C_1$$
$$_2C_0 \quad _2C_1 \quad _2C_2$$
$$_3C_0 \quad _3C_1 \quad _3C_2 \quad _3C_3$$
$$_4C_0 \quad _4C_1 \quad _4C_2 \quad _4C_3 \quad _4C_4$$
$$\vdots$$
$$_{11}C_0 \quad _{11}C_1 \quad _{11}C_2 \quad _{11}C_3 \quad \cdots \quad _{11}C_{11}$$

41 $(1+2x)+(1+2x)^2+(1+2x)^3+\cdots+(1+2x)^8$의 전개식에서 x^3의 계수를 구하시오.

42 $_{19}C_{10}+_{19}C_{11}+_{19}C_{12}+\cdots+_{19}C_{19}$의 값을 구하시오.

생각해 봅시다!

$(a+b)^n$의 전개식의 일반항
$\Rightarrow {}_nC_r a^{n-r}b^r$

$(a+b)(c+d)^n$
$\Rightarrow a(c+d)^n+b(c+d)^n$

43 $_{20}C_2 + {}_{20}C_4 + {}_{20}C_6 + \cdots + {}_{20}C_{18}$의 값을 구하시오.

STEP 2

[교육청기출]

44 다항식 $(x+3)^n$의 전개식에서 상수항이 81일 때, x의 계수는?

① 108   ② 114   ③ 120   ④ 126   ⑤ 132

45 $(1+2x)(a+x)^5$의 전개식에서 x^4의 계수가 195일 때, x^2의 계수를 구하시오. (단, $a>0$)

46 $\left(x^2+\dfrac{1}{x}\right)^6(x+1)^4$의 전개식에서 x^3의 계수를 구하시오.

$(a+b)^m(c+d)^n$의 전개식의 일반항
$\Rightarrow {}_mC_r a^{m-r}b^r$
$\qquad \times {}_nC_p c^{n-p}d^p$

47 $_nC_0 + {}_nC_1 4 + {}_nC_2 4^2 + \cdots + {}_nC_n 4^n = 5^{20}$을 만족시키는 자연수 n의 값을 구하시오.

$(1+x)^n$의 전개식을 이항정리를 이용하여 나타내고 적당한 값을 대입한다.

48 19^{19}을 400으로 나누었을 때의 나머지를 구하시오.

실력 UP

49 $(1+x)^n$의 전개식에서 x^8, x^9, x^{10}의 계수를 각각 a_8, a_9, a_{10}이라 하자. $a_9-a_8=a_{10}-a_9$일 때, 자연수 n의 값을 모두 구하시오. (단, $n \geq 10$)

50 집합 $A=\{1,\ 2,\ 3,\ \cdots,\ 19,\ 20\}$의 부분집합 중 원소의 개수가 홀수인 집합의 개수를 구하시오.

51  11^{11}의 일의 자리, 십의 자리, 백의 자리의 숫자를 각각 a, b, c라 할 때, $a+b+c$의 값을 구하시오.

> **생각해 봅시다!**
>
> $11^{11}=(1+10)^{11}$을 전개하여 천의 자리 이하의 수를 생각한다.

52 $({}_{10}C_0)^2+({}_{10}C_1)^2+({}_{10}C_2)^2+\cdots+({}_{10}C_{10})^2={}_nC_{10}$이라 할 때, 자연수 n의 값을 구하시오.

53 다음 중 ${}_{10}C_{10}\times{}_{11}C_8+{}_{10}C_9\times{}_{11}C_7+{}_{10}C_8\times{}_{11}C_6+\cdots+{}_{10}C_2\times{}_{11}C_0$의 값과 같은 것은?

① ${}_{21}C_{18}$　　② ${}_{21}C_8$　　③ ${}_{20}C_{18}$　　④ ${}_{20}C_{13}$　　⑤ ${}_{20}C_8$

> ${}_nC_r={}_nC_{n-r}$

[교육청기출]

54 동주는 5개의 서로 다른 알사탕과 5개의 똑같은 박하사탕을 가지고 있다. 이 중에서 5개를 택하여 진서에게 주는 경우의 수를 구하시오.

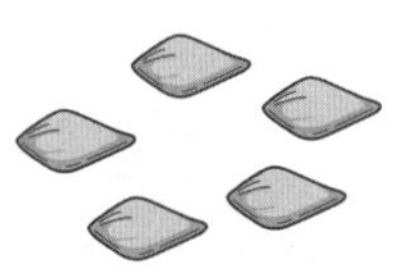

친구

많은 사람이 아니라 단 한 사람이라도 좋습니다.
동성이든 이성이든 언제 어느 때고 스스럼없이 다가서서 나의 생각과 느낌을
다 털어놓을 수 있는 사람.
아무것도 숨길 필요가 없는 사람.
그래서 내가 홀가분할 수 있는 사람.

〈어린왕자〉에서 여우는 이렇게 말합니다.
"너의 장미꽃을 그토록 소중하게 만드는 건 그 꽃을 위해 네가 소비한 그 시간이란다."

당신이 우울한 얼굴로 찾아갔을 때 아무리 바쁜 일이 있어도 그 일을 멈추고
당신의 이야기에 귀 기울여 주는 친구.
당신의 손을 따뜻하게 잡아 주며 함께 눈물 글썽여 주는 친구.
당신에게는 그런 친구가 몇 명이나 있습니까?
지금 손꼽아 보는 사람이 있다면 당신은 이 세상에서 남부러울 게 없는 사람일 것입니다.
학식이 높고 재물이 많아도 마음 터놓을 친구 하나 없다면 무슨 소용이겠습니까?

Ⅱ

확률

1. 확률의 뜻과 활용

2. 조건부확률

01 시행과 사건

개념원리 이해

1. 시행과 사건

(1) **시행:** 주사위나 동전을 던지는 것과 같이 같은 조건에서 여러 번 반복할 수 있고, 그 결과가 우연에 의하여 결정되는 실험이나 관찰
(2) **표본공간:** 어떤 시행에서 일어날 수 있는 모든 결과의 집합
(3) **사건:** 표본공간의 부분집합
(4) **근원사건:** 표본공간의 부분집합 중에서 한 개의 원소로 이루어진 집합
(5) **전사건:** 반드시 일어나는 사건이며 이것은 표본공간과 같다.
(6) **공사건:** 절대로 일어나지 않는 사건이며 공집합 $\varnothing$으로 나타낸다.

▶ 표본공간은 보통 sample space의 첫 글자인 S로 나타내고 공집합이 아닌 경우만 생각한다.

설명 한 개의 주사위를 던지는 시행에서 표본공간 S는 $S=\{1, 2, 3, 4, 5, 6\}$이고, 홀수의 눈이 나오는 사건을 A라 하면 $A=\{1, 3, 5\}$이다.
또한, $\{1\}$, $\{2\}$, $\{3\}$, $\{4\}$, $\{5\}$, $\{6\}$과 같이 한 개의 원소로만 이루어진 집합을 근원사건, 자연수의 눈이 나오는 사건과 같이 반드시 일어나는 사건을 전사건, 7의 눈이 나오는 사건과 같이 절대로 일어나지 않는 사건을 공사건이라 한다.

2. 배반사건과 여사건　▷ 필수예제 **1, 2**

표본공간 S의 두 사건 A, B에 대하여

(1) **합사건:** A 또는 B가 일어나는 사건 $\Rightarrow A \cup B$
(2) **곱사건:** A와 B가 동시에 일어나는 사건 $\Rightarrow A \cap B$
(3) **배반사건:** A와 B가 동시에 일어나지 않을 때, 즉 $\boldsymbol{A \cap B = \varnothing}$일 때, A와 B는 서로 배반이라 하고, 이 두 사건을 서로 배반사건이라 한다.
(4) **여사건:** 사건 A가 일어나지 않는 사건을 A의 여사건이라 하고, 기호로 A^C와 같이 나타낸다. 이때 사건 A와 그 여사건 A^C에 대하여 $A \cap A^C = \varnothing$이므로 두 사건 A, A^C는 서로 배반사건이다.

▶
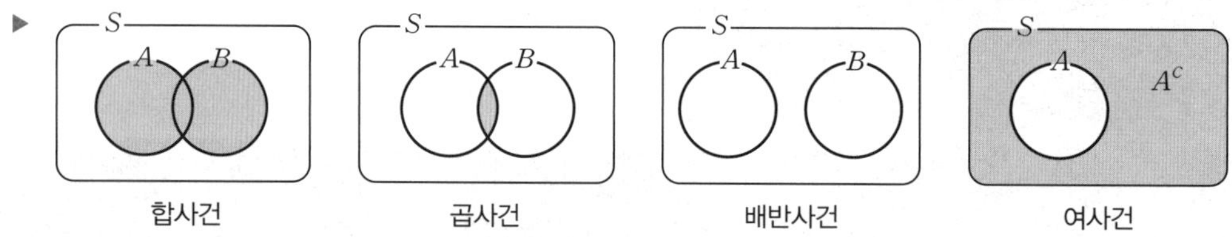

| 합사건 | 곱사건 | 배반사건 | 여사건 |

예 한 개의 주사위를 던지는 시행에서 표본공간 S는
$$S=\{1, 2, 3, 4, 5, 6\}$$
4의 약수의 눈이 나오는 사건을 A, 3의 배수의 눈이 나오는 사건을 B라 하면 $A=\{1, 2, 4\}$, $B=\{3, 6\}$

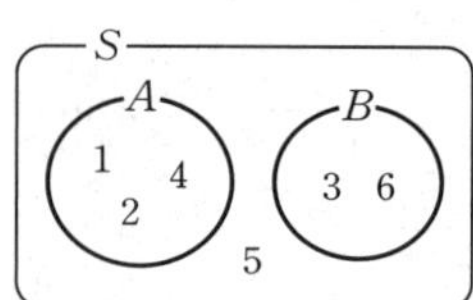

이때 $A \cap B = \varnothing$이므로 두 사건 A와 B는 서로 배반사건이다.
한편, 두 사건 A, B의 여사건은 각각 $A^C=\{3, 5, 6\}$, $B^C=\{1, 2, 4, 5\}$이다.

한 개의 주사위를 던지는 시행에서 짝수의 눈이 나오는 사건을 A, 홀수의 눈이 나오는 사건을 B, 4의 약수의 눈이 나오는 사건을 C라 할 때, 세 사건 A, B, C 중에서 서로 배반인 두 사건을 구하시오.

풀이 $A=\{2,\ 4,\ 6\}$, $B=\{1,\ 3,\ 5\}$, $C=\{1,\ 2,\ 4\}$이므로
$A\cap B=\varnothing$, $B\cap C=\{1\}$, $A\cap C=\{2,\ 4\}$
따라서 서로 배반인 두 사건은 **A와 B**이다.

1부터 8까지의 자연수가 하나씩 적힌 8장의 카드 중에서 임의로 한 장의 카드를 뽑는 시행에서 6의 약수가 적힌 카드를 뽑는 사건을 A라 할 때, 사건 A와 서로 배반인 사건의 개수를 구하시오.

풀이   표본공간을 S라 하면 $S=\{1,\ 2,\ 3,\ 4,\ 5,\ 6,\ 7,\ 8\}$이고, $A=\{1,\ 2,\ 3,\ 6\}$이므로 사건 A와 서로 배반인 사건은 $A^C=\{4,\ 5,\ 7,\ 8\}$의 부분집합이다.
따라서 구하는 사건의 개수는 $2^4=\mathbf{16}$

KEY Point

- $A\cap B=\varnothing \Rightarrow$ 두 사건 A와 B는 서로 배반사건이다.
- 사건 A와 서로 배반인 사건 $\Rightarrow$ 여사건 A^C의 부분집합
- 원소의 개수가 n인 집합의 부분집합의 개수 $\Rightarrow 2^n$

87 1부터 7까지의 자연수가 하나씩 적힌 7개의 공이 들어 있는 주머니가 있다. 이 주머니에서 한 개의 공을 꺼내는 시행에서 홀수가 적힌 공이 나오는 사건을 A, 3의 배수가 적힌 공이 나오는 사건을 B, 4의 약수가 적힌 공이 나오는 사건을 C라 할 때, 다음 **보기** 중에서 서로 배반사건인 것만을 있는 대로 고르시오.

보기
ㄱ. A와 B ㄴ. B와 C ㄷ. A와 C

88 표본공간 $S=\{1,\ 2,\ 3,\ 4,\ 5,\ 6\}$에 대하여 두 사건 E, F가 $E=\{1,\ 2,\ 3\}$, $F=\{2,\ 3,\ 4\}$일 때, 두 사건 E, F와 모두 배반인 사건 H의 개수를 구하시오.

1. 확률

어떤 시행에서 사건 A가 일어날 가능성을 수로 나타낸 것을 사건 A의 **확률**이라 하고, 이것을 기호로 $P(A)$와 같이 나타낸다.

▶ $P(A)$의 P는 확률을 뜻하는 probability의 첫 글자이다.

2. 수학적 확률 ▷ 필수예제 3~9

> 표본공간이 S인 어떤 시행에서 각 근원사건이 일어날 가능성이 모두 같은 정도로 기대될 때, 사건 A가 일어날 확률 $P(A)$를
>
> $$P(A) = \frac{n(A)}{n(S)} = \frac{(사건\ A가\ 일어나는\ 경우의\ 수)}{(일어날\ 수\ 있는\ 모든\ 경우의\ 수)}$$
>
> 로 정의하고, 이것을 표본공간 S에서 사건 A가 일어날 **수학적 확률**이라 한다.

▶ 수학적 확률은 표본공간이 공집합이 아닌 유한집합인 경우에서만 생각한다.

예   한 개의 주사위를 두 번 던질 때, 나오는 눈의 수의 합이 7일 확률을 구하시오.

풀이   표본공간을 S라 하면 $n(S) = 6 \times 6 = 36$

이때 나오는 눈의 수의 합이 7인 사건을 A라 하면

$A = \{(1, 6), (2, 5), (3, 4), (4, 3), (5, 2), (6, 1)\}$

이므로 $n(A) = 6$

따라서 구하는 확률은 $P(A) = \dfrac{n(A)}{n(S)} = \dfrac{6}{36} = \dfrac{1}{6}$

3. 통계적 확률 ▷ 필수예제 10

> 같은 시행을 n번 반복하였을 때, 사건 A가 일어난 횟수를 r_n이라 하자. 이때 n을 한없이 크게 함에 따라 상대도수 $\dfrac{r_n}{n}$이 일정한 값 p에 가까워지면 이 값 p를 사건 A가 일어날 **통계적 확률**이라 한다.

▶ ① 통계적 확률을 구할 때, 실제로는 시행 횟수 n을 한없이 크게 할 수 없으므로 n이 충분히 클 때의 상대도수 $\dfrac{r_n}{n}$을 통계적 확률로 생각한다.

② 어떤 사건 A가 일어날 수학적 확률이 p일 때, 시행 횟수 n을 충분히 크게 하면 사건 A가 일어나는 상대도수 $\dfrac{r_n}{n}$은 수학적 확률 p에 가까워진다는 것이 알려져 있다.

설명 수학적 확률은 어떤 시행에서 각 근원사건이 일어날 가능성이 모두 같은 정도로 기대된다는 가정에서 정의하였다.

그러나 우리 주변의 여러 가지 사회 현상이나 자연 현상 중에는 일어날 가능성이 같은 정도로 기대되지 않는 경우도 있다. 예를 들어, 비가 올 가능성, 공장에서 불량품이 생산될 가능성, 유통업체에서 판매된 물건이 반품될 가능성 등이 있다. 이와 같은 경우에는 많은 자료를 수집하여 조사하거나 같은 시행을 여러 번 반복하여 구한 상대도수를 통하여 그 사건이 일어나는 경향을 알아볼 수 있다.

예 어느 유통업체에서 판매된 500개의 물건 중 25개의 물건이 반품되었다면 판매된 물건 중 하나가 반품될 확률은

$$\frac{(\text{반품된 물건의 개수})}{(\text{판매된 물건의 개수})}=\frac{25}{500}=0.05$$

4. 확률의 기본 성질

표본공간 S의 임의의 사건 A에 대하여 $\varnothing \subset A \subset S$이므로 다음이 성립한다.

> (1) 임의의 사건 A에 대하여 $0 \leq \mathrm{P}(A) \leq 1$
> (2) 반드시 일어나는 사건 S에 대하여 $\mathrm{P}(S)=1$ ← 전사건
> (3) 절대로 일어나지 않는 사건 $\varnothing$에 대하여 $\mathrm{P}(\varnothing)=0$ ← 공사건

설명 어떤 시행에서 표본공간 S의 임의의 사건 A는 S의 부분집합이므로

$$0 \leq n(A) \leq n(S)$$

위의 부등식의 각 변을 $n(S)$로 나누면

$$0 \leq \frac{n(A)}{n(S)} \leq 1 \qquad \therefore\ 0 \leq \mathrm{P}(A) \leq 1$$

특히, 반드시 일어나는 사건 S와 절대로 일어나지 않는 사건 $\varnothing$에 대하여

$$\mathrm{P}(S)=\frac{n(S)}{n(S)}=1,\ \mathrm{P}(\varnothing)=\frac{n(\varnothing)}{n(S)}=0$$

이다.

예 주머니 속에 흰 공 7개와 노란 공 4개가 들어 있다. 이 주머니에서 임의로 한 개의 공을 꺼낼 때, 다음을 구하시오.

(1) 흰 공이 나올 확률
(2) 흰 공 또는 노란 공이 나올 확률
(3) 검은 공이 나올 확률

풀이 (1) 흰 공이 나올 확률은 $\dfrac{7}{11}$

(2) 흰 공 또는 노란 공이 나오는 사건은 전사건이므로 그 확률은 1
(3) 검은 공이 나오는 사건은 공사건이므로 그 확률은 0

서로 다른 두 개의 주사위를 동시에 던질 때, 다음을 구하시오.

(1) 나오는 두 눈의 수가 같을 확률
(2) 나오는 두 눈의 수의 합이 8일 확률
(3) 나오는 두 눈의 수의 곱이 완전제곱수일 확률

풀이　표본공간을 S라 하면 $n(S)=6\times6=36$

(1) 나오는 두 눈의 수가 같은 사건을 A라 하면
$$A=\{(1,1),(2,2),(3,3),(4,4),(5,5),(6,6)\}$$
이므로 $n(A)=6$

따라서 구하는 확률은 $\mathrm{P}(A)=\dfrac{n(A)}{n(S)}=\dfrac{6}{36}=\dfrac{1}{6}$

(2) 나오는 두 눈의 수의 합이 8인 사건을 B라 하면
$$B=\{(2,6),(3,5),(4,4),(5,3),(6,2)\}$$
이므로 $n(B)=5$

따라서 구하는 확률은 $\mathrm{P}(B)=\dfrac{n(B)}{n(S)}=\dfrac{5}{36}$

(3) 나오는 두 눈의 수의 곱이 완전제곱수인 사건을 C라 하면
$$C=\{(1,1),(2,2),(1,4),(4,1),(3,3),(4,4),(5,5),(6,6)\}$$
이므로 $n(C)=8$

따라서 구하는 확률은 $\mathrm{P}(C)=\dfrac{n(C)}{n(S)}=\dfrac{8}{36}=\dfrac{2}{9}$

KEY Point

• 표본공간 S의 임의의 사건 A에 대하여
$$\mathrm{P}(A)=\frac{n(A)}{n(S)}=\frac{(\text{사건 } A\text{가 일어나는 경우의 수})}{(\text{일어날 수 있는 모든 경우의 수})}$$

89　한 개의 주사위를 두 번 던질 때, 나오는 두 눈의 수의 차가 3 이상일 확률을 구하시오.

90　108의 모든 양의 약수가 하나씩 적힌 카드가 들어 있는 주머니에서 임의로 한 장의 카드를 꺼낼 때, 그 카드에 적힌 수가 60의 양의 약수일 확률을 구하시오.

다음을 구하시오.

(1) A, B, C, D, E, F의 6명이 일렬로 앉을 때, A, B가 이웃하여 앉게 될 확률

(2) computer에 있는 8개의 문자를 일렬로 나열할 때, c와 t 사이에 2개의 문자가 올 확률

설명　순서를 생각하는 경우의 확률은 순열을 이용한다.

풀이　(1) 6명이 일렬로 앉는 경우의 수는 6!

A, B를 한 사람으로 생각하여 5명이 일렬로 앉는 경우의 수는 5!

A, B 2명이 서로 자리를 바꾸는 경우의 수는 2!

즉, A, B가 이웃하여 앉게 되는 경우의 수는 5!×2!

따라서 구하는 확률은 $\dfrac{5! \times 2!}{6!} = \dfrac{1}{3}$

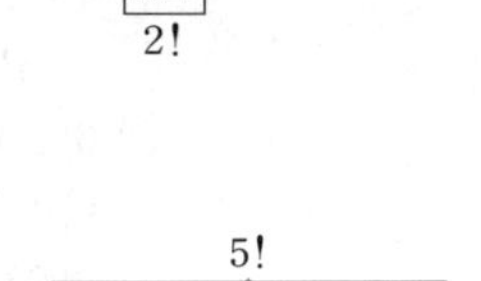

(2) 8개의 문자를 일렬로 나열하는 경우의 수는 8!

c와 t 사이에 들어가는 2개의 문자를 택하여 일렬로 나열하는 경우의 수는 $_6P_2$

c와 t를 포함한 4개의 문자를 한 문자로 생각하여 5개의 문자를 일렬로 나열하는 경우의 수는 5!

c와 t가 자리를 바꾸는 경우의 수는 2!

즉, c와 t 사이에 2개의 문자가 오는 경우의 수는 $_6P_2 \times 5! \times 2!$

따라서 구하는 확률은 $\dfrac{_6P_2 \times 5! \times 2!}{8!} = \dfrac{5}{28}$

KEY Point

- 이웃하는 경우 ⇨ 이웃하는 것을 하나로 묶어서 생각
- 이웃하지 않는 경우 ⇨ 이웃해도 되는 것을 먼저 나열
- 양 끝에 오는 경우 ⇨ 양 끝에 오는 것을 제외한 나머지를 먼저 나열

 **91** 여섯 사람이 한 줄로 설 때, 특정한 세 사람이 이웃하여 서게 될 확률을 구하시오.

92 promise에 있는 7개의 문자를 일렬로 나열할 때, 모음끼리 이웃하지 않을 확률을 구하시오.

93 A, B, C, D, E의 5명의 학생을 일렬로 세울 때, A, B가 양 끝에 서게 될 확률을 구하시오.

다음을 구하시오.

(1) 남학생 2명과 여학생 5명이 원탁에 둘러앉을 때, 남학생끼리 이웃하게 앉을 확률

(2) 부모님을 포함하여 6명의 가족이 원탁에 둘러앉을 때, 부모님이 마주 보고 앉을 확률

풀이

(1) 7명이 원탁에 둘러앉는 경우의 수는 $(7-1)!=6!$

남학생 2명을 한 사람으로 생각하여 6명이 원탁에 둘러앉는 경우의 수는 $(6-1)!=5!$

남학생 2명이 서로 자리를 바꾸는 경우의 수는 $2!$

즉, 남학생끼리 이웃하게 앉는 경우의 수는 $5! \times 2!$

따라서 구하는 확률은

$$\frac{5! \times 2!}{6!} = \frac{1}{3}$$

(2) 6명이 원탁에 둘러앉는 경우의 수는 $(6-1)!=5!$

아버지의 자리가 결정되면 어머니의 자리는 마주 보는 자리에 고정된다. 즉, 부모님이 마주 보고 앉는 경우의 수는 4명이 남은 자리에 한 사람씩 앉는 경우의 수와 같으므로 $4!$

따라서 구하는 확률은

$$\frac{4!}{5!} = \frac{1}{5}$$

KEY Point

• 서로 다른 n개를 원형으로 배열하는 원순열의 수

　⇨ $(n-1)!$

94 영국인 4명과 프랑스인 4명이 원탁에 둘러앉을 때, 영국인과 프랑스인이 교대로 앉을 확률을 구하시오.

95 오른쪽 그림과 같이 8등분한 원의 각 영역에 빨간색과 초록색을 포함한 8가지의 색을 모두 한 번씩 사용하여 칠하려고 한다. 각 영역에 한 가지의 색을 칠할 때, 빨간색의 맞은편에 초록색을 칠할 확률을 구하시오. (단, 회전하여 일치하는 것은 같은 것으로 본다.)

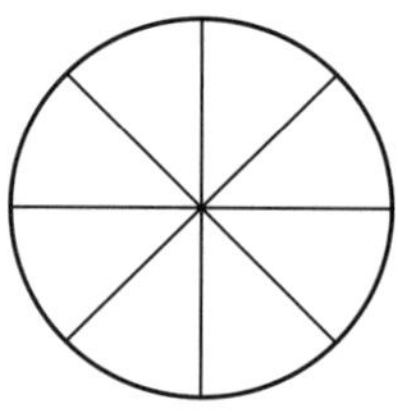

1, 2, 3, 4, 5의 다섯 개의 숫자 중에서 중복을 허용하여 네 자리 정수를 만들 때, 이 수가 짝수일 확률을 구하시오.

풀이

1, 2, 3, 4, 5의 다섯 개의 숫자 중에서 중복을 허용하여 만들 수 있는 네 자리 정수의 개수는
$$_5\Pi_4 = 5^4 = 625$$
이때 짝수이려면 일의 자리의 숫자가 짝수, 즉 □□□2 또는 □□□4 꼴이어야 하므로 짝수의 개수는
$$_5\Pi_3 \times 2 = 5^3 \times 2 = 250$$
따라서 구하는 확률은 $\dfrac{250}{625} = \dfrac{2}{5}$

KEY Point

• 서로 다른 n개에서 r개를 택하는 중복순열의 수
$$\Rightarrow \quad _n\Pi_r = n^r$$
서로 다른 ⌐ 　 ⌐ 택하는
것의 개수　　　것의 개수

96 세 사람이 다섯 가지 맛 아이스크림 중에서 임의로 하나씩 택할 때, 세 사람이 서로 다른 맛 아이스크림을 택할 확률을 구하시오.

97 두 집합 $X = \{1, 2, 3\}$, $Y = \{a, b, c\}$에 대하여 X에서 Y로의 함수 f를 만들 때, f가 일대일대응일 확률을 구하시오.

98 0, 1, 2의 세 개의 숫자 중에서 중복을 허용하여 세 자리 정수를 만들 때, 십의 자리의 숫자가 0일 확률을 구하시오.

7개의 문자 A, V, O, C, A, D, O를 일렬로 나열할 때, 모음끼리 이웃할 확률을 구하시오.

풀이

7개의 문자 A, V, O, C, A, D, O를 일렬로 나열하는 경우의 수는

$$\frac{7!}{2!2!}=1260$$

모음 A, A, O, O를 한 문자로 생각하여 4개의 문자를 일렬로 나열하는 경우의 수는

$$4!=24$$

A, A, O, O를 일렬로 나열하는 경우의 수는

$$\frac{4!}{2!2!}=6$$

즉, 모음끼리 이웃하도록 나열하는 경우의 수는

$$24\times6=144$$

따라서 구하는 확률은 $\dfrac{144}{1260}=\dfrac{4}{35}$

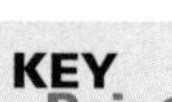

KEY Point

- n개 중에서 서로 같은 것이 각각 p개, q개, $\cdots$, r개씩 있을 때, n개를 일렬로 나열하는 순열의 수

$$\Rightarrow \frac{n!}{p!q!\cdots r!}\ (\text{단},\ p+q+\cdots+r=n)$$

확인체크

99　6개의 문자 P, E, P, P, E, R를 일렬로 나열할 때, 맨 앞에 E가 올 확률을 구하시오.

100　7개의 숫자 1, 1, 2, 3, 4, 4, 5를 일렬로 나열할 때, 짝수는 짝수끼리, 홀수는 홀수끼리 이웃할 확률을 구하시오.

101　집합 $X=\{1, 2, 3\}$에 대하여 X에서 X로의 함수 f를 만들 때, 이 함수가

$$f(1)+f(2)+f(3)=8$$을 만족시킬 확률을 구하시오.

흰 공 3개, 검은 공 2개, 초록 공 5개가 들어 있는 주머니에서 임의로 4개의 공을 동시에 꺼낼 때, 다음을 구하시오.

(1) 4개 모두 초록 공이 나올 확률
(2) 흰 공 2개, 검은 공 2개가 나올 확률
(3) 흰 공이 2개 나올 확률

설명　공을 꺼낼 때 꺼내는 공의 순서는 생각하지 않으므로 조합을 이용한다.

풀이　10개의 공 중에서 4개의 공을 꺼내는 경우의 수는 $_{10}C_4=210$

(1) 5개의 초록 공 중에서 4개를 꺼내는 경우의 수는 $_5C_4=5$

따라서 구하는 확률은 $\dfrac{5}{210}=\dfrac{1}{42}$

(2) 3개의 흰 공 중에서 2개, 2개의 검은 공 중에서 2개를 꺼내는 경우의 수는

$_3C_2\times{}_2C_2=3\times1=3$

따라서 구하는 확률은 $\dfrac{3}{210}=\dfrac{1}{70}$

(3) 3개의 흰 공 중에서 2개를 꺼내고 나머지 7개의 공 중에서 2개를 꺼내는 경우의 수는

$_3C_2\times{}_7C_2=3\times21=63$

따라서 구하는 확률은 $\dfrac{63}{210}=\dfrac{3}{10}$

102 당첨 제비 7개가 포함된 16개의 제비 중에서 임의로 3개의 제비를 동시에 뽑을 때, 다음을 구하시오.

(1) 3개 모두 당첨 제비가 나올 확률
(2) 당첨 제비가 1개 나올 확률
(3) 당첨 제비가 2개 나올 확률

103 A, B, C, D, E, F의 6명 중에서 3명의 대표를 뽑을 때, A는 포함되고 C는 포함되지 않을 확률을 구하시오.

104 흰 공과 검은 공을 모두 합하여 6개의 공이 들어 있는 주머니에서 임의로 2개의 공을 동시에 꺼낼 때, 2개 모두 흰 공이 나올 확률이 $\dfrac{2}{5}$이다. 주머니에 들어 있는 흰 공의 개수를 구하시오.

다음 물음에 답하시오.

(1) 프리지아, 장미, 수선화, 튤립을 판매하는 꽃집에서 중복을 허용하여 꽃 5송이를 구입할 때, 수선화가 2송이 포함될 확률을 구하시오.

(단, 각 종류의 꽃은 5송이 이상씩 있다.)

(2) 500원짜리 동전 8개를 서로 다른 3개의 저금통에 넣을 때, 각 저금통에 적어도 1개의 동전을 넣을 확률을 구하시오. (단, 동전은 서로 구별하지 않는다.)

풀이

(1) 프리지아, 장미, 수선화, 튤립 중에서 중복을 허용하여 5송이를 구입하는 경우의 수는 서로 다른 4개에서 5개를 택하는 중복조합의 수와 같으므로

$$_4H_5 = {_8}C_5 = 56$$

수선화가 2송이 포함되는 경우의 수는 프리지아, 장미, 튤립 중에서 3송이를 택하는 중복조합의 수와 같으므로

$$_3H_3 = {_5}C_3 = 10$$

따라서 구하는 확률은 $\dfrac{10}{56} = \dfrac{5}{28}$

(2) 동전 8개를 서로 다른 3개의 저금통에 넣는 경우의 수는 서로 다른 3개에서 8개를 택하는 중복조합의 수와 같으므로

$$_3H_8 = {_{10}}C_8 = 45$$

각 저금통에 적어도 1개의 동전을 넣으려면 모든 저금통에 동전을 1개씩 넣은 다음, 남은 5개의 동전을 넣으면 된다. 즉, 각 저금통에 적어도 1개의 동전을 넣는 경우의 수는 서로 다른 3개에서 5개를 택하는 중복조합의 수와 같으므로

$$_3H_5 = {_7}C_5 = 21$$

따라서 구하는 확률은 $\dfrac{21}{45} = \dfrac{7}{15}$

KEY Point

- 서로 다른 n개에서 r개를 택하는 중복조합의 수

$$\Rightarrow {_n}H_r = {_{n+r-1}}C_r$$

105 10명의 유권자가 각각 A, B, C 3명의 후보 중에서 한 명에게 무기명으로 투표할 때, C 후보가 한 표도 받지 못할 확률을 구하시오. (단, 기권이나 무효는 없다.)

106 방정식 $x+y+z=7$의 음이 아닌 정수해 중에서 임의로 하나를 택할 때, x의 값이 3일 확률을 구하시오.

주머니 속에 흰 공과 검은 공을 모두 합하여 10개의 공이 들어 있다. 이 주머니에서 임의로 2개의 공을 동시에 꺼내어 색을 확인하고 다시 넣는 시행을 여러 번 반복하였더니 3번에 1번 꼴로 2개가 모두 흰 공이었다. 이 주머니 속에는 몇 개의 흰 공이 들어 있다고 볼 수 있는지 구하시오.

풀이

주머니 속에 들어 있는 흰 공의 개수를 n이라 하자.

10개의 공 중에서 2개를 꺼낼 때, 2개 모두 흰 공일 확률은 $\dfrac{_nC_2}{_{10}C_2}=\dfrac{n(n-1)}{90}$

여러 번의 시행에서 3번에 1번 꼴로 2개 모두 흰 공을 꺼냈으므로 통계적 확률은 $\dfrac{1}{3}$이다.

즉, $\dfrac{n(n-1)}{90}=\dfrac{1}{3}$이므로 $n^2-n-30=0$

$(n-6)(n+5)=0$　　　$\therefore n=6\ (\because n>0)$

따라서 주머니 속에는 **6**개의 흰 공이 들어 있다고 볼 수 있다.

KEY Point

- 사건 A가 n번에 r번 꼴로 일어날 때 ⇨ 통계적 확률 ⇨ $P(A)=\dfrac{r}{n}$

107 오른쪽 표는 어떤 질병에 걸린 실험용 쥐 100마리에게 같은 치료제를 매일 일정량씩 투여하였을 때, 치료제를 투여한 기간에 따라 완치된 쥐의 수를 나타낸 것이다. 실험을 한 쥐 중 한 마리를 택하였을 때, 이 쥐가 치료제를 투여한 후 완치되기까지 걸린 기간이 2일 이하일 확률을 구하시오.

기간(일)	1	2	3	4
쥐의 수(마리)	22	43	25	10

108 오른쪽 표는 어느 고등학교 학생들이 하루 동안 스마트폰을 사용하는 시간을 조사하여 나타낸 것이다. 이 학교의 학생 중에서 임의로 한 학생을 택하였을 때, 스마트폰 사용 시간이 3시간 미만일 확률을 구하시오.

사용 시간(시간)	학생 수(명)
$0^{이상} \sim 1^{미만}$	72
1　～2	104
2　～3	160
3　～4	56
4　～5	8

1. 기하적 확률

> 연속적인 변량을 크기로 갖는 표본공간의 영역 S 안에서 각각의 점을 잡을 가능성이 같은 정도로 기대될 때, 영역 S에 포함되어 있는 영역 A에 대하여 영역 S에서 임의로 잡은 점이 영역 A에 포함될 확률 $\mathrm{P}(A)$는
>
> $$\mathrm{P}(A)=\frac{(\text{영역 } A\text{의 크기})}{(\text{영역 } S\text{의 크기})}$$
>
> 로 정의하고, 이것을 **기하적 확률**이라 한다.

설명 오른쪽 그림과 같이 수직선 위에 네 점 $\mathrm{A}(0)$, $\mathrm{B}(9)$, $\mathrm{C}(2)$, $\mathrm{D}(6)$이 있다. 이때 선분 AB 위의 임의의 점이 선분 CD 위에 있을 확률을 구해 보자.

이 경우 표본공간은 선분 AB 위에 있는 모든 점에 대응하는 실수의 집합이므로 표본공간을 S라 하면

$$S=\{x\,|\,0\leq x\leq9\}$$

이고, 임의의 점이 선분 CD 위에 있는 사건을 A라 하면

$$A=\{x\,|\,2\leq x\leq6\}$$

이다.

이때 확률을 구하려면 $n(S)$와 $n(A)$를 각각 구해야 하는데 두 집합 S, A는 모두 무수히 많은 수들로 이루어져 있으므로 원소의 개수를 셀 수 없다. 따라서 $n(S)$와 $n(A)$의 값 대신 각각의 집합이 나타내는 길이를 이용하여 확률 $\mathrm{P}(A)$를

$$\mathrm{P}(A)=\frac{(\text{선분 CD의 길이})}{(\text{선분 AB의 길이})}=\frac{4}{9}$$

와 같이 구한다.

이와 같이 길이, 넓이 등 경우의 수가 무한히 많아서 그 수를 셀 수 없을 때는 기하적 확률을 이용한다.

예 오른쪽 그림과 같이 각 영역의 넓이가 1, 3, 5, 7인 원판이 있다. 이 원판에 화살을 쏠 때, 색칠한 영역에 맞을 확률을 구하시오.

  (단, 화살은 경계선에 맞지 않고 원판을 벗어나지 않는다.)

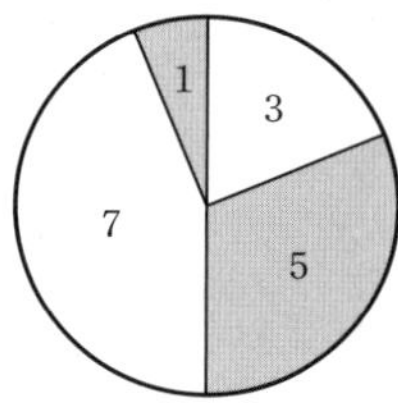

풀이 원판 전체의 넓이는 $1+3+5+7=16$
색칠한 영역의 넓이는 $1+5=6$
따라서 화살이 색칠한 영역에 맞을 확률은

$$\frac{(\text{색칠한 영역의 넓이})}{(\text{원판 전체의 넓이})}=\frac{6}{16}=\frac{3}{8}$$

특강 1 기하적 확률

오른쪽 그림과 같이 한 변의 길이가 2인 정사각형 ABCD의 내부에 임의의 점 P를 잡을 때, 삼각형 PAB가 둔각삼각형이 될 확률을 구하시오.

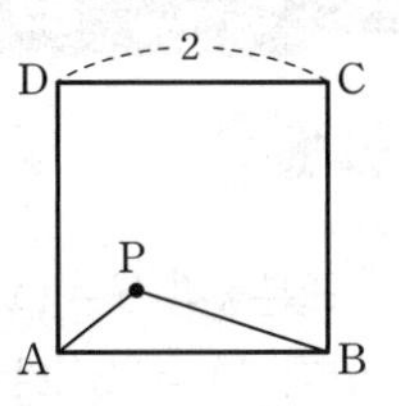

풀이 오른쪽 그림과 같이 점 P가 $\overline{AB}$를 지름으로 하는 반원 위에 있을 때, $\triangle PAB$는 직각삼각형이 된다.

따라서 이 반원의 내부에 점 P를 잡으면 $\triangle PAB$는 둔각삼각형이 되므로 구하는 확률은

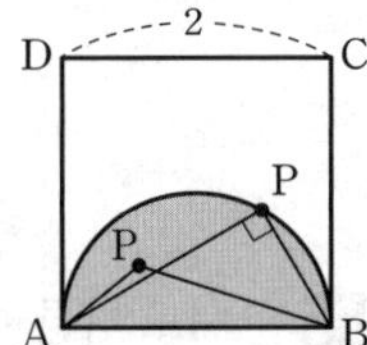

$$\frac{(\text{색칠한 도형의 넓이})}{(\square ABCD\text{의 넓이})}=\frac{\dfrac{1}{2}\times\pi\times 1^2}{4}=\frac{\pi}{8}$$

KEY Point

- 기하적 확률

$$\Rightarrow P(A)=\frac{(\text{사건 } A\text{가 일어나는 영역의 크기})}{(\text{일어날 수 있는 전 영역의 크기})}$$

109 오른쪽 그림과 같이 작은 원부터 반지름의 길이가 2, 3, 4이고 중심이 같은 세 원으로 이루어진 과녁에 화살을 쏠 때, 화살이 색칠한 도형에 맞을 확률을 구하시오.

(단, 화살은 경계선에 맞지 않고 과녁을 벗어나지 않는다.)

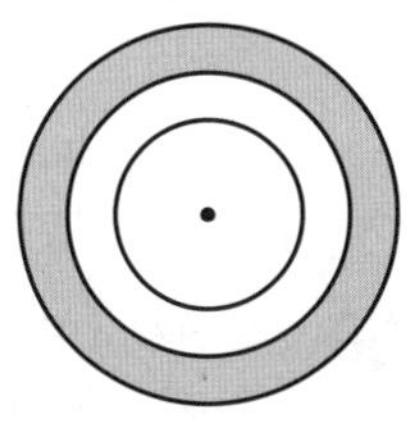

110 $-3\leq a\leq 2$인 실수 a에 대하여 이차방정식 $x^2-4ax+5a=0$이 실근을 가질 확률을 구하시오.

연습문제

STEP 1

생각해 봅시다!

55 표본공간 $S=\{x \mid x$는 10 이하의 자연수$\}$에 대하여 두 사건 A, B가
$$A=\{x \mid x$는 10의 약수$\}, \quad B=\{x \mid x$는 10 이하의 홀수$\}$$
일 때, 두 사건 A, B와 모두 배반인 사건 C의 개수를 구하시오.

56 서로 다른 두 개의 주사위를 동시에 던질 때, 나오는 두 눈의 수의 곱이 홀수
일 확률을 구하시오.

(홀수)$\times$(홀수)$=$(홀수)

57 집합 $A=\{a, b, c, d, e, f\}$의 부분집합 중에서 임의로 하나를 택할 때, 이
부분집합이 원소 b는 포함하고 원소 f는 포함하지 않을 확률을 구하시오.

원소의 개수가 n인 집합의
① 부분집합의 개수 ⇨ 2^n
② 특정한 원소 k개는 반드
시 포함하고 특정한 원
소 m개는 포함하지 않
는 부분집합의 개수
⇨ 2^{n-k-m}

[교육청기출]
58 일렬로 나열된 6개의 좌석에 세 쌍의 부부가 임의로 앉을 때, 부부끼리 서로
이웃하여 앉을 확률은?

① $\dfrac{1}{15}$　　② $\dfrac{2}{15}$　　③ $\dfrac{1}{5}$　　④ $\dfrac{4}{15}$　　⑤ $\dfrac{1}{3}$

59 7개의 숫자 1, 2, 3, 4, 5, 6, 7 중에서 서로 다른 4개의 숫자를 택하여 네 자
리 정수를 만들 때, 4200보다 클 확률을 구하시오.

60 남학생 4명, 여학생 3명이 원탁에 둘러앉을 때, 여학생끼리 이웃하지 않게 앉
을 확률을 구하시오.

이웃하지 않는 경우
⇨ 이웃해도 되는 것을 먼
저 나열한다.

61 집합 $X=\{1, 2, 3, 4\}$에 대하여 X에서 X로의 함수를 만들 때, 함숫값의 합이 7이 될 확률을 구하시오.

두 집합
$X=\{a_1, a_2, \cdots, a_r\}$,
$Y=\{b_1, b_2, \cdots, b_n\}\,(r\leq n)$
에 대하여 X에서 Y로의 함수의 개수는
$\Rightarrow {}_n\Pi_r=n^r$

[평가원기출]

62 흰 공 2개, 노란 공 2개, 파란 공 2개가 들어 있는 주머니가 있다. 이 주머니에서 임의로 3개의 공을 동시에 꺼낼 때, 공의 색깔이 모두 다를 확률은?

(단, 모든 공의 크기와 모양은 같다.)

① $\dfrac{2}{5}$　　② $\dfrac{1}{2}$　　③ $\dfrac{3}{5}$　　④ $\dfrac{7}{10}$　　⑤ $\dfrac{4}{5}$

63 오른쪽 그림과 같이 한 모서리의 길이가 1인 정육면체에서 임의로 서로 다른 두 꼭짓점을 택하여 선분으로 이을 때, 선분의 길이가 $\sqrt{2}$ 이상일 확률을 구하시오.

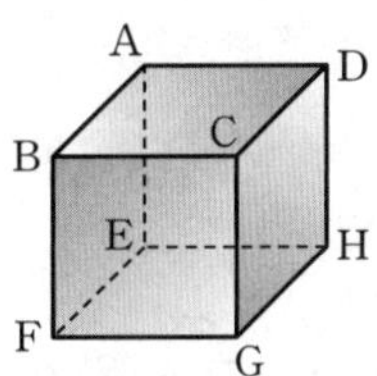

STEP 2

64 A, B 두 개의 주사위를 동시에 던져서 나온 눈의 수를 각각 a, b라 할 때, 이차방정식 $x^2+2ax+b=0$이 실근을 가질 확률을 구하시오.

이차방정식 $ax^2+bx+c=0$이 실근을 가질 조건
$\Rightarrow$ 판별식 $D\geq 0$
$\Rightarrow b^2-4ac\geq 0$

65 나이가 서로 다른 네 사람이 있다. 이들을 일렬로 세울 때, 앞에서 두 번째에 서 있는 사람이 자신과 이웃한 두 사람보다 나이가 적을 확률을 구하시오.

66 1, 2, 3의 세 개의 숫자 중에서 중복을 허용하여 세 자리 정수를 만들 때, 3의 배수가 될 확률을 구하시오.

> 3의 배수
> ⇨ 각 자리의 숫자의 합이 3의 배수이다.

67 빨간 공 4개와 흰 공 3개가 들어 있는 상자에서 임의로 공을 한 개씩 모두 꺼낸다. 5번째에서 흰 공을 모두 꺼낼 확률을 구하시오.

(단, 꺼낸 공은 다시 넣지 않는다.)

68 오른쪽 그림과 같이 평행한 두 직선 l, m 위에 각각 3개, 5개의 점이 있다. 이 8개의 점 중에서 임의로 3개의 점을 택할 때, 이 점들을 꼭짓점으로 하는 삼각형을 만들 수 있을 확률을 구하시오.

69 두 집합 $A = \{1,\ 2,\ 3\}$, $B = \{1,\ 2,\ 3,\ 4,\ 5\}$에 대하여 함수 $f : A \longrightarrow B$를 만들 때, 이 함수가 다음 조건을 만족시킬 확률을 구하시오.

> $x_1 \in A$, $x_2 \in A$에 대하여 $x_1 < x_2$이면 $f(x_1) \leq f(x_2)$이다.

70 표본공간 S의 임의의 두 사건 A, B에 대하여 다음 **보기**에서 옳은 것만을 있는 대로 고른 것은?

> ┤ 보기 ├
> ㄱ. $0 \leq P(A) \leq 1$
> ㄴ. $P(S) - P(\varnothing) = 1$
> ㄷ. $P(A \cup A^c) = 1$
> ㄹ. $1 \leq P(S) + P(A) + P(B) \leq 2$

① ㄱ ② ㄱ, ㄴ ③ ㄴ, ㄷ ④ ㄱ, ㄴ, ㄷ ⑤ ㄱ, ㄴ, ㄹ

> 표본공간 S의 임의의 사건 A에 대하여
> $0 \leq P(A) \leq 1$,
> $P(S) = 1$, $P(\varnothing) = 0$

실력 UP

[수능기출]

71 한국, 중국, 일본 학생이 2명씩 있다. 이 6명이 그림과 같이 좌석 번호가 지정된 6개의 좌석 중 임의로 1개씩 선택하여 앉을 때, 같은 나라의 두 학생끼리는 좌석 번호의 차가 1 또는 10이 되도록 앉게 될 확률은?

11	12	13
21	22	23

① $\dfrac{1}{20}$　　② $\dfrac{1}{10}$　　③ $\dfrac{3}{20}$　　④ $\dfrac{1}{5}$　　⑤ $\dfrac{1}{4}$

72 오른쪽 그림과 같은 직사각형 모양의 탁자에 남학생 3명과 여학생 3명이 둘러앉을 때, 남학생과 여학생이 바로 앞에 마주 보고 앉을 확률을 구하시오.
　　(단, 회전하여 일치하는 것은 같은 것으로 본다.)

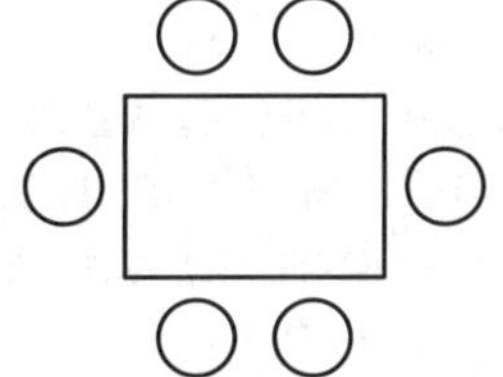

73 어느 마을의 도로망이 오른쪽 그림과 같을 때, 이 마을의 지리를 모르는 외지인이 A 지점에 도착한 후 도로망이 표시된 지도를 보고 친구집 C 지점까지 최단 거리로 찾아간다고 하자. 이때 이 외지인이 B 지점을 지나갈 확률을 구하시오.
(단, 최단 거리로 가는 모든 경우의 확률은 같다.)

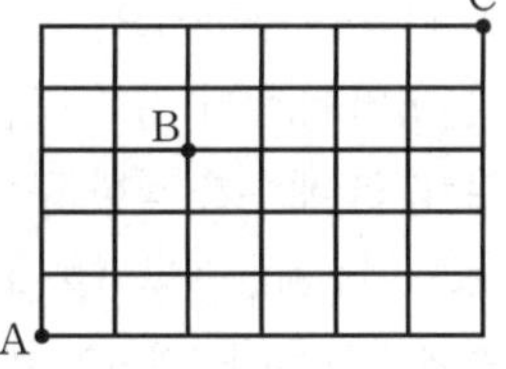

도로망 문제
⇨ 같은 것이 있는 순열

74 오른쪽 그림과 같이 원 위에 8개의 점이 같은 간격으로 놓여 있다. 이들 중에서 세 점을 택하여 삼각형을 만들 때, 직각삼각형이 될 확률을 구하시오.

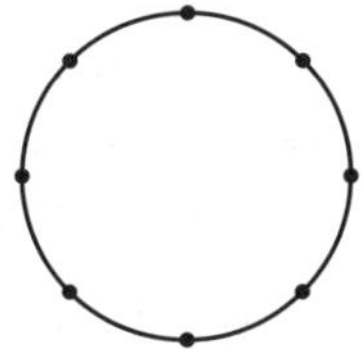

03 확률의 덧셈정리

1. 확률의 뜻과 활용

1. 확률의 덧셈정리 ▷ 필수예제 **11, 12**

> (1) 두 사건 A, B에 대하여
> $$\mathrm{P}(A \cup B) = \mathrm{P}(A) + \mathrm{P}(B) - \mathrm{P}(A \cap B)$$
> (2) 두 사건 A, B가 서로 배반사건, 즉 $A \cap B = \varnothing$이면
> $$\mathrm{P}(A \cup B) = \mathrm{P}(A) + \mathrm{P}(B)$$

설명 표본공간 S의 임의의 두 사건 A, B에 대하여
$$n(A \cup B) = n(A) + n(B) - n(A \cap B)$$
이므로 이 식의 양변을 $n(S)$로 나누면
$$\frac{n(A \cup B)}{n(S)} = \frac{n(A)}{n(S)} + \frac{n(B)}{n(S)} - \frac{n(A \cap B)}{n(S)}$$
따라서 사건 A 또는 사건 B가 일어날 확률 $\mathrm{P}(A \cup B)$는 다음과 같다.
$$\mathrm{P}(A \cup B) = \mathrm{P}(A) + \mathrm{P}(B) - \mathrm{P}(A \cap B)$$
특히, 두 사건 A, B가 서로 배반사건, 즉 $A \cap B = \varnothing$이면 $\mathrm{P}(A \cap B) = 0$이므로
$$\mathrm{P}(A \cup B) = \mathrm{P}(A) + \mathrm{P}(B)$$

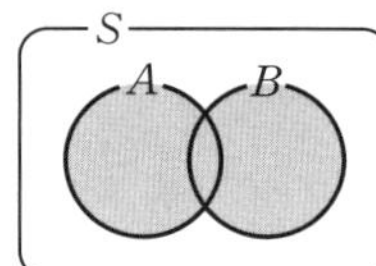
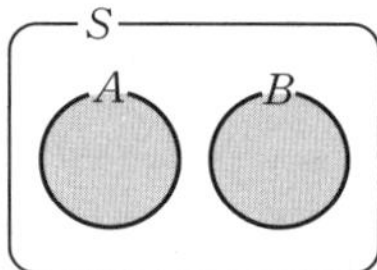

예 1부터 20까지의 자연수가 하나씩 적힌 20개의 구슬이 들어 있는 주머니에서 임의로 한 개의 구슬을 꺼낼 때, 다음을 구하시오.

(1) 2의 배수 또는 5의 배수가 적힌 구슬이 나올 확률

(2) 3의 배수 또는 7의 배수가 적힌 구슬이 나올 확률

풀이 (1) 구슬에 적힌 수가 2의 배수인 사건을 A, 구슬에 적힌 수가 5의 배수인 사건을 B라 하면
$A \cap B$는 구슬에 적힌 수가 2와 5의 최소공배수인 10의 배수인 사건이므로
$$n(A) = 10, \ n(B) = 4, \ n(A \cap B) = 2$$
$$\therefore \mathrm{P}(A) = \frac{10}{20} = \frac{1}{2}, \ \mathrm{P}(B) = \frac{4}{20} = \frac{1}{5}, \ \mathrm{P}(A \cap B) = \frac{2}{20} = \frac{1}{10}$$
따라서 구하는 확률은
$$\mathrm{P}(A \cup B) = \mathrm{P}(A) + \mathrm{P}(B) - \mathrm{P}(A \cap B) = \frac{1}{2} + \frac{1}{5} - \frac{1}{10} = \frac{3}{5}$$

(2) 구슬에 적힌 수가 3의 배수인 사건을 A, 구슬에 적힌 수가 7의 배수인 사건을 B라 하면
$A \cap B$는 구슬에 적힌 수가 3과 7의 최소공배수인 21의 배수인 사건이므로
$$n(A) = 6, \ n(B) = 2, \ n(A \cap B) = 0$$
$$\therefore \mathrm{P}(A) = \frac{6}{20} = \frac{3}{10}, \ \mathrm{P}(B) = \frac{2}{20} = \frac{1}{10}, \ \mathrm{P}(A \cap B) = 0$$
따라서 두 사건 A, B는 서로 배반사건이므로 구하는 확률은
$$\mathrm{P}(A \cup B) = \mathrm{P}(A) + \mathrm{P}(B) = \frac{3}{10} + \frac{1}{10} = \frac{2}{5}$$

> 사건 A의 여사건 A^C에 대하여
> $$\mathrm{P}(A^C)=1-\mathrm{P}(A)$$

▶ '적어도 ~인 사건', '~ 이상인 사건', '~ 이하인 사건' 등의 확률을 구할 때, 여사건의 확률을 이용하면 편리하다.
　⇨ ('적어도 ~인 사건'의 확률)＝1－(반대인 사건의 확률)

설명　표본공간 S의 임의의 사건 A와 그 여사건 A^C에 대하여 $A \cap A^C = \varnothing$이므로
　두 사건 A와 A^C는 서로 배반사건이다.
　즉, $\mathrm{P}(A \cap A^C)=0$이므로 확률의 덧셈정리에 의하여
　　$$\mathrm{P}(A \cup A^C)=\mathrm{P}(A)+\mathrm{P}(A^C)$$
　이때 $A \cup A^C = S$이므로
　　$$\mathrm{P}(A \cup A^C)=\mathrm{P}(S)=1$$
　따라서 다음이 성립한다.
　　$$\mathrm{P}(A)+\mathrm{P}(A^C)=1$$
　　$$\therefore \ \mathrm{P}(A^C)=1-\mathrm{P}(A)$$

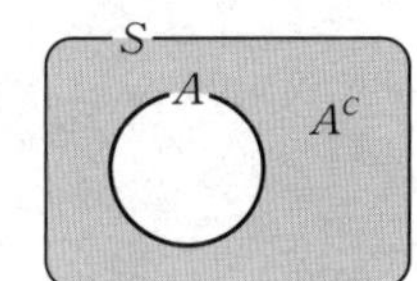

　예를 들어, 서로 다른 네 개의 동전을 동시에 던질 때, 앞면이 적어도 한 개 나올 확률을 생각해 보자.
　네 개의 동전을 던질 때 일어나는 경우는 다음과 같다.
　　(i) 앞면이 0개 나오는 경우(모두 뒷면이 나오는 경우)
　　(ii) 앞면이 1개 나오는 경우 ⎫
　　(iii) 앞면이 2개 나오는 경우 ⎬　앞면이 적어도 한 개 나오는 경우
　　(iv) 앞면이 3개 나오는 경우 ⎪
　　(v) 앞면이 4개 나오는 경우 ⎭
　앞면이 적어도 한 개 나오는 사건은 위의 (ii), (iii), (iv), (v)의 합사건이므로 각각의 확률을 구해서 더하는 것보다 여사건의
　확률, 즉 모두 뒷면이 나올 확률만 구하여 이를 1에서 빼는 것이 편리하다.

예　안경을 쓴 사람이 3명, 쓰지 않은 사람이 2명이 있는 모둠에서 두 명을 뽑을 때, 적어도 한 명은 안경을 썼을 확률을 구하시오.

풀이　두 명 중에서 적어도 한 명은 안경을 쓴 사건을 A라 하면 그 여사건 A^C는 두 명 모두 안경을 쓰지 않은 사건이다.
　여사건 A^C의 확률은
　$$\mathrm{P}(A^C)=\frac{{}_2\mathrm{C}_2}{{}_5\mathrm{C}_2}=\frac{1}{10}$$
　따라서 구하는 확률은
　$$\mathrm{P}(A)=1-\mathrm{P}(A^C)=1-\frac{1}{10}=\frac{9}{10}$$
　참고　(i) 안경을 쓴 사람이 0명인 경우 － A^C
　　　　(ii) 안경을 쓴 사람이 1명인 경우 ⎫
　　　　(iii) 안경을 쓴 사람이 2명인 경우 ⎬ A

111 두 사건 A, B에 대하여 다음을 구하시오.

(1) $P(A)=\dfrac{1}{3}$, $P(B)=\dfrac{1}{4}$, $P(A\cap B)=\dfrac{1}{12}$일 때, $P(A\cup B)$

(2) $P(A)=0.2$, $P(B)=0.5$, $P(A\cup B)=0.6$일 때, $P(A\cap B)$

생각해 봅시다!

두 사건 A, B에 대하여
$P(A\cup B)$
$=P(A)+P(B)$
$\qquad -P(A\cap B)$

112 한 개의 주사위를 던질 때, 짝수의 눈이 나오는 사건을 A, 4의 약수의 눈이 나오는 사건을 B라 하자. 다음을 구하시오.

(1) $P(A)$ 　　　　　　　(2) $P(B)$

(3) $P(A\cap B)$ 　　　　　(4) $P(A\cup B)$

113 사건 A에 대하여 $P(A)=\dfrac{3}{8}$일 때, $P(A^C)$를 구하시오.

사건 A의 여사건 A^C에 대하여
$P(A^C)=1-P(A)$

114 흰 바둑돌 3개와 검은 바둑돌 6개가 들어 있는 주머니에서 임의로 2개의 바둑돌을 꺼낼 때, 2개 모두 검은 바둑돌이 나오는 사건을 A라 하자. 다음을 구하시오.

(1) $P(A)$ 　　　　　　　(2) $P(A^C)$

> 1부터 50까지의 자연수가 하나씩 적힌 50장의 카드 중에서 임의로 한 장의 카드를 뽑을
> 때, 3의 배수이거나 4의 배수가 적힌 카드를 뽑을 확률을 구하시오.

풀이　3의 배수가 적힌 카드를 뽑는 사건을 A, 4의 배수가 적힌 카드를 뽑는 사건을 B라 하면
$A \cap B$는 3과 4의 최소공배수인 12의 배수가 적힌 카드를 뽑는 사건이므로
$n(A)=16,\ n(B)=12,\ n(A \cap B)=4$
$\therefore \mathrm{P}(A)=\dfrac{16}{50}=\dfrac{8}{25},\ \mathrm{P}(B)=\dfrac{12}{50}=\dfrac{6}{25},\ \mathrm{P}(A \cap B)=\dfrac{4}{50}=\dfrac{2}{25}$
따라서 구하는 확률은
$$\mathrm{P}(A \cup B)=\mathrm{P}(A)+\mathrm{P}(B)-\mathrm{P}(A \cap B)$$
$$=\frac{8}{25}+\frac{6}{25}-\frac{2}{25}=\frac{12}{25}$$

KEY Point

- 배반사건이 아닌 경우의 확률의 덧셈정리
  $\Rightarrow \mathrm{P}(A \cup B)=\mathrm{P}(A)+\mathrm{P}(B)-\mathrm{P}(A \cap B)$

115 어느 날 희망이네 반 학생 36명의 통학 방법을 조사하였더니 버스를 이용하는 학생은 16명,
지하철을 이용하는 학생은 11명, 버스와 지하철을 모두 이용하는 학생은 7명이었다. 이 반
학생 36명 중에서 임의로 한 명을 택하였을 때, 그 학생이 버스 또는 지하철을 이용하는 학
생일 확률을 구하시오.

116 어떤 문제를 갑이 풀 확률이 0.7, 을이 풀 확률이 0.5, 갑 또는 을이 풀 확률이 0.85일 때,
갑, 을 모두 풀 확률을 구하시오.

> 흰 공 4개, 빨간 공 3개가 들어 있는 주머니에서 임의로 2개의 공을 동시에 꺼낼 때, 2개
> 모두 같은 색의 공일 확률을 구하시오.

설명 2개 모두 흰 공이 나오는 사건을 A, 2개 모두 빨간 공이 나오는 사건을 B라 하면 두 사건 A, B는 동시에 일어나지 않으므로 서로 배반사건이다.

풀이 7개의 공 중에서 2개를 꺼내는 경우의 수는 $_7C_2 = 21$

7개의 공 중에서 2개를 꺼낼 때, 2개가 모두 흰 공인 사건을 A, 2개가 모두 빨간 공인 사건을 B라 하면

$$P(A) = \frac{_4C_2}{_7C_2} = \frac{6}{21} = \frac{2}{7}, \ P(B) = \frac{_3C_2}{_7C_2} = \frac{3}{21} = \frac{1}{7}$$

이때 두 사건 A, B는 서로 배반사건이므로 구하는 확률은

$$P(A \cup B) = P(A) + P(B) = \frac{2}{7} + \frac{1}{7} = \boxed{\frac{3}{7}}$$

KEY Point

• 배반사건인 경우의 확률의 덧셈정리

⇨ $A \cap B = \varnothing$이므로 $P(A \cup B) = P(A) + P(B)$

117 서로 다른 두 개의 주사위를 동시에 던질 때, 나오는 두 눈의 수의 합이 5이거나 차가 5일 확률을 구하시오.

118 딸기 맛 사탕 4개, 포도 맛 사탕 5개가 들어 있는 상자에서 임의로 5개의 사탕을 동시에 꺼낼 때, 딸기 맛 사탕이 포도 맛 사탕보다 많을 확률을 구하시오.

두 사건 A, B에 대하여 $\mathrm{P}(A)=\dfrac{1}{2}$, $\mathrm{P}(B)=\dfrac{5}{12}$, $\mathrm{P}(A^c \cap B^c)=\dfrac{1}{3}$일 때, $\mathrm{P}(A \cap B)$를 구하시오.

풀이

$$\mathrm{P}(A^c \cap B^c)=\mathrm{P}((A \cup B)^c)=1-\mathrm{P}(A \cup B)=\frac{1}{3}$$

$$\therefore \mathrm{P}(A \cup B)=\frac{2}{3}$$

$$\mathrm{P}(A \cup B)=\mathrm{P}(A)+\mathrm{P}(B)-\mathrm{P}(A \cap B)\text{에서} \ \frac{2}{3}=\frac{1}{2}+\frac{5}{12}-\mathrm{P}(A \cap B)$$

$$\therefore \mathrm{P}(A \cap B)=\frac{1}{2}+\frac{5}{12}-\frac{2}{3}=\mathbf{\frac{1}{4}}$$

1부터 50까지의 자연수가 하나씩 적힌 50장의 카드 중에서 임의로 한 장의 카드를 뽑을 때, 카드에 적힌 수가 4의 배수도 5의 배수도 아닐 확률을 구하시오.

풀이

카드에 적힌 수가 4의 배수인 사건을 A, 카드에 적힌 수가 5의 배수인 사건을 B라 하면
카드에 적힌 수가 4의 배수도 5의 배수도 아닌 사건은 $A^c \cap B^c=(A \cup B)^c$이다.

이때 $\mathrm{P}(A)=\dfrac{12}{50}=\dfrac{6}{25}$, $\mathrm{P}(B)=\dfrac{10}{50}=\dfrac{1}{5}$이고,

$A \cap B$는 카드에 적힌 수가 4와 5의 최소공배수인 20의 배수인 사건이므로

$$\mathrm{P}(A \cap B)=\frac{2}{50}=\frac{1}{25}$$

$$\therefore \mathrm{P}(A \cup B)=\mathrm{P}(A)+\mathrm{P}(B)-\mathrm{P}(A \cap B)=\frac{6}{25}+\frac{1}{5}-\frac{1}{25}=\frac{2}{5}$$

$$\therefore \mathrm{P}(A^c \cap B^c)=\mathrm{P}((A \cup B)^c)=1-\mathrm{P}(A \cup B)=1-\frac{2}{5}=\mathbf{\frac{3}{5}}$$

KEY Point

- 두 사건 A, B에 대하여
  ① $\mathrm{P}(A \cup B)=\mathrm{P}(A)+\mathrm{P}(B)-\mathrm{P}(A \cap B)$
  ② $\mathrm{P}(A^c)=1-\mathrm{P}(A)$

119 두 사건 A, B에 대하여 $\mathrm{P}(A^c \cup B^c)=\dfrac{5}{6}$, $\mathrm{P}(A \cap B^c)=\dfrac{1}{2}$일 때, $\mathrm{P}(A^c)$를 구하시오.

120 집합 $X=\{3, 4, 5\}$에 대하여 X에서 X로의 함수 중 임의로 하나를 택할 때, 이 함수가 치역의 모든 원소의 곱이 짝수인 함수일 확률을 구하시오.

주머니 속에 5개의 흰 공과 3개의 빨간 공이 들어 있다. 이 주머니에서 임의로 2개의 공을 동시에 꺼낼 때, 적어도 1개가 흰 공일 확률을 구하시오.

풀이

적어도 1개가 흰 공인 사건을 A라 하면
모두 빨간 공인 사건은 A^C이므로

$$\mathrm{P}(A^C)=\frac{{}_3\mathrm{C}_2}{{}_8\mathrm{C}_2}=\frac{3}{28}$$

$$\therefore \mathrm{P}(A)=1-\mathrm{P}(A^C)=1-\frac{3}{28}=\frac{25}{28}$$

KEY Point
- '적어도 ~인 사건' ⇨ 여사건을 생각한다. ⇨ $\mathrm{P}(A)=1-\mathrm{P}(A^C)$
- ('적어도 ~인 사건'의 확률) $=1-$ (반대인 사건의 확률)

121 남자 4명과 여자 6명으로 이루어진 산악회에서 등산을 준비할 3명을 제비뽑기로 정하려고 할 때, 적어도 한 명의 남자가 포함될 확률을 구하시오.

122 A, B를 포함한 6명의 학생을 일렬로 세울 때, A와 B 사이에 적어도 한 명의 학생이 설 확률을 구하시오.

123 20개의 제비 중에 당첨 제비가 n개 있다. 이 중에서 임의로 2개를 동시에 뽑을 때, 적어도 1개가 당첨 제비일 확률이 $\frac{7}{19}$이라 한다. 이때 n의 값을 구하시오.

서로 다른 두 개의 주사위를 동시에 던질 때, 나오는 두 눈의 수의 합이 5 이상일 확률을 구하시오.

풀이

주사위 두 개를 동시에 던질 때 모든 경우의 수는 $6 \times 6 = 36$

이때 두 눈의 수의 합이 5 이상인 사건을 A라 하면

두 눈의 수의 합이 4 이하인 사건은 A^c이므로

$$A^c = \{(1,\ 1),\ (1,\ 2),\ (2,\ 1),\ (1,\ 3),\ (2,\ 2),\ (3,\ 1)\}$$

$$\therefore \mathrm{P}(A^c) = \frac{6}{36} = \frac{1}{6}$$

$$\therefore \mathrm{P}(A) = 1 - \mathrm{P}(A^c) = 1 - \frac{1}{6} = \frac{5}{6}$$

KEY Point

- '~ 이상인 사건', '~ 이하인 사건'

  ⇨ 여사건을 생각한다. ⇨ $\mathrm{P}(A) = 1 - \mathrm{P}(A^c)$

124 유통기한이 5일 남은 우유가 8개, 2일 남은 우유가 4개 있는 진열대에서 임의로 3개의 우유를 동시에 택할 때, 유통기한이 2일 남은 우유가 2개 이하일 확률을 구하시오.

125 흰 공 6개, 파란 공 4개가 들어 있는 주머니에서 임의로 4개의 공을 동시에 꺼낼 때, 흰 공이 2개 이상일 확률을 구하시오.

126 5개의 숫자 1, 2, 3, 4, 5 중에서 서로 다른 4개의 숫자를 이용하여 네 자리 정수를 만들 때, 4500 이하일 확률을 구하시오.

연습문제

STEP 1

🔆 생각해 봅시다!

75 두 집합 $X=\{0,1,2\}$, $Y=\{1,2,3,4\}$에 대하여 X에서 Y로의 함수 f를 만들 때, $f(1)=1$이거나 $f(2)=4$일 확률을 구하시오.

76 창민이네 동아리에는 남학생 6명, 여학생 4명이 있다. 동아리방 청소 당번 2명을 뽑을 때, 2명 모두 남학생이거나 2명 모두 여학생일 확률을 구하시오.

77 두 사건 A, B에 대하여 $P(A)=\dfrac{1}{4}$, $P(B^c)=\dfrac{2}{3}$, $P(A\cup B)=\dfrac{1}{2}$일 때, $P(A\cap B)$를 구하시오.

$P(B^c)=1-P(B)$

[교육청기출]

78 A, B를 포함한 8명의 요리 동아리 회원 중에서 요리 박람회에 참가할 5명의 회원을 임의로 뽑을 때, A 또는 B가 뽑힐 확률은?

① $\dfrac{17}{28}$ ② $\dfrac{19}{28}$ ③ $\dfrac{3}{4}$ ④ $\dfrac{23}{28}$ ⑤ $\dfrac{25}{28}$

79 W, O, R, L, D, C, U, P의 문자가 하나씩 적힌 8장의 카드 중에서 2장을 임의로 뽑을 때, 적어도 한 개의 모음이 포함될 확률을 구하시오.

모음은 O, U이다.

80 남자 6명, 여자 5명 중에서 임의로 4명을 뽑을 때, 남녀를 적어도 한 명씩 뽑을 확률을 구하시오.

(남녀를 적어도 한 명씩 뽑을 확률)
$=1-$(모두 남자 또는 모두 여자를 뽑을 확률)

81 0, 1, 2, 3, 4, 5의 6개의 숫자 중에서 서로 다른 3개의 숫자를 택하여 세 자리 정수를 만들 때, 그 수가 짝수일 확률을 구하시오.

> 백의 자리에는 0이 올 수 없다.

82 한 개의 주사위를 두 번 던져서 나오는 두 눈의 수의 합을 a라 할 때, a와 12가 서로소일 확률을 구하시오.

> 서로소
> ⇨ 1 이외의 공약수를 갖지 않는 두 자연수

83 두 사건 A, B가 서로 배반사건이고 $\mathrm{P}(A \cup B) = \dfrac{2}{3}$, $\dfrac{1}{5} \leq \mathrm{P}(A) \leq \dfrac{3}{5}$일 때, $\mathrm{P}(B)$의 최솟값을 구하시오.

> 두 사건 A, B가 서로 배반
> 사건이면 $A \cap B = \varnothing$이므
> 로
> ⇨ $\mathrm{P}(A \cup B)$
> $= \mathrm{P}(A) + \mathrm{P}(B)$

84 집합 $S = \{1, 2, 3, 4, 5, 6\}$의 부분집합 중에서 임의로 하나의 부분집합을 택할 때, 원소의 합이 4 이상일 확률을 구하시오.

실력UP

85 집합 $A = \{n \mid 1 \leq n \leq 50,\ n$은 자연수$\}$가 있다. 집합 A에서 임의로 하나의 원소 a를 택할 때, x에 대한 이차방정식 $6x^2 - 5ax + a^2 = 0$이 정수해를 가질 확률을 구하시오.

실력UP [수능기출]

86 방정식 $x + y + z = 10$을 만족시키는 음이 아닌 정수 x, y, z의 모든 순서쌍 (x, y, z) 중에서 임의로 한 개를 선택한다. 선택한 순서쌍 (x, y, z)가 $(x-y)(y-z)(z-x) \neq 0$을 만족시킬 확률은 $\dfrac{q}{p}$이다. $p + q$의 값을 구하시오. (단, p와 q는 서로소인 자연수이다.)

> 세 실수 A, B, C에 대하여
> $ABC \neq 0$을 만족시키는
> 사건의 여사건
> ⇨ $ABC = 0$
> ⇔ $A = 0$ 또는 $B = 0$
> 또는 $C = 0$

현명하다는 것

어느 조용한 마을에 정말 바보 같은 사내가 한 명 있었답니다.

하루는 이 마을에 현자가 방문을 하였는데, 이 바보가 현자에게

"저는 사는 것이 괴롭습니다.

마을 사람들은 모두 저를 바보라고 놀리고, 제가 무언가를 말하려고 하면 무조건 웃기부터 합니다.

어떻게 해야 제가 바보 취급을 안 받고 살 수 있을까요?"

라고 물어 보았습니다.

현자는 그의 귀에 대고 조용히 말하였습니다.

"다음부터는 사람들이 무언가를 말하면 무조건 그것을 반대하세요. 그게 어떤 말이든, 누구의 말이든

상관없이 무조건 반대하면서 '어떻게 그렇게 되죠? 증명해 보세요!'라고만 하세요."

"하지만 저는 그걸 증명할 수 없는데요."

"걱정할 필요가 없답니다.

아무도 당신에게 그것을 묻지 않을 것입니다.

사람들은 자신이 한 말을 증명하는 것에만 신경을 쓸 테니까요."

그래서 이 바보는 현자가 시키는 대로 했답니다. 그러자 한 달도 안돼서 마을은 시끌시끌했답니다.

'저 바보가 저토록 현명했었다니...'

II

확률

01 조건부확률

개념원리 이해

1. 조건부확률 ▷ 필수예제 **1, 2, 5**

> (1) 표본공간 S의 두 사건 A, B에 대하여 확률이 0이 아닌 **사건 A가 일어났다고 가정할 때 사건 B가 일어날 확률**을 사건 A가 일어났을 때의 사건 B의 **조건부확률**이라 하고, 기호로
>
> $$P(B|A)$$
>
> 와 같이 나타낸다.
>
> (2) 사건 A가 일어났을 때의 사건 B의 조건부확률은
>
> $$P(B|A) = \frac{P(A \cap B)}{P(A)} \quad (단, \ P(A) > 0)$$
>
> 같다.

▶ 사건 B가 일어났을 때의 사건 A의 조건부확률은 $P(A|B) = \dfrac{P(A \cap B)}{P(B)}$ 이고, 일반적으로 $P(B|A) \neq P(A|B)$ 이다.

설명 각 근원사건이 일어날 가능성이 모두 같은 정도로 기대되는 표본공간 S의 두 사건 A, B에 대하여 사건 A가 일어났을 때의 사건 B의 조건부확률은

$$P(B|A) = \frac{n(A \cap B)}{n(A)}$$

이다. 이때 이 식의 우변의 분자와 분모를 각각 $n(S)$로 나누면

$$P(B|A) = \frac{\dfrac{n(A \cap B)}{n(S)}}{\dfrac{n(A)}{n(S)}} = \frac{P(A \cap B)}{P(A)}$$

이다.

이를 예를 통해 확인해 보자.

오른쪽 표는 어느 비행기의 탑승객 100명에 대하여 한국인의 수와 외국인의 수를 조사한 것이다. 이 비행기의 탑승객 중에서 임의로 뽑은 한 명이 한국인일 때, 이 탑승객이 남자일 확률을 구해 보자.

(단위: 명)

	남자(B)	여자(B^C)	합계
한국인(A)	40	25	65
외국인(A^C)	15	20	35
합계	55	45	100

탑승객 100명 중 임의로 한 명을 뽑는 사건을 S, 한국인을 뽑는 사건을 A, 남자를 뽑는 사건을 B라 하면

$$n(S) = 100, \ n(A) = 65, \ n(A \cap B) = 40$$

이때 뽑힌 한 명의 탑승객이 한국인일 때, 이 탑승객이 남자일 확률은 한국인 중 남자의 비율과 같으므로

$$P(B|A) = \frac{n(A \cap B)}{n(A)} = \frac{40}{65} = \frac{8}{13} \qquad \cdots\cdots \ \ominus$$

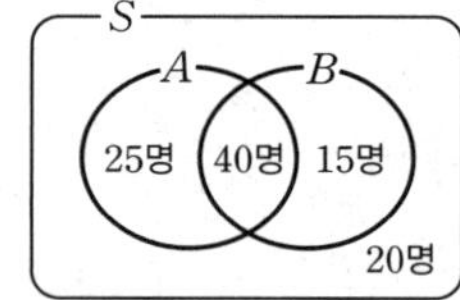

또,

$$P(A)=\frac{n(A)}{n(S)}=\frac{65}{100}=\frac{13}{20},\ P(A\cap B)=\frac{n(A\cap B)}{n(S)}=\frac{40}{100}=\frac{2}{5}$$

이므로

$$\frac{P(A\cap B)}{P(A)}=\frac{\dfrac{2}{5}}{\dfrac{13}{20}}=\frac{8}{13}\qquad \cdots\cdots\ \text{ⓛ}$$

즉, ㉠, ㉡에서 $P(B\,|\,A)=\dfrac{P(A\cap B)}{P(A)}$ 임을 알 수 있다.

참고 $P(A\cap B)$와 $P(B\,|\,A)$의 차이

$P(A\cap B)$는 표본공간 S에서 사건 $A\cap B$가 일어날 확률이고, $P(B\,|\,A)$는 사건 A를 새로운 표본공간으로 생각할 때 A에서 사건 $A\cap B$가 일어날 확률이다.

즉, $n(S)=m,\ n(A)=a,\ n(A\cap B)=c$라 하면 $P(A\cap B)$와 $P(B\,|\,A)$는 다음과 같다.

$P(A\cap B)$는 S를 전사건으로 할 때, 사건 $A\cap B$가 일어날 확률이므로

$$\Rightarrow P(A\cap B)=\frac{n(A\cap B)}{n(S)}=\frac{c}{m}$$

$P(B\,|\,A)$는 A를 전사건으로 할 때, 사건 $A\cap B$가 일어날 확률이므로

$$\Rightarrow P(B\,|\,A)=\frac{n(A\cap B)}{n(A)}=\frac{c}{a}$$

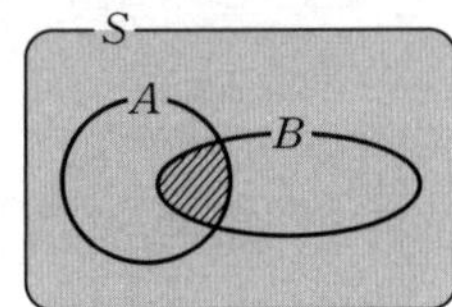

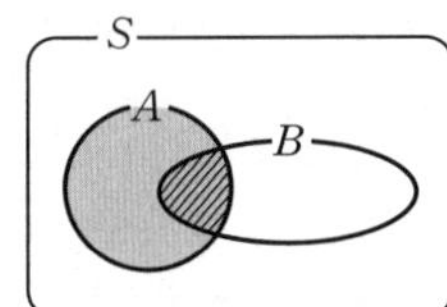

2. 확률의 곱셈정리 ▷ 필수예제 **3~5**

> 두 사건 A, B에 대하여 $P(A)>0$, $P(B)>0$일 때,
> $$P(A\cap B)=P(A)P(B\,|\,A)=P(B)P(A\,|\,B)$$

설명 확률이 0이 아닌 두 사건 A, B에 대하여

사건 A가 일어났을 때의 사건 B의 조건부확률은

$$P(B\,|\,A)=\frac{P(A\cap B)}{P(A)}$$

이고, 사건 B가 일어났을 때의 사건 A의 조건부확률은

$$P(A\,|\,B)=\frac{P(A\cap B)}{P(B)}$$

이므로 다음을 알 수 있다.

$$P(A\cap B)=P(A)P(B\,|\,A)=P(B)P(A\,|\,B)$$

이와 같이 두 사건 A, B가 동시에 일어나는 사건 $A\cap B$의 확률을 구하는 방법을 확률의 곱셈정리라 한다.

127 두 사건 A, B에 대하여 $P(A)=\dfrac{1}{2}$, $P(B)=\dfrac{2}{5}$, $P(A\cap B)=\dfrac{1}{10}$일 때, 다음을 구하시오.

(1) $P(B|A)$　　　　　　　(2) $P(A|B)$

생각해 봅시다!

$$P(B|A)=\frac{P(A\cap B)}{P(A)}$$

$$P(A|B)=\frac{P(A\cap B)}{P(B)}$$

128 한 개의 주사위를 던지는 시행에서 짝수의 눈이 나오는 사건을 A, 소수의 눈이 나오는 사건을 B라 할 때, 다음을 구하시오.

(1) $P(A)$　　　　　　　(2) $P(A\cap B)$

(3) $P(B|A)$

129 두 사건 A, B에 대하여 $P(A)=0.2$, $P(B)=0.6$, $P(B|A)=0.3$일 때, 다음을 구하시오.

(1) $P(A\cap B)$　　　　　　　(2) $P(A|B)$

$P(A\cap B)$
$=P(A)P(B|A)$
$=P(B)P(A|B)$

130 3개의 당첨 제비를 포함한 10개의 제비가 들어 있는 상자에서 갑, 을 두 사람이 갑, 을의 순서로 한 개씩 제비를 뽑을 때, 갑이 당첨 제비를 뽑는 사건을 A, 을이 당첨 제비를 뽑는 사건을 B라 하자. 다음을 구하시오.

(단, 뽑은 제비는 다시 넣지 않는다.)

(1) $P(A)$　　　　　　　(2) $P(B|A)$

(3) $P(A\cap B)$

두 사건 A, B에 대하여 다음을 구하시오.

(1) $P(A)=\dfrac{2}{5}$, $P(B)=\dfrac{1}{2}$, $P(B|A)=\dfrac{3}{4}$일 때, $P(A^C \cap B^C)$

(2) $P(A)=0.2$, $P(B)=0.4$, $P(A^C \cap B^C)=0.5$일 때, $P(A|B)$

풀이

(1) $P(B|A)=\dfrac{P(A \cap B)}{P(A)}$에서

$$P(A \cap B)=P(A)P(B|A)=\dfrac{2}{5} \times \dfrac{3}{4}=\dfrac{3}{10}$$

$$P(A \cup B)=P(A)+P(B)-P(A \cap B)=\dfrac{2}{5}+\dfrac{1}{2}-\dfrac{3}{10}=\dfrac{3}{5}$$

$$\therefore P(A^C \cap B^C)=P((A \cup B)^C)=1-P(A \cup B)=1-\dfrac{3}{5}=\boldsymbol{\dfrac{2}{5}}$$

(2) $P(A^C \cap B^C)=0.5$이므로

$$P(A \cup B)=1-P((A \cup B)^C)=1-P(A^C \cap B^C)=1-0.5=0.5$$

또, $P(A \cup B)=P(A)+P(B)-P(A \cap B)$에서

$$P(A \cap B)=P(A)+P(B)-P(A \cup B)=0.2+0.4-0.5=0.1$$

$$\therefore P(A|B)=\dfrac{P(A \cap B)}{P(B)}=\dfrac{0.1}{0.4}=\boldsymbol{0.25}$$

KEY Point

• 조건부확률 $P(B|A)$는
  (i) $P(A)$, $P(A \cap B)$를 구한다.
  (ii) $P(B|A)=\dfrac{P(A \cap B)}{P(A)}$를 구한다.

$$P(B|A)=\dfrac{P(A \cap B)}{P(A)}$$
$$\underset{\text{같다.}}{\uparrow \qquad \uparrow}$$

131 두 사건 A, B에 대하여 $P(A)=\dfrac{3}{8}$, $P(B)=\dfrac{1}{2}$, $P(A \cap B)=\dfrac{1}{4}$일 때, $P(B^C|A^C)$를 구하시오.

132 두 사건 A, B에 대하여 $P(A)=\dfrac{2}{3}$, $P(A \cap B^C)=\dfrac{1}{4}$일 때, $P(B|A)$를 구하시오.

133 두 사건 A, B에 대하여 $P(A)=\dfrac{1}{3}$, $P(A|B)=\dfrac{1}{4}$, $P(A^C \cap B^C)=\dfrac{1}{6}$일 때, $P(B)$를 구하시오.

오른쪽 표는 어느 고등학교의 A, B 두 학급 학생 50명을 대상으로 안경을 쓴 학생을 조사하여 나타낸 것이다. 두 학급의 학생 중에서 임의로 뽑은 한 명이 안경을 쓴 학생이었을 때, 그 학생이 A학급 학생일 확률을 구하시오.

(단위: 명)

	A학급	B학급	합계
안경 씀	16	4	20
안경 안 씀	9	21	30
합계	25	25	50

풀이 임의로 뽑은 한 명이 안경을 쓴 학생인 사건을 A, A학급 학생인 사건을 B라 하면

$$P(A) = \frac{20}{50} = \frac{2}{5}, \ P(A \cap B) = \frac{16}{50} = \frac{8}{25}$$

따라서 구하는 확률은

$$P(B|A) = \frac{P(A \cap B)}{P(A)} = \frac{\frac{8}{25}}{\frac{2}{5}} = \frac{4}{5}$$

다른풀이 $P(B|A) = \dfrac{n(A \cap B)}{n(A)} = \dfrac{16}{20} = \dfrac{4}{5}$

KEY Point

- '~이었을 때, ~일 확률'은 ⇨ 조건부확률을 이용한다.
- 사건 A가 일어났을 때의 사건 B의 조건부확률은

$$P(B|A) = \frac{P(A \cap B)}{P(A)}$$ ← A를 새로운 표본공간으로 생각할 때, A에서 $A \cap B$가 일어날 확률

134 서로 다른 두 개의 주사위를 던져서 나온 두 눈의 수의 합이 6이었을 때, 그 두 눈의 수가 모두 3의 약수일 확률을 구하시오.

135 오른쪽 표는 어느 반 학생 30명을 대상으로 통학 수단을 조사하여 나타낸 것이다. 이 중에서 임의로 뽑은 한 명이 여학생이었을 때, 그 학생이 자전거로 통학하는 학생일 확률을 구하시오.

(단위: 명)

	자전거	비자전거	합계
남학생	12	8	20
여학생	7	3	10
합계	19	11	30

136 어느 고등학교 학생들의 혈액형을 조사하였더니 A형인 학생이 전체의 50 %이었고, A형인 남학생은 전체의 40 %이었다. 이 고등학교 학생 중에서 임의로 뽑은 한 명이 A형이었을 때, 그 학생이 남학생일 확률을 구하시오.

필수예제 03

흰 공 6개, 검은 공 4개가 들어 있는 주머니에서 임의로 한 개씩 두 번 공을 꺼낼 때, 꺼낸 공 2개가 모두 흰 공일 확률을 구하시오. (단, 꺼낸 공은 다시 넣지 않는다.)

풀이

첫 번째에 흰 공이 나오는 사건을 A, 두 번째에 흰 공이 나오는 사건을 B라 하면

첫 번째에 흰 공이 나올 확률은

$$P(A)=\frac{6}{10}=\frac{3}{5}$$

첫 번째에 흰 공이 나왔을 때, 두 번째에도 흰 공이 나올 확률은

$$P(B\,|\,A)=\frac{5}{9}$$

따라서 구하는 확률은

$$P(A\cap B)=P(A)P(B\,|\,A)=\frac{3}{5}\times\frac{5}{9}=\boldsymbol{\frac{1}{3}}$$

KEY Point

- 두 사건 A, B가 동시에 일어날 확률은
  ⇨ 확률의 곱셈정리를 이용한다.
  ⇨ $P(A\cap B)=P(A)P(B\,|\,A)=P(B)P(A\,|\,B)$

137 뒷면에 ×표시가 된 카드 3장을 포함한 9장의 카드 중에서 한 장의 카드를 뒤집을 때, ×표시가 된 카드가 나오면 탈락하는 게임이 있다. 갑, 을 두 사람이 갑, 을의 순서로 임의로 한 장씩 뒤집을 때, 갑은 탈락하고 을은 탈락하지 않을 확률을 구하시오.

(단, 뒤집은 카드는 그대로 둔다.)

138 상자 A에는 딸기 맛 젤리 3개와 포도 맛 젤리 2개가 들어 있고, 상자 B에는 딸기 맛 젤리 2개와 포도 맛 젤리 4개가 들어 있다. 두 상자 중에서 임의로 하나를 택하여 젤리 1개를 꺼낼 때, 그 젤리가 상자 B에 들어 있는 딸기 맛 젤리일 확률을 구하시오.

예술의 전당에서 오페라 공연을 하는데 비가 내릴 때 공연이 매진될 확률은 $\dfrac{1}{2}$이고, 비가 내리지 않을 때 공연이 매진될 확률은 $\dfrac{2}{3}$라 한다. 내일 비가 내릴 확률이 40 %일 때, 내일 공연이 매진될 확률을 구하시오.

풀이　내일 비가 내리는 사건을 A, 공연이 매진되는 사건을 E라 하면

(ⅰ) 비가 내리고 매진될 확률

$$\mathrm{P}(A)=\frac{40}{100}=\frac{2}{5},\ \mathrm{P}(E|A)=\frac{1}{2}\text{이므로}$$

$$\mathrm{P}(A\cap E)=\mathrm{P}(A)\mathrm{P}(E|A)=\frac{2}{5}\times\frac{1}{2}=\frac{1}{5}$$

(ⅱ) 비가 내리지 않고 매진될 확률

$$\mathrm{P}(A^c)=1-\frac{2}{5}=\frac{3}{5},\ \mathrm{P}(E|A^c)=\frac{2}{3}\text{이므로}$$

$$\mathrm{P}(A^c\cap E)=\mathrm{P}(A^c)\mathrm{P}(E|A^c)=\frac{3}{5}\times\frac{2}{3}=\frac{2}{5}$$

(ⅰ), (ⅱ)에서 구하는 확률은

$$\mathrm{P}(E)=\mathrm{P}(A\cap E)+\mathrm{P}(A^c\cap E)=\frac{1}{5}+\frac{2}{5}=\mathbf{\frac{3}{5}}$$

참고　오른쪽 그림에서 $(A\cap E)\cap(A^c\cap E)=\varnothing$이므로 두 사건 $A\cap E$와 $A^c\cap E$는 서로 배반사건이다.
따라서 $E=(A\cap E)\cup(A^c\cap E)$와 확률의 덧셈정리에 의하여
$$\mathrm{P}(E)=\mathrm{P}(A\cap E)+\mathrm{P}(A^c\cap E)$$

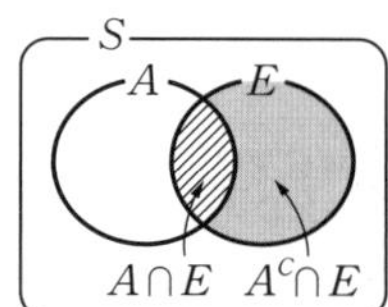

KEY Point

- 두 사건 A, E에 대하여 사건 E가 일어날 확률은
 $\Rightarrow \mathrm{P}(E)=\mathrm{P}(A\cap E)+\mathrm{P}(A^c\cap E)$

확인 체크

139 흰 공 5개, 검은 공 10개가 들어 있는 주머니에서 갑, 을 두 사람이 갑, 을의 순서로 임의로 한 개씩 공을 꺼낼 때, 을이 흰 공을 꺼낼 확률을 구하시오.

(단, 꺼낸 공은 다시 넣지 않는다.)

140 A반과 B반의 학생 수의 비가 6 : 5인 어느 고등학교에서 A반 학생 중 10 %, B반 학생 중 20 %가 수학 경시대회에 참가하였다. 두 반의 학생 중 임의로 한 명을 뽑아 조사했을 때, 그 학생이 수학 경시대회에 참가했을 확률을 구하시오.

상자 A에는 흰 공 2개, 검은 공 4개가 들어 있고, 상자 B에는 흰 공 3개, 검은 공 2개가 들어 있다. 두 상자 A, B 중에서 한 상자를 임의로 택하여 2개의 공을 임의로 꺼냈더니 흰 공 1개, 검은 공 1개가 나왔을 때, 꺼낸 공 2개가 상자 A에서 나왔을 확률을 구하시오.

풀이　A상자를 택하는 사건을 A, B상자를 택하는 사건을 B, 흰 공 1개, 검은 공 1개가 나오는 사건을 E라 하면

(i) 상자 A에서 흰 공 1개, 검은 공 1개가 나올 확률은

$$P(A \cap E) = \frac{1}{2} \times \frac{{}_2C_1 \times {}_4C_1}{{}_6C_2} = \frac{1}{2} \times \frac{2 \times 4}{15} = \frac{4}{15}$$

←A, B 중 A상자를 택할 확률이 $\frac{1}{2}$

(ii) 상자 B에서 흰 공 1개, 검은 공 1개가 나올 확률은

$$P(B \cap E) = \frac{1}{2} \times \frac{{}_3C_1 \times {}_2C_1}{{}_5C_2} = \frac{1}{2} \times \frac{3 \times 2}{10} = \frac{3}{10}$$

←A, B 중 B상자를 택할 확률이 $\frac{1}{2}$

(i), (ii)에서 두 사건 A, B는 서로 배반사건이므로

$$P(E) = P(A \cap E) + P(B \cap E) = \frac{4}{15} + \frac{3}{10} = \frac{17}{30}$$

따라서 구하는 확률은

$$P(A|E) = \frac{P(A \cap E)}{P(E)} = \frac{\dfrac{4}{15}}{\dfrac{17}{30}} = \frac{8}{17}$$

KEY Point

- 사건 E가 일어났을 때의 사건 A의 조건부확률은

$$\Rightarrow P(A|E) = \frac{P(A \cap E)}{P(E)} = \frac{P(A \cap E)}{P(A \cap E) + P(A^c \cap E)}$$

141 주머니 A에는 노란 구슬 2개, 파란 구슬 3개가 들어 있고, 주머니 B에는 노란 구슬 3개, 파란 구슬 3개가 들어 있다. 한 개의 주사위를 던져서 나온 눈의 수가 4 이하이면 주머니 A에서, 5 이상이면 주머니 B에서 임의로 한 개의 구슬을 꺼낸다. 주사위 한 개를 던져서 꺼낸 구슬이 노란 구슬이었을 때, 이 구슬이 주머니 A에서 나왔을 확률을 구하시오.

142 두 대의 기계 A, B를 가지고 있는 공장에서 생산되는 전체 제품 중 40 %는 A기계에서, 60 %는 B기계에서 생산되고 있다. 두 기계 A, B에서 불량품이 나올 확률은 각각 5 %, 3 %라 한다. 이 공장에서 생산된 제품 중 임의로 한 개의 제품을 택하였더니 불량품이었을 때, 그 제품이 A기계에서 생산되었을 확률을 구하시오.

연습문제

💡 생각해 봅시다!

87 두 사건 A, B에 대하여 $\mathrm{P}(A)=0.3$, $\mathrm{P}(B)=0.2$, $\mathrm{P}(A\cup B)=0.4$일 때, $\mathrm{P}(A\,|\,B^C)$를 구하시오.

$$\mathrm{P}(A\,|\,B)=\frac{\mathrm{P}(A\cap B)}{\mathrm{P}(B)}$$

88 A, B를 포함한 6명 중에서 3명의 위원을 뽑는다고 하자. A가 위원으로 뽑혔을 때, B도 위원일 확률을 구하시오.

'~이었을 때, ~일 확률'은
⇨ 조건부확률을 이용한다.

89 뒷면에 1부터 12까지의 자연수가 하나씩 적힌 12장의 카드 중에서 임의로 한 장씩 두 번 카드를 뒤집을 때, 두 장 모두 3의 배수가 적힌 카드를 뒤집을 확률을 구하시오. (단, 뒤집은 카드는 그대로 둔다.)

90 A대학의 합격생은 수도권 출신이 40 %이고 지방 출신이 60 %이다. 또, 수도권 출신 합격생의 남학생의 비율은 45 %이고 지방 출신 합격생의 남학생의 비율은 55 %이다. 이 대학의 합격생 1명을 임의로 선택하였을 때, 이 학생이 남학생일 확률을 구하시오.

합격생이 수도권 출신 남학생인 경우와 지방 출신 남학생인 경우로 나누어 생각한다.

91 '형사'라고 적힌 카드 4장과 '범인'이라고 적힌 카드 2장이 들어 있는 주머니에서 갑이 임의로 한 장의 카드를 꺼낸 후, 을이 남아 있는 카드 중에서 임의로 한 장을 꺼냈다. 을이 꺼낸 카드에 '형사'라고 적혀 있었을 때, 갑이 꺼낸 카드에도 '형사'라고 적혀 있었을 확률을 구하시오.

$A\cup B=S$ (S는 전사건)
이고, A, B는 서로 배반사건일 때,
$$\Rightarrow \mathrm{P}(A\,|\,E)=\frac{\mathrm{P}(A\cap E)}{\mathrm{P}(A\cap E)+\mathrm{P}(B\cap E)}$$

[수능기출]

92 어느 학교 전체 학생의 60 %는 버스로, 나머지 40 %는 걸어서 등교하였다. 버스로 등교한 학생의 $\frac{1}{20}$이 지각하였고, 걸어서 등교한 학생의 $\frac{1}{15}$이 지각하였다. 이 학교 전체 학생 중 임의로 선택한 1명의 학생이 지각하였을 때, 이 학생이 버스로 등교하였을 확률은?

① $\frac{3}{7}$　　　② $\frac{9}{20}$　　　③ $\frac{9}{19}$　　　④ $\frac{1}{2}$　　　⑤ $\frac{9}{17}$

STEP 2

93 어느 학급은 남학생 18명, 여학생 16명으로 이루어져 있다. 이 학급의 모든 학생은 중국어와 일본어 중 한 과목만 수업을 받는다고 한다. 남학생 중에서 중국어 수업을 받는 학생은 12명이고 여학생 중에서 일본어 수업을 받는 학생은 7명이다. 이 학급에서 임의로 뽑은 한 학생이 중국어 수업을 받는 학생일 때, 이 학생이 여학생일 확률을 구하시오.

94 오른쪽 표는 어느 소극장에서 관객을 대상으로 두 배우 D와 L의 선호도를 조사한 것이다. 전체 관객 중에서 임의로 뽑은 한 명이 여자였을 때, 이 관객이 배우 D를 선호할 확률은 $\frac{1}{6}$이다. 이때 x의 값을 구하시오.

(단위: 명)

	남자	여자
D	5	x
L	20	10

95 10개의 제비 중에 1등 당첨 제비가 1개, 2등 당첨 제비가 3개 들어 있다. 이 중에서 임의로 제비 2개를 뽑았더니 당첨 제비가 나왔을 때, 2등 당첨 제비가 포함되어 있을 확률을 구하시오.

당첨 제비가 있는 사건은 2개가 모두 당첨 제비가 아닌 사건의 여사건이다.

96 노란 구슬 n개, 파란 구슬 4개가 들어 있는 상자에서 임의로 한 개씩 두 번 구슬을 꺼낼 때, 첫 번째에는 노란 구슬, 두 번째에는 파란 구슬이 나올 확률이 $\dfrac{1}{5}$이다. 이때 모든 n의 값의 합을 구하시오.

(단, 꺼낸 공은 다시 넣지 않는다.)

[수능기출]

97 주머니 A에는 흰 공 2개와 검은 공 3개가 들어 있고, 주머니 B에는 흰 공 1개와 검은 공 3개가 들어 있다. 주머니 A에서 임의로 1개의 공을 꺼내어 흰 공이면 흰 공 2개를 주머니 B에 넣고 검은 공이면 검은 공 2개를 주머니 B에 넣은 후, 주머니 B에서 임의로 1개의 공을 꺼낼 때 꺼낸 공이 흰 공일 확률은?

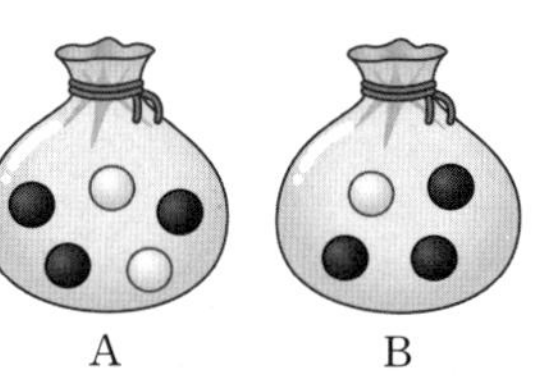

① $\dfrac{1}{6}$　　② $\dfrac{1}{5}$　　③ $\dfrac{7}{30}$　　④ $\dfrac{4}{15}$　　⑤ $\dfrac{3}{10}$

주머니 A에서 흰 공을 꺼내는 경우와 검은 공을 꺼내는 경우로 나누어 생각한다.

실력 UP

98 두 사건 A, B에 대하여 $\mathrm{P}(A)=\dfrac{7}{8}$, $\mathrm{P}(B)=\dfrac{1}{2}$일 때, $\mathrm{P}(A\,|\,B)$의 최댓값을 M, 최솟값을 m이라 하자. 이때 $M+m$의 값을 구하시오.

실력 UP [평가원기출]

99  남학생 수와 여학생 수의 비가 $2:3$인 어느 고등학교에서 전체 학생의 $70\,\%$가 K자격증을 가지고 있고, 나머지 $30\,\%$는 가지고 있지 않다. 이 학교의 학생 중에서 임의로 한 명을 선택할 때, 이 학생이 K자격증을 가지고 있는 남학생일 확률이 $\dfrac{1}{5}$이다. 이 학교의 학생 중에서 임의로 선택한 학생이 K자격증을 가지고 있지 않을 때, 이 학생이 여학생일 확률은?

① $\dfrac{1}{4}$　　② $\dfrac{1}{3}$　　③ $\dfrac{5}{12}$　　④ $\dfrac{1}{2}$　　⑤ $\dfrac{7}{12}$

02 사건의 독립과 종속

개념원리 이해

1. 사건의 독립과 종속

> **(1) 독립**
>
> 두 사건 A, B에 대하여 한 사건이 일어나는 것이 다른 사건이 일어날 확률에 아무런 영향을 주지 않을 때, 즉
> $$P(B|A) = P(B|A^C) = P(B)$$
> 일 때, 두 사건 A와 B는 서로 **독립**이라 한다.
>
> **(2) 종속**
>
> 두 사건 A, B가 서로 독립이 아닐 때, 즉
> $$P(B|A) \neq P(B|A^C) \text{ 또는 } P(B|A) \neq P(B)$$
> 일 때, 두 사건 A와 B는 서로 **종속**이라 한다.

▶ ① $P(A|B) = P(A|B^C) = P(A)$일 때도 두 사건 A와 B는 서로 독립이다.
② 두 사건 A와 B가 서로 독립이면 A^C와 B, A와 B^C, A^C와 B^C도 각각 서로 독립이다. (보충학습 1 참조)
③ 서로 독립인 두 사건을 독립사건, 서로 종속인 두 사건을 종속사건이라 한다.

설명 3개의 흰 공과 2개의 검은 공이 들어 있는 주머니에서 공을 한 개씩 두 번 꺼낼 때, 첫 번째 꺼낸 공이 흰 공인 사건을 A, 두 번째 꺼낸 공이 흰 공인 사건을 B라 하자.

이때 꺼낸 공을 다시 넣는 경우와 다시 넣지 않는 경우를 비교하면 다음과 같다.

(1) 꺼낸 공을 다시 넣는 경우

첫 번째의 주머니   두 번째의 주머니

두 번째에 흰 공을 꺼낼 확률은 첫 번째에 꺼낸 공의 색깔에 아무런 영향을 받지 않으므로

$$P(B|A) = \frac{3}{5},\ P(B|A^C) = \frac{3}{5},\ \text{즉 } P(B|A) = P(B|A^C) = P(B)$$

따라서 두 사건 A와 B는 서로 독립이다.

(2) 꺼낸 공을 다시 넣지 않는 경우

   또는 

첫 번째의 주머니   두 번째의 주머니

두 번째에 흰 공을 꺼낼 확률은 첫 번째에 꺼낸 공의 색깔에 영향을 받으므로

$$P(B|A) = \frac{2}{4} = \frac{1}{2},\ P(B|A^C) = \frac{3}{4},\ \text{즉 } P(B|A) \neq P(B|A^C)$$

따라서 두 사건 A와 B는 서로 종속이다.

2. 두 사건이 서로 독립일 조건 ▷ 필수예제 **6~8**

두 사건 A, B가 서로 독립이기 위한 필요충분조건은
$$\mathrm{P}(A \cap B) = \mathrm{P}(A)\mathrm{P}(B) \ (단, \ \mathrm{P}(A) > 0, \ \mathrm{P}(B) > 0)$$

▶ 두 사건 A, B가 서로 종속이기 위한 필요충분조건은 $\mathrm{P}(A \cap B) \neq \mathrm{P}(A)\mathrm{P}(B)$

설명 $\mathrm{P}(A) > 0$, $\mathrm{P}(B) > 0$인 두 사건 A, B가 서로 독립이면 $\mathrm{P}(B \,|\, A) = \mathrm{P}(B)$이므로 확률의 곱셈정리에 의하여
$$\mathrm{P}(A \cap B) = \mathrm{P}(A)\mathrm{P}(B \,|\, A) = \mathrm{P}(A)\mathrm{P}(B)$$
가 성립한다.

역으로 $\mathrm{P}(A \cap B) = \mathrm{P}(A)\mathrm{P}(B)$이고, $\mathrm{P}(A) > 0$이면
$$\mathrm{P}(B \,|\, A) = \frac{\mathrm{P}(A \cap B)}{\mathrm{P}(A)} = \frac{\mathrm{P}(A)\mathrm{P}(B)}{\mathrm{P}(A)} = \mathrm{P}(B)$$
이므로 두 사건 A, B는 서로 독립이다.

따라서 두 사건 A, B가 서로 독립이기 위한 필요충분조건은
$$\mathrm{P}(A \cap B) = \mathrm{P}(A)\mathrm{P}(B)$$
이다.

예1 1부터 8까지의 자연수가 하나씩 적힌 8개의 공이 들어 있는 주머니에서 임의로 1개의 공을 꺼낼 때, 꺼낸 공에 적힌 수가 짝수인 사건을 A, 7 이상의 수인 사건을 B, 4의 약수인 사건을 C라 하자. 다음 두 사건이 서로 독립인지 종속인지 말하시오.

(1) A와 B (2) A와 C

풀이 $A = \{2, 4, 6, 8\}$, $B = \{7, 8\}$, $C = \{1, 2, 4\}$이므로
$$\mathrm{P}(A) = \frac{4}{8} = \frac{1}{2}, \ \mathrm{P}(B) = \frac{2}{8} = \frac{1}{4}, \ \mathrm{P}(C) = \frac{3}{8}$$

(1) $A \cap B = \{8\}$이므로 $\mathrm{P}(A \cap B) = \dfrac{1}{8}$

또, $\mathrm{P}(A)\mathrm{P}(B) = \dfrac{1}{2} \times \dfrac{1}{4} = \dfrac{1}{8}$이므로
$$\mathrm{P}(A \cap B) = \mathrm{P}(A)\mathrm{P}(B)$$
따라서 두 사건 A와 B는 서로 독립이다.

(2) $A \cap C = \{2, 4\}$이므로 $\mathrm{P}(A \cap C) = \dfrac{2}{8} = \dfrac{1}{4}$

또, $\mathrm{P}(A)\mathrm{P}(C) = \dfrac{1}{2} \times \dfrac{3}{8} = \dfrac{3}{16}$이므로
$$\mathrm{P}(A \cap C) \neq \mathrm{P}(A)\mathrm{P}(C)$$
따라서 두 사건 A와 C는 서로 종속이다.

예2 한 개의 동전과 한 개의 주사위를 동시에 던질 때, 동전은 앞면이 나오고 주사위는 소수의 눈이 나올 확률을 구하시오.

풀이 동전의 앞면이 나오는 사건을 A, 주사위의 소수의 눈이 나오는 사건을 B라 하면
두 사건 A, B는 서로 독립이므로
$$\mathrm{P}(A \cap B) = \mathrm{P}(A)\mathrm{P}(B) = \frac{1}{2} \times \frac{3}{6} = \frac{1}{4}$$

1. 두 사건 A와 B가 서로 독립일 때, A^C와 B, A와 B^C, A^C와 B^C의 관계

> 두 사건 A와 B가 서로 독립이면
> $$A^C와\ B,\ A와\ B^C,\ A^C와\ B^C$$
> 도 각각 서로 독립이다.

두 사건 A, B가 서로 독립이면
$$\mathrm{P}(A \cap B) = \mathrm{P}(A)\mathrm{P}(B) \qquad \cdots\cdots \text{㉠}$$
임을 이용하여 이를 증명해 보자.

(1) 두 사건 A와 B가 서로 독립이면 A^C와 B도 서로 독립이다.

$$
\begin{aligned}
\mathrm{P}(A^C \cap B) &= \mathrm{P}(B-A) \\
&= \mathrm{P}(B) - \mathrm{P}(A \cap B) \\
&= \mathrm{P}(B) - \mathrm{P}(A)\mathrm{P}(B) \ (\because \text{㉠}) \\
&= \mathrm{P}(B)\{1 - \mathrm{P}(A)\} \\
&= \mathrm{P}(A^C)\mathrm{P}(B)
\end{aligned}
$$

즉, $\mathrm{P}(A^C \cap B) = \mathrm{P}(A^C)\mathrm{P}(B)$이므로 두 사건 A^C와 B는 서로 독립이다.

(2) 두 사건 A와 B가 서로 독립이면 A와 B^C도 서로 독립이다.

$$
\begin{aligned}
\mathrm{P}(A \cap B^C) &= \mathrm{P}(A-B) \\
&= \mathrm{P}(A) - \mathrm{P}(A \cap B) \\
&= \mathrm{P}(A) - \mathrm{P}(A)\mathrm{P}(B) \ (\because \text{㉠}) \\
&= \mathrm{P}(A)\{1 - \mathrm{P}(B)\} \\
&= \mathrm{P}(A)\mathrm{P}(B^C)
\end{aligned}
$$

즉, $\mathrm{P}(A \cap B^C) = \mathrm{P}(A)\mathrm{P}(B^C)$이므로 두 사건 A와 B^C는 서로 독립이다.

(3) 두 사건 A와 B가 서로 독립이면 A^C와 B^C도 서로 독립이다.

$$
\begin{aligned}
\mathrm{P}(A^C \cap B^C) &= \mathrm{P}((A \cup B)^C) \\
&= 1 - \mathrm{P}(A \cup B) \\
&= 1 - \{\mathrm{P}(A) + \mathrm{P}(B) - \mathrm{P}(A \cap B)\} \\
&= 1 - \mathrm{P}(A) - \mathrm{P}(B) + \mathrm{P}(A)\mathrm{P}(B) \ (\because \text{㉠}) \\
&= \{1 - \mathrm{P}(A)\}\{1 - \mathrm{P}(B)\} \\
&= \mathrm{P}(A^C)\mathrm{P}(B^C)
\end{aligned}
$$

즉, $\mathrm{P}(A^C \cap B^C) = \mathrm{P}(A^C)\mathrm{P}(B^C)$이므로 두 사건 A^C와 B^C는 서로 독립이다.

2. 배반사건과 독립사건의 비교

	배반사건	독립사건
정의	$A \cap B = \varnothing$	$P(B \mid A) = P(B \mid A^c) = P(B)$
의미	두 사건 A, B는 동시에 일어나지 않는다.	사건 A가 일어나는 것이 사건 B가 일어날 확률에 영향을 주지 않는다.
확률의 덧셈정리	$P(A \cup B) = P(A) + P(B)$	$P(A \cup B) = P(A) + P(B) - P(A \cap B)$
확률의 곱셈정리	$P(A \cap B) = 0$	$P(A \cap B) = P(A)P(B)$
판단 방법	$A \cap B = \varnothing$이면 $\Rightarrow$ 두 사건 A, B는 서로 배반사건이다.	$P(A \cap B) = P(A)P(B)$이면 $\Rightarrow$ 두 사건 A, B는 서로 독립이다.
벤다이어그램		벤다이어그램으로 판정할 수 없다.

$\Downarrow$

> $P(A) > 0$, $P(B) > 0$인 두 사건 A, B에 대하여
> (1) A, B가 서로 배반사건이면 A, B는 서로 종속이다.
> (2) A, B가 서로 독립이면 A, B는 서로 배반사건이 아니다.

설명　(1) 두 사건이 서로 배반사건이면 두 사건은 동시에 일어나지 않으므로 한 사건이 일어나면 다른 사건은 일어날 수 없다.

즉, 두 사건이 서로 일어날 확률에 영향을 주므로 두 사건은 서로 종속임을 알 수 있다.

따라서 두 사건이 서로 배반사건이면 서로 종속이다.

(2) 두 사건이 서로 독립이면 한 사건이 일어나는 것이 다른 사건이 일어날 확률에 영향을 주지 않으므로 두 사건은 동시에 일어날 수 있다.

따라서 두 사건이 서로 독립이면 서로 배반사건이 아니다.

참고　명제 'A, B가 서로 배반사건이면 A, B는 서로 종속이다.'가 참이므로

이 명제의 대우인 'A, B가 서로 독립이면 A, B는 서로 배반사건이 아니다.'도 참이다.

143 두 사건 A, B가 서로 독립이고 $P(A)=\dfrac{1}{3}$, $P(B)=\dfrac{1}{4}$일 때, 다음을 구하시오.

   (1) $P(B|A)$ (2) $P(A|B)$

> 생각해 봅시다!
> 두 사건 A, B가 서로 독립
> 이면
> $P(B|A)=P(B)$
> $P(A|B)=P(A)$

144 두 사건 A, B가 서로 독립이고 $P(A)=\dfrac{3}{5}$, $P(B)=\dfrac{1}{6}$일 때, 다음을 구하시오.

   (1) $P(B^C|A)$ (2) $P(A^C|B^C)$
   (3) $P(A \cap B)$ (4) $P(A \cap B^C)$

> 두 사건 A, B가 서로 독립
> 이면
> ⇨ $P(A \cap B)$
> $=P(A)P(B)$

145 다음을 만족시키는 두 사건 A, B가 서로 독립인지 종속인지 말하시오.

   (1) $P(A)=0.15$, $P(B)=0.4$, $P(A \cap B)=0.06$
   (2) $P(A)=0.7$, $P(B)=0.3$, $P(A \cap B)=0.2$

> 두 사건 A, B에 대하여
> $P(A \cap B)$
> $=P(A)P(B)$
> 이면 A, B는 서로 독립이다.

146 두 양궁 선수 A, B가 10점 과녁을 맞힐 확률이 각각 0.6, 0.8이라 한다. 양궁 선수 A가 10점 과녁을 맞히는 사건을 A, 양궁 선수 B가 10점 과녁을 맞히는 사건을 B라 할 때, 다음 물음에 답하시오.

   (1) 두 사건 A, B가 서로 독립인지 종속인지 말하시오.
   (2) $P(A \cap B)$를 구하시오.

한 개의 주사위를 던질 때, 홀수의 눈이 나오는 사건을 A, 3 이하의 눈이 나오는 사건을 B, 2 또는 5의 눈이 나오는 사건을 C라 하자. 다음 **보기** 중에서 서로 독립인 사건만을 있는 대로 고르시오.

> | 보기 |
> ㄱ. A와 B ㄴ. A와 C ㄷ. B와 C

풀이

$A=\{1, 3, 5\}$, $B=\{1, 2, 3\}$, $C=\{2, 5\}$이므로
$A \cap B=\{1, 3\}$, $A \cap C=\{5\}$, $B \cap C=\{2\}$

ㄱ. $\mathrm{P}(A)=\dfrac{1}{2}$, $\mathrm{P}(B)=\dfrac{1}{2}$, $\mathrm{P}(A \cap B)=\dfrac{1}{3}$이므로
$\mathrm{P}(A \cap B) \neq \mathrm{P}(A)\mathrm{P}(B)$
따라서 두 사건 A와 B는 서로 종속이다.

ㄴ. $\mathrm{P}(A)=\dfrac{1}{2}$, $\mathrm{P}(C)=\dfrac{1}{3}$, $\mathrm{P}(A \cap C)=\dfrac{1}{6}$이므로
$\mathrm{P}(A \cap C)=\mathrm{P}(A)\mathrm{P}(C)$
따라서 두 사건 A와 C는 서로 독립이다.

ㄷ. $\mathrm{P}(B)=\dfrac{1}{2}$, $\mathrm{P}(C)=\dfrac{1}{3}$, $\mathrm{P}(B \cap C)=\dfrac{1}{6}$이므로
$\mathrm{P}(B \cap C)=\mathrm{P}(B)\mathrm{P}(C)$
따라서 두 사건 B와 C는 서로 독립이다.

이상에서 두 사건이 서로 독립인 것은 ㄴ, ㄷ이다.

KEY Point

- 두 사건 A, B가
  ① 서로 독립일 필요충분조건은 ⇨ $\mathrm{P}(A \cap B)=\mathrm{P}(A)\mathrm{P}(B)$
  ② 서로 종속일 필요충분조건은 ⇨ $\mathrm{P}(A \cap B) \neq \mathrm{P}(A)\mathrm{P}(B)$

147 1부터 20까지의 자연수가 하나씩 적힌 20장의 카드가 있다. 이 중에서 임의로 1장을 뽑을 때, 뽑은 카드에 적힌 수가 3의 배수인 사건을 A, 5의 배수인 사건을 B라 하자. 이때 두 사건 A와 B는 서로 독립인지 종속인지 말하시오.

148 한 개의 동전을 세 번 던질 때, 첫 번째에 앞면이 나오는 사건을 A, 두 번째에 앞면이 나오는 사건을 B, 3번 중 2번만 연속하여 앞면이 나오는 사건을 C라 하자. 다음 **보기** 중에서 서로 독립인 사건만을 있는 대로 고르시오.

> | 보기 |
> ㄱ. A와 B ㄴ. A와 C ㄷ. B와 C

두 사건 A, B가 서로 독립이고 $\mathrm{P}(A^c \cap B) = \dfrac{1}{2}$, $\mathrm{P}(A^c \cap B^c) = \dfrac{1}{6}$일 때, $\mathrm{P}(B)$를 구하시오.

풀이

$\mathrm{P}(A^c \cap B^c) = \mathrm{P}((A \cup B)^c) = 1 - \mathrm{P}(A \cup B)$에서

$\dfrac{1}{6} = 1 - \mathrm{P}(A \cup B) \qquad \therefore \mathrm{P}(A \cup B) = \dfrac{5}{6}$

$\mathrm{P}(A^c \cap B) = \mathrm{P}(B - A) = \mathrm{P}(A \cup B) - \mathrm{P}(A)$에서

$\dfrac{1}{2} = \dfrac{5}{6} - \mathrm{P}(A) \qquad \therefore \mathrm{P}(A) = \dfrac{1}{3}$

두 사건 A, B가 서로 독립이므로

$\mathrm{P}(A \cap B) = \mathrm{P}(A)\mathrm{P}(B) = \dfrac{1}{3}\mathrm{P}(B)$

즉, $\mathrm{P}(A \cup B) = \mathrm{P}(A) + \mathrm{P}(B) - \mathrm{P}(A \cap B)$에서

$\dfrac{5}{6} = \dfrac{1}{3} + \mathrm{P}(B) - \dfrac{1}{3}\mathrm{P}(B)$

$\dfrac{2}{3}\mathrm{P}(B) = \dfrac{1}{2} \qquad \therefore \mathrm{P}(B) = \dfrac{3}{4}$

KEY Point

- 두 사건 A, B가 서로 독립이면
  ⇨ $\mathrm{P}(A \cap B) = \mathrm{P}(A)\mathrm{P}(B)$

149 두 사건 A, B가 서로 독립이고 $\mathrm{P}(A^c) = \dfrac{1}{3}$, $\mathrm{P}(B) = \dfrac{1}{3}$일 때, $\mathrm{P}(A \cap B)$를 구하시오.

150 두 사건 A, B가 서로 독립이고 $\mathrm{P}(A) = \dfrac{3}{10}$, $\mathrm{P}(A^c \cap B^c) = \dfrac{2}{5}$일 때, $\mathrm{P}(B)$를 구하시오.

151 두 사건 A, B가 서로 독립이고 $\mathrm{P}(A) = \dfrac{3}{4}$, $\mathrm{P}(B) = \dfrac{5}{6}$일 때, $\mathrm{P}((A-B) \cup (B-A))$를 구하시오.

어떤 시험에 갑, 을이 합격할 확률이 각각 $\dfrac{3}{4}$, $\dfrac{1}{3}$일 때, 다음을 구하시오.

(1) 갑, 을 모두 합격할 확률

(2) 갑은 합격하고 을은 불합격할 확률

(3) 갑, 을 중 적어도 한 명이 합격할 확률

설명　갑, 을이 합격하는 사건을 각각 A, B라 하면 A, B는 서로 독립이다.

(1) 갑, 을 모두 합격할 확률 ⇨ $\mathrm{P}(A\cap B)=\mathrm{P}(A)\mathrm{P}(B)$

(2) 갑은 합격하고 을은 불합격할 확률 ⇨ $\mathrm{P}(A\cap B^C)=\mathrm{P}(A)\mathrm{P}(B^C)$

(3) (갑, 을 중 적어도 한 명이 합격할 확률)$=1-$(갑, 을 모두 불합격할 확률)

풀이　갑, 을이 합격하는 사건을 각각 A, B라 하면 A, B는 서로 독립이다.

(1) 갑, 을 모두 합격할 확률은

$$\mathrm{P}(A\cap B)=\mathrm{P}(A)\mathrm{P}(B)=\frac{3}{4}\times\frac{1}{3}=\boldsymbol{\frac{1}{4}}$$

(2) 갑은 합격하고 을은 불합격할 확률은

$$\mathrm{P}(A\cap B^C)=\mathrm{P}(A)\mathrm{P}(B^C)=\frac{3}{4}\times\left(1-\frac{1}{3}\right)=\boldsymbol{\frac{1}{2}}$$

(3) 갑, 을 중 적어도 한 명이 합격하는 사건은 갑, 을 모두 불합격하는 사건의 여사건이다.

갑, 을 모두 불합격할 확률은

$$\mathrm{P}(A^C\cap B^C)=\mathrm{P}(A^C)\mathrm{P}(B^C)=\left(1-\frac{3}{4}\right)\times\left(1-\frac{1}{3}\right)=\frac{1}{6}$$

따라서 구하는 확률은 $1-\mathrm{P}(A^C\cap B^C)=1-\dfrac{1}{6}=\boldsymbol{\frac{5}{6}}$

KEY Point

- 두 사건 A와 B가 서로 독립이면

⇨ A^C와 B, A와 B^C, A^C와 B^C도 각각 서로 독립이다.

152 어느 마라톤 대회에서 A, B 두 사람이 전 구간을 완주할 확률이 각각 $\dfrac{1}{5}$, $\dfrac{1}{4}$일 때, 다음을 구하시오.

(1) 두 사람 중 한 사람만 완주할 확률

(2) 두 사람 중 적어도 한 사람이 완주할 확률

153 승부차기를 성공할 확률이 각각 $\dfrac{2}{3}$, p인 두 축구 선수 A, B가 한 번씩 승부차기를 할 때, 두 선수 중 A만 성공할 확률은 $\dfrac{4}{15}$이다. 이때 p의 값을 구하시오.

연습문제

생각해 봅시다!

100 한 개의 주사위를 던질 때, 짝수의 눈이 나오는 사건을 A, 소수의 눈이 나오는 사건을 B, 3의 약수의 눈이 나오는 사건을 C라 하자. 다음 중 옳은 것은?

① A와 B는 서로 독립이다.　② A와 C는 서로 배반사건이다.

③ A와 C는 서로 독립이다.　④ B와 C는 서로 종속이다.

⑤ B와 C는 서로 배반사건이다.

① $\mathrm{P}(A \cap B)$
　$= \mathrm{P}(A)\mathrm{P}(B) \Rightarrow$ 독립
② $\mathrm{P}(A \cap B)$
　$\neq \mathrm{P}(A)\mathrm{P}(B) \Rightarrow$ 종속
③ $A \cap B = \varnothing \Rightarrow$ 배반

[수능기출]

101 3개의 동전을 동시에 던질 때, 앞면이 나오는 동전이 1개 이하인 사건을 A, 동전 3개가 모두 같은 면이 나오는 사건을 B라 하자. 다음 **보기** 중에서 옳은 것만을 있는 대로 고른 것은?

| 보기 |

ㄱ. $\mathrm{P}(A) = \dfrac{1}{2}$　　　ㄴ. $\mathrm{P}(A \cap B) = \dfrac{1}{8}$

ㄷ. 두 사건 A와 B는 서로 독립이다.

① ㄱ　　② ㄷ　　③ ㄱ, ㄴ　　④ ㄴ, ㄷ　　⑤ ㄱ, ㄴ, ㄷ

3개의 동전을 동시에 던질 때, 모든 경우의 수는
$\Rightarrow 2 \times 2 \times 2 = 8$

102 두 사건 A, B에 대하여 $\mathrm{P}(A) = \mathrm{P}(A|B)$일 때, 다음 중 옳지 <u>않은</u> 것은?

① $\mathrm{P}(A|B) = \mathrm{P}(A|B^C)$　　② $\mathrm{P}(B) = \mathrm{P}(B|A^C)$

③ $\mathrm{P}(A \cup B) = \mathrm{P}(A) + \mathrm{P}(B)$　　④ $\mathrm{P}(A \cap B) = \mathrm{P}(A)\mathrm{P}(B)$

⑤ $\mathrm{P}(B) = \mathrm{P}(A)\mathrm{P}(B) + \mathrm{P}(A^C)\mathrm{P}(B)$

두 사건 A, B에 대하여
$\mathrm{P}(A) = \mathrm{P}(A|B)$이면
$\Rightarrow A$, B는 서로 독립

103 세 사건 A, B, C에 대하여 A와 B는 서로 배반사건이고 A와 C는 서로 독립이다. $\mathrm{P}(A \cup B) = \dfrac{2}{3}$, $\mathrm{P}(A \cap C) = \dfrac{1}{4}$, $\mathrm{P}(C) = \dfrac{1}{2}$일 때, $\mathrm{P}(B)$를 구하시오.

104 두 사람 A, B가 총을 쏘아 표적을 맞히려고 한다. 두 사람이 한 발씩 쏠 때, A가 표적을 맞힐 확률은 $\dfrac{2}{3}$이고 A와 B 중 적어도 한 사람이 표적을 맞힐 확률은 $\dfrac{3}{4}$이다. 이때 B가 표적을 맞힐 확률을 구하시오.

STEP 2

105 두 사건 A, B에 대하여 **보기** 중에서 옳은 것만을 있는 대로 고르시오.
$$(\text{단, } P(A)>0, \ P(B)>0)$$

| 보기 |

ㄱ. 두 사건 A, B가 서로 배반사건이면 A, B는 서로 독립이다.
ㄴ. 두 사건 A, B가 서로 배반사건이면 $P(A)+P(B)\leq 1$이다.
ㄷ. 두 사건 A, B가 서로 독립이면 $P(A^c)+P(A\,|\,B^c)=1$이다.

[수능기출]

106 어느 디자인 공모 대회에 철수가 참가하였다. 참가자는 두 항목에서 점수를 받으며, 각 항목에서 받을 수 있는 점수는 표와 같이 3가지 중 하나이다. 철수가 각

항목＼점수	점수 A	점수 B	점수 C
관람객 투표	40	30	20
심사 위원	50	40	30

항목에서 점수 A를 받을 확률은 $\dfrac{1}{2}$, 점수 B를 받을 확률은 $\dfrac{1}{3}$, 점수 C를 받을 확률은 $\dfrac{1}{6}$이다. 관람객 투표 점수를 받는 사건과 심사 위원 점수를 받는 사건이 서로 독립일 때, 철수가 받는 두 점수의 합이 70일 확률은?

① $\dfrac{1}{3}$ 　② $\dfrac{11}{36}$ 　③ $\dfrac{5}{18}$ 　④ $\dfrac{1}{4}$ 　⑤ $\dfrac{2}{9}$

실력 UP [수능기출]

107 각 면에 1, 1, 1, 2, 2, 3의 숫자가 하나씩 적혀 있는 정육면체 모양의 상자를 던져 윗면에 적힌 수를 읽기로 한다. 이 상자를 3번 던질 때, 첫 번째와 두 번째 나온 수의 합이 4이고 세 번째 나온 수가 홀수일 확률은?

① $\dfrac{5}{27}$ 　② $\dfrac{11}{54}$ 　③ $\dfrac{2}{9}$ 　④ $\dfrac{13}{54}$ 　⑤ $\dfrac{7}{27}$

실력 UP

108 오른쪽 그림과 같이 a, b, c, d, e, f, g의 7개의 스위치를 가진 회로가 있다. 각 스위치가 열려 있을 확률과 닫혀 있을 확률은 같고 독립적으로 작동할 때, P에서 Q로 전류가 흐를 확률을 구하시오.

각 스위치가 열려 있을 확률과 닫혀 있을 확률은 각각 $\dfrac{1}{2}$이다.

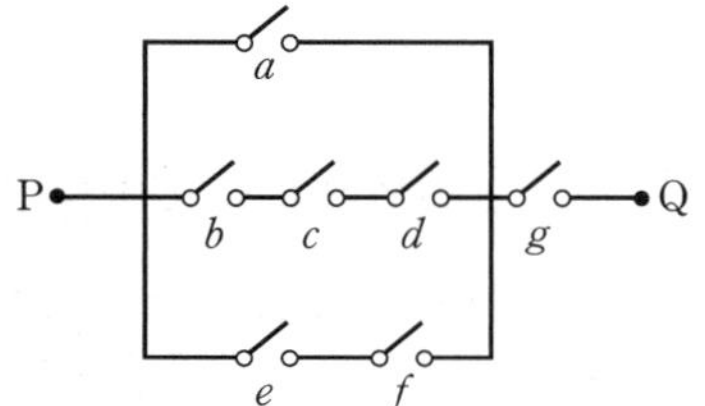

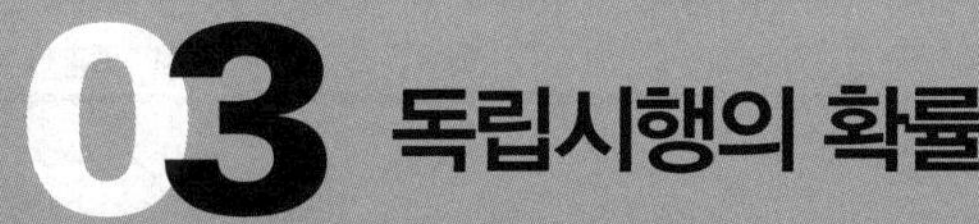

03 독립시행의 확률

개념원리 이해

1. 독립시행의 확률 ▷ 필수예제 **9~11**

---

(1) 독립시행

주사위나 동전을 여러 번 던지는 경우와 같이 **동일한 시행을 반복할 때, 각 시행의 결과가 다른 시행의 결과에 아무런 영향을 주지 않는 경우, 즉 각 시행에서 일어나는 사건이 서로 독립**인 경우에 이 시행을 **독립시행**이라 한다.

(2) 독립시행의 확률

1회의 시행에서 사건 A가 일어날 확률이 $p\,(0<p<1)$일 때, 이 시행을 n회 반복하는 독립시행에서 사건 A가 r회 일어날 확률은

① $_n\mathbf{C}_r\mathbf{p}^r(\mathbf{1-p})^{n-r}$ (단, $r=1,\,2,\,3,\,\cdots,\,n-1$)

② $r=0$일 때 $(1-p)^n$

③ $r=n$일 때 p^n

설명 한 개의 주사위를 4회 던질 때, 1의 눈이 3회 나올 확률을 구해 보자.

주사위를 던져서 1의 눈이 나오면 ○표, 1의 눈이 나오지 않으면 ×표로 나타내면 다음 표와 같이 4회 중 1의 눈이 3회 나오는 경우는 $_4\mathbf{C}_3$가지이다.

1회	2회	3회	4회	확률
○	○	○	×	$\dfrac{1}{6}\times\dfrac{1}{6}\times\dfrac{1}{6}\times\dfrac{5}{6}=\left(\dfrac{1}{6}\right)^3\left(\dfrac{5}{6}\right)^1$
○	○	×	○	$\dfrac{1}{6}\times\dfrac{1}{6}\times\dfrac{5}{6}\times\dfrac{1}{6}=\left(\dfrac{1}{6}\right)^3\left(\dfrac{5}{6}\right)^1$
○	×	○	○	$\dfrac{1}{6}\times\dfrac{5}{6}\times\dfrac{1}{6}\times\dfrac{1}{6}=\left(\dfrac{1}{6}\right)^3\left(\dfrac{5}{6}\right)^1$
×	○	○	○	$\dfrac{5}{6}\times\dfrac{1}{6}\times\dfrac{1}{6}\times\dfrac{1}{6}=\left(\dfrac{1}{6}\right)^3\left(\dfrac{5}{6}\right)^1$

$_4\mathbf{C}_3$가지

이때 한 개의 주사위를 던져서 1의 눈이 나올 확률은 $\dfrac{1}{6}$, 1의 눈이 나오지 않을 확률은 $\dfrac{5}{6}$이고, 각각의 시행은 서로 독립이므로 각 경우의 확률은 $\left(\dfrac{1}{6}\right)^3\left(\dfrac{5}{6}\right)^1$이다.

그런데 이들은 서로 배반사건이므로 4회 중 1의 눈이 3회 나올 확률은 확률의 덧셈정리에 의하여 다음과 같다.

$$\left(\dfrac{1}{6}\right)^3\left(\dfrac{5}{6}\right)^1+\left(\dfrac{1}{6}\right)^3\left(\dfrac{5}{6}\right)^1+\left(\dfrac{1}{6}\right)^3\left(\dfrac{5}{6}\right)^1+\left(\dfrac{1}{6}\right)^3\left(\dfrac{5}{6}\right)^1=\,_4\mathbf{C}_3\left(\dfrac{1}{6}\right)^3\left(\dfrac{5}{6}\right)^1$$

일반적으로 한 개의 주사위를 n회 던져서 1의 눈이 r회 나올 확률은

$$_n\mathbf{C}_r\left(\dfrac{1}{6}\right)^r\left(\dfrac{5}{6}\right)^{n-r}\ (단,\ r=1,\,2,\,3,\,\cdots,\,n-1)$$

이고, $r=0$일 때 $\left(\dfrac{5}{6}\right)^n$, $r=n$일 때 $\left(\dfrac{1}{6}\right)^n$임을 알 수 있다.

한 개의 주사위를 6번 던질 때, 다음을 구하시오.

(1) 짝수의 눈이 4번 나올 확률

(2) 짝수의 눈이 적어도 2번 나올 확률

설명 한 개의 주사위를 6번 던지는 시행에서 각 시행은 서로 독립이므로 독립시행의 확률을 이용한다.

풀이 한 개의 주사위를 던질 때, 짝수의 눈이 나올 확률은 $\dfrac{1}{2}$, 짝수의 눈이 나오지 않을 확률은 $\dfrac{1}{2}$이다.

(1) $_6C_4\left(\dfrac{1}{2}\right)^4\left(\dfrac{1}{2}\right)^2=\dfrac{\mathbf{15}}{\mathbf{64}}$

(2) 짝수의 눈이 적어도 2번 나오는 사건은 짝수의 눈이 1번 이하로 나오는 사건의 여사건이다.

(i) 짝수의 눈이 0번 나올 확률은 $\left(\dfrac{1}{2}\right)^6=\dfrac{1}{64}$

(ii) 짝수의 눈이 1번 나올 확률은 $_6C_1\left(\dfrac{1}{2}\right)^1\left(\dfrac{1}{2}\right)^5=\dfrac{3}{32}$

(i), (ii)에서 구하는 확률은

$$1-\left(\dfrac{1}{64}+\dfrac{3}{32}\right)=\dfrac{\mathbf{57}}{\mathbf{64}}$$

KEY Point

• 1회의 시행에서 일어날 확률이 $p\,(0<p<1)$인 사건 A에 대하여 n회의 독립시행에서 사건 A가 r회 일어날 확률은

① $_nC_r p^r(1-p)^{n-r}$ (단, $r=1, 2, 3, \cdots, n-1$)

② $r=0$일 때 $(1-p)^n$

③ $r=n$일 때 p^n

154 승률이 $\dfrac{3}{4}$인 바둑 기사가 대국에 5번 참가할 때, 다음을 구하시오.

(1) 3번 이길 확률 　　　　　　　　　(2) 4번 이상 이길 확률

155 A반과 B반이 배구 시합을 하는데 각 세트당 A반이 이길 확률이 $\dfrac{2}{3}$이다. 두 세트를 먼저 이기는 반이 우승한다고 할 때, A반이 우승할 확률을 구하시오. (단, 비기는 경우는 없다.)

한 개의 주사위를 던져 3의 배수의 눈이 나오면 한 개의 동전을 3번 던지고 4의 배수의
눈이 나오면 한 개의 동전을 4번 던질 때, 동전의 앞면이 2번 나올 확률을 구하시오.
(단, 주사위의 눈의 수가 3의 배수도 4의 배수도 아니면 동전을 던지지 않는다.)

풀이 한 개의 동전을 던질 때, 앞면이 나올 확률은 $\dfrac{1}{2}$, 뒷면이 나올 확률은 $\dfrac{1}{2}$이다.

(ⅰ) 주사위를 던져 3의 배수의 눈이 나오고, 한 개의 동전을 3번 던져서 앞면이 2번 나올 확률은

$$\frac{2}{6} \times {}_3C_2 \left(\frac{1}{2}\right)^2 \left(\frac{1}{2}\right)^1 = \frac{1}{8}$$

(ⅱ) 주사위를 던져 4의 배수의 눈이 나오고, 한 개의 동전을 4번 던져서 앞면이 2번 나올 확률은

$$\frac{1}{6} \times {}_4C_2 \left(\frac{1}{2}\right)^2 \left(\frac{1}{2}\right)^2 = \frac{1}{16}$$

(ⅰ), (ⅱ)에서 구하는 확률은

$$\frac{1}{8} + \frac{1}{16} = \frac{3}{16}$$

KEY Point
- 두 가지 사건의 독립시행의 확률은
  (ⅰ) 사건에 따라 경우를 나누고 각 경우의 확률을 구한다.
  (ⅱ) 두 사건은 서로 배반사건이므로 확률의 덧셈정리를 이용하여 확률을 구한다.

156 흰 공 2개, 검은 공 3개가 들어 있는 상자에서 임의로 1개의 공을 꺼내어 그것이 흰 공이면
한 개의 동전을 3번 던지고 검은 공이면 한 개의 동전을 4번 던질 때, 앞면이 3번 나올 확률
을 구하시오.

157 1부터 10까지의 자연수가 하나씩 적힌 10개의 공이 들어 있는 주머니에서 임의로 한 개의
공을 꺼낼 때, 짝수가 적힌 공이 나오면 한 개의 주사위를 4번 던지고 9의 약수가 적힌 공이
나오면 한 개의 주사위를 3번 던진다. 이때 주사위의 짝수의 눈이 1번 나올 확률을 구하시
오. (단, 꺼낸 공에 적힌 수가 짝수도 9의 약수도 아니면 주사위를 던지지 않는다.)

한 개의 동전을 던져 앞면이 나오면 20점, 뒷면이 나오면 10점을 얻을 때, 동전을 8회 던져서 합계 100점을 얻을 확률을 구하시오.

풀이 한 개의 동전을 던질 때, 앞면이 나올 확률은 $\dfrac{1}{2}$, 뒷면이 나올 확률은 $\dfrac{1}{2}$이다.

동전을 8회 던져 앞면이 나오는 횟수를 x, 뒷면이 나오는 횟수를 y라 하면

$x+y=8$ ······ ㉠

또, 점수의 합계가 100점이므로

$20x+10y=100$ ······ ㉡

㉠, ㉡을 연립하여 풀면 $x=2$, $y=6$

따라서 동전을 8회 던져서 앞면이 2회, 뒷면이 6회 나와야 하므로 구하는 확률은

$${}_8\mathrm{C}_2\left(\dfrac{1}{2}\right)^2\left(\dfrac{1}{2}\right)^6=\dfrac{7}{64}$$

KEY Point
- 점수 또는 위치에 대한 독립시행의 확률은
  (ⅰ) 방정식을 이용하여 주어진 사건이 일어나는 횟수를 구한다.
  (ⅱ) 독립시행의 확률을 이용한다.

158 수직선 위의 원점에 점 P가 있다. 한 개의 주사위를 던져서 6의 약수의 눈이 나오면 점 P를 $+1$만큼, 그 이외의 눈이 나오면 -1만큼 움직인다. 주사위를 4번 던질 때, 점 P가 2의 위치에 있을 확률을 구하시오.

159 오른쪽 그림과 같이 한 변의 길이가 1인 정사각형 ABCD의 변을 따라 시계 방향으로 움직이는 점 P가 있다. 한 개의 동전을 던져서 앞면이 나오면 1만큼, 뒷면이 나오면 2만큼 점 P를 움직인다. 동전을 3번 던질 때, 꼭짓점 A를 출발한 점 P가 다시 꼭짓점 A로 돌아올 확률을 구하시오.

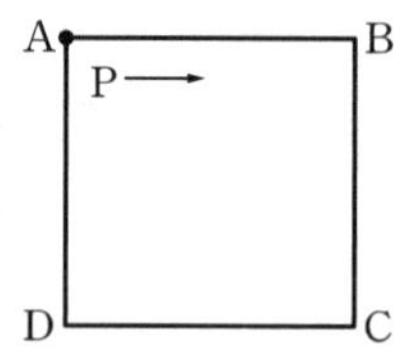

연 습 문 제

💡 **생각해 봅시다!**

109 어떤 양궁 선수가 10점 과녁을 맞힐 확률은 $\dfrac{2}{3}$이다. 이 선수가 4발을 쏘았을 때, 적어도 2발은 10점 과녁에 맞힐 확률을 구하시오.

[수능기출]

110 한 개의 동전을 5번 던질 때, 앞면이 나오는 횟수와 뒷면이 나오는 횟수의 곱이 6일 확률은?

① $\dfrac{5}{8}$　　② $\dfrac{9}{16}$　　③ $\dfrac{1}{2}$　　④ $\dfrac{7}{16}$　　⑤ $\dfrac{3}{8}$

111 갑과 을이 팔씨름을 하여 3번을 먼저 이기는 사람이 우승하기로 하였다. 한 번의 시합에서 갑이 이길 확률이 $\dfrac{2}{3}$일 때, 다섯 번째 시합에서 갑이 우승할 확률을 구하시오. (단, 비기는 경우는 없다.)

갑이 네 번째 시합까지 2번 이기고 다섯 번째 시합에서 이겨야 한다.

[수능기출]

112 흰 공 4개, 검은 공 3개가 들어 있는 주머니가 있다. 이 주머니에서 임의로 2개의 공을 동시에 꺼내어, 꺼낸 2개의 공의 색이 서로 다르면 1개의 동전을 3번 던지고, 꺼낸 2개의 공의 색이 서로 같으면 1개의 동전을 2번 던진다. 이 시행에서 동전의 앞면이 2번 나올 확률은?

① $\dfrac{9}{28}$　　② $\dfrac{19}{56}$　　③ $\dfrac{5}{14}$　　④ $\dfrac{3}{8}$　　⑤ $\dfrac{11}{28}$

113 오른쪽 그림과 같은 도로망에서 규칙에 따라 한 칸씩 움직이는 주사위 놀이가 있다. 한 개의 주사위를 던져서 1 또는 6의 눈이 나오면 오른쪽으로 한 칸 움직이고, 1과 6 이외의 눈이 나오면 위쪽으로 한 칸 움직인다. 주사위를 4번 던질 때, 점 O에서 출발하여 점 P에 도달할 확률을 구하시오.

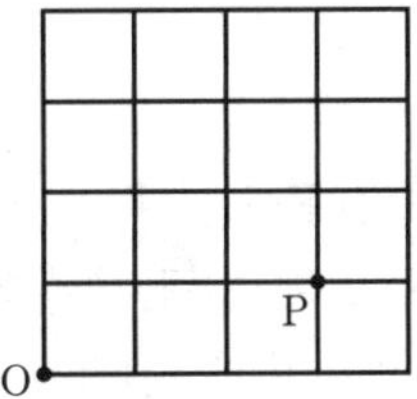

점 O에서 출발하여 점 P에 도달하려면 오른쪽으로 3칸, 위쪽으로 1칸 움직여야 한다.

STEP 2

114 A, B 두 축구팀이 7차전의 경기를 갖는데 먼저 4승을 하는 팀이 우승한다고 한다. A팀이 매 경기 승리할 확률이 $\dfrac{1}{2}$이고 3차전까지의 경기 결과 A팀이 1승 2패하였다면 A팀이 우승할 확률을 구하시오. (단, 비기는 경우는 없다.)

[평가원기출]

115 어느 질병에 대한 치료법으로 1단계 치료를 하고, 1단계 치료에 성공한 환자만 2단계 치료를 하여 2단계 치료까지 성공한 환자는 완치된 것으로 판단한다. 1단계 치료 결과와 2단계 치료 결과는 서로 독립이며, 1단계 치료와 2단계 치료에 성공할 확률은 각각 $\dfrac{1}{2}$과 $\dfrac{2}{3}$이다. 4명의 환자를 대상으로 이 치료법을 적용하였을 때, 완치된 것으로 판단될 환자가 2명일 확률은?

① $\dfrac{13}{54}$ ② $\dfrac{8}{27}$ ③ $\dfrac{19}{54}$ ④ $\dfrac{11}{27}$ ⑤ $\dfrac{25}{54}$

> 완치된 것으로 판단될 확률을 먼저 구한다.

116 동전 6개와 주사위 1개를 동시에 던지는 시행에서 앞면이 나타나는 동전의 개수가 주사위의 눈의 수보다 클 확률을 구하시오.

> 앞면이 나타나는 동전의 개수에 따라 가능한 주사위의 눈의 수를 생각한다.

117 오른쪽 그림과 같이 한 변의 길이가 1인 정팔각형의 한 꼭짓점을 출발하여 변을 따라 시계 반대 방향으로 움직이는 점 P가 있다. 한 개의 주사위를 던져서 홀수의 눈이 나오면 3만큼, 짝수의 눈이 나오면 1만큼 점 P를 움직인다. 주사위를 4번 던질 때, 점 P가 처음 출발 위치로 돌아올 확률을 구하시오.

실력 UP

118 수직선 위의 원점에 점 P가 있다. 한 개의 주사위를 던져서 짝수의 눈이 나오면 점 P를 양의 방향으로 1만큼, 홀수의 눈이 나오면 음의 방향으로 1만큼 옮긴다. 주사위를 10번 던질 때, 원점에서 점 P까지의 거리가 3 이하일 확률을 구하시오.

Ⅲ

1. 확률변수

> (1) 어떤 시행에서 표본공간의 각 원소에 하나의 실수를 대응시킨 함수를 **확률변수**라 한다.
> (2) 확률변수 X가 어떤 값 x를 가질 확률을 기호로
> $$\mathrm{P}(X=x)$$
> 와 같이 나타낸다.

▶ ① 확률변수는 표본공간을 정의역으로 하고, 실수 전체의 집합을 공역으로 하는 함수이지만 변수의 역할도 하므로 확률변수라 부른다.

② 확률변수는 보통 알파벳 대문자 X, Y, Z 등으로 나타내고, 확률변수가 가질 수 있는 값은 소문자 x, y, z 등으로 나타낸다.

설명 한 개의 동전을 두 번 던지는 시행에서 앞면을 H, 뒷면을 T라 하면 표본공간 S는
$$S=\{(\mathrm{H},\mathrm{H}),(\mathrm{H},\mathrm{T}),(\mathrm{T},\mathrm{H}),(\mathrm{T},\mathrm{T})\}$$
이다. 이때 앞면이 나오는 횟수를 X라 하면 표본공간 S의 원소
$$(\mathrm{H},\mathrm{H}),(\mathrm{H},\mathrm{T}),(\mathrm{T},\mathrm{H}),(\mathrm{T},\mathrm{T})$$
에 대응하는 X의 값은 각각
$$2,\ 1,\ 1,\ 0$$
이다. 즉, X는 0, 1, 2 중 한 값을 가질 수 있는 변수이고 X가 0, 1, 2의 값을 가질 확률을 각각 $\mathrm{P}(X=0)$, $\mathrm{P}(X=1)$, $\mathrm{P}(X=2)$로 나타내면
$$\mathrm{P}(X=0)=\frac{1}{4},\ \mathrm{P}(X=1)=\frac{1}{2},\ \mathrm{P}(X=2)=\frac{1}{4}$$
이다. 즉, X의 각 값에 대응하는 확률은 오른쪽 그림과 같다.

이와 같이 어떤 시행에서 표본공간의 각 원소에 하나의 실수를 대응시키고, 그 값을 가질 확률이 각각 정해지는 변수 X를 확률변수라 한다.

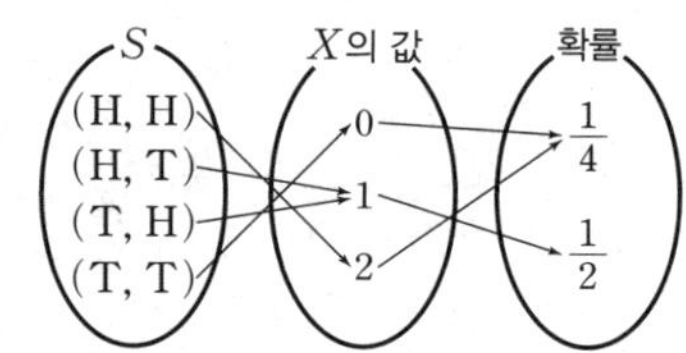

2. 이산확률변수

(1) 이산확률변수

확률변수 X가 가질 수 있는 값이 유한개이거나 무한히 많더라도 자연수와 같이 셀 수 있을 때, X를 **이산확률변수**라 한다.

> ① 이산(離散)이란 하나하나 흩어져 있음을 뜻한다.
> ② 이산확률변수 X가 가질 수 있는 값이 무한개인 경우도 있으나 여기에서는 유한개인 경우만 다룬다.
> ③ 한 개의 동전을 두 번 던지는 시행에서 앞면이 나오는 횟수를 X라 하면 X는 확률변수이고, 특히 X가 가질 수 있는 값은 0, 1, 2이므로 X는 이산확률변수이다.

(2) 확률분포

이산확률변수 X가 가질 수 있는 값이 x_1, x_2, x_3, $\cdots$, x_n이고, X가 이들 값을 가질 확률이 각각 p_1, p_2, p_3, $\cdots$, p_n일 때, 이들 사이의 대응 관계를 이산확률변수 X의 **확률분포**라 한다.

이때 이산확률변수 X의 확률분포를 표와 그래프로 각각 다음과 같이 나타낼 수 있다.

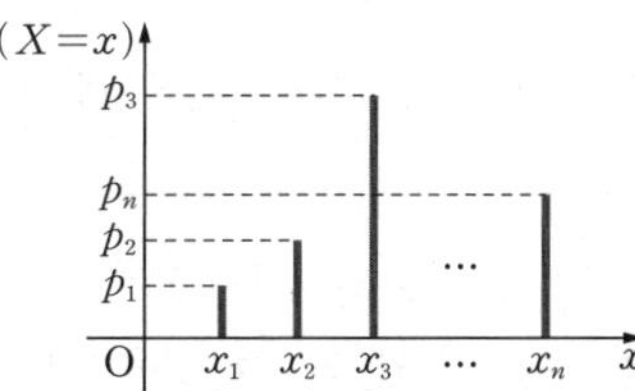

X	x_1	x_2	x_3	$\cdots$	x_n	합계
$\mathrm{P}(X=x_i)$	p_1	p_2	p_3	$\cdots$	p_n	1

3. 확률질량함수　▷ 필수예제 1~3

(1) 확률질량함수

이산확률변수 X의 확률분포를 나타내는 함수
$$\mathrm{P}(X=x_i)=p_i \, (i=1,\ 2,\ 3,\ \cdots,\ n)$$
를 이산확률변수 X의 확률질량함수라 한다.

(2) 확률질량함수의 성질

이산확률변수 X의 확률질량함수가 $\mathrm{P}(X=x_i)=p_i \, (i=1,\ 2,\ 3,\ \cdots,\ n)$일 때, 확률의 기본 성질에 의하여 다음이 성립한다.

> ① $0 \leq p_i \leq 1$　← 확률은 0에서 1까지의 값을 갖는다.
> ② $p_1+p_2+p_3+\cdots+p_n=1$　← 확률의 총합은 1이다.
> ③ $\mathrm{P}(x_i \leq X \leq x_j)=p_i+p_{i+1}+p_{i+2}+\cdots+p_j$ (단, $j=1,\ 2,\ 3,\ \cdots,\ n$이고, $i \leq j$)

▶　① $i \neq j$일 때, $\mathrm{P}(X=x_i$ 또는 $X=x_j)=\mathrm{P}(X=x_i)+\mathrm{P}(X=x_j)$
　　② $\mathrm{P}(x_i \leq X \leq x_j)$는 X가 x_i 이상 x_j 이하의 값을 가질 확률을 의미한다.

설명　한 개의 동전을 두 번 던지는 시행에서 앞면이 나오는 횟수를 확률변수 X라 할 때, X가 가질 수 있는 값은 0, 1, 2이고, 각 시행은 서로 독립이다. 이때 확률변수 X의 확률질량함수는

$$\mathrm{P}(X=0)=\frac{1}{4},\ \mathrm{P}(X=1)=\frac{1}{2},\ \mathrm{P}(X=2)=\frac{1}{4}$$

이므로 확률변수 X의 확률분포를 표와 그래프로 나타내면 각각 다음과 같다.

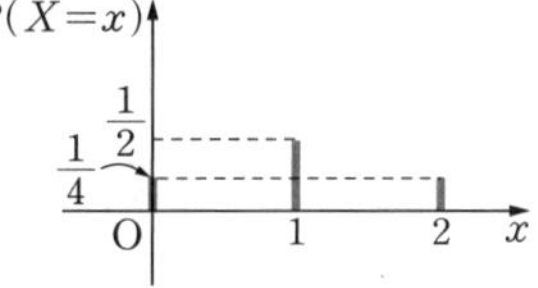

X	0	1	2	합계
$\mathrm{P}(X=x)$	$\dfrac{1}{4}$	$\dfrac{1}{2}$	$\dfrac{1}{4}$	1

또, 위의 표에서 다음을 확인할 수 있다.

① $0 \leq \mathrm{P}(X=0) \leq 1,\ 0 \leq \mathrm{P}(X=1) \leq 1,\ 0 \leq \mathrm{P}(X=2) \leq 1$

② $\mathrm{P}(X=0)+\mathrm{P}(X=1)+\mathrm{P}(X=2)=1$

③ $\mathrm{P}(0 \leq X \leq 1)=\mathrm{P}(X=0)+\mathrm{P}(X=1)=\dfrac{1}{4}+\dfrac{1}{2}=\dfrac{3}{4}$

160 다음 **보기** 중에서 이산확률변수인 것만을 있는 대로 고르시오.

> ┤ 보기 ├
>
> ㄱ. ○, × 퀴즈 20문제의 답을 각각 임의로 적을 때, 맞힌 문항 수
> ㄴ. 배차 간격이 6분인 지하철을 기다리는 시간
> ㄷ. 식목일에 수목원을 방문한 방문객 수
> ㄹ. 빨간색 색연필 5자루, 파란색 색연필 4자루가 들어 있는 상자에서 임의
>   로 3자루를 꺼낼 때, 나오는 빨간색 색연필의 개수

생각해 봅시다!

확률변수 X가 가질 수 있는 값을 셀 수 있을 때
⇨ X는 이산확률변수이다.

161 3개의 동전을 동시에 던질 때, 앞면이 나오는 동전의 개수를 확률변수 X라 하자. X의 확률분포를 나타내는 오른쪽 표를 완성하시오.

X	0	1	2	3	합계
$P(X=x)$					1

162 한 개의 주사위를 2번 던질 때, 홀수의 눈이 나오는 횟수를 확률변수 X라 하자. 다음 물음에 답하시오.

(1) X가 가질 수 있는 값을 모두 구하시오.

(2) X가 (1)의 각 값을 가질 확률을 구하시오.

(3) X의 확률분포를 표로 나타내시오.

163 확률변수 X의 확률분포가 오른쪽 표와 같을 때, 다음을 구하시오.

X	1	2	3	4	합계
$P(X=x)$	$\dfrac{1}{5}$	a	$\dfrac{3}{10}$	$\dfrac{1}{10}$	1

(1) 상수 a의 값

(2) $P(X=1$ 또는 $X=4)$

(3) $P(X\geq 3)$

- $P(X=a$ 또는 $X=b)$
  $=P(X=a)$
  $\qquad +P(X=b)$
  (단, $a\neq b$)
- $P(x_i\leq X\leq x_j)$
  $=P(X=x_i)$
  $\qquad +P(X=x_{i+1})$
  $\quad +\cdots +P(X=x_j)$
  (단, $i,\ j$는 자연수이고,
  $i\leq j$)

확률변수 X의 확률질량함수가

$$P(X=x) = \frac{x}{k} \ (x=1, 2, 3, 4, 5)$$

일 때, 상수 k의 값을 구하시오.

풀이   확률변수 X의 확률분포를 표로 나타내면 다음과 같다.

X	1	2	3	4	5	합계
$P(X=x)$	$\dfrac{1}{k}$	$\dfrac{2}{k}$	$\dfrac{3}{k}$	$\dfrac{4}{k}$	$\dfrac{5}{k}$	1

확률의 총합은 1이므로

$$\frac{1}{k} + \frac{2}{k} + \frac{3}{k} + \frac{4}{k} + \frac{5}{k} = 1$$

$$\frac{15}{k} = 1 \qquad \therefore k = 15$$

KEY Point

- 확률변수 X의 확률질량함수 $P(X=x_i) = p_i \ (i=1, 2, 3, \cdots, n)$에 대하여

$$p_1 + p_2 + p_3 + \cdots + p_n = 1$$

164 확률변수 X의 확률분포가 다음 표와 같을 때, 상수 a의 값을 구하시오.

X	0	1	2	합계
$P(X=x)$	a^2	$\dfrac{1}{3}$	$\dfrac{a}{3}$	1

165 확률변수 X의 확률질량함수가

$$P(X=x) = \frac{k}{x(x+1)} \ (x=1, 2, 3, \cdots, 7)$$

일 때, 상수 k의 값을 구하시오.

확률변수 X의 확률분포가 다음 표와 같을 때, $P(X \geq 2a)$를 구하시오. (단, a는 상수)

X	0	1	2	3	합계
$P(X=x)$	a	$3a$	$3a$	a	1

풀이　확률의 총합은 1이므로

$a+3a+3a+a=1$

$8a=1$　　$\therefore a=\dfrac{1}{8}$

$$\therefore P(X \geq 2a) = P\left(X \geq \dfrac{1}{4}\right)$$
$$= P(X=1) + P(X=2) + P(X=3)$$
$$= \dfrac{3}{8} + \dfrac{3}{8} + \dfrac{1}{8} = \dfrac{7}{8}$$

KEY Point

- 확률변수 X의 확률질량함수 $P(X=x_i)=p_i \ (i=1, 2, 3, \cdots, n)$에 대하여
  ① $P(x_i \leq X \leq x_j)=p_i+p_{i+1}+p_{i+2}+\cdots+p_j$ (단, $j=1, 2, 3, \cdots, n$이고, $i \leq j$)
  ② $P(X=x_i \ 또는 \ X=x_j)=P(X=x_i)+P(X=x_j)=p_i+p_j$ (단, $i \neq j$)

166 확률변수 X의 확률분포가 다음 표와 같고 $P(-1 \leq X \leq 0)=\dfrac{3}{4}$일 때, $a-b$의 값을 구하시오. (단, a, b는 상수)

X	-1	0	1	합계
$P(X=x)$	a	$\dfrac{1}{4}$	b	1

167 확률변수 X의 확률질량함수가

$$P(X=x) = \begin{cases} k-\dfrac{x}{3} & (x=0, 1) \\ \dfrac{k}{6}x & (x=2, 3, 4) \end{cases}$$

일 때, $P(X \leq 2)$를 구하시오. (단, k는 상수)

흰 공 4개, 검은 공 3개가 들어 있는 주머니에서 임의로 3개의 공을 동시에 꺼낼 때, 나오는 흰 공의 개수를 확률변수 X라 하자. 다음 물음에 답하시오.

(1) X의 확률질량함수를 구하시오.

(2) X의 확률분포를 표와 그래프로 나타내시오.

(3) 흰 공이 2개 이상 나올 확률을 구하시오.

풀이

(1) 3개의 공을 동시에 꺼낼 때, 나오는 흰 공의 개수가 확률변수 X이므로 X가 가질 수 있는 값은 0, 1, 2, 3이다.

이때 흰 공 4개, 검은 공 3개가 들어 있는 주머니에서 3개의 공을 동시에 꺼내는 경우의 수는 $_7C_3$이고 꺼낸 공 중에서 흰 공이 x개인 경우의 수는 $_4C_x \times _3C_{3-x}$이므로 X의 확률질량함수는

$$P(X=x)=\frac{_4C_x \times _3C_{3-x}}{_7C_3} \ (x=0, 1, 2, 3)$$

(2) X의 각 값에 대한 확률은 다음과 같다.

$$P(X=0)=\frac{_4C_0 \times _3C_3}{_7C_3}=\frac{1}{35}, \ P(X=1)=\frac{_4C_1 \times _3C_2}{_7C_3}=\frac{12}{35},$$

$$P(X=2)=\frac{_4C_2 \times _3C_1}{_7C_3}=\frac{18}{35}, \ P(X=3)=\frac{_4C_3 \times _3C_0}{_7C_3}=\frac{4}{35}$$

따라서 X의 확률분포를 표와 그래프로 나타내면 다음과 같다.

X	0	1	2	3	합계
$P(X=x)$	$\frac{1}{35}$	$\frac{12}{35}$	$\frac{18}{35}$	$\frac{4}{35}$	1

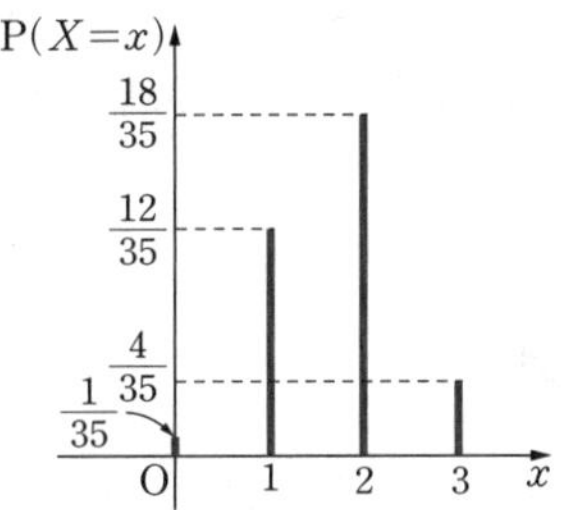

(3) 흰 공이 2개 이상 나올 확률은 $P(X \geq 2)$이므로

$$P(X \geq 2)=P(X=2)+P(X=3)$$
$$=\frac{18}{35}+\frac{4}{35}=\frac{22}{35}$$

KEY Point

- 확률분포 ⇨ 확률변수 X가 가질 수 있는 값을 찾고 X의 각 값에 대한 확률을 구한다.

 **확인체크**

168 남학생 4명, 여학생 3명으로 구성된 어느 동아리에서 임의로 청소 당번 2명을 뽑을 때, 뽑힌 여학생 수를 확률변수 X라 하자. 다음 물음에 답하시오.

(1) X의 확률질량함수를 구하고, X의 확률분포를 표로 나타내시오.

(2) 여학생이 1명 이하로 뽑힐 확률을 구하시오.

169 1, 2, 3, 4, 5의 숫자가 하나씩 적혀 있는 5장의 카드 중에서 임의로 2장을 동시에 뽑을 때, 나오는 두 수의 차를 확률변수 X라 하자. 이때 $P(X=1$ 또는 $X=3)$을 구하시오.

연습문제

STEP **1**

[평가원기출]

119 이산확률변수 X가 취할 수 있는 값이 -2, -1, 0, 1, 2이고 X의 확률질량

함수가 $P(X=x)=\begin{cases} k-\dfrac{x}{9} & (x=-2,\ -1,\ 0) \\ k+\dfrac{x}{9} & (x=1,\ 2) \end{cases}$ 일 때, 상수 k의 값은?

① $\dfrac{1}{15}$　　② $\dfrac{2}{15}$　　③ $\dfrac{1}{5}$　　④ $\dfrac{4}{15}$　　⑤ $\dfrac{1}{3}$

생각해 봅시다!

확률의 총합은 1이다.

120 확률변수 X가 가질 수 있는 값이 -1, 0, 1이고 그 확률이 각각
$$P(X=-1)=3k^2,\quad P(X=0)=k,\quad P(X=1)=k^2+2k$$
일 때, $P(|X|=1)$을 구하시오. (단, k는 상수)

$P(X=a$ 또는 $X=b)$
$=P(X=a)+P(X=b)$
(단, $a \neq b$)

121 각 면에 1, 2, 3, 4의 숫자가 하나씩 적힌 정사면체를 2번 던져 바닥에 놓인 면에 적힌 두 수의 합을 확률변수 X라 할 때, $P(3 \le X \le 5)$를 구하시오.

$P(x_i \le X \le x_j)$
$=p_i+p_{i+1}+p_{i+2}$
$\qquad\qquad + \cdots +p_j$
(단, i, j는 자연수이고,
$i \le j$)

STEP **2**

122 확률변수 X의 확률분포가 오른쪽 표와 같고 $P(X=2)=4P(X=3)$일 때, 상수 a, b에 대하여 ab의 값을 구하시오.

X	0	1	2	3	합계
$P(X=x)$	$\dfrac{1}{4}$	$\dfrac{1}{2}$	a	b	1

123 확률변수 X의 확률질량함수가
$$P(X=x)=\frac{k}{\sqrt{x+1}+\sqrt{x}}\ (x=1,\ 2,\ 3,\ \cdots,\ 8)$$
일 때, $P(X \ge 3)$을 구하시오. (단, k는 상수)

실력 **UP**

124 확률변수 X의 확률질량함수가 $P(X=x)=p_x\ (x=1,\ 2,\ 3,\ 4)$이고
$p_2-p_1=p_3-p_2=p_4-p_3=\dfrac{1}{8}$일 때, $P(X^2-6X+8<0)$을 구하시오.

02 이산확률변수의 기댓값과 표준편차

개념원리 이해

1. 이산확률변수 X의 기댓값(평균) ▷ 필수예제 **4~6**

이산확률변수 X의 확률분포가 오른쪽 표와 같을 때,
$$x_1 p_1 + x_2 p_2 + \cdots + x_n p_n$$
을 이산확률변수 X의 **기댓값** 또는 **평균**이라 하고, 이것을
기호로 $\mathrm{E}(X)$와 같이 나타낸다.
$$\mathrm{E}(X) = x_1 p_1 + x_2 p_2 + \cdots + x_n p_n$$

X	x_1	x_2	$\cdots$	x_n	합계
$\mathrm{P}(X=x_i)$	p_1	p_2	$\cdots$	p_n	1

▶ $\mathrm{E}(X)$에서 E는 기댓값을 뜻하는 Expectation의 첫 글자이고, $\mathrm{E}(X)$를 평균을 뜻하는 mean의 첫 글자 m으로 나타내기도 한다.

설명 오른쪽 표는 어떤 행운권의 각 순위에 해당하는 당첨금과 매수 및 각 순위의 행운권을 뽑을 확률을 나타낸 것이다.

행운권 20장 중에서 임의로 택한 행운권 1장의 당첨금을 확률변수 X라 할 때, 행운권 1장에 대한 당첨금의 평균은 다음과 같다.

$$\frac{50000 \times 2 + 10000 \times 3 + 2000 \times 5 + 0 \times 10}{20}$$

$$= 50000 \times \frac{2}{20} + 10000 \times \frac{3}{20} + 2000 \times \frac{5}{20} + 0 \times \frac{10}{20}$$

$$= 7000 \,(\text{원})$$

이때 당첨금의 평균은 확률변수 X의 각 값과 그에 대응하는 확률을 곱하여 더한 것과 같음을 알 수 있다.

순위	당첨금(원)	매수(장)	확률
1등	50000	2	$\dfrac{2}{20}$
2등	10000	3	$\dfrac{3}{20}$
3등	2000	5	$\dfrac{5}{20}$
등외	0	10	$\dfrac{10}{20}$
합계		20	1

2. 이산확률변수 X의 분산과 표준편차 ▷ 필수예제 **4, 5**

이산확률변수 X의 확률질량함수가 $\mathrm{P}(X=x_i)=p_i \ (i=1,\ 2,\ 3,\ \cdots,\ n)$이고 X의 기댓값 $\mathrm{E}(X)$를 m이라 할 때,

(1) **분산**: $(X-m)^2$의 기댓값을 확률변수 X의 **분산**이라 하고, 기호로 $\mathrm{V}(X)$와 같이 나타낸다.
$$\mathrm{V}(X) = \mathrm{E}((X-m)^2) = \mathrm{E}(X^2) - \{\mathrm{E}(X)\}^2$$

(2) **표준편차**: 분산 $\mathrm{V}(X)$의 양의 제곱근 $\sqrt{\mathrm{V}(X)}$를 확률변수 X의 **표준편차**라 하고, 이것을 기호로 $\sigma(X)$와 같이 나타낸다.
$$\sigma(X) = \sqrt{\mathrm{V}(X)}$$

▶ ① $\mathrm{V}(X)$에서 V는 분산을 뜻하는 Variance의 첫 글자이다.
② $\sigma(X)$에서 σ는 표준편차를 뜻하는 standard deviation의 첫 글자 s에 해당하는 그리스 문자이고 '시그마'라 읽는다.
③ (1)에서 $X-m$은 '편차'를 의미한다. ⇨ (편차)=(변량)-(평균)
④ $\mathrm{E}(X^2)$은 X^2의 기댓값(평균)을 뜻한다. ⇨ $\mathrm{E}(X^2) = x_1^2 p_1 + x_2^2 p_2 + \cdots + x_n^2 p_n$

증명 $\mathrm{V}(X)=\mathrm{E}((X-m)^2)$
$=(x_1-m)^2p_1+(x_2-m)^2p_2+\cdots+(x_n-m)^2p_n$
$=(x_1^2p_1+x_2^2p_2+\cdots+x_n^2p_n)-2m(x_1p_1+x_2p_2+\cdots+x_np_n)+m^2(p_1+p_2+\cdots+p_n)$
$=(x_1^2p_1+x_2^2p_2+\cdots+x_n^2p_n)-2m\times m+m^2\times1$
$=(x_1^2p_1+x_2^2p_2+\cdots+x_n^2p_n)-m^2$
$=\mathrm{E}(X^2)-\{\mathrm{E}(X)\}^2$

3. 이산확률변수 $aX+b$의 평균, 분산, 표준편차   ▷ 필수예제 **7~9**

> 이산확률변수 X와 두 상수 $a\,(a\neq0)$, b에 대하여
> (1) **평균**: $\mathrm{E}(aX+b)=a\mathrm{E}(X)+b$
> (2) **분산**: $\mathrm{V}(aX+b)=a^2\mathrm{V}(X)$
> (3) **표준편차**: $\sigma(aX+b)=|a|\sigma(X)$

▶ 위의 성질은 이산확률변수뿐만 아니라 일반적으로 모든 확률변수에 대하여 성립한다.

설명   이산확률변수 X의 확률분포가 다음 [표 1]과 같을 때, $Y=aX+b$ (a, b는 상수이고, $a\neq0$)라 하자.

이때 확률변수 Y가 가질 수 있는 값은 ax_i+b ($i=1, 2, 3, \cdots, n$)이고, 각 값을 가질 확률은

$$\mathrm{P}(Y=ax_i+b)=\mathrm{P}(X=x_i)=p_i\ (i=1, 2, 3, \cdots, n)$$

이므로 확률변수 Y의 확률분포를 표로 나타내면 다음 [표 2]와 같다.

X	x_1	x_2	$\cdots$	x_n	합계
$\mathrm{P}(X=x_i)$	p_1	p_2	$\cdots$	p_n	1

[표 1]

Y	ax_1+b	ax_2+b	$\cdots$	ax_n+b	합계
$\mathrm{P}(Y=ax_i+b)$	p_1	p_2	$\cdots$	p_n	1

[표 2]

따라서 $\mathrm{E}(X)=m$이라 하면 확률변수 Y의 평균, 분산, 표준편차는 다음과 같다.

(1) $\mathrm{E}(Y)=\mathrm{E}(aX+b)$
$=(ax_1+b)p_1+(ax_2+b)p_2+\cdots+(ax_n+b)p_n$
$=a(x_1p_1+x_2p_2+\cdots+x_np_n)+b(p_1+p_2+\cdots+p_n)$
$=a\mathrm{E}(X)+b$

(2) $\mathrm{E}(Y)=a\mathrm{E}(X)+b=am+b$이므로
$\mathrm{V}(Y)=\mathrm{V}(aX+b)$
$=\{(ax_1+b)-(am+b)\}^2p_1+\{(ax_2+b)-(am+b)\}^2p_2+\cdots+\{(ax_n+b)-(am+b)\}^2p_n$
$=a^2\{(x_1-m)^2p_1+(x_2-m)^2p_2+\cdots+(x_n-m)^2p_n\}$
$=a^2\mathrm{V}(X)$

(3) $\mathrm{V}(Y)=a^2\mathrm{V}(X)$에서
$\sigma(Y)=\sqrt{\mathrm{V}(Y)}=\sqrt{a^2\mathrm{V}(X)}=|a|\sigma(X)$

1. 도수분포표를 통한 이산확률변수의 평균과 분산의 이해

도수분포표에서 변량을 확률변수 X로 보면 X가 각 값을 가질 확률은 도수분포표에서 각 도수

$$f_1, \, f_2, \, \cdots, \, f_n$$

을 도수의 총합 N으로 나눈 값, 즉 상대도수

$$\frac{f_1}{N}, \, \frac{f_2}{N}, \, \cdots, \, \frac{f_n}{N}$$

으로 생각할 수 있으므로 X의 확률분포를 표로 나타내면 다음과 같다.

변량	x_1	x_2	$\cdots$	x_n	합계
도수	f_1	f_2	$\cdots$	f_n	N

$$\Downarrow$$

X	x_1	x_2	$\cdots$	x_n	합계
$\mathrm{P}(X=x_i)$	$\dfrac{f_1}{N}=p_1$	$\dfrac{f_2}{N}=p_2$	$\cdots$	$\dfrac{f_n}{N}=p_n$	1

또, 도수분포에서의 평균 m과 분산 σ^2은 다음과 같다.

$$m=\frac{x_1 f_1 + x_2 f_2 + \cdots + x_n f_n}{N}$$
$$=x_1 \times \frac{f_1}{N} + x_2 \times \frac{f_2}{N} + \cdots + x_n \times \frac{f_n}{N}$$
$$=x_1 p_1 + x_2 p_2 + \cdots + x_n p_n$$
$$=\mathrm{E}(X)$$
$$\sigma^2=\frac{(x_1-m)^2 f_1 + (x_2-m)^2 f_2 + \cdots + (x_n-m)^2 f_n}{N}$$
$$=(x_1-m)^2 \times \frac{f_1}{N} + (x_2-m)^2 \times \frac{f_2}{N} + \cdots + (x_n-m)^2 \times \frac{f_n}{N}$$
$$=(x_1-m)^2 p_1 + (x_2-m)^2 p_2 + \cdots + (x_n-m)^2 p_n$$
$$=\mathrm{V}(X)$$

따라서 $\mathrm{E}(X)=m$이고 $\mathrm{V}(X)=\sigma^2$이므로 확률분포에서의 평균, 분산은 도수분포에서의 평균, 분산과 같은 개념임을 알 수 있다.

170 확률변수 X의 확률분포가 아래 표와 같을 때, 다음을 구하시오.

X	0	3	6	9	합계
$P(X=x)$	$\dfrac{1}{3}$	$\dfrac{1}{6}$	$\dfrac{1}{3}$	$\dfrac{1}{6}$	1

(1) $E(X)$　　　　　　(2) $V(X)$　　　　　　(3) $\sigma(X)$

생각해 봅시다!

- $E(X)$
 $=x_1p_1+x_2p_2$
 $\qquad +\cdots +x_np_n$
- $V(X)$
 $=E((X-m)^2)$
 $=E(X^2)-\{E(X)\}^2$
- $\sigma(X)=\sqrt{V(X)}$

171 2개의 동전을 동시에 던져서 나오는 앞면의 개수를 확률변수 X라 할 때, 확률변수 X에 대하여 다음 물음에 답하시오.

(1) 다음 표를 완성하시오.

X	0	1	2	합계
$P(X=x)$				1

(2) 평균, 분산, 표준편차를 구하시오.

172 확률변수 X에 대하여 $E(X)=3$, $V(X)=4$일 때, 다음 확률변수의 평균, 분산, 표준편차를 구하시오.

(1) $Y=2X-1$　　　　　　　　　(2) $Y=-3X+2$

- $E(aX+b)$
 $=aE(X)+b$
- $V(aX+b)$
 $=a^2V(X)$
- $\sigma(aX+b)$
 $=|a|\sigma(X)$

173 확률변수 X의 확률분포가 아래 표와 같을 때, 다음 물음에 답하시오.

X	-1	0	1	합계
$P(X=x)$	$\dfrac{5}{8}$	$\dfrac{1}{4}$	$\dfrac{1}{8}$	1

(1) X의 평균, 분산, 표준편차를 구하시오.
(2) 확률변수 $Y=4X-3$의 평균, 분산, 표준편차를 구하시오.

확률변수 X의 확률분포가 오른쪽 표와 같을 때, X의 평균, 분산, 표준편차를 구하시오. (단, a는 상수)

X	-1	0	1	2	4	합계
$\mathrm{P}(X=x)$	$\dfrac{1}{5}$	$\dfrac{3}{10}$	a	$\dfrac{1}{10}$	$\dfrac{1}{5}$	1

풀이　확률의 총합은 1이므로

$$\frac{1}{5}+\frac{3}{10}+a+\frac{1}{10}+\frac{1}{5}=1 \qquad \therefore a=\frac{1}{5}$$

$$\therefore \mathrm{E}(X)=(-1)\times\frac{1}{5}+0\times\frac{3}{10}+1\times\frac{1}{5}+2\times\frac{1}{10}+4\times\frac{1}{5}=\mathbf{1}$$

$$\mathrm{E}(X^2)=(-1)^2\times\frac{1}{5}+0^2\times\frac{3}{10}+1^2\times\frac{1}{5}+2^2\times\frac{1}{10}+4^2\times\frac{1}{5}=4\text{이므로}$$

$$\mathbf{V}(X)=\mathrm{E}(X^2)-\{\mathrm{E}(X)\}^2=4-1^2=\mathbf{3}$$

$$\sigma(X)=\sqrt{\mathrm{V}(X)}=\sqrt{3}$$

다른풀이　$\mathrm{E}(X)=1$이므로

$$\mathrm{V}(X)=(-1-1)^2\times\frac{1}{5}+(0-1)^2\times\frac{3}{10}+(1-1)^2\times\frac{1}{5}+(2-1)^2\times\frac{1}{10}+(4-1)^2\times\frac{1}{5}$$

$$=3$$

KEY Point

- 이산확률변수 X의 평균 $\mathrm{E}(X)$, 분산 $\mathrm{V}(X)$, 표준편차 $\sigma(X)$는

① $\mathrm{E}(X)=x_1 p_1+x_2 p_2+\cdots+x_n p_n$

② $\mathrm{V}(X)=\mathrm{E}((X-m)^2) \quad \leftarrow \mathrm{E}(X)=m$

$\qquad\ =\mathrm{E}(X^2)-\{\mathrm{E}(X)\}^2$

③ $\sigma(X)=\sqrt{\mathrm{V}(X)}$

174 확률변수 X의 확률분포가 오른쪽 표와 같고, X의 평균이 5일 때, X의 분산을 구하시오.
(단, a, b는 상수)

X	1	2	4	8	합계
$\mathrm{P}(X=x)$	$\dfrac{1}{4}$	a	$\dfrac{1}{8}$	b	1

175 확률변수 X의 확률분포가 오른쪽 표와 같고, X의 평균이 $\dfrac{1}{2}$일 때, X의 표준편차를 구하시오.
(단, k, p는 상수)

X	$-k$	0	k	합계
$\mathrm{P}(X=x)$	$\dfrac{1}{4}$	$\dfrac{1}{4}$	p	1

> 흰 공 2개와 검은 공 4개가 들어 있는 주머니에서 임의로 2개의 공을 동시에 꺼낼 때, 나오는 흰 공의 개수를 확률변수 X라 하자. 다음 물음에 답하시오.
>
> (1) X의 확률분포를 표로 나타내시오.
> (2) X의 평균, 분산, 표준편차를 구하시오.

설명 흰 공 2개, 검은 공 4개 중에서 2개의 공을 꺼내는 경우는

(ⅰ) 흰 공 0개, 검은 공 2개　　(ⅱ) 흰 공 1개, 검은 공 1개　　(ⅲ) 흰 공 2개, 검은 공 0개

의 3가지이다.

따라서 흰 공의 개수를 나타내는 확률변수 X가 가질 수 있는 값은 0, 1, 2이다.

풀이 (1) 확률변수 X가 가질 수 있는 값은 0, 1, 2이고, 그 확률은 각각

$$\mathrm{P}(X=0)=\frac{_4\mathrm{C}_2}{_6\mathrm{C}_2}=\frac{2}{5},\ \mathrm{P}(X=1)=\frac{_2\mathrm{C}_1\times_4\mathrm{C}_1}{_6\mathrm{C}_2}=\frac{8}{15},\ \mathrm{P}(X=2)=\frac{_2\mathrm{C}_2}{_6\mathrm{C}_2}=\frac{1}{15}$$

이므로 X의 확률분포를 표로 나타내면 오른쪽과 같다.

X	0	1	2	합계
$\mathrm{P}(X=x)$	$\dfrac{2}{5}$	$\dfrac{8}{15}$	$\dfrac{1}{15}$	1

(2) $\mathbf{E}(X)=0\times\dfrac{2}{5}+1\times\dfrac{8}{15}+2\times\dfrac{1}{15}=\dfrac{2}{3}$

또, $\mathrm{E}(X^2)=0^2\times\dfrac{2}{5}+1^2\times\dfrac{8}{15}+2^2\times\dfrac{1}{15}=\dfrac{4}{5}$이므로

$$\mathbf{V}(X)=\mathrm{E}(X^2)-\{\mathrm{E}(X)\}^2=\dfrac{4}{5}-\left(\dfrac{2}{3}\right)^2=\dfrac{16}{45}$$

$$\sigma(X)=\sqrt{\mathrm{V}(X)}=\sqrt{\dfrac{16}{45}}=\dfrac{4\sqrt{5}}{15}$$

KEY Point

• 이산확률변수 X의 평균, 분산, 표준편차를 구할 때

　확률분포를 표로 작성 ⇨ 평균을 구하고 ⇨ 분산을 구하고 ⇨ 표준편차를 구한다.

176 3개의 동전을 동시에 던져서 앞면이 나오는 동전의 개수를 확률변수 X라 할 때, X의 평균과 표준편차를 구하시오.

177 우량품 7개와 불량품 3개가 들어 있는 상자에서 임의로 2개의 제품을 택하여 조사할 때, 나오는 불량품의 개수를 확률변수 X라 하자. 이때 X의 평균과 표준편차를 구하시오.

178 1, 2, 3, 4, 5의 숫자가 하나씩 적힌 5장의 카드에서 임의로 3장을 동시에 뽑을 때, 홀수가 적힌 카드의 개수를 확률변수 X라 하자. 이때 X의 표준편차를 구하시오.

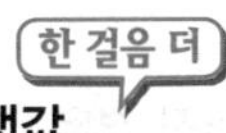

한 개의 동전을 두 번 던지는 시행에서 앞면이 나올 때마다 100원, 뒷면이 나올 때마다 20원씩 상금을 받는다. 이 시행에서 받을 수 있는 상금을 확률변수 X라 할 때, X의 기댓값을 구하시오.

설명   동전의 앞면을 H, 뒷면을 T라 할 때, 동전을 두 번 던져 받을 수 있는 상금은

(i) (H, H) $\Rightarrow$ 100+100=200(원)   (ii) (H, T) $\Rightarrow$ 100+20=120(원)

(iii) (T, H) $\Rightarrow$ 20+100=120(원)   (iv) (T, T) $\Rightarrow$ 20+20=40(원)

풀이   확률변수 X가 가질 수 있는 값은 40, 120, 200이고, 그 확률은 각각

$$P(X=40)=\frac{1}{4},\ P(X=120)=\frac{1}{2},\ P(X=200)=\frac{1}{4}$$

이므로 X의 확률분포를 표로 나타내면 오른쪽과 같다.

X	40	120	200	합계
$P(X=x)$	$\frac{1}{4}$	$\frac{1}{2}$	$\frac{1}{4}$	1

$$\therefore E(X)=40\times\frac{1}{4}+120\times\frac{1}{2}+200\times\frac{1}{4}=120$$

따라서 구하는 기댓값은 **120원**이다.

KEY Point

- 이산확률변수 X의 기댓값 $E(X)$는

$$\Rightarrow E(X)=x_1 p_1+x_2 p_2+\cdots+x_n p_n$$

179 어떤 복권 200장의 각 순위에 해당하는 상금과 매수는 오른쪽 표와 같다. 이 복권 한 장에 대한 기댓값을 구하시오.

순위	상금(원)	매수(장)
1등	10000	1
2등	5000	5
3등	1000	10
등외	0	184
합계		200

180 노란 공 3개, 파란 공 2개가 들어 있는 상자에서 임의로 2개의 공을 동시에 꺼낼 때, 노란 공은 1개당 250원, 파란 공은 1개당 500원의 상금을 받는다. 이 시행에서 받을 수 있는 상금의 기댓값을 구하시오.

> 평균이 0, 분산이 1인 확률변수 X에 대하여 확률변수 $Y=aX+b$의 평균이 5, 분산이 100일 때, $a-b$의 값을 구하시오. (단, a, b는 상수이고, $a>0$)

풀이

$E(X)=0$, $V(X)=1$이므로

$E(Y)=5$에서 $E(aX+b)=5$

$aE(X)+b=5 \qquad \therefore b=5$

또, $V(Y)=100$에서 $V(aX+b)=100$

$a^2V(X)=100$, $a^2=100$

$\therefore a=10 \ (\because a>0)$

$\therefore a-b=10-5=\mathbf{5}$

KEY Point

- $E(aX+b)=aE(X)+b$
- $\sigma(aX+b)=|a|\sigma(X)$
- $V(aX+b)=a^2V(X)$
- $V(X)=E(X^2)-\{E(X)\}^2$

181 확률변수 X에 대하여 $E(-2X+3)=1$, $\sigma(X)=2$일 때, $E(X^2)$을 구하시오.

182 확률변수 X에 대하여 $E(X)=5$, $E(X^2)=125$이다. 확률변수 $Y=aX+b$의 평균과 분산이 각각 $E(Y)=42$, $V(Y)=16$일 때, 상수 b의 값을 구하시오. (단, $a>0$)

183 어느 과수원에서 생산하는 사과의 주간별 $1\,\mathrm{kg}$당 국내 가격을 확률변수 X라 할 때, X의 평균이 1080원, 표준편차가 100원이라 한다. 이 과수원에서 다른 나라로 수출하는 사과의 주간별 $1\,\mathrm{kg}$당 수출 가격을 확률변수 Y라 할 때, $Y=\dfrac{5}{4}X+300$이 성립한다. 이때 Y의 평균과 표준편차를 구하시오.

확률변수 X의 확률분포가 오른쪽 표와 같을 때, 확률변수 $Y=4X-5$의 평균, 분산, 표준편차를 구하시오.

(단, a는 상수)

X	-1	0	1	2	합계
$P(X=x)$	$\dfrac{3}{10}$	$\dfrac{1}{10}$	$2a$	a	1

풀이

확률의 총합은 1이므로

$$\frac{3}{10}+\frac{1}{10}+2a+a=1 \qquad \therefore a=\frac{1}{5}$$

$$\therefore E(X)=(-1)\times\frac{3}{10}+0\times\frac{1}{10}+1\times\frac{2}{5}+2\times\frac{1}{5}=\frac{1}{2}$$

또, $E(X^2)=(-1)^2\times\dfrac{3}{10}+0^2\times\dfrac{1}{10}+1^2\times\dfrac{2}{5}+2^2\times\dfrac{1}{5}=\dfrac{3}{2}$ 이므로

$$V(X)=E(X^2)-\{E(X)\}^2=\frac{3}{2}-\left(\frac{1}{2}\right)^2=\frac{5}{4}$$

$$\therefore \sigma(X)=\sqrt{V(X)}=\sqrt{\frac{5}{4}}=\frac{\sqrt{5}}{2}$$

따라서 확률변수 $Y=4X-5$의 평균, 분산, 표준편차는 각각

$$\mathbf{E(Y)}=E(4X-5)=4E(X)-5=4\times\frac{1}{2}-5=\mathbf{-3}$$

$$\mathbf{V(Y)}=V(4X-5)=4^2V(X)=16\times\frac{5}{4}=\mathbf{20}$$

$$\boldsymbol{\sigma(Y)}=\sigma(4X-5)=|4|\sigma(X)=4\times\frac{\sqrt{5}}{2}=\mathbf{2\sqrt{5}}$$

KEY Point

• 확률변수 X의 확률분포를 이용하여 평균, 분산, 표준편차를 구한 후, $E(aX+b)=aE(X)+b$, $V(aX+b)=a^2V(X)$, $\sigma(aX+b)=|a|\sigma(X)$임을 이용한다.

184 확률변수 X의 확률분포가 오른쪽 표와 같을 때, 확률변수 $Y=2X+1$의 평균, 분산, 표준편차를 구하시오. (단, a는 상수)

X	-1	0	1	합계
$P(X=x)$	a	$\dfrac{a}{2}$	a^2	1

185 확률변수 X의 확률질량함수가

$$P(X=x)=kx^2 \ (x=1, 2, 3, 4)$$

일 때, $E(-9X-2)$를 구하시오. (단, k는 상수)

2개의 합격품이 포함된 4개의 제품 중에서 임의로 2개의 제품을 동시에 꺼낼 때, 나오는 합격품의 개수를 확률변수 X라 하자. 이때 $E(3X+2)$, $V(-3X+2)$를 구하시오.

풀이

확률변수 X가 가질 수 있는 값은 0, 1, 2이고, 그 확률은 각각

$$P(X=0)=\frac{{}_2C_2}{{}_4C_2}=\frac{1}{6}$$

$$P(X=1)=\frac{{}_2C_1\times{}_2C_1}{{}_4C_2}=\frac{2}{3}$$

$$P(X=2)=\frac{{}_2C_2}{{}_4C_2}=\frac{1}{6}$$

이므로 X의 확률분포를 표로 나타내면 다음과 같다.

X	0	1	2	합계
$P(X=x)$	$\frac{1}{6}$	$\frac{2}{3}$	$\frac{1}{6}$	1

$$\therefore E(X)=0\times\frac{1}{6}+1\times\frac{2}{3}+2\times\frac{1}{6}=1$$

또, $E(X^2)=0^2\times\frac{1}{6}+1^2\times\frac{2}{3}+2^2\times\frac{1}{6}=\frac{4}{3}$이므로

$$V(X)=E(X^2)-\{E(X)\}^2=\frac{4}{3}-1^2=\frac{1}{3}$$

$$\therefore \mathbf{E(3X+2)}=3E(X)+2=3\times1+2=\mathbf{5}$$

$$\mathbf{V(-3X+2)}=(-3)^2V(X)=9\times\frac{1}{3}=\mathbf{3}$$

KEY Point

• 확률변수 X의 확률분포가 주어지지 않은 경우, 확률변수 $aX+b$의 평균, 분산, 표준편차는

(i) 확률변수 X의 확률분포를 구한다.

(ii) 확률변수 X의 평균, 분산, 표준편차를 구한다.

(iii) $E(aX+b)=aE(X)+b$, $V(aX+b)=a^2V(X)$, $\sigma(aX+b)=|a|\sigma(X)$임을 이용하여 확률변수 $aX+b$의 평균, 분산, 표준편차를 구한다.

186 흰 공 4개와 검은 공 3개가 들어 있는 상자에서 임의로 3개의 공을 동시에 꺼낼 때, 나오는 검은 공의 개수를 확률변수 X라 하자. 이때 $E(7X-2)$를 구하시오.

187 주사위 한 개를 던져서 나온 눈의 수의 양의 약수의 개수를 확률변수 X라 할 때, $\sigma(-6X+5)$를 구하시오.

연 습 문 제

125 확률변수 X의 확률분포가 다음 표와 같고, X의 평균이 3일 때, X의 표준 편차를 구하시오. (단, a, b는 상수)

X	1	2	3	4	5	합계
$P(X=x)$	$\dfrac{1}{10}$	$\dfrac{1}{5}$	$\dfrac{2}{5}$	a	b	1

> 확률의 총합은 1이다.

126 빨간 구슬 3개와 파란 구슬 2개가 들어 있는 상자에서 임의로 2개의 구슬을 동시에 꺼낼 때, 나오는 파란 구슬의 개수를 확률변수 X라 하자. 이때 $V(X)$를 구하시오.

127 확률변수 X에 대하여 $E(X)=2$, $V(X)=7$일 때, $E((X-3)^2)$을 구하시오.

> $V(X)$
> $=E(X^2)-\{E(X)\}^2$

128 평균이 m, 표준편차가 σ인 어떤 시험의 원점수가 X, 표준 점수 T가 $T=10\times\dfrac{X-m}{\sigma}+50$일 때, 표준 점수 T의 평균과 표준편차를 구하시오.

[평가원기출]

129 이산확률변수 X의 확률질량함수가

$$P(X=x)=\frac{|x-4|}{7} \ (x=1, 2, 3, 4, 5)$$

일 때, $E(14X+5)$의 값은?

> $E(aX+b)=aE(X)+b$

① 31 ② 35 ③ 39 ④ 43 ⑤ 47

[평가원기출]

130 각 면에 1, 1, 2, 2, 2, 4의 숫자가 하나씩 적혀 있는 정육면체 모양의 상자가 있다. 이 상자를 던졌을 때, 윗면에 적힌 수를 확률변수 X라 하자. 확률변수 $5X+3$의 평균을 구하시오.

STEP 2

131 확률변수 X의 확률분포가 다음 표와 같을 때, X의 분산이 최대가 되도록 하는 상수 a의 값을 구하시오. (단, b는 상수)

X	1	2	3	합계
$P(X=x)$	b	$\dfrac{1}{4}$	a	1

132 한 개의 주사위를 한 번 던져서 나오는 눈의 수가 홀수이면 그 수의 200배의 금액을, 짝수이면 그 수의 100배의 금액을 상금으로 받는다. 이 시행에서 받을 수 있는 상금의 기댓값을 구하시오.

133 확률변수 X의 확률분포가 다음 표와 같다. 확률변수 $Y=aX+b$에 대하여 $E(Y)=6$, $V(Y)=3$일 때, $a+b$의 값을 구하시오.

(단, a, b는 상수이고, $a<0$)

$$E(aX+b)=aE(X)+b$$
$$V(aX+b)=a^2V(X)$$

X	0	2	4	6	합계
$P(X=x)$	$\dfrac{1}{8}$	$\dfrac{3}{8}$	$\dfrac{3}{8}$	$\dfrac{1}{8}$	1

실력 UP [평가원기출]

134 그림과 같이 반지름의 길이가 1인 원의 둘레를 6등분한 점에 1부터 6까지의 번호를 하나씩 부여하였다. 한 개의 주사위를 두 번 던져 나온 눈의 수에 해당하는 점을 각각 A, B라 하자. 두 점 A, B 사이의 거리를 확률변수 X라 할 때, X의 평균 $E(X)$는?

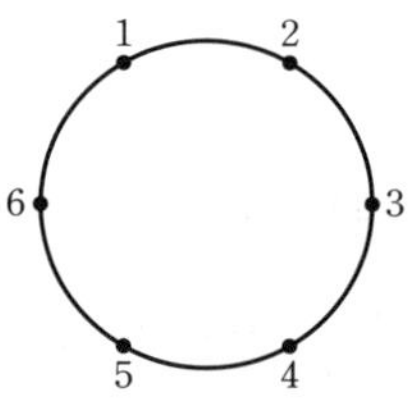

① $\dfrac{1+\sqrt{2}}{3}$ ② $\dfrac{1+\sqrt{3}}{3}$ ③ $\dfrac{2+\sqrt{2}}{3}$ ④ $\dfrac{2+\sqrt{3}}{3}$ ⑤ $\dfrac{1+2\sqrt{3}}{3}$

실력 UP

135 남학생 2명, 여학생 3명을 일렬로 세우고, 앞에 있는 학생부터 차례대로 1, 2, 3, 4, 5의 번호를 하나씩 부여할 때, 여학생 중에서 맨 앞에 있는 여학생의 번호를 확률변수 X라 하자. 이때 $V(10X)$를 구하시오.

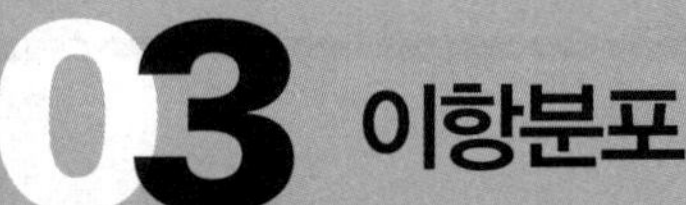

03 이항분포

개념원리 이해

1. 이항분포 ▷ 필수예제 **10**

1회의 시행에서 어떤 사건 A가 일어날 확률이 p, 일어나지 않을 확률이 $q(=1-p)$일 때, n회의 독립시행에서 사건 A가 일어나는 횟수를 확률변수 X라 하자. 이때 X가 가질 수 있는 값은 $0, 1, 2, \cdots, n$이고, X의 확률질량함수는

$$P(X=x)=\begin{cases} {}_n C_0 q^n & (x=0) \\ {}_n C_x p^x q^{n-x} & (x=1,\ 2,\ 3,\ \cdots,\ n-1) \\ {}_n C_n p^n & (x=n) \end{cases}$$

이다. 또, X의 확률분포를 표로 나타내면 다음과 같다.

X	0	1	2	$\cdots$	n	합계
$P(X=x)$	${}_n C_0 q^n$	${}_n C_1 p^1 q^{n-1}$	${}_n C_2 p^2 q^{n-2}$	$\cdots$	${}_n C_n p^n$	1

위의 표에서 각 확률은 $(q+p)^n$을 이항정리에 의하여 전개한 다음 식의 우변의 각 항과 같다.

$$(q+p)^n = {}_n C_0 q^n + {}_n C_1 p^1 q^{n-1} + {}_n C_2 p^2 q^{n-2} + \cdots + {}_n C_n p^n$$

이와 같은 확률변수 X의 확률분포를 **이항분포**라 하고, 기호로 $\mathbf{B}(\boldsymbol{n},\ \boldsymbol{p})$와 같이 나타내며 확률변수 X는 이항분포 $B(n,\ p)$를 따른다고 한다.

▶ ① $B(n,\ p)$의 B는 이항분포를 뜻하는 Binomial distribution의 첫 글자이다.
② ${}_n C_x p^x q^{n-x}$에서 ${}_n C_x$는 n회의 시행에서 사건 A가 x회 일어나는 경우의 수이며 $p^x q^{n-x}$은 각 경우의 확률이다.
③ $q+p=1$이므로 ${}_n C_0 q^n + {}_n C_1 p^1 q^{n-1} + {}_n C_2 p^2 q^{n-2} + \cdots + {}_n C_n p^n = 1$이다.

설명 한 개의 주사위를 3번 던질 때, 2의 눈이 나오는 횟수를 확률변수 X라 하면 X가 가질 수 있는 값은 $0, 1, 2, 3$이고, X의 확률질량함수는

$$P(X=x)=\begin{cases} {}_3 C_0\left(\dfrac{5}{6}\right)^3 & (x=0) \\ {}_3 C_x\left(\dfrac{1}{6}\right)^x\left(\dfrac{5}{6}\right)^{3-x} & (x=1,\ 2) \\ {}_3 C_3\left(\dfrac{1}{6}\right)^3 & (x=3) \end{cases}$$

이다. 또, X의 확률분포를 표로 나타내면 다음과 같다.

X	0	1	2	3	합계
$P(X=x)$	${}_3 C_0\left(\dfrac{5}{6}\right)^3$	${}_3 C_1\left(\dfrac{1}{6}\right)^1\left(\dfrac{5}{6}\right)^2$	${}_3 C_2\left(\dfrac{1}{6}\right)^2\left(\dfrac{5}{6}\right)^1$	${}_3 C_3\left(\dfrac{1}{6}\right)^3$	1

위의 표에서 각 확률은 $p=\dfrac{1}{6}$, $q=\dfrac{5}{6}$일 때, $(q+p)^3$을 이항정리에 의하여 전개한 식

$$(q+p)^3 = {}_3 C_0 q^3 + {}_3 C_1 p^1 q^2 + {}_3 C_2 p^2 q^1 + {}_3 C_3 p^3$$

의 우변의 각 항과 같다. 이와 같은 확률변수 X의 확률분포를 이항분포라 하고, 1회의 시행에서 2의 눈이 나올 확률은 $\dfrac{1}{6}$이므로 X는 이항분포 $B\left(3,\ \dfrac{1}{6}\right)$을 따른다고 한다.

2. 이항분포의 평균, 분산, 표준편차 ▷ 필수예제 **11~13**

확률변수 X가 이항분포 $\mathrm{B}(n, p)$를 따를 때, (단, $q=1-p$)

(1) **평균**: $\mathrm{E}(X)=np$

(2) **분산**: $\mathrm{V}(X)=npq$

(3) **표준편차**: $\sigma(X)=\sqrt{npq}$

설명 확률변수 X가 이항분포를 따를 때, X의 평균, 분산, 표준편차를 구해 보자.

예를 들어 어떤 확률변수 X가 이항분포 $\mathrm{B}(3, p)$를 따를 때, X의 확률분포를 표로 나타내면 다음과 같다.

(단, $q=1-p$)

X	0	1	2	3	합계
$\mathrm{P}(X=x)$	q^3	$3pq^2$	$3p^2q$	p^3	1

여기서 X의 평균, 분산, 표준편차를 구하면 다음과 같다.

(1) $\begin{aligned}\mathrm{E}(X)&=0\times q^3+1\times 3pq^2+2\times 3p^2q+3\times p^3\\&=3p(q^2+2pq+p^2)\\&=3p(q+p)^2 \qquad \longleftarrow q+p=1\\&=3p\end{aligned}$

(2) $\mathrm{E}(X)=3p$이므로

$\begin{aligned}\mathrm{V}(X)&=0^2\times q^3+1^2\times 3pq^2+2^2\times 3p^2q+3^2\times p^3-(3p)^2 \qquad \longleftarrow \mathrm{V}(X)=\mathrm{E}(X^2)-\{\mathrm{E}(X)\}^2\\&=3p(q^2+4pq+3p^2)-9p^2\\&=3p(q+p)(q+3p)-9p^2 \qquad \longleftarrow q+p=1\\&=3pq\end{aligned}$

(3) $\mathrm{V}(X)=3pq$에서

$\sigma(X)=\sqrt{3pq}$

이때 $\mathrm{B}(3, p)$를 $\mathrm{B}(n, p)$로 보면

$\mathrm{E}(X)=3p=np,\ \mathrm{V}(X)=3pq=npq,\ \sigma(X)=\sqrt{3pq}=\sqrt{npq}$

예 이항분포 $\mathrm{B}\!\left(450, \dfrac{1}{3}\right)$을 따르는 확률변수 X의 평균, 분산, 표준편차를 구하시오.

풀이 $n=450,\ p=\dfrac{1}{3},\ q=1-p=1-\dfrac{1}{3}=\dfrac{2}{3}$이므로

$\mathrm{E}(X)=np=450\times\dfrac{1}{3}=150,\ \mathrm{V}(X)=npq=450\times\dfrac{1}{3}\times\dfrac{2}{3}=100,\ \sigma(X)=\sqrt{npq}=\sqrt{100}=10$

3. 큰수의 법칙

어떤 시행에서 사건 A가 일어날 수학적 확률이 p일 때, n회의 독립시행에서 사건 A가 일어나는 횟수를 확률변수 X라 하면 임의의 양수 h에 대하여 **n이 커짐에 따라 확률 $\mathrm{P}\!\left(\left|\dfrac{X}{n}-p\right|<h\right)$는 점점 1에 가까워진다.** 이것을 **큰수의 법칙**이라 한다.

▶ 큰수의 법칙에 의하여 시행 횟수가 충분히 클 때 상대도수, 즉 통계적 확률은 수학적 확률에 가까워지므로 수학적 확률을 모를 때는 시행 횟수를 충분히 크게 하여 사건 A가 일어나는 횟수의 상대도수 $\dfrac{X}{n}$를 사건 A가 일어날 확률 $\mathrm{P}(A)$의 근삿값으로 이용할 수 있다. 그러므로 자연 현상이나 사회 현상에서 수학적 확률을 구하기 곤란한 경우 통계적 확률을 대신 이용할 수 있다.

설명 한 개의 주사위를 n번 던질 때, 1의 눈이 나오는 횟수 X는 이항분포 $\mathrm{B}\!\left(n, \dfrac{1}{6}\right)$을 따르므로 X의 확률질량함수는

$$\mathrm{P}(X=x)=\begin{cases} {}_n\mathrm{C}_0\left(\dfrac{5}{6}\right)^{n} & (x=0) \\[2mm] {}_n\mathrm{C}_x\left(\dfrac{1}{6}\right)^{x}\left(\dfrac{5}{6}\right)^{n-x} & (x=1, 2, 3, \cdots, n-1) \\[2mm] {}_n\mathrm{C}_n\left(\dfrac{1}{6}\right)^{n} & (x=n) \end{cases}$$

$n=10, 30, 50$일 때, X의 확률분포를 표와 그래프로 나타내면 다음과 같다.

X＼n	10	30	50	X＼n	10	30	50
0	0.162	0.004	0.000	10	$\cdots$	0.013	0.116
1	0.323	0.025	0.001	11	$\cdots$	0.005	0.084
2	0.291	0.073	0.005	12	$\cdots$	0.001	0.055
3	0.155	0.137	0.017	13	$\cdots$	0.000	0.032
4	0.054	0.185	0.040	14	$\cdots$	$\cdots$	0.017
5	0.013	0.192	0.075	15	$\cdots$	$\cdots$	0.008
6	0.002	0.160	0.112	16	$\cdots$	$\cdots$	0.004
7	0.000	0.110	0.140	17	$\cdots$	$\cdots$	0.001
8	$\cdots$	0.063	0.151	18	$\cdots$	$\cdots$	0.001
9	$\cdots$	0.031	0.141	19	$\cdots$	$\cdots$	0.000

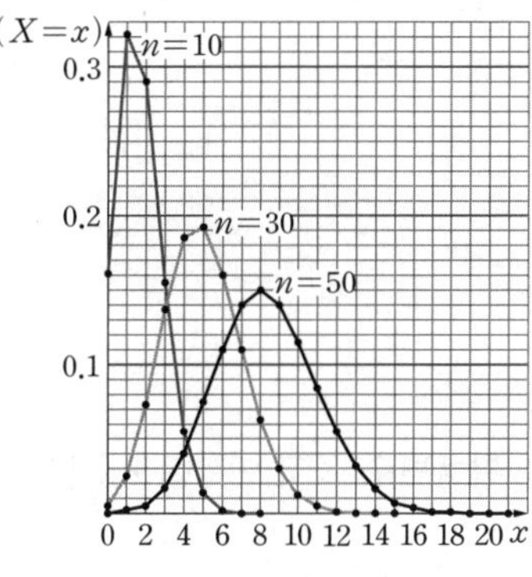

위의 표를 이용하여 $n=10, 30, 50$일 때, 상대도수 $\dfrac{X}{n}$와 수학적 확률 $\dfrac{1}{6}$의 차가 0.1 미만일 확률 $\mathrm{P}\!\left(\left|\dfrac{X}{n}-\dfrac{1}{6}\right|<0.1\right)$을 구하면 다음과 같다.

(i) $n=10$일 때,

$$\mathrm{P}\!\left(\left|\dfrac{X}{10}-\dfrac{1}{6}\right|<0.1\right)=\mathrm{P}\!\left(\dfrac{2}{3}<X<\dfrac{8}{3}\right)=\mathrm{P}(X=1)+\mathrm{P}(X=2)=0.614$$

(ii) $n=30$일 때,

$$\mathrm{P}\!\left(\left|\dfrac{X}{30}-\dfrac{1}{6}\right|<0.1\right)=\mathrm{P}(2<X<8)=\mathrm{P}(X=3)+\mathrm{P}(X=4)+\cdots+\mathrm{P}(X=7)=0.784$$

(iii) $n=50$일 때,

$$\mathrm{P}\!\left(\left|\dfrac{X}{50}-\dfrac{1}{6}\right|<0.1\right)=\mathrm{P}\!\left(\dfrac{10}{3}<X<\dfrac{40}{3}\right)=\mathrm{P}(X=4)+\mathrm{P}(X=5)+\cdots+\mathrm{P}(X=13)=0.946$$

(i)~(iii)에서 확률 $\mathrm{P}\!\left(\left|\dfrac{X}{n}-\dfrac{1}{6}\right|<0.1\right)$은 시행 횟수 n이 커짐에 따라 점점 1에 가까워짐을 알 수 있다.

이 결과는 0.1을 0.01, 0.001, $\cdots$과 같은 임의의 작은 양수로 바꾸어도 성립한다.

따라서 주사위를 던지는 시행 횟수 n이 커짐에 따라 1의 눈이 나오는 상대도수 $\dfrac{X}{n}$는 점점 수학적 확률 $\dfrac{1}{6}$에 가까워짐을 알 수 있다.

한편, 위의 그래프에서 이항분포 $\mathrm{B}(n, p)$의 그래프는 p가 일정할 때, n이 커짐에 따라 좌우 대칭인 모양의 곡선에 가까워짐을 알 수 있다.

188 다음 확률변수 X가 이항분포를 따르는지 확인하고, 이항분포를 따르면 $\mathrm{B}(n,\,p)$ 꼴로 나타내시오.

(1) 10개의 주사위를 동시에 던질 때, 짝수의 눈이 나오는 주사위의 개수 X

(2) 3개의 당첨 제비가 들어 있는 20개의 제비 중에서 임의로 2개를 차례대로 뽑을 때 나오는 당첨 제비의 개수 X (단, 꺼낸 제비는 다시 넣지 않는다.)

(3) 자유투 성공률이 0.85인 어느 농구 선수가 자유투를 50번 던져서 성공하는 횟수 X

(4) 재구매율이 40 %인 화장품을 100명에게 판매하였을 때, 재구매하는 인원 수 X

생각해 봅시다!

$\mathrm{B}(n,\,p)$
시행 횟수 ⌐ ¬ 확률

189 확률변수 X가 이항분포 $\mathrm{B}\!\left(3,\,\dfrac{2}{3}\right)$를 따를 때, 다음을 구하시오.

(1) X의 확률질량함수

(2) $\mathrm{P}(X=2)$

190 확률변수 X가 다음과 같은 이항분포를 따를 때, X의 평균, 분산, 표준편차를 구하시오.

(1) $\mathrm{B}\!\left(36,\,\dfrac{1}{3}\right)$ (2) $\mathrm{B}\!\left(100,\,\dfrac{2}{5}\right)$

확률변수 X가 이항분포 $\mathrm{B}(n,\,p)$를 따를 때,
$\mathrm{E}(X)=np$,
$\mathrm{V}(X)=npq$,
$\sigma(X)=\sqrt{npq}$
(단, $q=1-p$)

공을 한 번 던져 스트라이크가 될 확률이 $\dfrac{7}{10}$인 볼링 선수가 공을 4번 던졌을 때, 스트라이크가 되는 횟수를 확률변수 X라 하자. 다음 물음에 답하시오.

(1) X의 확률분포를 이항분포 $\mathrm{B}(n,\ p)$ 꼴로 나타내시오.

(2) X의 확률질량함수를 구하시오.

(3) 3번 이상 스트라이크가 될 확률을 구하시오.

풀이

(1) 공을 4번 던지므로 4회의 독립시행이고, 공을 한 번 던져 스트라이크가 될 확률이 $\dfrac{7}{10}$이므로 확률변수 X는 이항분포 $\mathrm{B}\!\left(4,\ \dfrac{7}{10}\right)$을 따른다.

(2) $\mathrm{P}(X=x)=\begin{cases}{}_4\mathrm{C}_0\left(\dfrac{3}{10}\right)^4 & (x=0)\\[2mm] {}_4\mathrm{C}_x\left(\dfrac{7}{10}\right)^x\left(\dfrac{3}{10}\right)^{4-x} & (x=1,\ 2,\ 3)\\[2mm] {}_4\mathrm{C}_4\left(\dfrac{7}{10}\right)^4 & (x=4)\end{cases}$

(3) $\mathrm{P}(X\geq3)=\mathrm{P}(X=3)+\mathrm{P}(X=4)={}_4\mathrm{C}_3\left(\dfrac{7}{10}\right)^3\left(\dfrac{3}{10}\right)^1+{}_4\mathrm{C}_4\left(\dfrac{7}{10}\right)^4=\dfrac{6517}{10000}$

KEY Point

• 독립시행의 확률이 주어지면 이항분포를 생각한다.

• $\mathrm{P}(X=x)=\begin{cases}{}_n\mathrm{C}_0(1-p)^n & (x=0)\\[1mm] {}_n\mathrm{C}_x\,p^x(1-p)^{n-x} & (x=1,\ 2,\ 3,\ \cdots,\ n-1)\\[1mm] {}_n\mathrm{C}_n\,p^n & (x=n)\end{cases}$　$\Rightarrow$　$\mathrm{B}(\underset{\text{시행 횟수}}{n},\ \underset{\text{확률}}{p})$

191 한 환자에게 어떤 주사를 놓았을 때, 치유될 확률은 $\dfrac{3}{4}$이다. 이 주사를 환자 4명에게 놓았을 때, 치유된 환자의 수를 확률변수 X라 하자. 다음 물음에 답하시오.

(1) X의 확률분포를 이항분포 $\mathrm{B}(n,\ p)$ 꼴로 나타내시오.

(2) X의 확률질량함수를 구하시오.

(3) $\mathrm{P}(X\geq1)$을 구하시오.

192 시청률이 20 %인 어느 드라마가 방영되고 있는 동안 5가구를 조사할 때, 이 드라마를 시청하는 가구 수를 확률변수 X라 하자. 이때 $\mathrm{P}(X\geq4)$를 구하시오.

> 이항분포 $B(n, p)$를 따르는 확률변수 X의 평균이 2, 분산이 1일 때, $P(X=2)$를 구하시오.

풀이

$E(X)=2$, $V(X)=1$이므로

$E(X)=np=2$ ⋯⋯ ㉠

$V(X)=np(1-p)=1$ ⋯⋯ ㉡

㉠을 ㉡에 대입하면 $2(1-p)=1$ $\therefore p=\dfrac{1}{2}$

$p=\dfrac{1}{2}$을 ㉠에 대입하면

$\dfrac{1}{2}n=2$ $\therefore n=4$

따라서 확률변수 X는 이항분포 $B\left(4, \dfrac{1}{2}\right)$을 따르므로

$$P(X=2)={}_4C_2\left(\dfrac{1}{2}\right)^2\left(\dfrac{1}{2}\right)^2=\dfrac{3}{8}$$

KEY Point

- 확률변수 X가 이항분포 $B(n, p)$를 따르면
$$E(X)=np,\ V(X)=np(1-p),\ \sigma(X)=\sqrt{np(1-p)}$$

193 확률변수 X의 확률질량함수가

$$P(X=x)=\begin{cases} {}_{50}C_0\left(\dfrac{4}{5}\right)^{50} & (x=0) \\[2mm] {}_{50}C_x\left(\dfrac{1}{5}\right)^x\left(\dfrac{4}{5}\right)^{50-x} & (x=1,\ 2,\ 3,\ \cdots,\ 49) \\[2mm] {}_{50}C_{50}\left(\dfrac{1}{5}\right)^{50} & (x=50) \end{cases}$$

일 때, 다음 물음에 답하시오.

⑴ X가 따르는 이항분포를 $B(n, p)$ 꼴로 나타내시오.

⑵ X의 평균, 분산, 표준편차를 구하시오.

194 이항분포 $B(20, p)$를 따르는 확률변수 X의 평균이 5일 때, X^2의 평균을 구하시오.

195 이항분포 $B(n, p)$를 따르는 확률변수 X에 대하여 $E(X)=\dfrac{4}{5}$, $E(X^2)=\dfrac{32}{25}$일 때, $P(X=3)$을 구하시오.

한 개의 주사위를 18번 던져서 6의 약수의 눈이 나오는 횟수를 확률변수 X라 할 때, X의 평균, 분산, 표준편차를 구하시오.

풀이

한 개의 주사위를 18번 던지므로 18회의 독립시행이고, 한 개의 주사위를 한 번 던져서 6의 약수의 눈이 나올 확률은 $\dfrac{4}{6}=\dfrac{2}{3}$이므로 확률변수 X는 이항분포 $\mathrm{B}\left(18,\ \dfrac{2}{3}\right)$를 따른다.

$$\therefore\ \mathrm{E}(X)=18\times\dfrac{2}{3}=12$$

$$\mathrm{V}(X)=18\times\dfrac{2}{3}\times\dfrac{1}{3}=4$$

$$\sigma(X)=\sqrt{4}=2$$

KEY Point

- 독립시행에서 어떤 사건이 일어나는 횟수를 확률변수 X라 하면 X는 이항분포를 따르므로 시행 횟수 n과 한 번의 시행에서 어떤 사건이 일어날 확률 p를 구하여 $\mathrm{B}(n,\ p)$로 나타낸다.

확인 체크

196 발아율이 20 %인 어떤 씨앗이 있다. 이 씨앗 100개를 심었을 때, 발아하는 씨앗의 개수를 확률변수 X라 하자. 이때 X의 평균을 구하시오.

197 3개의 동전을 동시에 160번 던져서 앞면이 2개, 뒷면이 1개 나오는 횟수를 확률변수 X라 할 때, X의 표준편차를 구하시오.

198 갑, 을 두 사람이 가위바위보를 10번 하여 갑이 이기는 횟수를 확률변수 X라 할 때, $\mathrm{E}(X^{2})$을 구하시오.

어느 공장에서 생산되는 제품의 $10\,\%$가 불량품이라 한다. 이 공장에서 400개의 제품이 생산될 때, 나오는 불량품의 개수를 확률변수 X라 하자. 이때 확률변수 $Y=\dfrac{3}{2}X-5$의 평균과 분산을 구하시오.

풀이 400개의 제품을 생산하므로 400회의 독립시행이고, 이 공장에서 생산된 제품 하나가 불량품일 확률은 $\dfrac{1}{10}$이므로 확률변수 X는 이항분포 $\mathrm{B}\!\left(400,\ \dfrac{1}{10}\right)$을 따른다.

$$\therefore\ \mathrm{E}(X)=400\times\dfrac{1}{10}=40,\quad \mathrm{V}(X)=400\times\dfrac{1}{10}\times\dfrac{9}{10}=36$$

따라서 확률변수 $Y=\dfrac{3}{2}X-5$의 평균과 분산은 각각

$$\mathbf{E(Y)}=\mathrm{E}\!\left(\dfrac{3}{2}X-5\right)=\dfrac{3}{2}\mathrm{E}(X)-5=\dfrac{3}{2}\times40-5=\mathbf{55}$$

$$\mathbf{V(Y)}=\mathrm{V}\!\left(\dfrac{3}{2}X-5\right)=\left(\dfrac{3}{2}\right)^{2}\mathrm{V}(X)=\dfrac{9}{4}\times36=\mathbf{81}$$

KEY Point

- 확률변수 X가 이항분포를 따르는 경우, 확률변수 $aX+b$의 평균, 분산, 표준편차는
  (ⅰ) 확률변수 X가 따르는 이항분포를 구한다.
  (ⅱ) 확률변수 X의 평균, 분산, 표준편차를 구한다.
  (ⅲ) $\mathrm{E}(aX+b)=a\mathrm{E}(X)+b$, $\mathrm{V}(aX+b)=a^{2}\mathrm{V}(X)$, $\sigma(aX+b)=|a|\sigma(X)$임을 이용하여 확률변수 $aX+b$의 평균, 분산, 표준편차를 구한다.

199 어느 제약 회사에서 새로 개발한 치료약은 특정 질병의 환자에게 $80\,\%$의 완치율을 보인다고 한다. 이 약을 복용한 200명의 환자 중에서 완치되는 환자 수를 확률변수 X라 할 때, 확률변수 $Y=2X-1$의 평균과 표준편차를 구하시오.

200 4개의 동전을 동시에 n번 던져서 앞면이 1개, 뒷면이 3개 나오는 횟수를 확률변수 X라 하자. $\mathrm{E}(X^{2})=70$일 때, $\mathrm{V}(3X-2)$를 구하시오.

연 습 문 제

💡 **생각해 봅시다!**

136 어느 공장에서 생산된 퓨즈 중 90 %가 품질 기준에 합격하였다. 이 공장에서 생산된 퓨즈 중에서 임의로 5개를 뽑아 검사하였을 때, 합격한 제품이 1개 이하일 확률을 구하시오.

$B\left(5, \dfrac{9}{10}\right)$

137 이항분포 $B(n, p)$를 따르는 확률변수 X의 확률분포가 다음 표와 같을 때, X의 평균과 분산을 구하시오.

- $E(X)=np$
- $V(X)=np(1-p)$

X	0	1	2	$\cdots$	160	합계
$P(X=x)$	$_{160}C_0\left(\dfrac{1}{4}\right)^{160}$	$_{160}C_1\left(\dfrac{3}{4}\right)^1\left(\dfrac{1}{4}\right)^{159}$	$_{160}C_2\left(\dfrac{3}{4}\right)^2\left(\dfrac{1}{4}\right)^{158}$	$\cdots$	$_{160}C_{160}\left(\dfrac{3}{4}\right)^{160}$	1

138 이항분포 $B(n, p)$를 따르는 확률변수 X의 평균이 15, 표준편차가 $\dfrac{3\sqrt{5}}{2}$일 때, $4(n+p)$의 값을 구하시오.

139 흰 공이 3개, 검은 공이 4개 들어 있는 주머니에서 2개의 공을 꺼내어 색을 확인하고 주머니에 다시 넣는 시행을 49번 반복할 때, 같은 색의 공이 나오는 횟수를 확률변수 X라 하자. 이때 X의 표준편차를 구하시오.

140 이항분포 $B(n, p)$를 따르는 확률변수 X에 대하여 $E(X^2)=40$, $E(3X-2)=16$일 때, $V(3X-2)$를 구하시오.

- $E(aX+b)$ $=aE(X)+b$
- $V(aX+b)=a^2V(X)$

[수능기출]

141 동전 2개를 동시에 던지는 시행을 10회 반복할 때, 동전 2개 모두 앞면이 나오는 횟수를 확률변수 X라고 하자. 확률변수 $4X+1$의 분산 $V(4X+1)$의 값을 구하시오.

STEP 2

142 확률변수 X는 이항분포 $\mathrm{B}(3,\ p)$를 따르고, 확률변수 Y는 이항분포 $\mathrm{B}(4,\ 2p)$를 따른다고 한다. 이때 $10\mathrm{P}(X=3)=\mathrm{P}(Y\geq3)$을 만족시키는 양수 p의 값을 구하시오.

143 이항분포 $\mathrm{B}(10,\ p)$를 따르는 확률변수 X의 표준편차가 최대가 될 때, X의 평균을 구하시오.

$\sigma(X)=\sqrt{np(1-p)}$

144 흰 구슬 3개, 검은 구슬 x개가 들어 있는 상자에서 1개의 구슬을 꺼내어 색을 확인하고 다시 넣는 시행을 n번 반복할 때, 검은 구슬이 나오는 횟수를 확률변수 X라 하자. X의 평균이 4, 분산이 $\dfrac{12}{5}$일 때, $x+n$의 값을 구하시오.

1회의 시행에서 검은 구슬이 나올 확률은
$\Rightarrow \dfrac{x}{x+3}$

145 한 개의 동전을 3번 던져서 앞면이 나오는 횟수를 확률변수 X라 하자. $(X-a)^2$의 평균을 $f(a)$라 할 때, $f(a)$의 최솟값을 구하시오.

146 빨간 공 2개, 파란 공 3개가 들어 있는 주머니에서 1개의 공을 꺼내어 색을 확인하고 다시 넣는 시행을 5번 반복하여 빨간 공이 나올 때마다 100원, 파란 공이 나올 때마다 200원씩 상금을 받는다고 할 때, 받는 총 금액의 기댓값을 구하시오.

빨간 공이 나오는 횟수를 X라 하면 받는 총 금액은
$\Rightarrow 100X+200(5-X)$
$=-100X+1000$

실력 UP [수능기출]

147 두 주사위 A, B를 동시에 던질 때, 나오는 각각의 눈의 수 m, n에 대하여 $m^2+n^2\leq25$가 되는 사건을 E라 하자. 두 주사위 A, B를 동시에 던지는 12회의 독립시행에서 사건 E가 일어나는 횟수를 확률변수 X라 할 때, X의 분산 $\mathrm{V}(X)$는 $\dfrac{q}{p}$이다. $p+q$의 값을 구하시오.

(단, p, q는 서로소인 자연수이다.)

04 연속확률변수

개념원리 이해

1. 연속확률변수

확률변수 X가 어떤 범위에 속하는 모든 실수 값을 가질 때, X를 **연속확률변수**라 한다.

▷ ① 불량품의 개수, 앞면이 나온 동전의 개수 등과 같이 셀 수 있는 값을 갖는 확률변수를 **이산확률변수**라 한다.
② 길이, 무게, 시간 등과 같이 어떤 범위에서 연속적인 실수 값을 갖는 확률변수를 **연속확률변수**라 한다.

설명 오른쪽 그림과 같이 원판의 중심에 자유롭게 회전할 수 있는 바늘이 장착되어 있다. 이 바늘을 회전시켜 저절로 멈춘 곳의 눈금을 확률변수 X라 하자. 이때 X는 $0 \leq X \leq 12$인 모든 실수 값을 가질 수 있고 X가 그 값을 가질 수 있는 것은 같은 정도로 일어난다고 기대할 수 있다. 이와 같이 어떤 범위에 속하는 모든 실수 값을 가질 수 있는 확률변수 X를 연속확률변수라 한다.

2. 확률밀도함수 ▷ 필수예제 **14, 15**

(1) 확률밀도함수

$\alpha \leq X \leq \beta$에서 모든 실수 값을 가질 수 있는 연속확률변수 X에 대하여 $\alpha \leq x \leq \beta$에서 정의된 함수 $f(x)$가 다음의 세 성질을 만족시킬 때, 함수 $f(x)$를 확률변수 X의 확률밀도함수라 한다.

(2) 확률밀도함수의 성질

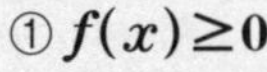

> 연속확률변수 X가 $\alpha \leq X \leq \beta$의 모든 실수 값을 가질 때, X의 확률밀도함수 $f(x)$ $(\alpha \leq x \leq \beta)$에 대하여
> ① $f(x) \geq 0$
> ② 함수 $y = f(x)$의 그래프와 x축 및 두 직선 $x = \alpha$, $x = \beta$로 둘러싸인 도형의 넓이는 1이다.
> ③ $P(a \leq X \leq b)$는 함수 $y = f(x)$의 그래프와 x축 및 두 직선 $x = a$, $x = b$로 둘러싸인 도형의 넓이와 같다. (단, $\alpha \leq a \leq b \leq \beta$)

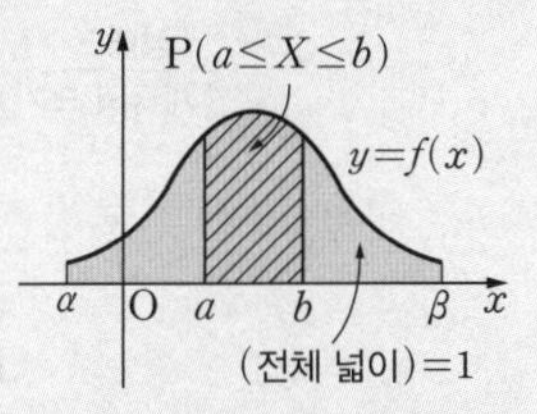

▷ ① 연속확률변수 X가 특정한 값을 가질 확률, 즉 $P(X = a) = 0$이므로 다음이 성립한다.
$$P(a \leq X \leq b) = P(a \leq X < b) = P(a < X \leq b) = P(a < X < b)$$

② 함수 $f(x) = \dfrac{1}{2}$ $(0 \leq x \leq 2)$에 대하여 $f(x) \geq 0$이고 다음 [그림 1]에서 함수 $y = f(x)$의 그래프와 x축 및 두 직선 $x = 0$, $x = 2$로 둘러싸인 도형의 넓이는 $2 \times \dfrac{1}{2} = 1$이므로 $f(x)$는 확률밀도함수이다.

그런데 함수 $g(x) = 1 - x$ $(0 \leq x \leq 1)$에 대하여 $g(x) \geq 0$이지만 다음 [그림 2]에서 함수 $y = g(x)$의 그래프와 x축 및 직선 $x = 0$으로 둘러싸인 도형의 넓이는 $\dfrac{1}{2} \times 1 \times 1 = \dfrac{1}{2}$이므로 $g(x)$는 확률밀도함수가 아니다.

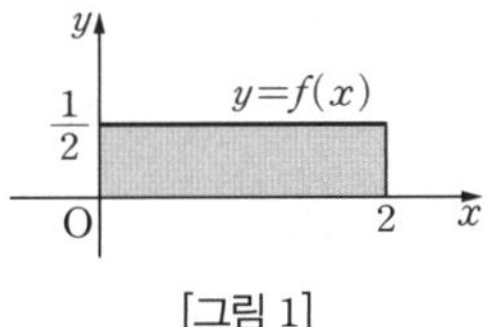

[그림 1]

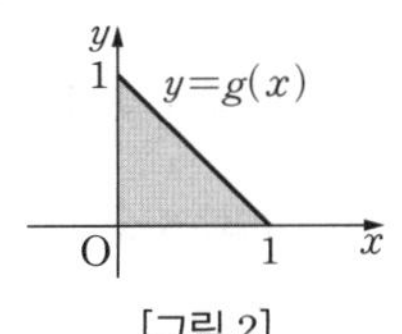

[그림 2]

설명 오른쪽 표는 다빈이네 학교 학생 100명의 키를 조사한 것이다.

오른쪽 표에서 학생의 키를 확률변수 X라 하면 다음과 같이 어떤 사건을 확률변수로 나타낼 수 있다.

'키가 150 cm 이상 170 cm 미만' $\Longleftrightarrow 150 \le X < 170$

따라서 키가 150 cm 이상 170 cm 미만일 확률은 오른쪽 상대도수의 분포표에서 다음과 같이 구할 수 있다.

$$P(150 \le X < 170) = 0.15 + 0.10 = 0.25$$

키(cm)	도수(명)	상대도수
$120^{이상} \sim 130^{미만}$	5	0.05
130 $\sim$ 140	24	0.24
140 $\sim$ 150	40	0.40
150 $\sim$ 160	15	0.15
160 $\sim$ 170	10	0.10
170 $\sim$ 180	6	0.06
합계	100	1

여기서 자료의 수를 늘리고 계급의 크기를 작게 하여 $\dfrac{(상대도수)}{(계급의 크기)}$에 대한 히스토그램과 도수분포다각형을 그리면 다음 [그림 1]과 같이 조밀한 히스토그램과 도수분포다각형이 된다.

이때 히스토그램의 각 직사각형의 넓이는

$$(직사각형의 넓이) = (가로의 길이) \times (세로의 길이) = (계급의 크기) \times \dfrac{(상대도수)}{(계급의 크기)} = (상대도수)$$

이므로 직사각형의 넓이의 합은 상대도수의 합과 같은 1이다.

계속하여 자료의 수를 한없이 늘리고 계급의 크기를 0에 가깝게 하면 다음 [그림 2]와 같이 곡선에 가까워진다. 이때 이 곡선은 항상 x축보다 위에 있고, 이 곡선과 x축으로 둘러싸인 도형의 넓이는 1이다.

또, 연속확률변수 X가 a 이상 b 이하의 값을 가질 확률 $P(a \le X \le b)$는 이 곡선과 x축 및 두 직선 $x=a$, $x=b$로 둘러싸인 도형의 넓이와 같다.

이와 같은 곡선을 나타내는 함수 $f(x)$를 연속확률변수 X의 확률밀도함수라 하고, X는 확률밀도함수가 $f(x)$인 확률분포를 따른다고 한다.

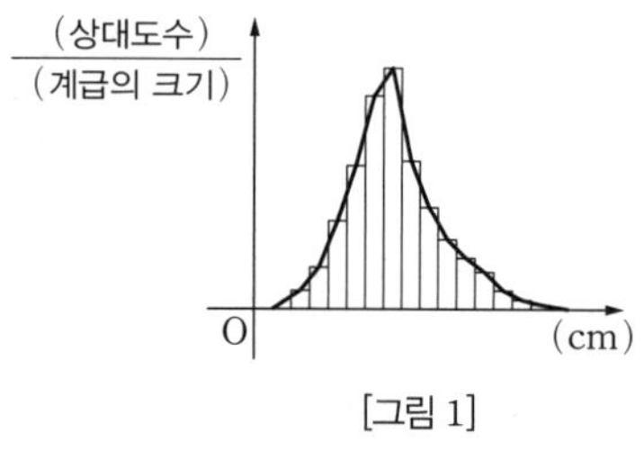

[그림 1]

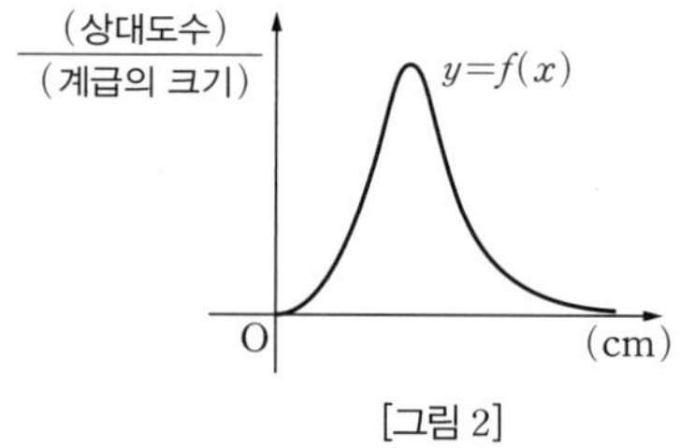

[그림 2]

예 연속확률변수 X의 확률밀도함수가 $f(x) = 2kx \ (0 \le x \le 1)$일 때, 확률 $P\left(\dfrac{1}{2} \le X \le 1\right)$을 구하시오. (단, k는 상수)

풀이 $f(x) = 2kx$가 확률밀도함수이므로 함수 $y = f(x)$의 그래프와 x축 및 직선 $x=1$로 둘러싸인 도형의 넓이가 1이어야 한다. 즉,

$$\dfrac{1}{2} \times 1 \times 2k = 1$$

$$\therefore k = 1$$

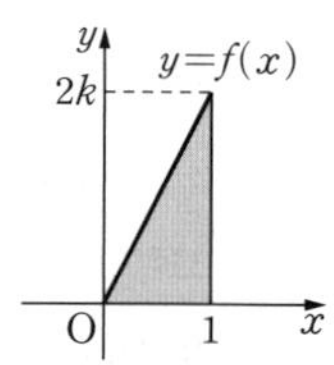

이때 $P\left(\dfrac{1}{2} \le X \le 1\right)$은 오른쪽 그림에서 함수 $y = f(x)$의 그래프와 x축 및 두 직선 $x = \dfrac{1}{2}$, $x = 1$로 둘러싸인 도형의 넓이와 같으므로

$$P\left(\dfrac{1}{2} \le X \le 1\right) = \dfrac{1}{2} \times (1+2) \times \dfrac{1}{2} = \dfrac{3}{4}$$

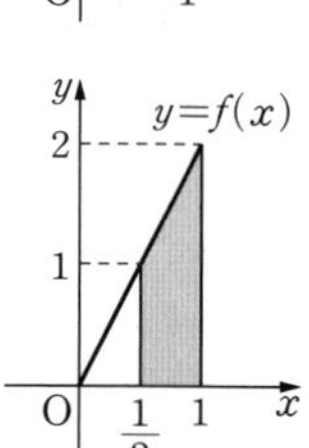

1. 적분을 이용한 확률밀도함수의 성질

$\alpha \leq X \leq \beta$에서 모든 실수 값을 가질 수 있는 연속확률변수 X의 확률밀도함수를 $f(x)$라 하자.

이때 확률 $P(a \leq X \leq b)\,(\alpha \leq a \leq b \leq \beta)$는 함수 $y=f(x)$의 그래프와 x축 및 두 직선 $x=a$, $x=b$로 둘러싸인 도형의 넓이와 같으므로 이를 정적분을 이용하여 다음과 같이 나타낼 수 있다.

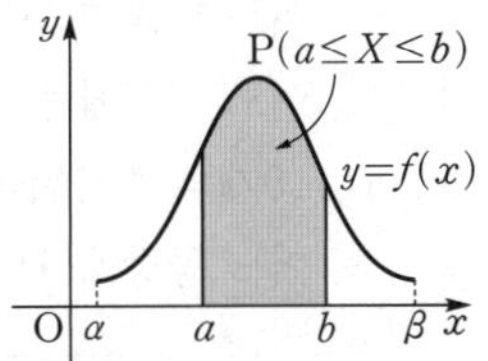

> 연속확률변수 X가 $\alpha \leq X \leq \beta$의 모든 실수 값을 가질 때, X의 확률밀도함수 $f(x)\,(\alpha \leq x \leq \beta)$에 대하여
>
> (1) $\alpha \leq x \leq \beta$인 모든 x에 대하여 $f(x) \geq 0$
>
> (2) $\displaystyle\int_{\alpha}^{\beta} f(x)\,dx = 1$
>
> (3) $\displaystyle P(a \leq X \leq b) = \int_{a}^{b} f(x)\,dx$ (단, $\alpha \leq a \leq b \leq \beta$)

특강 1 | **적분을 이용한 확률밀도함수**   ⟳ 더 다양한 문제는 **RPM** 확률과 통계 93쪽

> 연속확률변수 X의 확률밀도함수가
> $$f(x) = kx(6-x)\,(0 \leq x \leq 6)$$
> 일 때, 다음을 구하시오.
>
> (1) 상수 k의 값   (2) $P(0 \leq X \leq 3)$

풀이

(1) $\displaystyle\int_{0}^{6} kx(6-x)\,dx = \int_{0}^{6} (-kx^2 + 6kx)\,dx = k\left[-\frac{1}{3}x^3 + 3x^2 \right]_{0}^{6} = 1$

$\quad 36k = 1 \qquad \therefore k = \dfrac{1}{36}$

(2) $\displaystyle P(0 \leq X \leq 3) = \int_{0}^{3} \frac{1}{36}x(6-x)\,dx = \frac{1}{36}\int_{0}^{3}(-x^2+6x)\,dx$

$\qquad\qquad\qquad\;\; = \dfrac{1}{36}\left[-\dfrac{1}{3}x^3 + 3x^2 \right]_{0}^{3} = \dfrac{1}{36} \times 18 = \dfrac{1}{2}$

201 연속확률변수 X의 확률밀도함수가 $f(x) = kx^2\,(0 \leq x \leq 4)$일 때, 다음을 구하시오.

(1) 상수 k의 값   (2) $P(2 \leq X \leq 4)$

202 다음 **보기** 중에서 연속확률변수인 것만을 있는 대로 고르시오.

> | 보기 |
>
> ㄱ. 어느 학교 학생들의 키
> ㄴ. 어느 지역에 한 달 동안 내리는 강수량
> ㄷ. 10개의 주사위를 던질 때, 소수의 눈이 나오는 주사위의 개수
> ㄹ. 어느 공장에서 생산된 전구의 수명

확률변수 X가 어떤 범위에 속하는 모든 실수 값을 가질 때
⇨ X는 연속확률변수이다.

203 $-1 \leq x \leq 1$에서 정의된 함수 $f(x)$가 다음과 같을 때, 확률밀도함수가 될 수 있는지 말하시오.

(1) $f(x) = \dfrac{1}{2}$

(2) $f(x) = 2x$

(3) $f(x) = x+1$

(4) $f(x) = |x|$

204 연속확률변수 X의 확률밀도함수 $f(x)$가 다음과 같을 때, 상수 k의 값을 구하시오.

(1) $f(x) = k \ (-2 \leq x \leq 2)$

(2) $f(x) = kx \ (0 \leq x \leq 1)$

연속확률변수 X의 확률밀도함수가
$f(x) \ (\alpha \leq x \leq \beta)$이면
⇨ 함수 $y = f(x)$의 그래프와 x축 및 두 직선 $x=\alpha$, $x=\beta$로 둘러싸인 도형의 넓이는 1이다.

205 연속확률변수 X의 확률밀도함수가 $f(x) = -\dfrac{1}{2}x + 1 \ (0 \leq x \leq 2)$일 때, $\mathrm{P}(0 \leq X \leq 1)$을 구하시오.

연속확률변수 X의 확률밀도함수가
$$f(x)=k(3x+1)\ (0\leq x\leq 2)$$
일 때, 상수 k의 값을 구하시오.

풀이　함수 $y=f(x)$의 그래프는 오른쪽 그림과 같고, 그래프와 x축 및 두 직선 $x=0$, $x=2$로 둘러싸인 도형의 넓이가 1이므로

$$\frac{1}{2}\times(k+7k)\times2=1$$

$$\therefore k=\frac{1}{8}$$

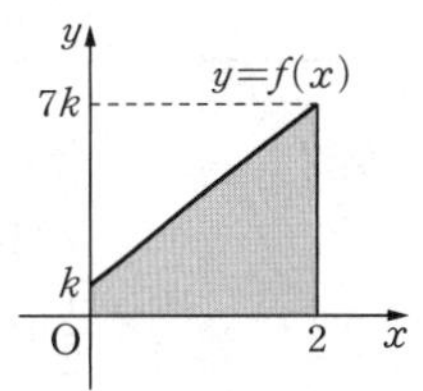

KEY Point

- 연속확률변수 X의 확률밀도함수가 $f(x)$ $(\alpha\leq x\leq\beta)$이면
  ⇨ 함수 $y=f(x)$의 그래프와 x축 및 두 직선 $x=\alpha$, $x=\beta$로 둘러싸인 도형의 넓이는 1이다.

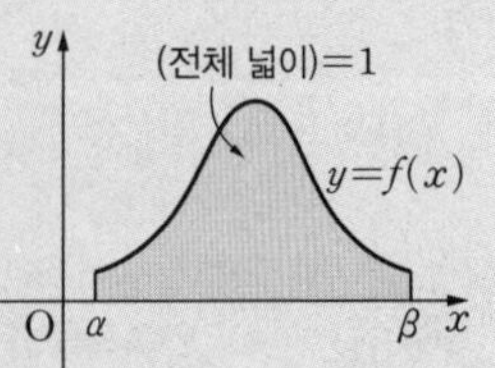

확인 체크 206 $0\leq x\leq5$에서 정의된 연속확률변수 X의 확률밀도함수 $y=f(x)$의 그래프가 오른쪽 그림과 같을 때, 상수 k의 값을 구하시오.

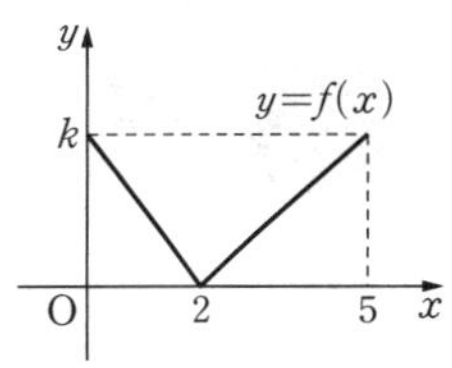

207 연속확률변수 X의 확률밀도함수가
$$f(x)=\begin{cases}kx & (0\leq x\leq2)\\ 2k & (2\leq x\leq3)\end{cases}$$
일 때, 상수 k의 값을 구하시오.

연속확률변수 X의 확률밀도함수가

$$f(x)=\begin{cases} kx & (0\leq x\leq 1) \\ k(2-x) & (1\leq x\leq 2) \end{cases}$$

일 때, $P\left(0\leq X\leq \dfrac{1}{2}\right)$을 구하시오. (단, k는 상수)

풀이　함수 $y=f(x)$의 그래프는 오른쪽 그림과 같고, 그래프와 x축으로 둘러싸인
도형의 넓이가 1이므로

$$\dfrac{1}{2}\times 2\times k=1$$

$$\therefore k=1$$

$P\left(0\leq X\leq \dfrac{1}{2}\right)$은 함수 $y=f(x)$의 그래프와 x축 및 직선 $x=\dfrac{1}{2}$로 둘러싸인
도형의 넓이와 같으므로

$$P\left(0\leq X\leq \dfrac{1}{2}\right)=\dfrac{1}{2}\times \dfrac{1}{2}\times \dfrac{1}{2}=\dfrac{1}{8}$$

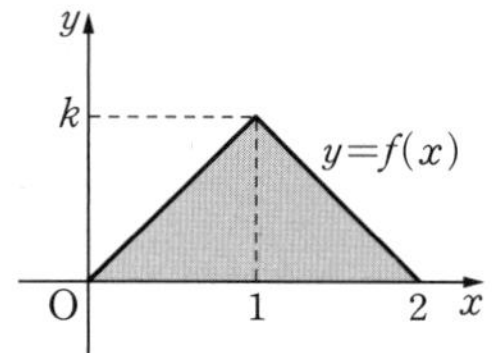
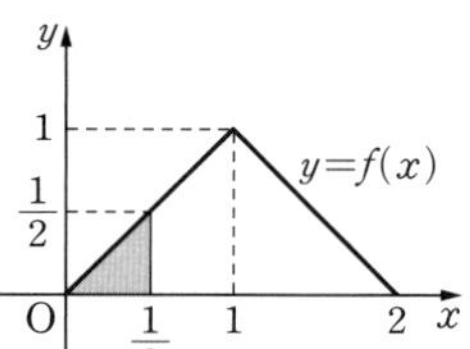

KEY Point

- 연속확률변수 X의 확률밀도함수가 $f(x)$ $(\alpha\leq x\leq\beta)$이면
  ⇨ 확률 $P(a\leq X\leq b)$는 함수 $y=f(x)$의 그래프와 x축 및 두 직선
  $x=a$, $x=b$로 둘러싸인 도형의 넓이와 같다. (단, $\alpha\leq a\leq b\leq\beta$)

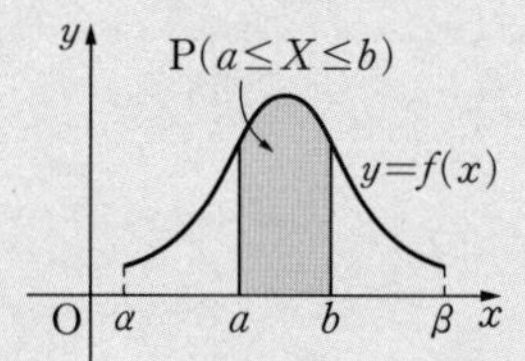

확인체크 208 연속확률변수 X의 확률밀도함수가

$$f(x)=|x-1| \ \ (0\leq x\leq 2)$$

일 때, $P\left(\dfrac{1}{2}\leq X\leq \dfrac{3}{2}\right)$을 구하시오.

209 연속확률변수 X의 확률밀도함수가

$$f(x)=1-\dfrac{1}{2}x \ \ (0\leq x\leq 2)$$

일 때, $P(0\leq X\leq a)=\dfrac{3}{4}$을 만족시키는 상수 a의 값을 구하시오.

연 습 문 제

확률변수가 정의된 범위에서 확률밀도함수 $f(x)$의 그래프와 x축으로 둘러싸인 도형의 넓이는 1이다.

STEP 1

148 연속확률변수 X의 확률밀도함수가 $f(x)=\dfrac{x}{8}+k \ (0\leq x\leq 4)$일 때, 상수 k의 값을 구하시오.

149 연속확률변수 X의 확률밀도함수가 $f(x)=3k-x \ (0\leq x\leq 2k)$일 때, $P(0\leq X\leq k)$를 구하시오. (단, k는 상수)

STEP 2

[평가원기출]

150 $0\leq x\leq 2$에서 정의된 연속확률변수 X의 확률밀도함수 $f(x)$는 다음과 같다.

$$f(x)=\begin{cases} a(1-x) & (0\leq x<1) \\ b(x-1) & (1\leq x\leq 2) \end{cases}$$

$P(1\leq X\leq 2)=\dfrac{a}{6}$일 때, $a-b$의 값은?

① 1　　　　② $\dfrac{1}{2}$　　　　③ $\dfrac{1}{3}$　　　　④ $\dfrac{1}{4}$　　　　⑤ $\dfrac{1}{5}$

151 $0\leq x\leq 4$에서 정의된 연속확률변수 X의 확률밀도 함수 $y=f(x)$의 그래프가 오른쪽 그림과 같을 때, $P(1\leq X\leq 3)$을 구하시오.

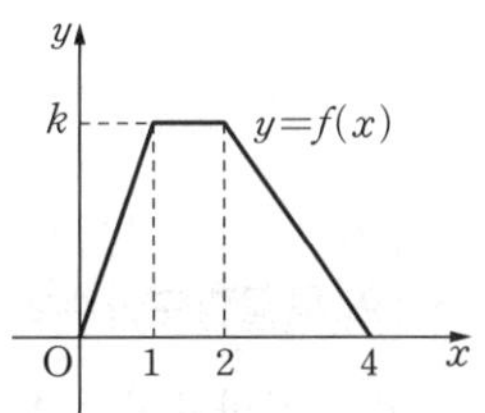

실력UP

152 $-2\leq x\leq 2$에서 정의된 연속확률변수 X의 확률밀도함수 $f(x)$가 다음 조건을 만족시킬 때, $P\left(|X|\leq\dfrac{3}{2}\right)$을 구하시오.

> (개) $f(x)=f(-x)$
>
> (내) $P\left(\dfrac{3}{2}\leq X\leq 2\right)=5P\left(0\leq X\leq\dfrac{3}{2}\right)$

함수 $f(x)$에 대하여 $f(x)=f(-x)$이면
⇨ 함수 $y=f(x)$의 그래프는 y축에 대하여 대칭이다.

05 정규분포

1. 정규분포

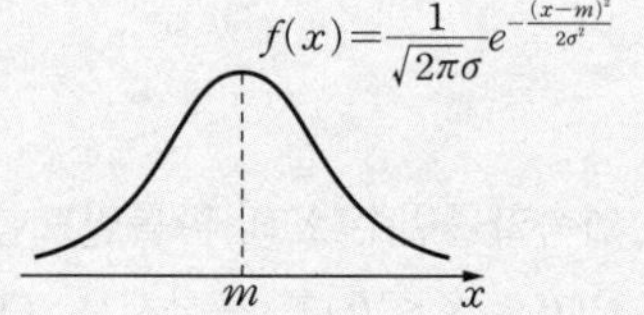

(1) 실수 전체의 집합에서 정의된 연속확률변수 X의 확률밀도 함수 $f(x)$가

$$f(x)=\frac{1}{\sqrt{2\pi}\sigma}e^{-\frac{(x-m)^2}{2\sigma^2}} \ (x \text{는 모든 실수})$$

일 때, X의 확률분포를 **정규분포**라 하고 확률밀도함수 $f(x)$ 의 그래프를 **정규분포곡선**이라 한다.

여기서 m과 $\sigma \ (\sigma > 0)$는 각각 연속확률변수 X의 평균과 표준편차를 나타내는 상수이고, e는 그 값이 $2.71828\cdots$인 무리수이다.

(2) 평균이 m, 표준편차가 σ인 정규분포를 기호로

$$N(m,\ \sigma^2)$$

과 같이 나타내고, 연속확률변수 X는 정규분포 $N(m,\ \sigma^2)$을 따른다고 한다.

▶ ① $N(m,\ \sigma^2)$에서 N은 정규분포를 뜻하는 Normal distribution의 첫 글자이다.

② 확률변수 $\begin{cases} \text{이산확률변수} \Rightarrow \text{확률질량함수, 이항분포 } B(n,\ p) \\ \text{연속확률변수} \Rightarrow \text{확률밀도함수, 정규분포 } N(m,\ \sigma^2) \end{cases}$

설명 키, 강수량, 몸무게 등 자연 현상이나 사회 현상에서 나타나는 여러 가지 통계 자료의 상대도수를 계급의 크기를 작게 하여 히스토그램으로 나타내면 자료의 개수가 많아질수록 오른쪽 그림과 같이 좌우 대칭인 종 모양의 곡선에 가까워지는 경우가 많다.

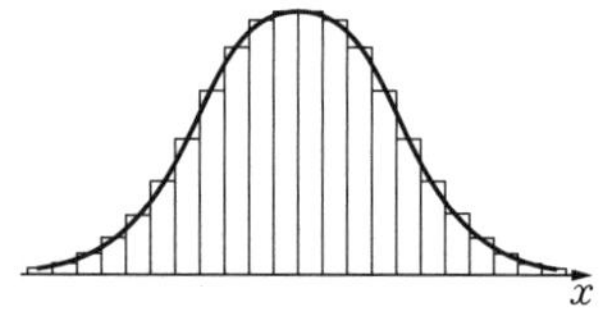

2. 정규분포 $N(m,\ \sigma^2)$의 확률밀도함수의 그래프의 성질 ▷ 필수예제 **16**

정규분포 $N(m,\ \sigma^2)$을 따르는 확률변수 X의 확률밀도함수의 그래프는 다음과 같은 성질이 있다.

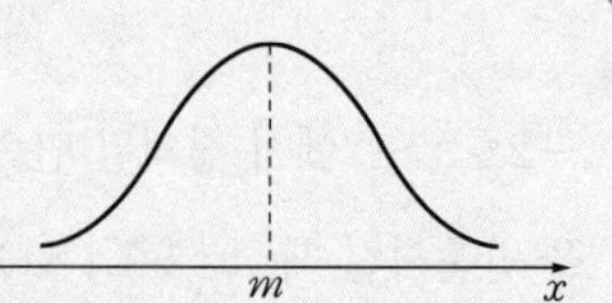

(1) 직선 $x=m$에 대하여 **대칭**인 종 모양의 곡선이고, 점근선은 x축이다.

(2) $x=m$일 때, 최댓값 $\dfrac{1}{\sqrt{2\pi}\sigma}$을 갖는다.

(3) **곡선과 x축 사이의 넓이는 1**이다.

(4) m의 값이 일정할 때, σ의 값이 클수록 곡선의 높이는 낮아지면서 양옆으로 퍼진다.

(5) σ의 값이 일정할 때, m의 값이 변하면 대칭축의 위치는 바뀌지만 곡선의 모양은 같다.

설명　정규분포 $N(m, \sigma^2)$을 따르는 확률변수 X의 확률밀도함수의 그래프는 m과 σ의 값에 따라 그 모양이 다음 그림과 같다.

(4) $m=0$이고 σ의 값이 변할 때

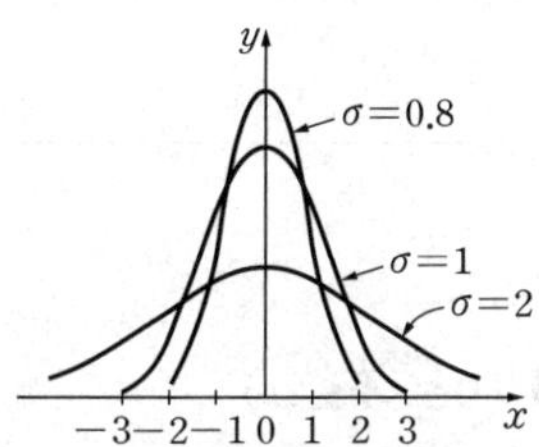

(5) $\sigma=1$이고 m의 값이 변할 때

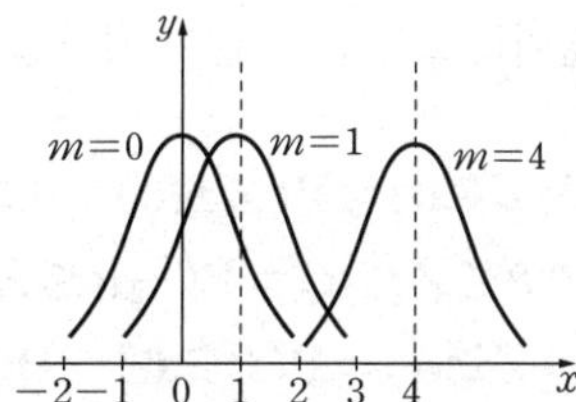

⇨ 평균이 일정할 때는 표준편차가 클수록 곡선의 높이는 낮아지면서 양옆으로 퍼지고, 표준편차가 작을수록 곡선의 높이는 높아지면서 뾰족하게 된다.

⇨ 표준편차가 일정할 때는 평균이 클수록 대칭축이 오른쪽으로 이동하고, 평균이 작을수록 대칭축이 왼쪽으로 이동하지만 곡선의 모양은 모두 같다.

이와 같이 정규분포 $N(m, \sigma^2)$을 따르는 확률변수 X의 확률밀도함수의 그래프의 대칭축은 m의 값에 따라, 산포도는 σ의 값에 따라 정해짐을 알 수 있다.

3. 표준정규분포　▷ 필수예제 **17~20**

(1) 평균이 0이고 분산이 1인 정규분포를 **표준정규분포**라 하고, 기호로

$$\mathbf{N(0,\ 1)}$$

과 같이 나타낸다.

(2) 확률변수 Z가 표준정규분포를 따르면 Z의 확률밀도함수는

$$f(z)=\frac{1}{\sqrt{2\pi}}e^{-\frac{z^2}{2}}\ (z\text{는 모든 실수})$$

이다. 이때 확률변수 Z가 0 이상 a 이하의 값을 가질 확률 $P(0 \le Z \le a)$는 오른쪽 그림에서 색칠한 도형의 넓이와 같고, 그 값은 198쪽 표준정규분포표에 주어져 있다.

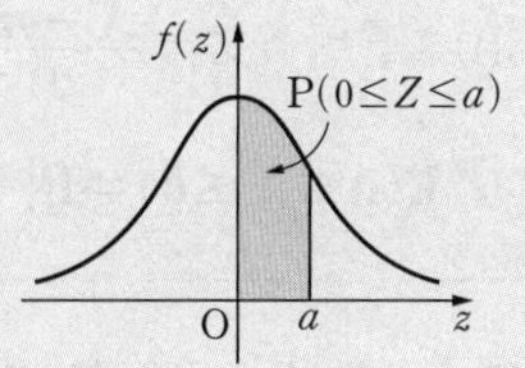

▶ ① $f(x)=\dfrac{1}{\sqrt{2\pi}\sigma}e^{-\frac{(x-m)^2}{2\sigma^2}}$에서 $m=0$, $\sigma=1$을 대입하고 x 대신 z를 사용하면 $f(z)=\dfrac{1}{\sqrt{2\pi}}e^{-\frac{z^2}{2}}$이다.

② **표준정규분포표를 이용하는 방법**

예를 들어, $P(0 \le Z \le 1.25)$는 표준정규분포표의 왼쪽에 있는 수의 열에서 1.2를 찾은 다음 위쪽에 있는 수의 행에서 0.05를 찾아 행과 열이 만나는 곳의 수를 찾는다. 즉,

$$P(0 \le Z \le 1.25)=0.3944$$

같은 방법으로 $P(0 \le Z \le 2.13)$은

$$P(0 \le Z \le 2.13)=0.4834$$

〈표준정규분포표〉

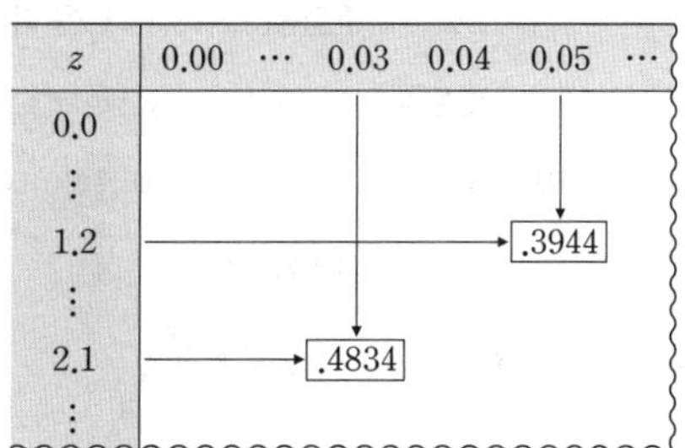

z	0.00	⋯	0.03	0.04	0.05	⋯
0.0						
⋮						
1.2					.3944	
⋮						
2.1			.4834			
⋮						

4. 표준정규분포표를 이용하여 확률을 구하는 방법　▷ **필수예제 17~20**

표준정규분포 $N(0, 1)$을 따르는 확률변수 Z의 확률밀도함수 $f(z)$의 그래프는 직선 $z=0$에 대하여 대칭이므로 다음과 같이 확률을 구할 수 있다. (단, $0<a<b$)

> (1) $P(Z≥0)=P(Z≤0)=0.5$
>
> (2) $P(0≤Z≤a)=P(-a≤Z≤0)$
>
> (3) $P(Z≥a)=P(Z≥0)-P(0≤Z≤a)=0.5-P(0≤Z≤a)$
>
> (4) $P(Z≤a)=P(Z≤0)+P(0≤Z≤a)=0.5+P(0≤Z≤a)$
>
> (5) $P(a≤Z≤b)=P(0≤Z≤b)-P(0≤Z≤a)$
>
> (6) $P(-a≤Z≤b)=P(-a≤Z≤0)+P(0≤Z≤b)=P(0≤Z≤a)+P(0≤Z≤b)$

▶　(3) 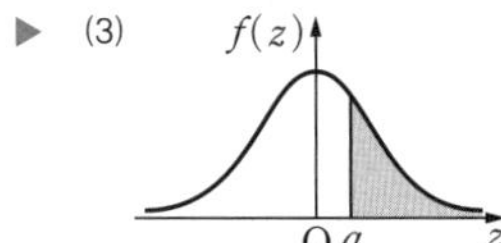　(4) 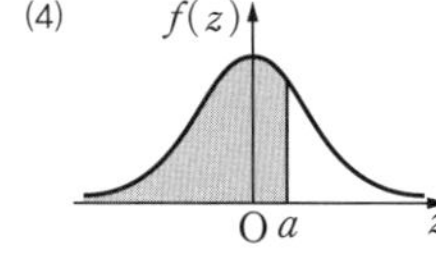　(5) 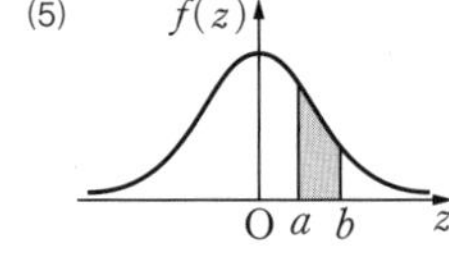　(6) 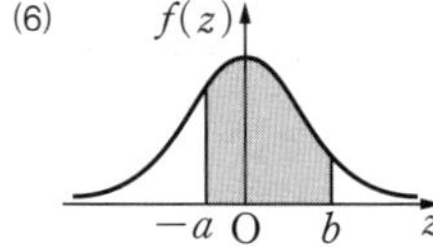

5. 정규분포의 표준화　▷ **필수예제 17~20**

정규분포 $N(m, \sigma^2)$을 따르는 확률변수 X를 표준정규분포 $N(0, 1)$을 따르는 확률변수 $Z=\dfrac{X-m}{\sigma}$으로 바꾸는 것을 **표준화**라 한다.

> 확률변수 X가 정규분포 $N(m, \sigma^2)$을 따를 때
>
> (1) 확률변수 $Z=\dfrac{X-m}{\sigma}$은 표준정규분포 $N(0, 1)$을 따른다.
>
> (2) $P(a≤X≤b)=P\left(\dfrac{a-m}{\sigma}≤Z≤\dfrac{b-m}{\sigma}\right)$

설명　확률변수 X가 정규분포 $N(m, \sigma^2)$을 따를 때, $Z=\dfrac{X-m}{\sigma}$이라 하면 Z의 평균과 분산은

$$E(Z)=E\left(\frac{X-m}{\sigma}\right)=\frac{1}{\sigma}E(X-m)=\frac{1}{\sigma}\{E(X)-m\}=0 \quad \leftarrow E(X)=m$$

$$V(Z)=V\left(\frac{X-m}{\sigma}\right)=\frac{1}{\sigma^2}V(X-m)=\frac{1}{\sigma^2}V(X)=1 \quad \leftarrow V(X)=\sigma^2$$

이므로 Z는 표준정규분포 $N(0, 1)$을 따른다.

또, 확률변수 X가 정규분포 $N(m, \sigma^2)$을 따를 때, $P(a≤X≤b)=P\left(\dfrac{a-m}{\sigma}≤Z≤\dfrac{b-m}{\sigma}\right)$이므로 확률변수 X를 표준화하면 표준정규분포표를 이용하여 확률을 구할 수 있다.

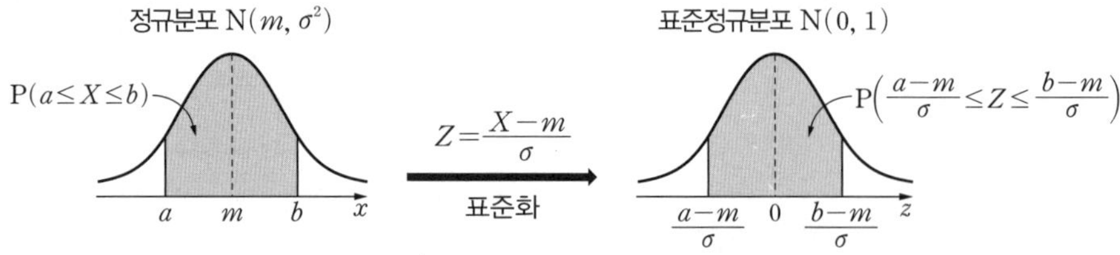

210 확률변수 X의 평균과 분산이 다음과 같을 때, X가 따르는 정규분포를 기호로 나타내시오.

(1) $E(X)=5$, $V(X)=9$

(2) $E(X)=12$, $V(X)=16$

211 정규분포 $N(m, \sigma^2)$을 따르는 확률변수 X의 정규분포곡선에 대한 설명으로 알맞은 것을 ㈎, ㈏ 중에서 고르시오.

(1) m의 값이 일정할 때, σ의 값이 클수록 곡선의 높이는

　　(㈎ 낮아진다. ㈏ 높아진다.)

(2) σ의 값이 일정할 때, m의 값이 변하면 대칭축의 위치는

　　(㈎ 바뀐다. ㈏ 바뀌지 않는다.)

212 확률변수 Z가 표준정규분포 $N(0, 1)$을 따를 때, 오른쪽 표준정규분포표를 이용하여 다음을 구하시오.

z	$P(0 \leq Z \leq z)$
0.5	0.1915
1.0	0.3413
1.5	0.4332
2.0	0.4772

(1) $P(Z \geq 2)$

(2) $P(Z \leq 0.5)$

(3) $P(1 \leq Z \leq 2)$

(4) $P(-1 \leq Z \leq 1.5)$

213 확률변수 X가 다음 정규분포를 따를 때, X를 표준정규분포 $N(0, 1)$을 따르는 확률변수 Z로 표준화하시오.

(1) $N(8, 2^2)$

(2) $N(20, 5^2)$

생각해 봅시다!

평균이 m, 분산이 σ^2인 정규분포
$\Rightarrow N(m, \sigma^2)$

$0 < a < b$일 때,

(1) $P(Z \geq a)$
$= 0.5 - P(0 \leq Z \leq a)$

(2) $P(Z \leq a)$
$= 0.5 + P(0 \leq Z \leq a)$

(3) $P(a \leq Z \leq b)$
$= P(0 \leq Z \leq b)$
$\quad - P(0 \leq Z \leq a)$

(4) $P(-a \leq Z \leq b)$
$= P(0 \leq Z \leq a)$
$\quad + P(0 \leq Z \leq b)$

확률변수 X가 정규분포 $N(m, \sigma^2)$을 따를 때,
$\Rightarrow Z = \dfrac{X-m}{\sigma}$

정규분포 $N(m, \sigma^2)$을 따르는 확률변수 X에 대하여 $P(X \le 12) = P(X \ge 18)$일 때, m의 값을 구하시오.

풀이 정규분포곡선은 직선 $x = m$에 대하여 대칭이고,
$P(X \le 12) = P(X \ge 18)$이므로
$$m = \frac{12 + 18}{2} = 15$$

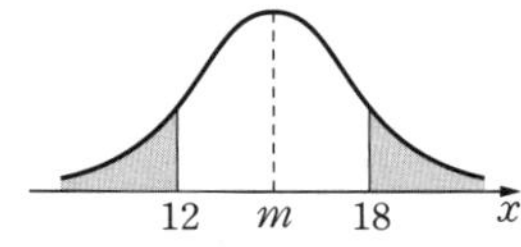

KEY Point

- 정규분포 $N(m, \sigma^2)$을 따르는 확률변수 X의 확률밀도함수의 그래프는 직선 $x = m$에 대하여 대칭이다.
- $P(X \le m) = P(X \ge m) = 0.5$

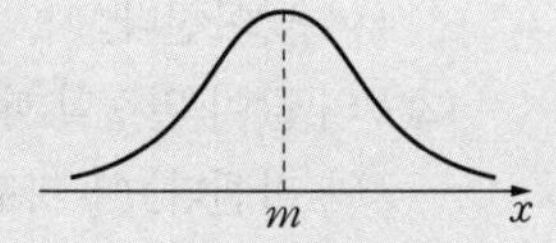

확인체크 **214** 정규분포 $N(20, 3^2)$을 따르는 확률변수 X에 대하여 $P(X \le a) = P(X \ge 29)$일 때, 상수 a의 값을 구하시오.

215 정규분포 $N(m, \sigma^2)$을 따르는 확률변수 X가 다음 조건을 만족시킬 때, $m + \sigma$의 값을 구하시오.

> (가) $P(X \le 6) = P(X \ge 16)$ (나) $V\left(\dfrac{1}{9}X\right) = 1$

216 확률변수 X가 정규분포 $N(32, 5^2)$을 따를 때, $P(k-3 \le X \le k+1)$이 최대가 되도록 하는 상수 k의 값을 구하시오.

확률변수 X가 정규분포 $N(40, 10^2)$을 따를 때, 오른쪽
표준정규분포표를 이용하여 다음 확률을 구하시오.

(1) $P(25 \leq X \leq 40)$　　　　(2) $P(X \geq 60)$

z	$P(0 \leq Z \leq z)$
1.5	0.4332
2.0	0.4772
2.5	0.4938

풀이　$Z = \dfrac{X-40}{10}$ 으로 놓으면 확률변수 Z는 표준정규분포 $N(0, 1)$을 따른다.

$$(1)\ P(25 \leq X \leq 40) = P\left(\frac{25-40}{10} \leq Z \leq \frac{40-40}{10}\right)$$
$$= P(-1.5 \leq Z \leq 0)$$
$$= P(0 \leq Z \leq 1.5)$$
$$= \mathbf{0.4332}$$

$$(2)\ P(X \geq 60) = P\left(Z \geq \frac{60-40}{10}\right)$$
$$= P(Z \geq 2)$$
$$= P(Z \geq 0) - P(0 \leq Z \leq 2)$$
$$= 0.5 - 0.4772 = \mathbf{0.0228}$$

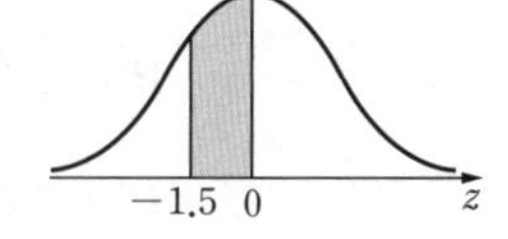

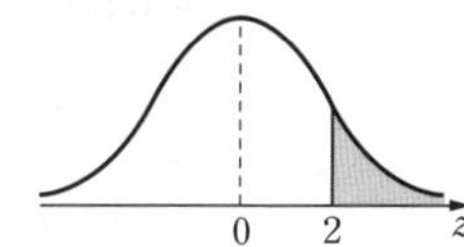

KEY Point

- 확률변수 X가 정규분포 $N(m, \sigma^2)$을 따를 때

  ⇨ 확률변수 $Z = \dfrac{X-m}{\sigma}$ 은 표준정규분포 $N(0, 1)$을 따른다.

  ⇨ $P(a \leq X \leq b) = P\left(\dfrac{a-m}{\sigma} \leq Z \leq \dfrac{b-m}{\sigma}\right)$

217 확률변수 X가 정규분포 $N(60, 4^2)$을 따를 때, 오른쪽 표준
정규분포표를 이용하여 다음 확률을 구하시오.

(1) $P(48 \leq X \leq 64)$　　　　(2) $P(|X - 64| \leq 4)$

z	$P(0 \leq Z \leq z)$
1.0	0.3413
2.0	0.4772
3.0	0.4987

218 정규분포 $N(32, 5^2)$을 따르는 확률변수 X에 대하여 $P(28 \leq X \leq 36) = 0.5762$일 때,
$P(X \geq 28)$을 구하시오.

확률변수 X가 정규분포 $N(50, 5^2)$을 따를 때, 오른쪽 표준정규분포표를 이용하여 $P(X \geq k) = 0.0013$을 만족시키는 상수 k의 값을 구하시오.

z	$P(0 \leq Z \leq z)$
1.0	0.3413
2.0	0.4772
3.0	0.4987

풀이

$Z = \dfrac{X-50}{5}$으로 놓으면 확률변수 Z는 표준정규분포 $N(0, 1)$을 따른다.

$P(X \geq k) = 0.0013$에서

$P\left(Z \geq \dfrac{k-50}{5}\right) = 0.0013$

$P(Z \geq 0) - P\left(0 \leq Z \leq \dfrac{k-50}{5}\right) = 0.0013$

$0.5 - P\left(0 \leq Z \leq \dfrac{k-50}{5}\right) = 0.0013$

$\therefore P\left(0 \leq Z \leq \dfrac{k-50}{5}\right) = 0.4987$

이때 $P(0 \leq Z \leq 3) = 0.4987$이므로

$\dfrac{k-50}{5} = 3 \qquad \therefore k = \mathbf{65}$

KEY Point

- 정규분포 $N(m, \sigma^2)$을 따르는 확률변수 X에 대하여 확률 조건을 만족시키는 미지수의 값을 구할 때는

   (i) 확률변수 X를 $Z = \dfrac{X-m}{\sigma}$으로 표준화한다.

   (ii) 표준정규분포표를 이용하여 미지수의 값을 구한다.

219 확률변수 X가 정규분포 $N(16, 2^2)$을 따를 때, 오른쪽 표준정규분포표를 이용하여 $P(k \leq X \leq 22) = 0.9759$를 만족시키는 상수 k의 값을 구하시오.

z	$P(0 \leq Z \leq z)$
1.0	0.3413
2.0	0.4772
3.0	0.4987

220 확률변수 X가 정규분포 $N(m, 10^2)$을 따를 때, $P(X \leq 45) = 0.1587$을 만족시키는 상수 m의 값을 구하시오. (단, $P(0 \leq Z \leq 1) = 0.3413$)

어느 고등학교 2학년 학생 1000명의 키는 평균이 164 cm, 표준편차가 5 cm인 정규분포를 따른다고 한다. 오른쪽 표준정규분포표를 이용하여 다음 물음에 답하시오.

z	$P(0\leq Z\leq z)$
0.8	0.2881
1.0	0.3413
1.2	0.3849

(1) 키가 170 cm 이상인 학생은 전체의 몇 %인지 구하시오.

(2) 키가 160 cm 이상 170 cm 이하인 학생은 몇 명인지 구하시오.

풀이   학생의 키를 확률변수 X라 하면 X는 정규분포 $N(164, 5^2)$을 따르므로 $Z=\dfrac{X-164}{5}$로 놓으면 확률변수 Z는 표준정규분포 $N(0, 1)$을 따른다.

$$(1)\ P(X\geq 170)=P\left(Z\geq \frac{170-164}{5}\right)=P(Z\geq 1.2)$$
$$=P(Z\geq 0)-P(0\leq Z\leq 1.2)$$
$$=0.5-0.3849=0.1151$$

따라서 키가 170 cm 이상인 학생은 전체의 **11.51 %**이다.

$$(2)\ P(160\leq X\leq 170)=P\left(\frac{160-164}{5}\leq Z\leq \frac{170-164}{5}\right)=P(-0.8\leq Z\leq 1.2)$$
$$=P(-0.8\leq Z\leq 0)+P(0\leq Z\leq 1.2)=P(0\leq Z\leq 0.8)+P(0\leq Z\leq 1.2)$$
$$=0.2881+0.3849=0.673$$

따라서 키가 160 cm 이상 170 cm 이하인 학생은 $1000\times 0.673=$**673(명)**

KEY Point

- 키, 몸무게, 성적 등을 확률변수 X로 놓고 X가 특정 범위에 포함될 확률 p를 구한다.

$$\Rightarrow \begin{cases} \text{전체의 몇 %인가?: } p\times 100(\%) \\ \text{몇 명인가?: } p\times(\text{전체 학생 수})(\text{명}) \end{cases}$$

221 어느 고등학교 학생들의 몸무게는 평균이 53 kg, 표준편차가 6 kg인 정규분포를 따른다고 한다. 몸무게가 50 kg 이상 65 kg 이하인 학생은 전체의 몇 %인지 구하시오.

$$(\text{단, } P(0\leq Z\leq 0.5)=0.1915,\ P(0\leq Z\leq 2)=0.4772)$$

222 어느 공장에서 생산된 연필 400자루의 길이는 평균이 154 mm, 표준편차가 4 mm인 정규분포를 따른다고 한다. 길이가 148 mm 이하인 연필은 몇 자루인지 구하시오.

$$(\text{단, } P(0\leq Z\leq 1.5)=0.43)$$

223 민식이가 등교하는 데 걸리는 시간은 평균이 30분, 표준편차가 5분인 정규분포를 따른다고 한다. 등교 시각 38분 전에 집에서 출발했을 때, 민식이가 지각할 확률을 구하시오.

$$(\text{단, } P(0\leq Z\leq 1.6)=0.4452)$$

320명을 뽑는 어느 회사의 입사 시험에 2000명이 응시하였다. 응시자의 점수는 평균이 450점, 표준편차가 75점인 정규분포를 따른다고 할 때, 합격자의 최저 점수를 구하시오.

$$(단, P(0 \leq Z \leq 1) = 0.34)$$

설명　　응시자의 점수를 확률변수 X라 하면 X는 정규분포 $N(450, 75^2)$을 따른다. 합격자 320명의 비율은 응시자 2000명에 대하여 $320 \div 2000 = 0.16$이므로 합격자의 성적은 전체 응시자의 성적의 상위 16 % 이내이다.

따라서 $P(X \geq k) = 0.16$이 되는 k의 값을 구한다.

풀이　　응시자의 점수를 확률변수 X라 하면 X는 정규분포 $N(450, 75^2)$을 따르므로 $Z = \dfrac{X-450}{75}$으로 놓으면 Z는 표준정규분포 $N(0, 1)$을 따른다.

합격자의 최저 점수를 k라 하면

$$P(X \geq k) = \frac{320}{2000} = 0.16 \text{에서 } P\left(Z \geq \frac{k-450}{75}\right) = 0.16$$

$$P(Z \geq 0) - P\left(0 \leq Z \leq \frac{k-450}{75}\right) = 0.16$$

$$0.5 - P\left(0 \leq Z \leq \frac{k-450}{75}\right) = 0.16$$

$$\therefore P\left(0 \leq Z \leq \frac{k-450}{75}\right) = 0.34$$

이때 $P(0 \leq Z \leq 1) = 0.34$이므로 $\dfrac{k-450}{75} = 1$　　　$\therefore k = 525$

따라서 합격자의 최저 점수는 **525점**이다.

▶　위의 문제는 '상위 16 % 이내에 들려면 적어도 몇 점을 받아야 하는가?'라는 문제와 같다.

KEY Point

• 상위 a % 이내에 드는 X의 최솟값을 k라 하면

$$\Rightarrow P(X \geq k) = \frac{a}{100}$$

224 수험생들이 응시한 어떤 시험의 성적은 평균이 75점, 표준편차가 9점인 정규분포를 따른다고 한다. 이 시험에 응시한 수험생 중 상위 10 %에게는 평점 A를 준다고 할 때, 평점 A를 받을 수 있는 최저 점수를 구하시오. (단, $P(0 \leq Z \leq 1.28) = 0.4$)

225 어느 고등학교 학생 500명의 키가 평균이 165 cm, 표준편차가 10 cm인 정규분포를 따른다고 할 때, 이 학교 학생 중 키가 큰 쪽에서 100번째인 학생의 키를 구하시오.

$$(단, P(0 \leq Z \leq 0.84) = 0.3)$$

연습문제

생각해 봅시다!

153 확률변수 X가 정규분포 $N(30,\ 4^2)$을 따르고 확률변수 Z가 표준정규분포 $N(0,\ 1)$을 따를 때, 다음 그림의 두 확률밀도함수의 그래프의 색칠한 도형의 넓이가 서로 같다고 한다. 이때 상수 k의 값을 구하시오.

$P(30 \leq X \leq k)$
$= P(0 \leq Z \leq 2)$

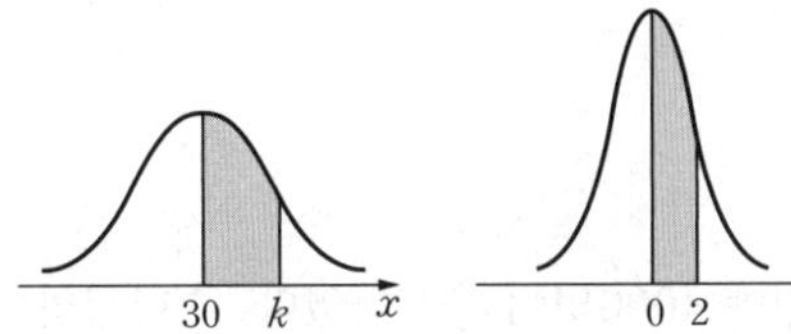

154 확률변수 X가 정규분포 $N(4,\ 2^2)$을 따를 때, 다음 중 확률이 가장 큰 것은?

(단, $P(0 \leq Z \leq 1.5) = 0.4332$)

① $P(1 \leq X \leq 4)$ ② $P(1 \leq X \leq 7)$ ③ $P(4 \leq X \leq 7)$

④ $P(X \leq 4)$ ⑤ $P(X \geq 7)$

확률변수 X가 정규분포 $N(m,\ \sigma^2)$을 따를 때
$\Rightarrow Z = \dfrac{X-m}{\sigma}$

155 정규분포 $N(42,\ 3^2)$을 따르는 확률변수 X에 대하여 확률변수 Y가 $Y=2X+4$일 때, 오른쪽 표준정규분포표를 이용하여 $P(Y \geq 100)$을 구하시오.

z	$P(0 \leq Z \leq z)$
1.0	0.3413
1.5	0.4332
2.0	0.4772

- $E(aX+b)$
  $= aE(X)+b$
- $\sigma(aX+b) = |a|\sigma(X)$

[평가원기출]

156 어느 실험실의 연구원이 어떤 식물로부터 하루 동안 추출하는 호르몬의 양은 평균이 30.2 mg, 표준편차가 0.6 mg인 정규분포를 따른다고 한다. 어느 날 이 연구원이 하루 동안 추출한 호르몬의 양이 29.6 mg 이상이고 31.4 mg 이하일 확률을 오른쪽 표준정규분포표를 이용하여 구한 것은?

z	$P(0 \leq Z \leq z)$
0.5	0.1915
1.0	0.3413
1.5	0.4332
2.0	0.4772

① 0.3830 ② 0.5328 ③ 0.6247 ④ 0.7745 ⑤ 0.8185

157 어느 공장에서 생산된 음료수 500캔에 들어 있는 내용물의 용량은 평균이 180 mL, 표준편차가 4 mL인 정규분포를 따른다고 한다. 이 공장에서 생산된 음료수 중에서 내용물의 용량이 186 mL 이상 188 mL 이하인 음료수는 몇 캔인지 구하시오.

z	$P(0 \leq Z \leq z)$
1.5	0.4332
2.0	0.4772
2.5	0.4938

158 800명을 모집하는 어느 대학의 입학 시험에 4000명이 응시하였다. 수험생의 시험 성적은 평균이 248점, 표준편차가 65점인 정규분포를 따른다고 할 때, 합격자의 최저 점수를 구하시오. (단, $P(0 \leq Z \leq 0.84) = 0.3$)

STEP **2**

159 세 고등학교 A, B, C의 2학년 학생들의 수학 성적이 각각 정규분포를 따르고 오른쪽 그림과 같다. 세 고등학교의 2학년 재학생 수가 같을 때, 다음 **보기** 중에서 옳은 것만을 있는 대로 고르시오.

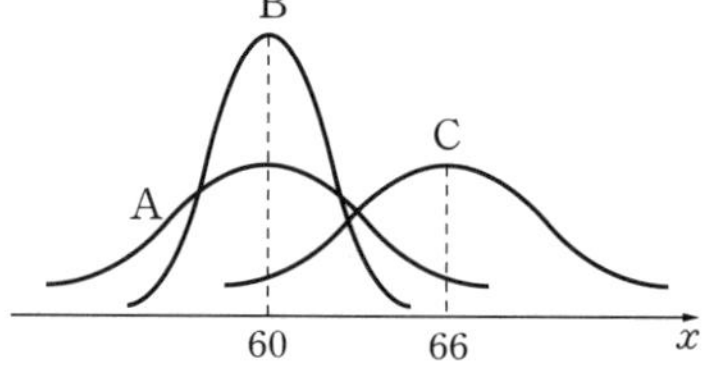

정규분포의 확률밀도함수의 그래프의 성질을 이해한다.

┤보기├

ㄱ. 성적이 우수한 학생들이 B고등학교보다 A고등학교에 더 많이 있다.

ㄴ. B고등학교 학생들이 평균적으로 A고등학교 학생들보다 성적이 더 우수하다.

ㄷ. C고등학교 학생들보다 B고등학교 학생들의 성적의 표준편차가 더 작다.

160 확률변수 Z가 표준정규분포 $N(0, 1)$을 따를 때, 이차방정식 $x^2 + Zx + 1 = 0$이 서로 다른 두 실근을 가질 확률을 구하시오.

(단, $P(0 \leq Z \leq 2) = 0.4772$)

서로 다른 두 실근
⇨ (판별식) > 0

161 확률변수 X가 정규분포 $N(m, \sigma^2)$을 따르고 다음 조건을 만족시킨다.

> (가) $P(X \geq 64) = P(X \leq 56)$ (나) $E(X^2) = 3616$

$P(X \leq 68)$의 값을 오른쪽 표를 이용하여 구한 것은?

x	$P(m \leq X \leq x)$
$m+1.5\sigma$	0.4332
$m+2\sigma$	0.4772
$m+2.5\sigma$	0.4938

① 0.9104   ② 0.9332   ③ 0.9544
④ 0.9772   ⑤ 0.9938

정규분포의 확률밀도함수의 그래프는 직선 $x=m$에 대하여 대칭이다.

162 두 확률변수 X, Y가 각각 정규분포 $N(5, 3^2)$, $N(16, 4^2)$을 따르고 $P(X \geq k) = P(Y \leq -k)$일 때, 상수 k의 값을 구하시오.

163 어느 학급 전체 학생의 국어, 영어, 수학 성적은 각각 정규분포를 따르고, 각 과목의 평균과 표준편차, 학생 A의 성적은 오른쪽 표와 같다. A의 성적을 학급 전체 성적과 비교할 때, 3과목 중 A가 상대적으로 가장 성적이 좋은 과목을 구하시오.

(단위: 점)

과목	국어	영어	수학
평균	50	64	62
표준편차	13	17	14
A의 성적	65	82	75

$Z = \dfrac{X-m}{\sigma}$의 값이 클수록 성적이 좋은 편이다.

164 어느 재래시장을 이용하는 고객의 집에서 시장까지의 거리는 평균이 1740 m, 표준편차가 500 m인 정규분포를 따른다고 한다. 집에서 시장까지의 거리가 2000 m 이상인 고객 중에서 15 %, 2000 m 미만인 고객 중에서 5 %는 자가용을 이용하여 시장에 온다고 한다. 자가용을 이용하여 시장에 온 고객 중에서 임의로 1명을 선택할 때, 이 고객의 집에서 시장까지의 거리가 2000 m 미만일 확률은? (단, Z가 표준정규분포를 따르는 확률변수일 때, $P(0 \leq Z \leq 0.52) = 0.2$로 계산한다.)

① $\dfrac{3}{8}$ ② $\dfrac{7}{16}$ ③ $\dfrac{1}{2}$ ④ $\dfrac{9}{16}$ ⑤ $\dfrac{5}{8}$

1. 이항분포와 정규분포의 관계 ▷ 필수예제 **21, 22**

> 확률변수 X가 이항분포 $\mathrm{B}(n,\ p)$를 따를 때, n이 충분히 크면 X는 근사적으로 정규분포 $\mathrm{N}(np,\ npq)$를 따른다. (단, $q=1-p$)
>
> $$\text{이항분포 } \mathbf{B}(\boldsymbol{n},\ \boldsymbol{p}) \ \Rightarrow\ \text{정규분포 } \mathbf{N}(\boldsymbol{np},\ \boldsymbol{npq})$$

▶ n이 충분히 크다는 것은 일반적으로 $np\geq 5$이고 $nq\geq 5$일 때를 뜻한다.

설명 한 개의 주사위를 n번 던져 1의 눈이 나오는 횟수를 확률변수 X라

하면 X는 이항분포 $\mathrm{B}\left(n,\ \dfrac{1}{6}\right)$을 따른다.

여기서 $n=10,\ 20,\ 30,\ 40,\ 50$일 때의 이항분포 $\mathrm{B}\left(n,\ \dfrac{1}{6}\right)$의 그래

프는 오른쪽 그림과 같다.

즉, 이항분포의 그래프는 n의 값이 커질수록 정규분포곡선에 가까
워짐을 알 수 있다.

일반적으로 확률변수 X가 이항분포 $\mathrm{B}(n,\ p)$를 따를 때, n이 충분

히 크면 X는 근사적으로 평균이 np, 분산이 npq인 정규분포 $\mathrm{N}(np,\ npq)$ $(q=1-p)$를 따른다는 사실이 알려져 있다.

예 한 개의 주사위를 720회 던질 때, 6의 눈이 100회 이상 130회 이하로 나올 확률을 구하
시오. (단, $\mathrm{P}(0\leq Z\leq 1)=0.3413$, $\mathrm{P}(0\leq Z\leq 2)=0.4772$)

풀이 한 개의 주사위를 720회 던질 때, 6의 눈이 나오는 횟수를 확률변수 X라 하면 X는 이산확률변수로

이항분포 $\mathrm{B}\left(720,\ \dfrac{1}{6}\right)$을 따른다. 이 경우, 6의 눈이 100회 이상 130회 이하로 나올 확률은

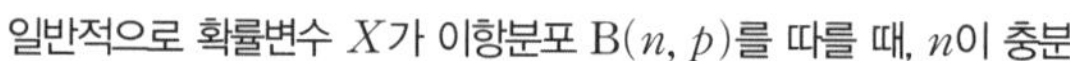

$$_{720}\mathrm{C}_{100}\left(\dfrac{1}{6}\right)^{100}\left(\dfrac{5}{6}\right)^{620}+{}_{720}\mathrm{C}_{101}\left(\dfrac{1}{6}\right)^{101}\left(\dfrac{5}{6}\right)^{619}+\cdots+{}_{720}\mathrm{C}_{130}\left(\dfrac{1}{6}\right)^{130}\left(\dfrac{5}{6}\right)^{590}$$

이다. 이처럼 n의 값이 클 때, 이항분포 $\mathrm{B}(n,\ p)$에서 확률을 구하는 것은 매우 어려운 일이다.
이와 같은 경우 정규분포를 이용하여 그 근삿값을 구할 수 있다.
X의 평균 m과 표준편차 σ는

$$\mathrm{E}(X)=np=720\times\dfrac{1}{6}=120,\ \mathrm{V}(X)=np(1-p)=720\times\dfrac{1}{6}\times\dfrac{5}{6}=100,\ \sigma(X)=10$$

여기서 $n=720$은 충분히 큰 수이므로 이항분포 $\mathrm{B}\left(720,\ \dfrac{1}{6}\right)$을 따르는 확률변수 X는 근사적으로 정

규분포 $\mathrm{N}(120,\ 10^2)$을 따른다.

따라서 $Z=\dfrac{X-120}{10}$으로 놓으면 확률변수 Z는 표준정규분포 $\mathrm{N}(0,\ 1)$을 따르므로 6의 눈이 100회

이상 130회 이하로 나올 확률은

$$\begin{aligned}
\mathrm{P}(100\leq X\leq 130)&=\mathrm{P}\left(\dfrac{100-120}{10}\leq Z\leq\dfrac{130-120}{10}\right)=\mathrm{P}(-2\leq Z\leq 1)\\
&=\mathrm{P}(-2\leq Z\leq 0)+\mathrm{P}(0\leq Z\leq 1)=\mathrm{P}(0\leq Z\leq 2)+\mathrm{P}(0\leq Z\leq 1)\\
&=0.4772+0.3413=0.8185
\end{aligned}$$

확률변수 X가 이항분포 $\mathrm{B}\left(600, \dfrac{2}{5}\right)$를 따를 때, 오른쪽 표준정규분포표를 이용하여 다음 확률을 구하시오.

(1) $\mathrm{P}(204 \leq X \leq 264)$　　　(2) $\mathrm{P}(X \leq 252)$

z	$\mathrm{P}(0 \leq Z \leq z)$
1.0	0.3413
2.0	0.4772
3.0	0.4987

풀이

확률변수 X는 이항분포 $\mathrm{B}\left(600, \dfrac{2}{5}\right)$를 따르므로

$$\mathrm{E}(X)=600 \times \frac{2}{5}=240, \quad \mathrm{V}(X)=600 \times \frac{2}{5} \times \frac{3}{5}=144$$

이때 600은 충분히 큰 수이므로 확률변수 X는 근사적으로 정규분포 $\mathrm{N}(240,\ 12^2)$을 따른다.

따라서 $Z=\dfrac{X-240}{12}$으로 놓으면 확률변수 Z는 표준정규분포 $\mathrm{N}(0,\ 1)$을 따른다.

(1) $\begin{aligned}[t]
\mathrm{P}(204 \leq X \leq 264) &= \mathrm{P}\left(\frac{204-240}{12} \leq Z \leq \frac{264-240}{12}\right) \\
&= \mathrm{P}(-3 \leq Z \leq 2) \\
&= \mathrm{P}(-3 \leq Z \leq 0)+\mathrm{P}(0 \leq Z \leq 2) \\
&= \mathrm{P}(0 \leq Z \leq 3)+\mathrm{P}(0 \leq Z \leq 2) \\
&= 0.4987+0.4772=\mathbf{0.9759}
\end{aligned}$

(2) $\begin{aligned}[t]
\mathrm{P}(X \leq 252) &= \mathrm{P}\left(Z \leq \frac{252-240}{12}\right)=\mathrm{P}(Z \leq 1) \\
&= \mathrm{P}(Z \leq 0)+\mathrm{P}(0 \leq Z \leq 1) \\
&= 0.5+0.3413=\mathbf{0.8413}
\end{aligned}$

KEY Point

- 확률변수 X가 이항분포 $\mathrm{B}(n, p)$를 따를 때, n이 충분히 크면 X는 근사적으로 정규분포 $\mathrm{N}(np, npq)\,(q=1-p)$를 따른다.

226 확률변수 X가 이항분포 $\mathrm{B}\left(48, \dfrac{3}{4}\right)$을 따를 때, $\mathrm{P}(33 \leq X \leq 39)$를 구하시오.

$$(단,\ \mathrm{P}(0 \leq Z \leq 1)=0.3413)$$

227 확률변수 X의 확률질량함수가

$$\mathrm{P}(X=x)=\begin{cases} {}_{450}\mathrm{C}_0\left(\dfrac{1}{3}\right)^{450} & (x=0) \\[2mm] {}_{450}\mathrm{C}_x\left(\dfrac{2}{3}\right)^{x}\left(\dfrac{1}{3}\right)^{450-x} & (x=1,\ 2,\ 3,\ \cdots,\ 449) \\[2mm] {}_{450}\mathrm{C}_{450}\left(\dfrac{2}{3}\right)^{450} & (x=450) \end{cases}$$

일 때, $\mathrm{P}(X \geq 280)$을 구하시오. $(단,\ \mathrm{P}(0 \leq Z \leq 2)=0.4772)$

한 환자에게 어떤 약을 투여했을 때, 치유될 확률은 0.6이다. 150명의 환자에게 이 약을 투여했을 때, 99명 이상이 치유될 확률을 오른쪽 표준정규분포표를 이용하여 구하시오.

z	$P(0 \leq Z \leq z)$
1.0	0.3413
1.5	0.4332

설명　확률변수 X가 이항분포 $B(n, p)$를 따를 때, $E(X)=np$, $V(X)=npq$ $(q=1-p)$이다.

이때 n이 충분히 크면 X는 근사적으로 정규분포 $N(np, npq)$를 따름을 이용하여 확률을 구할 수 있다.

풀이　환자 150명 중 치유되는 환자의 수를 확률변수 X라 하면 환자 한 명이 치유될 확률은 0.6이므로 X는 이항분포 $B(150, 0.6)$을 따른다.

$$\therefore E(X)=150 \times 0.6=90, \ V(X)=150 \times 0.6 \times 0.4=36$$

이때 150은 충분히 큰 수이므로 확률변수 X는 근사적으로 정규분포 $N(90, 6^2)$을 따른다.

따라서 $Z=\dfrac{X-90}{6}$으로 놓으면 확률변수 Z는 표준정규분포 $N(0, 1)$을 따른다.

$$\therefore P(X \geq 99)=P\left(Z \geq \frac{99-90}{6}\right)=P(Z \geq 1.5)$$
$$=P(Z \geq 0)-P(0 \leq Z \leq 1.5)$$
$$=0.5-0.4332=\mathbf{0.0668}$$

KEY Point

- n번의 독립시행에서 사건 A가 a번 이상 b번 이하로 일어날 확률은

(ⅰ) 사건 A가 일어나는 횟수를 확률변수 X라 하고, X가 따르는 이항분포를 $B(n, p)$로 나타낸다.

(ⅱ) 확률변수 X가 근사적으로 정규분포 $N(np, npq)$ $(q=1-p)$를 따름을 이용하여 X를 표준화한다.

(ⅲ) 표준정규분포표를 이용하여 확률 $P(a \leq X \leq b)$를 구한다.

228 어느 공장에서 생산되는 제품은 불량률이 10 %이다. 이 공장의 제품 중에서 100개를 임의로 꺼냈을 때, 불량품이 7개 이상 16개 이하일 확률을 오른쪽 표준정규분포표를 이용하여 구하시오.

z	$P(0 \leq Z \leq z)$
1.0	0.3413
1.5	0.4332
2.0	0.4772

229 동전 2개를 동시에 432번 던질 때, 2개 모두 앞면이 나오는 횟수가 90번 이하일 확률을 구하시오. (단, $P(0 \leq Z \leq 2)=0.4772$)

230 한 명의 친구와 72번의 가위바위보를 할 때, k번 이상 이길 확률은 0.16이다. 이때 실수 k의 값을 구하시오. (단, $P(0 \leq Z \leq 1)=0.34$)

연습문제

STEP 1

165 확률변수 X가 이항분포 $B(100, p)$를 따르고 $P(X \geq 25)=0.5$일 때, $V(2X)$의 값을 구하시오.

[수능기출]

166 오른쪽은 어느 백화점에서 판매하고 있는 등산화에 대한 제조회사별 고객의 선호도를 조사한 표이다. 192명의 고객이 각각 한 켤레씩 등산화를 산다고 할 때, C 회사의 제품을 선택할 고객이 42명 이상일 확률을 오른쪽 표준정규분포표를 이용하여 구한 것은?

제조회사	A	B	C	D	합계
선호도(%)	20	28	25	27	100

z	$P(0 \leq Z \leq z)$
0.5	0.1915
1.0	0.3413
1.5	0.4332
2.0	0.4772

① 0.6915 ② 0.7745 ③ 0.8256

④ 0.8332 ⑤ 0.8413

STEP 2

167 $_{100}C_{22}\left(\dfrac{1}{5}\right)^{22}\left(\dfrac{4}{5}\right)^{78}+_{100}C_{23}\left(\dfrac{1}{5}\right)^{23}\left(\dfrac{4}{5}\right)^{77}+ \cdots +_{100}C_{100}\left(\dfrac{1}{5}\right)^{100}$ 의 값을 구하시오. (단, $P(0 \leq Z \leq 0.5)=0.1915$)

168 한 개의 주사위를 450번 던질 때, 1 또는 2의 눈이 130번 이상 c번 이하가 나올 확률이 0.8185이다. 이때 실수 c의 값을 구하시오.
　　　　　　(단, $P(0 \leq Z \leq 1)=0.3413$, $P(0 \leq Z \leq 2)=0.4772$)

실력UP

169 1회 시행에서 10점을 얻을 확률이 $\dfrac{1}{5}$이고, 2점을 잃을 확률이 $\dfrac{4}{5}$인 게임이 있다. 처음 0점에서 시작하여 이 게임을 1600번 독립적으로 시행한 후의 점수가 832점 이상일 확률을 구하시오. (단, $P(0 \leq Z \leq 1)=0.3413$)

한 마을의 두 귀양자

송나라 때, 소식의 아우 소철이 간신 장자후의 음모에 걸려들어 뇌주로 귀양살이를 가게 되었답니다.

그런데 장자후가 미리 손을 써서 소철이 관사를 얻을 수 없도록 했죠.

그래서 소철은 귀양지에서 어렵사리 민가에서 방을 구해 거주하게 되었답니다.

이 사실을 장자후가 알고는 트집을 잡고 내쫓으려고 했지만, 법적으로는 특별히 하자가 없었기에 더 괴롭히지는 못했다고 합니다.

대신에 다음부터는 그 지방에 귀양살이 온 사람은 민가를 빌릴 수 없도록 법을 고쳐버렸다더군요.

몇 년이 흘러 이번에는 장자후가 뇌주로 귀양을 가게 되었데요.

그도 관사를 얻을 수 없어 민가를 빌리려고 했지만 몇 년 전에 자신이 개정한 법 때문에 여의치가 않았다고 합니다.

뿌린 대로 거두는 법이죠.

III

통계

1. 모집단과 표본 ▷ 필수예제 1

(1) **통계 조사**
  ① **전수조사**: 조사의 대상이 되는 집단 전체를 조사하는 것
  ② **표본조사**: 조사의 대상이 되는 집단 전체에서 일부분만을 뽑아서 조사하는 것
(2) **모집단**: 통계 조사에서 조사의 대상이 되는 집단 전체를 **모집단**이라 한다.
(3) **표본과 추출**: 조사하기 위하여 뽑은 모집단의 일부분을 **표본**이라 하고, 표본에 포함되어 있는 자료의 개수를 **표본의 크기**라 한다. 모집단에서 표본을 뽑는 것을 **추출**이라 한다.

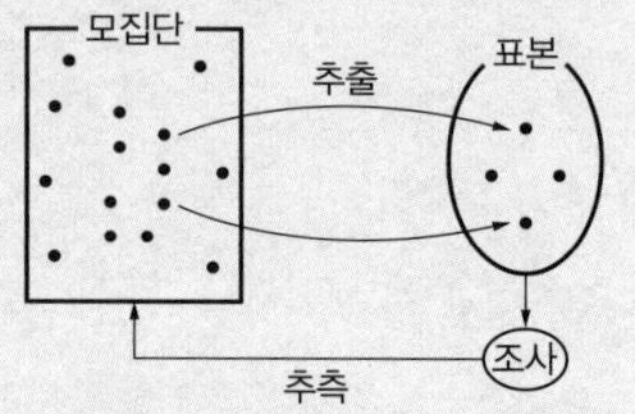

설명   대통령 선거에서 투표가 종료된 후 투표 용지를 모두 개표하여 조사하는 경우를 전수조사라 하고, 출구 조사와 같이 당선자를 예측하기 위해 투표가 모두 종료되기 전에 투표를 한 사람 중에 일부를 뽑아 조사하는 경우를 표본조사라 한다. 전수조사는 표본조사에 비하여 시간과 비용이 많이 들고 전수조사가 불가능한 경우도 있으므로 전수조사보다 표본조사를 많이 한다.

2. 임의추출 ▷ 필수예제 2

임의추출: 모집단에 속하는 각 대상이 같은 확률로 추출되도록 하는 방법
(1) **복원추출**: 한 번 추출된 자료를 되돌려 놓은 후 다시 추출하는 것
(2) **비복원추출**: 한 번 추출된 자료를 되돌려 놓지 않고 다시 추출하는 것

▶ ① 모집단에서 표본을 임의추출할 때 제비뽑기, 난수 주사위, 난수표 등이 사용되었으나 최근에는 컴퓨터의 난수 프로그램을 주로 이용한다.
② 모집단의 크기가 충분히 큰 경우에는 비복원추출도 복원추출로 볼 수 있다.
③ 자료의 개수가 N인 모집단에서 **크기가 n인** 표본을 임의추출하는 경우의 수는
    복원추출일 때: $_N\Pi_n = N^n$
    비복원추출일 때: $\begin{cases} \text{1개씩 계속 추출하면} \Rightarrow {_N}\mathrm{P}_n \\ \text{동시에 } n\text{개를 추출하면} \Rightarrow {_N}\mathrm{C}_n \end{cases}$

> 다음 **보기** 중에서 표본조사가 적합한 것만을 있는 대로 고르시오.
>
> ┤보기├
> ㄱ. 건전지의 평균 수명 조사   ㄴ. 우리나라의 총인구 조사
> ㄷ. 전국에 등록된 자동차 대수 조사   ㄹ. 과일의 당도 조사

풀이 ㄱ. 모든 건전지의 수명을 조사하면 사용할 수 있는 건전지가 없게 되므로 전수조사보다는 표본조사가
       적합하다.

      ㄴ. 우리나라의 총인구 조사는 전수조사이다.

      ㄷ. 전국에 등록된 자동차 대수는 전수조사이다.

      ㄹ. 모든 과일의 당도를 조사하면 먹을 수 있는 과일이 없게 되므로 전수조사보다는 표본조사가 적합하다.

      따라서 표본조사가 적합한 것은 **ㄱ, ㄹ**이다.

> 1, 2, 3, 4, 5의 숫자가 하나씩 적힌 5개의 공이 들어 있는 주머니에서 3개의 공을 다음
> 과 같이 임의추출할 때, 그 경우의 수를 구하시오.
>
> (1) 한 개씩 복원추출   (2) 한 개씩 비복원추출   (3) 동시에 3개를 추출

풀이 (1) 공을 한 개씩 복원추출하는 경우의 수는 5개의 공 중에서 3개를 뽑는 중복순열의 수와 같으므로

        $_5\Pi_3 = \mathbf{125}$

      (2) 공을 한 개씩 비복원추출하는 경우의 수는 5개의 공 중에서 3개를 뽑는 순열의 수와 같으므로

        $_5P_3 = \mathbf{60}$

      (3) 공을 동시에 3개를 추출하는 경우의 수는 5개의 공 중에서 3개를 뽑는 조합의 수와 같으므로

        $_5C_3 = \mathbf{10}$

231 다음 **보기** 중에서 전수조사가 적합한 것만을 있는 대로 고르시오.

> ┤보기├
> ㄱ. 병역 판정 검사
> ㄴ. 타이어 수명 조사
> ㄷ. 어느 TV 프로그램의 시청률 조사

232 1부터 10까지의 자연수가 하나씩 적힌 10장의 카드가 들어 있는 상자에서 크기가 2인 표본
을 복원추출할 때, 표본을 추출하는 경우의 수를 구하시오.

1. 모평균, 모분산, 모표준편차

어느 모집단에서 조사하고자 하는 특성을 나타내는 확률변수를 X라 할 때, X의 평균, 분산, 표준편차를 각각 **모평균, 모분산, 모표준편차**라 하고, 이것을 각각 기호로 m, σ^2, σ와 같이 나타낸다.

2. 표본평균, 표본분산, 표본표준편차

모집단에서 임의추출한 크기가 n인 표본을 X_1, X_2, $\cdots$, X_n이라 할 때, 이들의 평균, 분산, 표준편차를 각각 **표본평균, 표본분산, 표본표준편차**라 하고, 이것을 각각 기호로 $\overline{X}$, S^2, S와 같이 나타낸다.

(1) 표본평균은 $\overline{X} = \dfrac{1}{n}(X_1 + X_2 + \cdots + X_n)$

(2) 표본분산은 $S^2 = \dfrac{1}{n-1}\{(X_1 - \overline{X})^2 + (X_2 - \overline{X})^2 + \cdots + (X_n - \overline{X})^2\}$

(3) 표본표준편차는 $S = \sqrt{S^2}$

▶ ① 표본분산은 모분산과 달리 편차의 제곱의 합을 $n-1$로 나눈 것으로 정의하는데, 이는 모분산과의 오차를 줄이기 위한 것이다.
　② 모평균 m은 상수이지만, 표본평균 $\overline{X}$는 추출한 표본에 따라 다른 값을 가질 수 있는 확률변수이다.

3. 표본평균의 평균, 분산, 표준편차　▷ **필수예제 3**

> 모평균이 m, 모표준편차가 σ인 모집단에서 크기가 n인 표본을 임의추출할 때, 표본평균 $\overline{X}$에 대하여 다음이 성립한다.
> (1) **표본평균의 평균은 모평균 m과 일치한다. 즉, $\mathrm{E}(\overline{X}) = m$**
> (2) $\mathrm{V}(\overline{X}) = \dfrac{\sigma^2}{n}$, $\sigma(\overline{X}) = \dfrac{\sigma}{\sqrt{n}}$

▶ 보충 학습 1 참조

4. 표본평균의 분포 　▷ 필수예제 **4, 5**

모평균이 m, 모표준편차가 σ인 모집단에서 크기가 n인 표본을 임의추출할 때, 표본평균 $\overline{X}$에 대하여 다음이 성립한다.

(1) 모집단이 정규분포 $N(m, \sigma^2)$을 따르면 **표본평균 $\overline{X}$는 정규분포** $N\left(m, \dfrac{\sigma^2}{n}\right)$을 따른다.

(2) 모집단의 분포가 정규분포가 아닐 때도 표본의 크기 n이 충분히 크면 표본평균 $\overline{X}$는 근사적으로 정규분포 $N\left(m, \dfrac{\sigma^2}{n}\right)$을 따른다.

▶ 　표본의 크기 n이 충분히 크다는 것은 $n \geq 30$을 만족할 때이다.

보충학습

1. 표본평균의 평균과 분산

예를 들어 0, 2, 4, 6의 숫자가 하나씩 적힌 4장의 카드가 들어 있는 주머니에서 1장의 카드를 임의추출할 때, 카드에 적힌 숫자를 확률변수 X라 하면 X의 확률분포는 오른쪽 표와 같다.

X	0	2	4	6	합계
$P(X=x)$	$\dfrac{1}{4}$	$\dfrac{1}{4}$	$\dfrac{1}{4}$	$\dfrac{1}{4}$	1

이때 확률변수 X의 평균 m, 분산 σ^2을 구하면

$$m = 0 \times \frac{1}{4} + 2 \times \frac{1}{4} + 4 \times \frac{1}{4} + 6 \times \frac{1}{4} = 3$$

$$\sigma^2 = 0^2 \times \frac{1}{4} + 2^2 \times \frac{1}{4} + 4^2 \times \frac{1}{4} + 6^2 \times \frac{1}{4} - 3^2 = 5$$

이와 같이 모집단에서 구한 평균, 분산을 각각 모평균, 모분산이라 한다.

위의 모집단에서 복원추출로 카드를 한 장씩 2번 뽑을 때, 첫 번째 카드에 적힌 숫자를 X_1, 두 번째 카드에 적힌 숫자를 X_2라 하면 이들의 평균, 즉 표본평균 $\overline{X} = \dfrac{X_1 + X_2}{2}$는 추출된 표본 X_1, X_2에 따라 그 값이 변하는 확률변수이며 $\overline{X}$가 가질 수 있는 값은 오른쪽 표와 같다.

$X_1 \backslash X_2$	0	2	4	6
0	0	1	2	3
2	1	2	3	4
4	2	3	4	5
6	3	4	5	6

따라서 표본평균 $\overline{X}$의 확률분포는 다음 표와 같다.

$\overline{X}$	0	1	2	3	4	5	6	합계
$P(\overline{X}=\overline{x})$	$\dfrac{1}{16}$	$\dfrac{2}{16}$	$\dfrac{3}{16}$	$\dfrac{4}{16}$	$\dfrac{3}{16}$	$\dfrac{2}{16}$	$\dfrac{1}{16}$	1

위의 표에서 $\overline{X}$의 평균 $E(\overline{X})$, 분산 $V(\overline{X})$를 구하면

$$E(\overline{X}) = 0 \times \frac{1}{16} + 1 \times \frac{2}{16} + \cdots + 6 \times \frac{1}{16} = 3$$

$$V(\overline{X}) = 0^2 \times \frac{1}{16} + 1^2 \times \frac{2}{16} + \cdots + 6^2 \times \frac{1}{16} - 3^2 = \frac{5}{2}$$

여기서 표본평균 $\overline{X}$의 평균 $E(\overline{X})$는 모평균 m과 일치하고 표본평균 $\overline{X}$의 분산 $\dfrac{5}{2}$는 모분산 5를 표본의 크기 2로 나눈 것임을 알 수 있다.

233 1, 3, 5의 숫자가 하나씩 적힌 3장의 카드가 들어 있는 상자에서 2장의 카드를 복원추출할 때, 카드에 적힌 숫자의 표본평균을 $\overline{X}$라 하자. 다음 물음에 답하시오.

(1) 표본평균 $\overline{X}$의 확률분포를 표로 나타내시오.

(2) 표본평균 $\overline{X}$의 평균, 분산, 표준편차를 구하시오.

234 모평균이 30, 모분산이 16인 모집단에서 크기가 100인 표본을 임의추출할 때, 표본평균 $\overline{X}$에 대하여 다음을 구하시오.

(1) $\mathrm{E}(\overline{X})$

(2) $\mathrm{V}(\overline{X})$

(3) $\sigma(\overline{X})$

- $\mathrm{E}(\overline{X})=m$
- $\mathrm{V}(\overline{X})=\dfrac{\sigma^2}{n}$
- $\sigma(\overline{X})=\dfrac{\sigma}{\sqrt{n}}$

235 어느 식품회사에서 생산되는 빵 1개의 무게는 평균이 200 g, 표준편차가 10 g인 정규분포를 따른다고 한다. 이 회사에서 생산된 빵 중에서 100개를 임의추출할 때, 다음을 구하시오.

(1) 표본평균 $\overline{X}$의 평균과 표준편차

(2) $\mathrm{P}(\overline{X}\geq202)$ (단, $\mathrm{P}(0\leq Z\leq2)=0.4772$)

모집단이 정규분포 $\mathrm{N}(m,\ \sigma^2)$을 따르면 표본평균 $\overline{X}$는 정규분포 $\mathrm{N}\!\left(m,\ \dfrac{\sigma^2}{n}\right)$을 따른다.

모집단의 확률변수 X의 확률분포가 오른쪽 표와 같다. 이 모집단에서 크기가 4인 표본을 임의추출할 때, 표본평균 $\overline{X}$의 평균과 분산을 구하시오.

X	1	2	3	합계
$\mathrm{P}(X=x)$	$\dfrac{1}{4}$	$\dfrac{1}{2}$	$\dfrac{1}{4}$	1

풀이　모평균을 m, 모분산을 σ^2이라 하면

$$m=\mathrm{E}(X)=1\times\frac{1}{4}+2\times\frac{1}{2}+3\times\frac{1}{4}=2$$

$$\sigma^2=\mathrm{V}(X)=1^2\times\frac{1}{4}+2^2\times\frac{1}{2}+3^2\times\frac{1}{4}-2^2=\frac{1}{2}$$

이때 표본의 크기 $n=4$이므로

$$\mathrm{E}(\overline{X})=m=\mathbf{2}$$

$$\mathrm{V}(\overline{X})=\frac{\sigma^2}{n}=\frac{\frac{1}{2}}{4}=\frac{1}{8}$$

KEY Point

- 모평균을 m, 모분산을 σ^2이라 하면 표본평균 $\overline{X}$의 평균과 분산은

$$\mathrm{E}(\overline{X})=m,\ \mathrm{V}(\overline{X})=\frac{\sigma^2}{n} \qquad \longleftarrow\ n\text{은 표본의 크기}$$

236 정규분포 $\mathrm{N}(40,\ 4)$를 따르는 모집단에서 크기가 n인 표본을 임의추출할 때, 표본평균 $\overline{X}$의 평균은 m, 분산은 $\dfrac{1}{15}$이다. 이때 $m+n$의 값을 구하시오.

237 모표준편차가 12인 모집단에서 크기가 n인 표본을 임의추출할 때, 표본평균 $\overline{X}$의 표준편차가 1 이하가 되도록 하는 n의 최솟값을 구하시오.

238 1, 1, 2, 2, 2, 4의 숫자가 하나씩 적힌 6개의 공이 들어 있는 상자에서 4개의 공을 복원추출할 때, 공에 적힌 숫자의 표본평균을 $\overline{X}$라 하자. 이때 $\mathrm{V}(2\overline{X}+3)$을 구하시오.

어떤 자판기에서 판매되는 음료수의 용량은 평균이 150 mL, 표준편차가 5 mL인 정규분포를 따른다고 한다. 이 자판기에서 판매되는 음료수 중 100개를 임의추출하여 그 표본평균을 $\overline{X}$라 할 때, 확률 $\mathrm{P}(149 \leq \overline{X} \leq 151)$을 오른쪽 표준정규분포표를 이용하여 구하시오.

z	$\mathrm{P}(0 \leq Z \leq z)$
0.5	0.1915
1.0	0.3413
1.5	0.4332
2.0	0.4772

풀이 모집단이 정규분포 $\mathrm{N}(150,\ 5^2)$을 따르고 표본의 크기가 100이므로 표본평균 $\overline{X}$는 정규분포 $\mathrm{N}\left(150,\ \dfrac{5^2}{100}\right)$, 즉 $\mathrm{N}\left(150,\ \left(\dfrac{1}{2}\right)^2\right)$을 따른다.

이때 $Z = \dfrac{\overline{X}-150}{\dfrac{1}{2}}$으로 놓으면 확률변수 Z는 표준정규분포 $\mathrm{N}(0,\ 1)$을 따르므로

$$\mathrm{P}(149 \leq \overline{X} \leq 151) = \mathrm{P}\left(\frac{149-150}{\dfrac{1}{2}} \leq Z \leq \frac{151-150}{\dfrac{1}{2}}\right)$$
$$= \mathrm{P}(-2 \leq Z \leq 2)$$
$$= 2\mathrm{P}(0 \leq Z \leq 2)$$
$$= 2 \times 0.4772 = \mathbf{0.9544}$$

KEY Point
- 모집단이 정규분포 $\mathrm{N}(m,\ \sigma^2)$을 따르면
  ⇨ 크기가 n인 표본의 표본평균 $\overline{X}$는 정규분포 $\mathrm{N}\left(m,\ \dfrac{\sigma^2}{n}\right)$을 따른다.

239 정규분포 $\mathrm{N}(70,\ 20^2)$을 따르는 모집단에서 크기가 100인 표본을 임의추출할 때, 표본평균 $\overline{X}$가 73 이상일 확률을 오른쪽 표준정규분포표를 이용하여 구하시오.

z	$\mathrm{P}(0 \leq Z \leq z)$
1.0	0.3413
1.5	0.4332
2.0	0.4772

240 어느 대학 입학 시험에서 응시자의 성적은 평균이 200점, 표준편차가 10점인 정규분포를 따른다고 한다. 응시자 중에서 임의추출한 25명의 성적의 평균이 198점 이상 204점 이하일 확률을 오른쪽 표준정규분포표를 이용하여 구하시오.

z	$\mathrm{P}(0 \leq Z \leq z)$
1.0	0.3413
2.0	0.4772

어느 비행기 탑승객의 짐의 무게는 평균이 $18\,\mathrm{kg}$이고 표준편차가 $4\,\mathrm{kg}$인 정규분포를 따른다고 한다. 이 비행기 탑승객 중에서 n명을 임의추출할 때, 표본평균 $\overline{X}$가 $17\,\mathrm{kg}$ 이상 $19\,\mathrm{kg}$ 이하일 확률이 0.8664이다. 이때 오른쪽 표준정규분포표를 이용하여 n의 값을 구하시오.

z	$\mathrm{P}(0\le Z\le z)$
0.5	0.1915
1.0	0.3413
1.5	0.4332
2.0	0.4772

풀이　모집단이 정규분포 $\mathrm{N}(18,\,4^2)$을 따르고 표본의 크기가 n이므로 표본평균 $\overline{X}$는 정규분포 $\mathrm{N}\!\left(18,\,\dfrac{4^2}{n}\right)$을 따른다.

$Z=\dfrac{\overline{X}-18}{\dfrac{4}{\sqrt{n}}}$로 놓으면 확률변수 Z는 표준정규분포 $\mathrm{N}(0,\,1)$을 따르므로

$\mathrm{P}(17\le\overline{X}\le19)=0.8664$에서 $\mathrm{P}\!\left(\dfrac{17-18}{\dfrac{4}{\sqrt{n}}}\le Z\le\dfrac{19-18}{\dfrac{4}{\sqrt{n}}}\right)=0.8664$

$\mathrm{P}\!\left(-\dfrac{\sqrt{n}}{4}\le Z\le\dfrac{\sqrt{n}}{4}\right)=0.8664,\ 2\mathrm{P}\!\left(0\le Z\le\dfrac{\sqrt{n}}{4}\right)=0.8664$

$\therefore\ \mathrm{P}\!\left(0\le Z\le\dfrac{\sqrt{n}}{4}\right)=0.4332$

이때 $\mathrm{P}(0\le Z\le1.5)=0.4332$이므로

$\dfrac{\sqrt{n}}{4}=1.5,\ \sqrt{n}=6$　　　$\therefore\ n=\mathbf{36}$

KEY Point

• 확률변수 X가 정규분포 $\mathrm{N}(m,\,\sigma^2)$을 따를 때,

$$\mathrm{P}(m\le X\le a)=\mathrm{P}(0\le Z\le b)\Longleftrightarrow\frac{a-m}{\sigma}=b$$

241 정규분포 $\mathrm{N}(50,\,10^2)$을 따르는 모집단에서 크기가 n인 표본을 임의추출할 때, 표본평균 $\overline{X}$에 대하여 오른쪽 표준정규분포표를 이용하여 $\mathrm{P}(\overline{X}\ge52)=0.1587$을 만족시키는 n의 값을 구하시오.

z	$\mathrm{P}(0\le Z\le z)$
0.5	0.1915
1.0	0.3413
1.5	0.4332
2.0	0.4772

242 어느 공장에서 생산되는 우유의 용량은 평균이 $1000\,\mathrm{mL}$, 표준편차가 $50\,\mathrm{mL}$인 정규분포를 따른다고 한다. 이 공장에서 생산된 우유 중 100개를 임의추출할 때, 표본평균 $\overline{X}$에 대하여 오른쪽 표준정규분포표를 이용하여 $\mathrm{P}(\overline{X}\ge k)=0.0228$을 만족시키는 상수 k의 값을 구하시오.

z	$\mathrm{P}(0\le Z\le z)$
1.0	0.3413
1.5	0.4332
2.0	0.4772
2.5	0.4938

03 모평균의 추정

개념원리 이해

1. 추정

표본조사의 목적은 모집단 전체를 조사하지 않고, 그 일부인 표본을 조사하여 얻은 정보를 바탕으로 모집단의 특성을 알아보는 데에 있다. 이와 같이 표본에서 얻은 정보를 이용하여 모집단의 평균이나 표준편차와 같은 미지의 값을 추측하는 것을 **추정**이라 한다.

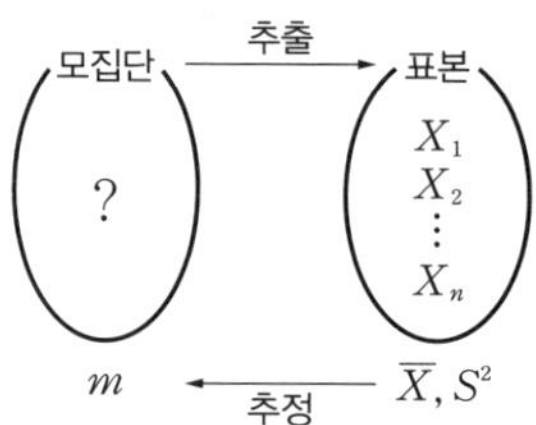

2. 모평균의 신뢰구간　▷ 필수예제 **6**

> 정규분포 $\mathrm{N}(m, \sigma^2)$을 따르는 모집단에서 크기가 n인 표본을 임의추출할 때, 표본평균 $\overline{X}$의 값이 $\overline{x}$이면 모평균 m의 신뢰구간은 다음과 같다.
>
> (1) **신뢰도 95 %의 신뢰구간**: $\overline{x}-1.96\dfrac{\sigma}{\sqrt{n}} \leq m \leq \overline{x}+1.96\dfrac{\sigma}{\sqrt{n}}$
>
> (2) **신뢰도 99 %의 신뢰구간**: $\overline{x}-2.58\dfrac{\sigma}{\sqrt{n}} \leq m \leq \overline{x}+2.58\dfrac{\sigma}{\sqrt{n}}$

▶　보충학습 1 참조

▶　① 모평균의 신뢰구간을 구할 때, 모표준편차 σ를 모르는 경우가 많고, 표본의 크기 n이 충분히 크면 표본표준편차의 값 s는 모표준편차 σ와 큰 차이가 없다.

　　따라서 n이 충분히 크면 모표준편차 σ 대신에 표본표준편차의 값 s를 이용하여 신뢰구간을 구할 수 있다.

　② 신뢰도 95 %의 신뢰구간의 의미

　　모집단에서 크기가 n인 표본을 임의추출하는 일을 되풀이하면 추출되는 표본에 따라 표본평균이 달라지고 그에 따라 신뢰구간도 달라진다.

　　오른쪽 그림에서 표본평균의 값을 $\overline{x}_1$, $\overline{x}_2$, $\overline{x}_3$으로 계산한 신뢰구간은 모평균 m을 포함하지만 $\overline{x}_4$로 계산한 신뢰구간은 모평균 m을 포함하지 않는다.

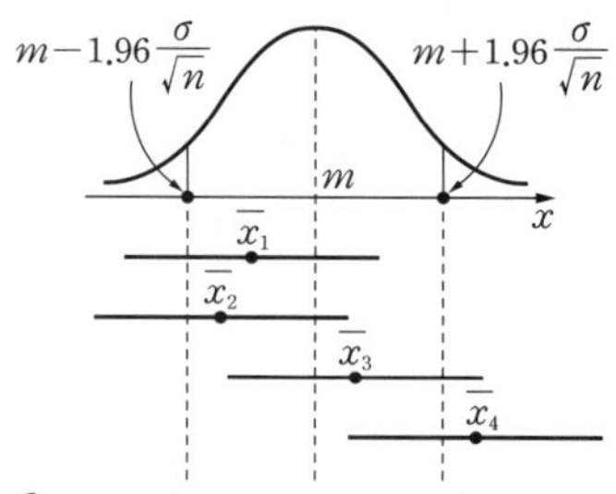

　　모평균 m의 신뢰도 95 %의 신뢰구간이라는 말은 모집단으로부터 크기가 n인 표본을 임의추출하는 일을 되풀이하여 신뢰구간을 만드는 일을 반복할 때, 구한 신뢰구간 중에서 약 95 %는 모평균 m을 포함한다는 뜻이다.

　③ 모평균 m의 신뢰구간이 $\alpha \leq m \leq \beta$일 때, $\beta-\alpha$를 신뢰구간의 길이라 한다.

　　따라서 신뢰도 95 %, 99 %의 신뢰구간의 길이는 각각 $2 \times 1.96\dfrac{\sigma}{\sqrt{n}}$, $2 \times 2.58\dfrac{\sigma}{\sqrt{n}}$이다.

　　• 표본의 크기 n이 일정할 때

　　　⇨ 신뢰도가 높아지면 신뢰구간의 길이는 길어지고, 신뢰도가 낮아지면 신뢰구간의 길이는 짧아진다.

　　• 신뢰도 a %가 일정할 때

　　　⇨ 표본의 크기 n의 값이 커지면 신뢰구간의 길이는 짧아지고, n의 값이 작아지면 신뢰구간의 길이는 길어진다.

예　　어느 고등학교 학생들의 몸무게는 표준편차가 $6.5\,\mathrm{kg}$인 정규분포를 따른다고 한다. 이 고등
학교 학생 중 49명을 임의추출하여 몸무게를 조사하였더니 평균이 $58.2\,\mathrm{kg}$이었다. 이 고등
학교 학생의 평균 몸무게 m의 신뢰도 95 %의 신뢰구간을 구하시오.

$$(단, \mathrm{P}(\,|Z|\leq 1.96)=0.95)$$

풀이　　모표준편차 $\sigma=6.5$, 표본평균 $\overline{x}=58.2$, 표본의 크기 $n=49$이므로
이 고등학교 전체 학생의 평균 몸무게 m의 신뢰도 95 %의 신뢰구간은

$$58.2-1.96\times\frac{6.5}{\sqrt{49}}\leq m\leq 58.2+1.96\times\frac{6.5}{\sqrt{49}}\qquad \therefore\ 56.38\leq m\leq 60.02$$

보충학습

1. 모평균의 추정과 신뢰도

정규분포 $\mathrm{N}(m,\ \sigma^2)$을 따르는 모집단에서 크기가 n인 표본을 임의추출할 때, 표본평균 $\overline{X}$는 정규분
포 $\mathrm{N}\!\left(m,\ \dfrac{\sigma^2}{n}\right)$을 따른다. 따라서 $\overline{X}$를 표준화한 확률변수 $Z=\dfrac{\overline{X}-m}{\dfrac{\sigma}{\sqrt{n}}}$은 표준정규분포 $\mathrm{N}(0,\ 1)$

을 따른다.

한편, 표준정규분포표에서 $\mathrm{P}(-1.96\leq Z\leq 1.96)=0.95$이므로

$$\mathrm{P}\!\left(-1.96\leq\frac{\overline{X}-m}{\dfrac{\sigma}{\sqrt{n}}}\leq 1.96\right)=0.95$$

이다. 이를 정리하면 다음과 같다.

$$\mathrm{P}\!\left(\overline{X}-1.96\,\frac{\sigma}{\sqrt{n}}\leq m\leq \overline{X}+1.96\,\frac{\sigma}{\sqrt{n}}\right)=0.95$$

이것은 모평균 m이 $\overline{X}-1.96\,\dfrac{\sigma}{\sqrt{n}}$ 이상 $\overline{X}+1.96\,\dfrac{\sigma}{\sqrt{n}}$ 이하인 범위에 포함될 확률이 0.95임을 나
타낸다. 여기서 표본평균 $\overline{X}$의 값을 $\overline{x}$라 할 때,

$$\boldsymbol{\overline{x}-1.96\,\frac{\sigma}{\sqrt{n}}\leq m\leq \overline{x}+1.96\,\frac{\sigma}{\sqrt{n}}}$$

를 **모평균 m의 신뢰도 95 %의 신뢰구간**이라 한다.

또, $\overline{x}-1.96\,\dfrac{\sigma}{\sqrt{n}}\leq m\leq \overline{x}+1.96\,\dfrac{\sigma}{\sqrt{n}}$의 각 변에서 $\overline{x}$를 빼면

$$-1.96\,\frac{\sigma}{\sqrt{n}}\leq m-\overline{x}\leq 1.96\,\frac{\sigma}{\sqrt{n}}$$

$$\therefore\ \boldsymbol{|m-\overline{x}|\leq 1.96\,\frac{\sigma}{\sqrt{n}}}$$

같은 방법으로 표준정규분포표에서 $\mathrm{P}(-2.58\leq Z\leq 2.58)=0.99$이므로 **모평균 m의 신뢰도
99 %의 신뢰구간**을 구하면 다음과 같다.

$$\boldsymbol{\overline{x}-2.58\,\frac{\sigma}{\sqrt{n}}\leq m\leq \overline{x}+2.58\,\frac{\sigma}{\sqrt{n}}}$$

또, $\boldsymbol{|m-\overline{x}|\leq 2.58\,\dfrac{\sigma}{\sqrt{n}}}$이다.

어느 공장에서 생산되는 전구의 수명은 정규분포를 따른다고 한다. 이 공장에서 생산된
전구 100개를 임의추출하여 수명을 조사하였더니 평균이 1000시간, 표준편차가 50시간
이었다. 이 전구의 수명의 평균 m시간에 대하여 다음을 구하시오.

$$(\text{단, } \mathrm{P}(|Z|\leq1.96)=0.95, \ \mathrm{P}(|Z|\leq2.58)=0.99)$$

(1) 신뢰도 95 %의 신뢰구간

(2) 신뢰도 99 %의 신뢰구간

설명   모평균의 신뢰구간을 구하려면 모표준편차 σ를 알아야 하지만 실제로는 모르는 경우가 많다. 이런 경우에 표본의 크기 n이 충분히 크면 σ 대신 표본표준편차의 값 s를 이용한다.

풀이   표본평균 $\bar{x}=1000$, 표본의 크기 $n=100$이고, n은 충분히 크므로
모표준편차 σ 대신 표본표준편차 50을 이용한다.

(1) 모평균 m의 신뢰도 95 %의 신뢰구간은

$$1000-1.96\times\frac{50}{\sqrt{100}}\leq m\leq1000+1.96\times\frac{50}{\sqrt{100}}$$

$$\therefore \ 990.2\leq m\leq1009.8$$

(2) 모평균 m의 신뢰도 99 %의 신뢰구간은

$$1000-2.58\times\frac{50}{\sqrt{100}}\leq m\leq1000+2.58\times\frac{50}{\sqrt{100}}$$

$$\therefore \ 987.1\leq m\leq1012.9$$

KEY Point

- 모평균 m의 신뢰도 95 %의 신뢰구간 ⇨ $\bar{x}-1.96\dfrac{\sigma}{\sqrt{n}}\leq m\leq\bar{x}+1.96\dfrac{\sigma}{\sqrt{n}}$

- 모평균 m의 신뢰도 99 %의 신뢰구간 ⇨ $\bar{x}-2.58\dfrac{\sigma}{\sqrt{n}}\leq m\leq\bar{x}+2.58\dfrac{\sigma}{\sqrt{n}}$

243 어느 고등학교 학생들의 키는 정규분포를 따른다고 한다. 이 고등학교에서 64명의 학생을
임의추출하여 키를 조사하였더니 평균이 167 cm, 표준편차가 12 cm이었다. 이 학교 학생
들의 키의 평균 m cm의 신뢰도 95 %의 신뢰구간을 구하시오.

$$(\text{단, } \mathrm{P}(|Z|\leq1.96)=0.95)$$

244 어느 과수원에서 수확한 귤 무게는 표준편차가 5 g인 정규분포를 따른다고 한다. 이 과수원
에서 수확한 귤 n개를 임의추출하여 그 무게를 조사하였더니 평균이 150 g이었다. 이 과수
원에서 수확한 귤 무게의 평균 m g의 신뢰도 99 %의 신뢰구간이 $148.71\leq m\leq151.29$
일 때, n의 값을 구하시오. (단, $\mathrm{P}(|Z|\leq2.58)=0.99$)

어느 공장에서 생산되는 제품의 무게는 표준편차가 10 g인 정규분포를 따른다고 한다.
제품의 무게의 평균 m g을 신뢰도 95 %로 추정한 신뢰구간이 $\alpha \leq m \leq \beta$이다. 이때
$\beta - \alpha \leq 1.4$가 되게 하려면 표본은 최소 몇 개이어야 하는지 구하시오.

$$(\text{단, } P(|Z| \leq 1.96) = 0.95)$$

풀이　　　표본의 크기를 n이라 하면

모표준편차가 10이고, 모평균 m의 신뢰도 95 %의 신뢰구간 $\alpha \leq m \leq \beta$에 대하여 $\beta - \alpha \leq 1.4$이므로

$$2 \times 1.96 \times \frac{10}{\sqrt{n}} \leq 1.4, \ \sqrt{n} \geq 28$$

$$\therefore n \geq 784$$

따라서 표본은 최소 **784개**이어야 한다.

KEY Point

• 모평균 m의 신뢰구간이 $\alpha \leq m \leq \beta$일 때, $\beta - \alpha$의 값

$\Rightarrow 2k\dfrac{\sigma}{\sqrt{n}}$　←　(신뢰도 95 %: $k = 1.96$, 신뢰도 99 %: $k = 2.58$)

245 어느 고등학교 학생들의 수학 성적은 정규분포를 따른다고 한다. 이 고등학교에서 학생 100명을 임의추출하여 수학 성적을 조사하였더니 표준편차가 15점이었다. 이 고등학교 학생들의 수학 성적의 평균 m점을 신뢰도 99 %로 추정한 신뢰구간이 $\alpha \leq m \leq \beta$일 때, $\beta - \alpha$의 값을 구하시오. (단, $P(|Z| \leq 2.58) = 0.99$)

246 어느 회사에서 생산되는 과자의 무게는 표준편차가 5 g인 정규분포를 따른다고 한다. 과자의 무게의 평균 m g을 신뢰도 99 %로 추정한 신뢰구간이 $\alpha \leq m \leq \beta$일 때, $\beta - \alpha \leq 0.3$이 되도록 하는 표본의 크기의 최솟값을 구하시오. (단, $P(|Z| \leq 2.58) = 0.99$)

표준편차가 0.4인 정규분포를 따르는 모집단의 평균을 신뢰도 95 %로 추정할 때, 모평균 m과 표본평균 $\bar{x}$의 차가 0.01 이하가 되도록 하는 표본의 크기의 최솟값을 구하시오.

$$(단,\ \mathrm{P}(\,|Z|\leq1.96\,)=0.95)$$

풀이

표본의 크기를 n이라 하면

신뢰도 95 %로 추정한 모평균 m의 신뢰구간은

$$\bar{x}-1.96\times\frac{0.4}{\sqrt{n}}\leq m\leq\bar{x}+1.96\times\frac{0.4}{\sqrt{n}}$$

$$-1.96\times\frac{0.4}{\sqrt{n}}\leq m-\bar{x}\leq1.96\times\frac{0.4}{\sqrt{n}}$$

$$|m-\bar{x}|\leq1.96\times\frac{0.4}{\sqrt{n}}$$

모평균 m과 표본평균 $\bar{x}$의 차가 0.01 이하이어야 하므로

$$1.96\times\frac{0.4}{\sqrt{n}}\leq0.01,\ \sqrt{n}\geq78.4$$

$$\therefore\ n\geq6146.56$$

따라서 표본의 크기의 최솟값은 **6147**이다.

KEY Point

• **모평균 m과 표본평균 $\bar{x}$의 차**

$$\Rightarrow |m-\bar{x}|\leq k\,\frac{\sigma}{\sqrt{n}} \quad \longleftarrow (\,신뢰도\ 95\ \%:\ k=1.96,\ 신뢰도\ 99\ \%:\ k=2.58\,)$$

247 어느 공장에서 생산되는 제품의 무게는 표준편차가 30 g인 정규분포를 따른다고 한다. 이 공장에서 생산되는 제품의 무게의 평균을 신뢰도 95 %로 추정할 때, 모평균 m과 표본평균 $\bar{x}$의 차가 2 g 이하가 되도록 하려면 적어도 몇 개의 제품을 추출하여 조사해야 하는지 구하시오. (단, $\mathrm{P}(\,|Z|\leq1.96\,)=0.95$)

248 어느 지역의 버스 정류장 사이의 거리는 표준편차가 75 m인 정규분포를 따른다고 한다. 이 지역의 버스정류장 사이의 거리의 평균을 신뢰도 99 %로 추정할 때, 모평균 m과 표본평균 $\bar{x}$의 차가 12.9 m 이하가 되기 위한 표본의 크기의 최솟값을 구하시오.

$$(단,\ \mathrm{P}(\,|Z|\leq2.58\,)=0.99)$$

연습문제

💡 **생각해 봅시다!**

170 1, 3, 5, 7, 9의 숫자가 하나씩 적힌 5장의 카드가 들어 있는 주머니에서 2장의 카드를 복원추출할 때, 카드에 적힌 숫자의 표본평균 $\overline{X}$에 대하여 $E(\overline{X}^2)+V(4\overline{X}+2)$의 값을 구하시오.

> 확률분포를 표로 나타낸다.

171 1, 2, 2, 3, 3, 3의 숫자가 하나씩 적힌 6개의 공이 들어 있는 상자에서 n개의 공을 복원추출할 때, 공에 적힌 숫자의 표본평균 $\overline{X}$의 분산이 $\dfrac{5}{36}$이다. 이때 n의 값을 구하시오.

172 정규분포 $N(170,\ 12^2)$을 따르는 모집단에서 크기가 16인 표본을 임의추출할 때, 표본평균 $\overline{X}$에 대하여 $P(167 \leq \overline{X} \leq k)=0.8185$를 만족시키는 상수 k의 값을 오른쪽 표준정규분포표를 이용하여 구하시오.

z	$P(0 \leq Z \leq z)$
1.0	0.3413
1.5	0.4332
2.0	0.4772

> 표본평균 $\overline{X}$는 정규분포 $N\left(170,\ \dfrac{12^2}{16}\right)$, 즉 $N(170,\ 3^2)$을 따른다.

173 정규분포 $N(75,\ 4^2)$을 따르는 모집단에서 크기가 n인 표본을 임의추출할 때, 표본평균 $\overline{X}$에 대하여 오른쪽 표준정규분포표를 이용하여 $P(73 \leq \overline{X} \leq 77) \geq 0.9544$를 만족시키는 n의 최솟값을 구하시오.

z	$P(0 \leq Z \leq z)$
1.0	0.3413
2.0	0.4772
3.0	0.4987

174 어느 도시의 가구당 한 달 동안의 전력사용량은 정규분포를 따른다고 한다. 이 도시의 400가구를 임의추출하여 한 달 동안의 전력사용량을 조사하였더니 평균이 300 kWh, 표준편차가 50 kWh이었다. 이 도시의 가구당 한 달 동안의 전력사용량의 평균 m kWh의 신뢰도 95 %의 신뢰구간에 속하는 자연수의 개수를 구하시오. (단, $P(|Z| \leq 1.96)=0.95$)

> n이 충분히 크면 모표준편차 대신에 표본표준편차의 값을 이용한다.

175 전국연합학력평가 수학 영역 [가형]에 응시한 수험생의 성적은 정규분포를 따른다고 한다. 이 수험생 중에서 임의추출한 1600명의 성적의 표준편차가 16점일 때, 수학 영역 [가형]에 응시한 전체 수험생의 평균 성적 m점의 신뢰도 95 %의 신뢰구간이 $\alpha \leq m \leq \beta$이다. $\beta - \alpha$의 값을 구하시오.

$$(\text{단, } P(0 \leq Z \leq 1.96) = 0.475)$$

176 어느 회사에서 생산되는 자동차의 연비는 표준편차가 1 km/L인 정규분포를 따른다고 한다. 이 회사에서 생산되는 자동차의 연비의 평균을 신뢰도 99 %로 추정할 때, 모평균 m과 표본평균 $\overline{x}$의 차가 0.43 km/L 이하가 되도록 하려면 적어도 몇 대의 자동차를 추출하여 조사해야 하는지 구하시오.

$$(\text{단, } P(|Z| \leq 2.58) = 0.99)$$

모평균 m을 신뢰도 a %로 추정할 때, 모평균 m과 표본평균 $\overline{x}$의 차

$\Rightarrow |m - \overline{x}| = k \dfrac{\sigma}{\sqrt{n}}$

$\left(\text{단, } P(|Z| \leq k) = \dfrac{a}{100}\right)$

STEP 2

[교육청기출]

177 어느 제과점에서 판매되는 찹쌀 도넛의 무게는 평균이 70, 표준편차가 2.5인 정규분포를 따른다고 한다. 이 제과점에서 판매되는 찹쌀 도넛 중 16개를 임의추출하여 조사한 무게의 표본평균을 $\overline{X}$라 하자.

z	$P(0 \leq Z \leq z)$
1.0	0.3413
1.5	0.4332
2.0	0.4772
2.5	0.4938

$$P(|\overline{X} - 70| \leq a) = 0.9544$$

를 만족시키는 상수 a의 값을 오른쪽 표준정규분포표를 이용하여 구한 것은?

$$(\text{단, 무게의 단위는 g이다.})$$

① 1.00　　② 1.25　　③ 1.50　　④ 2.00　　⑤ 2.25

178 평균이 9.27, 표준편차가 4인 정규분포를 따르는 모집단에서 크기가 64인 표본을 임의추출할 때, 표본평균 $\overline{X}$에 대하여 $\overline{X} \geq c$일 확률이 0.9830 이하가 되도록 하는 c의 최솟값을 오른쪽 표준정규분포표를 이용하여 구하시오.

z	$P(0 \leq Z \leq z)$
1.96	0.4750
2.12	0.4830
2.17	0.4850

표본평균 $\overline{X}$는 정규분포 $N\left(9.27, \dfrac{4^2}{64}\right)$, 즉 $N\left(9.27, \left(\dfrac{1}{2}\right)^2\right)$을 따른다.

179 어느 공장에서 생산되는 전구의 수명은 평균이 1400시간, 표준편차가 100시간인 정규분포를 따른다고 한다. 이 공장에서 생산되는 전구 중에서 n개를 임의추출하여 그 표본평균을 $\overline{X}$라 할 때, $P\left(\overline{X} \geq 1350 + \dfrac{165}{\sqrt{n}}\right) \geq 0.90$이 성립하기 위한 n의 최솟값을 위의 표준정규분포표를 이용하여 구하시오.

z	$P(0 \leq Z \leq z)$
1.28	0.40
1.65	0.45

표본평균 $\overline{X}$는 정규분포 $N\left(1400, \left(\dfrac{100}{\sqrt{n}}\right)^{2}\right)$ 을 따른다.

[교육청기출]

180  어느 밭에서 수확한 딸기의 무게는 정규분포를 따른다고 한다. 이 딸기 중에서 임의추출한 n개의 무게를 조사하였더니 평균이 20 g, 표준편차가 5 g이었다. 이 결과를 이용하여 이 밭에서 수확한 딸기 무게의 평균을 신뢰도 95 %로 추정한 신뢰구간이 $19.02 \leq m \leq a$이다. $n + a$의 값을 구하시오. (단, 표준정규분포를 따르는 확률변수 Z에 대하여 $P(0 \leq Z \leq 1.96) = 0.4750$이다.)

181 모표준편차가 σ인 정규분포를 따르는 모집단에서 표본을 추출하여 모평균 m을 추정했다고 한다. 표본의 크기가 4이고 표본평균이 $\overline{x_1}$인 표본을 이용하여 신뢰도 95 %로 구한 신뢰구간이 $a \leq m \leq b$, 표본의 크기가 n이고 표본평균이 $\overline{x_2}$인 표본을 이용하여 신뢰도 99 %로 구한 신뢰구간이 $c \leq m \leq d$이었다. $b - a = 2(d - c)$가 성립하도록 하는 n의 값을 구하시오.

(단, $P(|Z| \leq 2) = 0.95$, $P(|Z| \leq 3) = 0.99$)

모평균 m의 신뢰도 a %의 신뢰구간 $\alpha \leq m \leq \beta$에 대하여 $\beta - \alpha = 2k\dfrac{\sigma}{\sqrt{n}}$ $\left(\text{단, } P(|Z| \leq k) = \dfrac{a}{100}\right)$

실력 **UP**

182 모표준편차가 σ인 정규분포를 따르는 모집단에서 크기가 n인 표본을 임의추출하였더니 표본평균이 $\overline{x}$이었다. 모평균 m의 신뢰도 α %의 신뢰구간이 $a \leq m \leq b$일 때, 다음 **보기** 중에서 옳은 것만을 있는 대로 고르시오.

> | 보기 |
>
> ㄱ. 표본의 크기 n이 일정할 때, 신뢰도 α %가 커지면 $b - a$의 값은 커진다.
>
> ㄴ. 신뢰도 α %가 일정할 때, n이 커지면 $b - a$의 값은 커진다.
>
> ㄷ. 신뢰도 α %가 일정할 때, n이 2배가 되면 $b - a$의 값은 $\dfrac{1}{2}$배가 된다.

표준정규분포표

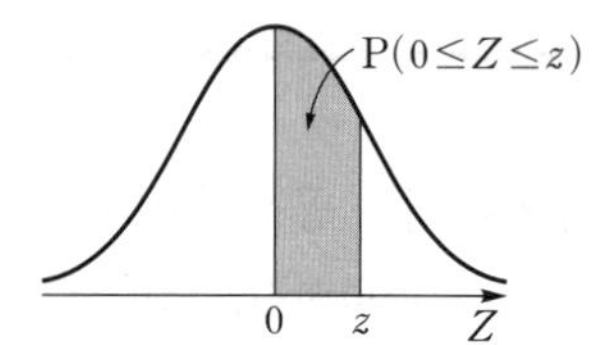

z	0.00	0.01	0.02	0.03	0.04	0.05	0.06	0.07	0.08	0.09
0.0	.0000	.0040	.0080	.0120	.0160	.0199	.0239	.0279	.0319	.0359
0.1	.0398	.0438	.0478	.0517	.0557	.0596	.0636	.0675	.0714	.0753
0.2	.0793	.0832	.0871	.0910	.0948	.0987	.1026	.1064	.1103	.1141
0.3	.1179	.1217	.1255	.1293	.1331	.1368	.1406	.1443	.1480	.1517
0.4	.1554	.1591	.1628	.1664	.1700	.1736	.1772	.1808	.1844	.1879
0.5	.1915	.1950	.1985	.2019	.2054	.2088	.2123	.2157	.2190	.2224
0.6	.2257	.2291	.2324	.2357	.2389	.2422	.2454	.2486	.2517	.2549
0.7	.2580	.2611	.2642	.2673	.2704	.2734	.2764	.2794	.2823	.2852
0.8	.2881	.2910	.2939	.2967	.2995	.3023	.3051	.3078	.3106	.3133
0.9	.3159	.3186	.3212	.3238	.3264	.3289	.3315	.3340	.3365	.3389
1.0	.3413	.3438	.3461	.3485	.3508	.3531	.3554	.3577	.3599	.3621
1.1	.3643	.3665	.3686	.3708	.3729	.3749	.3770	.3790	.3810	.3830
1.2	.3849	.3869	.3888	.3907	.3925	.3944	.3962	.3980	.3997	.4015
1.3	.4032	.4049	.4066	.4082	.4099	.4115	.4131	.4147	.4162	.4177
1.4	.4192	.4207	.4222	.4236	.4251	.4265	.4279	.4292	.4306	.4319
1.5	.4332	.4345	.4357	.4370	.4382	.4394	.4406	.4418	.4429	.4441
1.6	.4452	.4463	.4474	.4484	.4495	.4505	.4515	.4525	.4535	.4545
1.7	.4554	.4564	.4573	.4582	.4591	.4599	.4608	.4616	.4625	.4633
1.8	.4641	.4649	.4656	.4664	.4671	.4678	.4686	.4693	.4699	.4706
1.9	.4713	.4719	.4726	.4732	.4738	.4744	.4750	.4756	.4761	.4767
2.0	.4772	.4778	.4783	.4788	.4793	.4798	.4803	.4808	.4812	.4817
2.1	.4821	.4826	.4830	.4834	.4838	.4842	.4846	.4850	.4854	.4857
2.2	.4861	.4864	.4868	.4871	.4875	.4878	.4881	.4884	.4887	.4890
2.3	.4893	.4896	.4898	.4901	.4904	.4906	.4909	.4911	.4913	.4916
2.4	.4918	.4920	.4922	.4925	.4927	.4929	.4931	.4932	.4934	.4936
2.5	.4938	.4940	.4941	.4943	.4945	.4946	.4948	.4949	.4951	.4952
2.6	.4953	.4955	.4956	.4957	.4959	.4960	.4961	.4962	.4963	.4964
2.7	.4965	.4966	.4967	.4968	.4969	.4970	.4971	.4972	.4973	.4974
2.8	.4974	.4975	.4976	.4977	.4977	.4978	.4979	.4979	.4980	.4981
2.9	.4981	.4982	.4982	.4983	.4984	.4984	.4985	.4985	.4986	.4986
3.0	.4987	.4987	.4987	.4988	.4988	.4989	.4989	.4989	.4990	.4990
3.1	.4990	.4991	.4991	.4991	.4992	.4992	.4992	.4992	.4993	.4993
3.2	.4993	.4993	.4994	.4994	.4994	.4994	.4994	.4995	.4995	.4995
3.3	.4995	.4995	.4995	.4996	.4996	.4996	.4996	.4996	.4996	.4997

1　3

2　16

3　(1) 8　(2) 16　(3) 18

4　4

5　20

6　24

7　60

8　240

9　792

10　120

11　74

12　(1) 6　(2) 3　(3) 3, 2

13　24

14　12

15　6

16　2880

17　(1) 24　(2) 48

18　720

19　(1) 1814400　(2) 120960

20　11

21　840

22　30

23　(1) 36　(2) 81　(3) 7　(4) 4

24　(1) $n=5$　(2) $n=3$　(3) $r=7$　(4) $r=3$

25　625

26　32

27　8

28　243

29　30

30　39

31　7

32　(1) 540　(2) 216

33　127

34　185

35　36

36　6

37　160

38　22

39　90720

40　4860

41　1440

42　30240

43　60

44　1080

45　66

46　80

47　(1) 210　(2) 6　(3) 35　(4) 1

48　(1) 6　(2) 4

49　56

50　21

51　84

52　66

53　36

54　35

55　56

56　60

57　(1) 5　(2) 28

58　90

59　120

60　(1) 165　(2) 35

61　10

62　56

63　90

64　56

65　${}_6C_1$, ${}_6C_4$, 5, ${}_6C_6$, 6, 15, 5

66　(1) $16a^4+32a^3+24a^2+8a+1$

　　(2) $243x^5-810x^4y+1080x^3y^2$
$$-720x^2y^3+240xy^4-32y^5$$

　　(3) $x^6+6x^4+15x^2+20+\dfrac{15}{x^2}+\dfrac{6}{x^4}+\dfrac{1}{x^6}$

67　(1) ${}_5C_r 2^{5-r}(-3)^r a^{5-r}b^r$　(2) ${}_4C_r x^{8-r}$

　　(3) ${}_6C_r(-2)^r \dfrac{x^{6-r}}{y^r}$　(4) ${}_8C_r \dfrac{x^{16-2r}}{x^r}$

68　(1) -560　(2) 112　(3) 45　(4) -35

69 2

70 120

71 80

72 1

73 2674

74 4

75 (1) 4, 10, 5, 15, 15

(2) $_2C_1$, $_4C_1$, $_4C_3$, $_5C_2$, $_5C_4$

76 (1) $32x^5+80x^4+80x^3+40x^2+10x+1$

(2) $a^4-8a^3b+24a^2b^2-32ab^3+16b^4$

77 (1) 8 (2) 0 (3) 2^{50} (4) 2^{99}

78 (1) 220 (2) 330

79 ②

80 560

81 462

82 $2^{18}-1$

83 2^{14}

84 11

85 361

86 2^{30}

87 ㄴ

88 4

89 $\dfrac{1}{3}$

90 $\dfrac{1}{2}$

91 $\dfrac{1}{5}$

92 $\dfrac{2}{7}$

93 $\dfrac{1}{10}$

94 $\dfrac{1}{35}$

95 $\dfrac{1}{7}$

96 $\dfrac{12}{25}$

97 $\dfrac{2}{9}$

98 $\dfrac{1}{3}$

99 $\dfrac{1}{3}$

100 $\dfrac{2}{35}$

101 $\dfrac{1}{9}$

102 (1) $\dfrac{1}{16}$ (2) $\dfrac{9}{20}$ (3) $\dfrac{27}{80}$

103 $\dfrac{3}{10}$

104 4

105 $\dfrac{1}{6}$

106 $\dfrac{5}{36}$

107 $\dfrac{13}{20}$

108 $\dfrac{21}{25}$

109 $\dfrac{7}{16}$

110 $\dfrac{3}{4}$

111 (1) $\dfrac{1}{2}$ (2) 0.1

112 (1) $\dfrac{1}{2}$ (2) $\dfrac{1}{2}$ (3) $\dfrac{1}{3}$ (4) $\dfrac{2}{3}$

113 $\dfrac{5}{8}$

114 (1) $\dfrac{5}{12}$ (2) $\dfrac{7}{12}$

115 $\dfrac{5}{9}$

116 0.35

117 $\dfrac{1}{6}$

118 $\dfrac{5}{14}$

119 $\dfrac{1}{3}$

120 $\dfrac{19}{27}$

121 $\dfrac{5}{6}$

122 $\dfrac{2}{3}$

123 4

124 $\dfrac{54}{55}$

125 $\dfrac{37}{42}$

126 $\dfrac{3}{4}$

127 (1) $\dfrac{1}{5}$ (2) $\dfrac{1}{4}$

128 (1) $\dfrac{1}{2}$ (2) $\dfrac{1}{6}$ (3) $\dfrac{1}{3}$

129 (1) 0.06 (2) 0.1

130 (1) $\dfrac{3}{10}$ (2) $\dfrac{2}{9}$ (3) $\dfrac{1}{15}$

131 $\dfrac{3}{5}$

132 $\dfrac{5}{8}$

133 $\dfrac{2}{3}$

134 $\dfrac{1}{5}$

135 $\dfrac{7}{10}$

136 $\dfrac{4}{5}$

137 $\dfrac{1}{4}$

138 $\dfrac{1}{6}$

139 $\dfrac{1}{3}$

140 $\dfrac{8}{55}$

141 $\dfrac{8}{13}$

142 $\dfrac{10}{19}$

143 (1) $\dfrac{1}{4}$ (2) $\dfrac{1}{3}$

144 (1) $\dfrac{5}{6}$ (2) $\dfrac{2}{5}$ (3) $\dfrac{1}{10}$ (4) $\dfrac{1}{2}$

145 (1) 독립 (2) 종속

146 (1) 독립 (2) 0.48

147 종속

148 ㄱ, ㄴ

149 $\dfrac{2}{9}$

150 $\dfrac{3}{7}$

151 $\dfrac{1}{3}$

152 (1) $\dfrac{7}{20}$ (2) $\dfrac{2}{5}$

153 $\dfrac{3}{5}$

154 (1) $\dfrac{135}{512}$ (2) $\dfrac{81}{128}$

155 $\dfrac{20}{27}$

156 $\dfrac{1}{5}$

157 $\dfrac{19}{80}$

158 $\dfrac{32}{81}$

159 $\dfrac{3}{8}$

160 ㄱ, ㄷ, ㄹ

161 풀이 참조

162 풀이 참조

163 (1) $\dfrac{2}{5}$ (2) $\dfrac{3}{10}$ (3) $\dfrac{2}{5}$

164 $\dfrac{2}{3}$

165 $\dfrac{8}{7}$

166 $\dfrac{1}{4}$

167 $\dfrac{5}{9}$

168 (1) 풀이 참조 (2) $\dfrac{6}{7}$

169 $\dfrac{3}{5}$

170 (1) 4 (2) 11 (3) $\sqrt{11}$

171 (1) 풀이 참조

(2) $\mathrm{E}(X)=1$, $\mathrm{V}(X)=\dfrac{1}{2}$, $\sigma(X)=\dfrac{\sqrt{2}}{2}$

172 (1) $\mathrm{E}(Y)=5$, $\mathrm{V}(Y)=16$, $\sigma(Y)=4$

(2) $\mathrm{E}(Y)=-7$, $\mathrm{V}(Y)=36$, $\sigma(Y)=6$

173 (1) $\mathrm{E}(X)=-\dfrac{1}{2}$, $\mathrm{V}(X)=\dfrac{1}{2}$, $\sigma(X)=\dfrac{\sqrt{2}}{2}$

(2) $\mathrm{E}(Y)=-5$, $\mathrm{V}(Y)=8$, $\sigma(Y)=2\sqrt{2}$

174 $\dfrac{39}{4}$

175 $\dfrac{\sqrt{11}}{2}$

176 $E(X)=\dfrac{3}{2},\ \sigma(X)=\dfrac{\sqrt{3}}{2}$

177 $E(X)=\dfrac{3}{5},\ \sigma(X)=\dfrac{2\sqrt{21}}{15}$

178 $\dfrac{3}{5}$

179 225원

180 700원

181 5

182 40

183 $E(Y)=1650,\ \sigma(Y)=125$

184 $E(Y)=\dfrac{1}{2},\ V(Y)=\dfrac{11}{4},\ \sigma(Y)=\dfrac{\sqrt{11}}{2}$

185 -32

186 7

187 $4\sqrt{2}$

188 (1) $B\left(10,\ \dfrac{1}{2}\right)$

(2) 이항분포를 따르지 않는다.

(3) $B(50,\ 0.85)$

(4) $B(100,\ 0.4)$

189 (1) 풀이 참조　(2) $\dfrac{4}{9}$

190 (1) $E(X)=12,\ V(X)=8,\ \sigma(X)=2\sqrt{2}$

(2) $E(X)=40,\ V(X)=24,\ \sigma(X)=2\sqrt{6}$

191 (1) $B\left(4,\ \dfrac{3}{4}\right)$　(2) 풀이 참조　(3) $\dfrac{255}{256}$

192 $\dfrac{21}{3125}$

193 (1) $B\left(50,\ \dfrac{1}{5}\right)$

(2) $E(X)=10,\ V(X)=8,\ \sigma(X)=2\sqrt{2}$

194 $\dfrac{115}{4}$

195 $\dfrac{16}{625}$

196 20

197 $\dfrac{5\sqrt{6}}{2}$

198 $\dfrac{40}{3}$

199 $E(Y)=319,\ \sigma(Y)=8\sqrt{2}$

200 54

201 (1) $\dfrac{3}{64}$　(2) $\dfrac{7}{8}$

202 ㄱ, ㄴ, ㄹ

203 풀이 참조

204 (1) $\dfrac{1}{4}$　(2) 2

205 $\dfrac{3}{4}$

206 $\dfrac{2}{5}$

207 $\dfrac{1}{4}$

208 $\dfrac{1}{4}$

209 1

210 (1) $N(5,\ 3^2)$　(2) $N(12,\ 4^2)$

211 (1) ㈎　(2) ㈎

212 (1) 0.0228　(2) 0.6915　(3) 0.1359　(4) 0.7745

213 (1) $Z=\dfrac{X-8}{2}$　(2) $Z=\dfrac{X-20}{5}$

214 11

215 20

216 33

217 (1) 0.84　(2) 0.4772

218 0.7881

219 12

220 55

221 66.87 %

222 28자루

223 0.0548

224 86.52점

225 173.4 cm

226 0.6826

227 0.9772

228 0.8185

229 0.0228

230 28

231 ㄱ

232 100

233 (1) 풀이 참조

(2) $\mathrm{E}(\overline{X})=3$, $\mathrm{V}(\overline{X})=\dfrac{4}{3}$, $\sigma(\overline{X})=\dfrac{2\sqrt{3}}{3}$

234 (1) 30   (2) $\dfrac{4}{25}$ (3) $\dfrac{2}{5}$

235 (1) $\mathrm{E}(\overline{X})=200$, $\sigma(\overline{X})=1$ (2) 0.0228

236 100

237 144

238 1

239 0.0668

240 0.8185

241 25

242 1010

243 $164.06 \leq m \leq 169.94$

244 100

245 7.74

246 7396

247 865개

248 225

1 ④		**38** 280
2 4		**39** 168
3 20166		**40** ③
4 ⑤		**41** 1008
5 300		**42** 2^{18}
6 250		**43** $2^{19}-2$
7 3125		**44** ①
8 120		**45** 1080
9 18		**46** 80
10 16		**47** 20
11 24		**48** 379
12 36		**49** 14 또는 23
13 1210		**50** 2^{19}
14 ②		**51** 8
15 90		**52** 20
16 1260		**53** ②
17 ③		**54** 32
18 37		**55** 8
19 ③		**56** $\dfrac{1}{4}$
20 $bbcb$		**57** $\dfrac{1}{4}$
21 15		**58** ①
22 36		**59** $\dfrac{23}{42}$
23 25		**60** $\dfrac{1}{5}$
24 70		**61** $\dfrac{5}{64}$
25 5		**62** ①
26 ③		**63** $\dfrac{4}{7}$
27 60		**64** $\dfrac{29}{36}$
28 10		**65** $\dfrac{1}{3}$
29 126		**66** $\dfrac{1}{3}$
30 12		**67** $\dfrac{6}{35}$
31 21		**68** $\dfrac{45}{56}$
32 13		
33 700		
34 15		
35 60		
36 560		
37 $\dfrac{1}{2}$		

69 $\dfrac{7}{25}$			**96** 13	
70 ④			**97** ⑤	
71 ④			**98** $\dfrac{7}{4}$	
72 $\dfrac{2}{5}$			**99** ②	
73 $\dfrac{25}{77}$			**100** ②	
74 $\dfrac{3}{7}$			**101** ⑤	
75 $\dfrac{7}{16}$			**102** ③	
76 $\dfrac{7}{15}$			**103** $\dfrac{1}{6}$	
77 $\dfrac{1}{12}$			**104** $\dfrac{1}{4}$	
78 ⑤			**105** ㄴ, ㄷ	
79 $\dfrac{13}{28}$			**106** ③	
80 $\dfrac{31}{33}$			**107** ①	
81 $\dfrac{13}{25}$			**108** $\dfrac{43}{128}$	
82 $\dfrac{1}{3}$			**109** $\dfrac{8}{9}$	
83 $\dfrac{1}{15}$			**110** ①	
84 $\dfrac{59}{64}$			**111** $\dfrac{16}{81}$	
85 $\dfrac{33}{50}$			**112** ①	
86 19			**113** $\dfrac{8}{81}$	
87 0.25			**114** $\dfrac{5}{16}$	
88 $\dfrac{2}{5}$			**115** ②	
89 $\dfrac{1}{11}$			**116** $\dfrac{43}{128}$	
90 $\dfrac{51}{100}$			**117** $\dfrac{3}{8}$	
91 $\dfrac{3}{5}$			**118** $\dfrac{21}{32}$	
92 ⑤			**119** ①	
93 $\dfrac{3}{7}$			**120** $\dfrac{3}{4}$	
94 2			**121** $\dfrac{9}{16}$	
95 $\dfrac{4}{5}$			**122** $\dfrac{1}{100}$	
			123 $\dfrac{3-\sqrt{3}}{2}$	
			124 $\dfrac{5}{16}$	

125	$\dfrac{\sqrt{30}}{5}$		158	302.6점
126	$\dfrac{9}{25}$		159	ㄱ, ㄷ
127	8		160	0.0456
128	$E(T)=50,\ \sigma(T)=10$		161	④
129	②		162	68
130	13		163	국어
131	$\dfrac{3}{8}$		164	②
132	500원		165	75
133	8		166	⑤
134	④		167	0.3085
135	45		168	160
136	$\dfrac{23}{50000}$		169	0.1587
137	$E(X)=120,\ V(X)=30$		170	93
138	241		171	4
139	$2\sqrt{3}$		172	176
140	36		173	16
141	30		174	9
142	$\dfrac{11}{24}$		175	1.568
143	5		176	36대
144	12		177	②
145	$\dfrac{3}{4}$		178	8.21
146	800원		179	35
147	47		180	120.98
148	0		181	36
149	$\dfrac{5}{8}$		182	ㄱ
150	①			
151	$\dfrac{7}{10}$			
152	$\dfrac{1}{6}$			
153	38			
154	②			
155	0.0228			
156	⑤			
157	22캔			

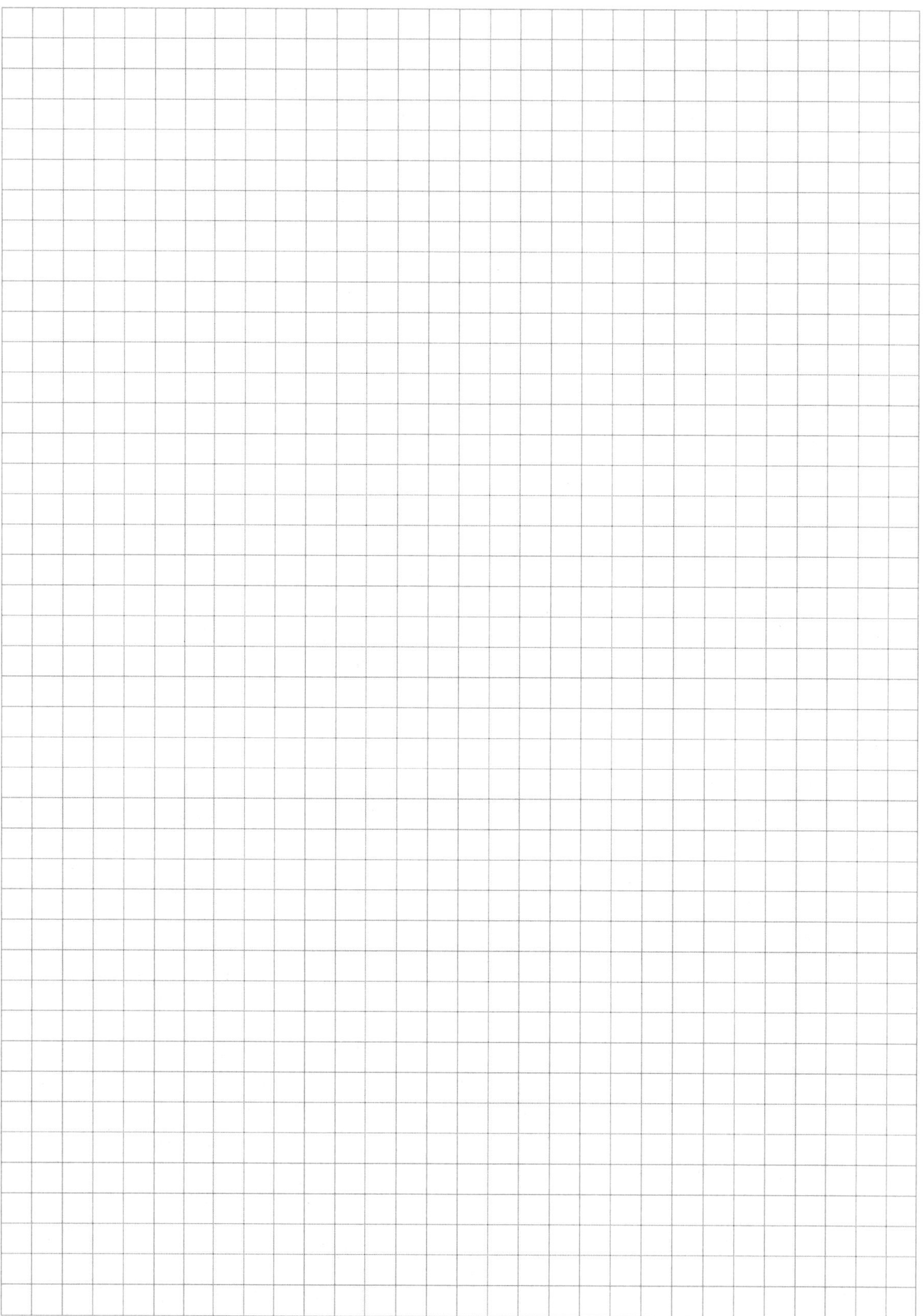

다양한 이벤트, 동기부여 콘텐츠 등
공부 자극에 필요한 모든 콘텐츠를 보고 싶다면?

개념원리 공식 인스타그램
@wonri_with

교재 속 QR코드 문제 풀이 영상 공부법까지
수학 공부에 필요한 모든 것

개념원리 공식 유튜브 채널
youtube.com/개념원리2022

개념원리에서 만들어지는 모든 콘텐츠를
정기적으로 받고 싶다면?

개념원리 공식
카카오뷰 채널

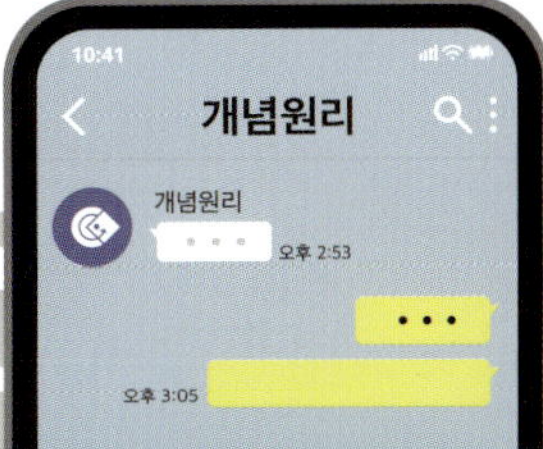

개념원리
교재 소개

문제 난이도

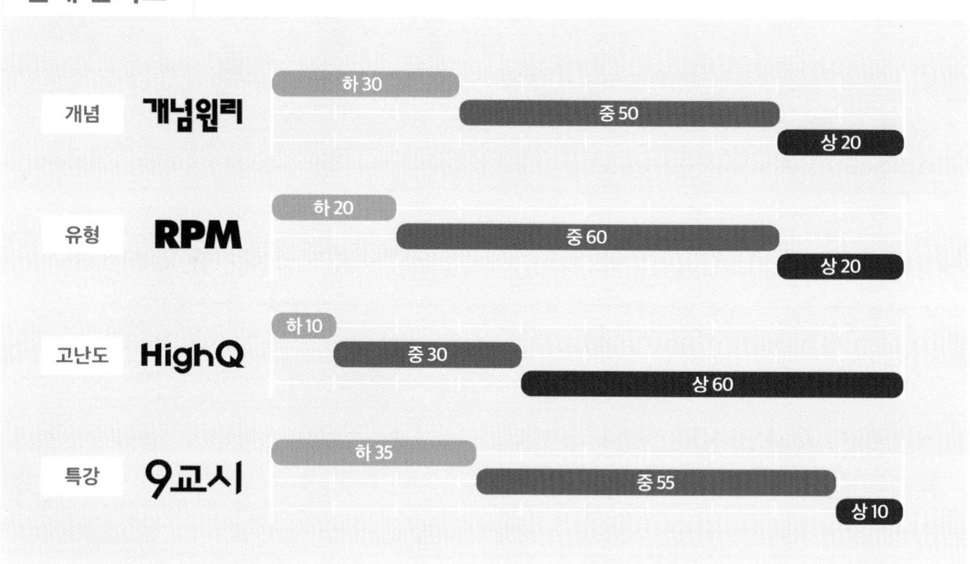

고등

개념원리 ㅣ 수학의 시작 `개념`

하나를 알면 10개, 20개를 풀 수 있는 개념원리 수학
수학(상), 수학(하), 수학Ⅰ, 수학Ⅱ, 확률과 통계, 미적분, 기하

RPM ㅣ 유형의 완성 `유형`

다양한 유형의 문제를 통해 수학의 문제 해결력을 높일 수 있는 RPM
수학(상), 수학(하), 수학Ⅰ, 수학Ⅱ, 확률과 통계, 미적분, 기하

High Q ㅣ 고난도 정복 (고1 내신 대비) `고난도`

최고를 향한 핵심 고난도 문제서 High Q
수학(상), 수학(하)

9교시 ㅣ 학교 안 개념원리 `특강`

쉽고 빠르게 정리하는 9종 교과서 시크릿
수학(상), 수학(하), 수학Ⅰ

중등

개념원리 ㅣ 수학의 시작 `개념`

하나를 알면 10개, 20개를 풀 수 있는 개념원리 수학
중학수학 1-1, 1-2, 2-1, 2-2, 3-1, 3-2

RPM ㅣ 유형의 완성 `유형`

다양한 유형의 문제를 통해 수학의 문제 해결력을 높일 수 있는 RPM
중학수학 1-1, 1-2, 2-1, 2-2, 3-1, 3-2

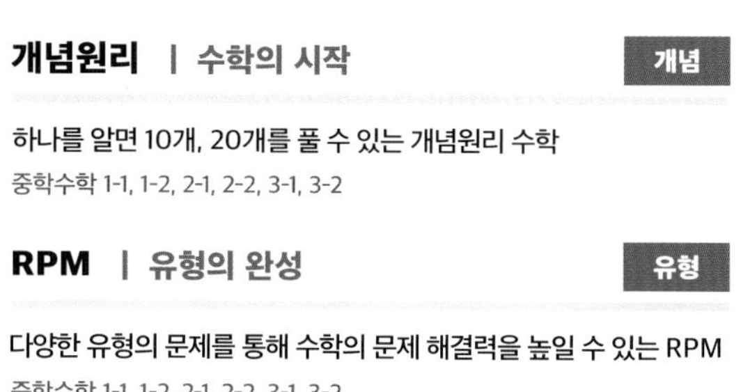

megastudy
개념원리

'모두가 기다린 만남'

메가스터디 × 개념원리

이제 메가스터디에서
개념원리 인강을
수강할 수 있습니다!

자세히 보기 ▶

메가스터디
×
개념원리

고1·2 전문 선생님
탄탄한 수학 실력 완성

개념원리 교재
맞춤 강좌 수강 가능
(개념원리, RPM, 하이큐, 9교시)

인강 학습 후에도 독학 가능
필수 자료 모두 제공!

선생님께 직접 질문하고
답변 받는 학습 Q&A

내신부터 수능까지 전 강좌 무제한 수강

MEGAPASS next
개념원리

메가패스 구매 시, 개념원리 포함 메가스터디 전 강좌 무제한 수강 가능

www.megastudy.net

개념원리

확률과 통계

개념원리

확률과 통계

정답과 풀이

개념원리

확률과 통계

정답과 풀이

I. 경우의 수

1

x, y가 자연수일 때, 부등식 $x+y<4$를 만족시키는 경우는 $x+y=2$ 또는 $x+y=3$이므로 각 경우의 순서쌍 (x, y)는

(ⅰ) $x+y=2$일 때, $(1, 1)$의 1개

(ⅱ) $x+y=3$일 때, $(1, 2)$, $(2, 1)$의 2개

(ⅰ), (ⅱ)에서 구하는 순서쌍의 개수는

$1+2=3$ **답 3**

2

서로 다른 두 개의 주사위를 동시에 던질 때, 나오는 눈의 수의 차가 1 이하인 경우는 1 또는 0이므로

(ⅰ) 눈의 수의 차가 1이 되는 경우

$(1, 2)$, $(2, 1)$, $(2, 3)$, $(3, 2)$, $(3, 4)$, $(4, 3)$, $(4, 5)$, $(5, 4)$, $(5, 6)$, $(6, 5)$의 10가지

(ⅱ) 눈의 수의 차가 0이 되는 경우

$(1, 1)$, $(2, 2)$, $(3, 3)$, $(4, 4)$, $(5, 5)$, $(6, 6)$의 6가지

(ⅰ), (ⅱ)에서 구하는 경우의 수는

$10+6=16$ **답 16**

3

(1) 54를 소인수분해하면 $54=2\times3^3$이므로

2의 양의 약수는 1, 2의 2개,

3^3의 양의 약수는 1, 3, 3^2, 3^3의 4개이다.

따라서 54의 양의 약수의 개수는

$2\times4=8$

(2) 120을 소인수분해하면 $12=2^3\times3\times5$이므로

2^3의 양의 약수는 1, 2, 2^2, 2^3의 4개,

3의 양의 약수는 1, 3의 2개,

5의 양의 약수는 1, 5의 2개이다.

따라서 120의 양의 약수의 개수는

$4\times2\times2=16$

(3) 252를 소인수분해하면 $252=2^2\times3^2\times7$이므로

2^2의 양의 약수는 1, 2, 2^2의 3개,

3^2의 양의 약수는 1, 3, 3^2의 3개,

7의 양의 약수는 1, 7의 2개이다.

따라서 252의 양의 약수의 개수는

$3\times3\times2=18$

답 (1) **8** (2) **16** (3) **18**

4

주어진 다항식에서 a를 택하면

이 경우에 대하여 p, q의 2가지의 선택이 가능하고

그 각각에 대하여 x, y의 2가지의 선택이 가능하다.

따라서 a를 포함한 항의 개수는

$1\times2\times2=4$ **답 4**

5

두 자리 자연수 중에서 십의 자리의 수가 홀수인 경우는 1, 3, 5, 7, 9의 5가지이고, 일의 자리의 수가 소수인 경우는 2, 3, 5, 7의 4가지이다.

따라서 구하는 두 자리 자연수의 개수는

$5\times4=20$ **답 20**

6

관광지 4곳에서 4곳을 택하는 순열의 수이므로

$_4\mathrm{P}_4=4!=4\times3\times2\times1=24$ **답 24**

7

5개에서 3개를 택하는 순열의 수이므로

$_5\mathrm{P}_3=5\times4\times3=60$ **답 60**

8

c와 y를 제외한 5개의 문자를 일렬로 나열하는 경우의 수는

$5!=5\times4\times3\times2\times1=120$

c와 y를 양 끝에 나열하는 경우의 수는

$2! = 2 \times 1 = 2$

따라서 구하는 경우의 수는

$120 \times 2 = 240$　　　　　　　　　　　　**답 240**

9

12명에서 5명을 택하는 조합의 수이므로

$$_{12}C_5 = \frac{12 \times 11 \times 10 \times 9 \times 8}{5 \times 4 \times 3 \times 2 \times 1} = 792$$　　　**답 792**

10

7개의 문자 중에서 C, F를 포함하여 4개를 뽑는 경우의 수는 C와 F를 제외한 나머지 5개의 문자 중에서 2개를 뽑는 경우의 수와 같으므로

$$_5C_2 = \frac{5 \times 4}{2 \times 1} = 10$$

C, F를 포함하여 뽑은 4개의 문자 중에서 C, F를 제외한 2개의 문자를 일렬로 나열하는 경우의 수는 $2!$이고, 그 사이와 양 끝의 3개의 자리 중에서 2개의 자리에 C, F를 나열하는 경우의 수는 $_3P_2$이므로 C, F가 이웃하지 않게 나열하는 경우의 수는

$2! \times _3P_2 = 2 \times 6 = 12$

따라서 구하는 경우의 수는

$10 \times 12 = 120$　　　　　　　　　　　　**답 120**

11

세 수의 곱이 짝수가 되려면 세 수 중에서 적어도 하나가 짝수이어야 한다. 즉, 서로 다른 세 수를 택하는 경우에서 홀수만 세 개를 택하는 경우를 제외하면 된다.

9개의 자연수 중에서 서로 다른 세 수를 택하는 경우의 수는

$$_9C_3 = \frac{9 \times 8 \times 7}{3 \times 2 \times 1} = 84$$

이때 홀수만 택하는 경우의 수는

$$_5C_3 = \frac{5 \times 4 \times 3}{3 \times 2 \times 1} = 10$$

따라서 구하는 경우의 수는

$84 - 10 = 74$　　　　　　　　　　　　**답 74**

12

답 (1) **6**　　(2) **3**　　(3) **3, 2**

13

$(5-1)! = 4! = 4 \times 3 \times 2 \times 1 = 24$　　　　**답 24**

14

수진이와 경호를 한 사람으로 생각하면 모두 4명이고, 이들이 앉는 원순열의 수는

$(4-1)! = 3! = 6$

이때 각 경우에 대하여 수진이와 경호가 자리를 바꾸는 경우의 수는

$2! = 2$

따라서 구하는 경우의 수는

$6 \times 2 = 12$　　　　　　　　　　　　**답 12**

15

구하는 경우의 수는 4가지의 색을 원형으로 배열하는 원순열의 수와 같으므로

$(4-1)! = 3! = 6$　　　　　　　　　　　　**답 6**

16

남자 5명이 원탁에 둘러앉는 경우의 수는

$(5-1)! = 4! = 24$

남자와 남자 사이의 5개의 자리에 여자 5명을 앉히는 경우의 수는

$_5P_5 = 5! = 120$

따라서 구하는 경우의 수는

$24 \times 120 = 2880$　　　　　　　　　　　　**답 2880**

17

(1) 할머니의 자리가 결정되면 할아버지의 자리는 마주 보는 자리로 고정되므로 구하는 경우의 수는 5명이 원탁에 둘러앉는 수와 같다.

　　따라서 구하는 경우의 수는

　　$(5-1)! = 4! = 24$

(2) 할머니와 할아버지를 한 사람으로 생각하면 모두 5명이고, 이들이 원탁에 둘러앉는 경우의 수는

　　$(5-1)! = 4! = 24$

이때 각 경우에 대하여 할머니와 할아버지가 자리를 바꾸는 경우의 수는
$$2!=2$$
따라서 구하는 경우의 수는
$$24 \times 2=48$$

답 (1) **24**   (2) **48**

다른풀이 (1) 할머니와 할아버지가 마주 보도록 원탁에 앉은 다음 나머지 네 자리에 4명이 앉으면 되므로 구하는 경우의 수는 $_4\mathrm{P}_4=4!=24$

18

중국인 사이에 세 명의 일본인이 앉게 되면 중국인끼리 마주 보게 된다.
이때 중국인 한 명의 자리가 결정되면 남은 중국인 한 명의 자리는
마주 보는 자리로 고정되므로 구하는 경우의 수는 7명이 원탁에 둘러앉는 경우의 수와 같다.

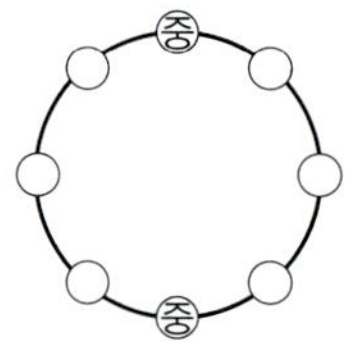

따라서 구하는 경우의 수는
$$(7-1)!=6!=720$$

답 720

19

(1) 10명이 원형으로 둘러앉는 경우의 수는
$$(10-1)!=9!=362880$$

10명이 직사각형 모양의 탁자에 둘러앉을 때, ①의 자리를 어느 자리에 고정시키느냐에 따라 둘러앉는 경우가 다음 그림과 같이 5가지 경우로 달라진다.

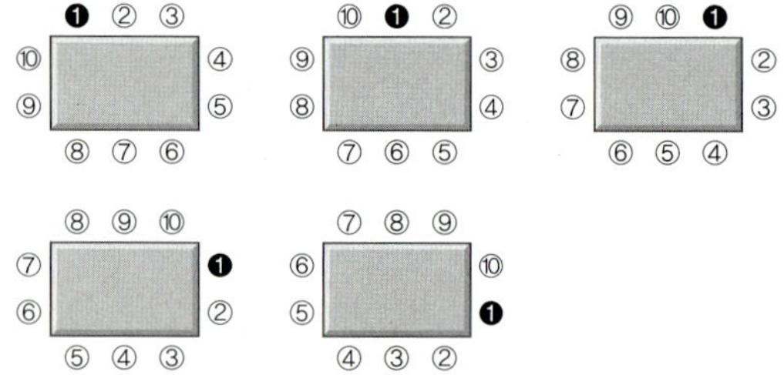

따라서 구하는 경우의 수는
$$362880 \times 5=1814400$$

(2) 9명이 원형으로 둘러앉는 경우의 수는
$$(9-1)!=8!=40320$$

9명이 정삼각형 모양의 탁자에 둘러앉을 때, ①의 자리를 어느 자리에 고정시키느냐에 따라 둘러앉는 경우가 다음 그림과 같이 3가지 경우로 달라진다.

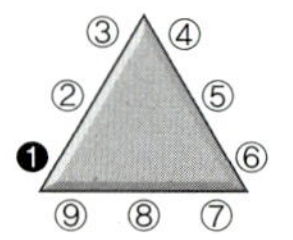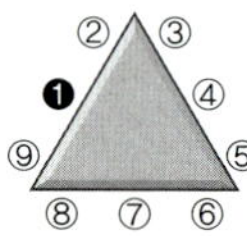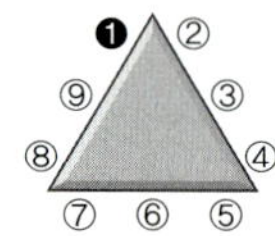

따라서 구하는 경우의 수는
$$40320 \times 3=120960$$

답 (1) **1814400**   (2) **120960**

주의 (1) A를 ①에 고정시키는 것과 ⑥에 고정시키는 것, ②와 ⑦, ③과 ⑧, ④와 ⑨, ⑤와 ⑩에 고정시키는 것은 서로 같다.

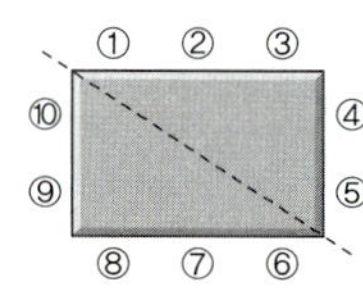

20

12명이 원형으로 둘러앉는 경우의 수는
$$(12-1)!=11!$$
12명이 정육각형 모양의 탁자에 둘러앉을 때, ①의 자리를 어느 자리에 고정시키느냐에 따라 둘러앉는 경우가 다음 그림과 같이 2가지 경우로 달라진다.

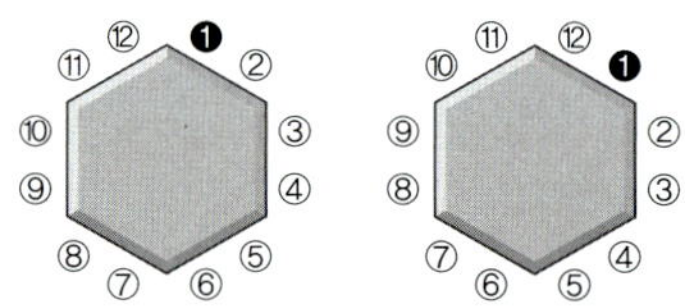

따라서 구하는 경우의 수는 $2 \times 11!$이므로
$$a=11$$

답 11

21

가운데 정육각형을 칠하는 경우의 수는 7
나머지 6개의 영역을 칠하는 경우의 수는
$$(6-1)!=5!=120$$
따라서 구하는 경우의 수는
$$7 \times 120=840$$

답 840

22

사각뿔의 밑면을 칠하는 경우의 수는 5
밑면을 제외한 4개의 옆면을 칠하는 경우의 수는
$$(4-1)!=3!=6$$

따라서 구하는 경우의 수는
$5 \times 6 = 30$

답 30

23

(1) $_6\Pi_2 = 6^2 = 36$

(2) $_3\Pi_4 = 3^4 = 81$

(3) $_7\Pi_1 = 7^1 = 7$

(4) $_2\Pi_2 = 2^2 = 4$

답 (1) 36 (2) 81 (3) 7 (4) 4

24

(1) $_n\Pi_3 = 125$이므로 $n^3 = 125 = 5^3$
  $\therefore n = 5$

(2) $_n\Pi_5 = 243$이므로 $n^5 = 243 = 3^5$
  $\therefore n = 3$

(3) $_2\Pi_r = 128$이므로 $2^r = 128 = 2^7$
  $\therefore r = 7$

(4) $_7\Pi_r = 343$이므로 $7^r = 343 = 7^3$
  $\therefore r = 3$

답 (1) $n=5$ (2) $n=3$ (3) $r=7$ (4) $r=3$

25

1, 2, 3, 4, 5의 5개에서 4개를 택하는 중복순열의 수와 같으므로 $_5\Pi_4 = 5^4 = 625$

답 625

26

○, ×의 2개에서 5개를 택하는 중복순열의 수와 같으므로 $_2\Pi_5 = 2^5 = 32$

답 32

27

서로 다른 2개의 우체통에서 3개를 택하는 중복순열의 수와 같으므로 $_2\Pi_3 = 2^3 = 8$

답 8

28

서로 다른 3곳의 호텔에서 5개를 택하는 중복순열의 수와 같으므로 $_3\Pi_5 = 3^5 = 243$

답 243

29

남학생 5명을 홀수반인 1반, 3반에 편성하는 경우의 수는 서로 다른 2개 반에서 5개를 택하는 중복순열의 수와 같으므로 $_2\Pi_5 = 2^5 = 32$

남학생 5명을 모두 1반 또는 3반에 편성하는 경우의 수는 2

여학생 4명을 짝수반인 2반에 편성하는 경우의 수는 1

따라서 구하는 경우의 수는
$(32 - 2) \times 1 = 30$

답 30

30

청색, 녹색, 적색의 3가지 깃발에서 중복을 허용하여 깃발을 1번 들어 올려서 만들 수 있는 신호의 개수는
$_3\Pi_1 = 3^1 = 3$

깃발을 2번 들어 올려서 만들 수 있는 신호의 개수는
$_3\Pi_2 = 3^2 = 9$

깃발을 3번 들어 올려서 만들 수 있는 신호의 개수는
$_3\Pi_3 = 3^3 = 27$

따라서 구하는 신호의 개수는
$3 + 9 + 27 = 39$

답 39

31

n개의 깃발을 사용하여 만들 수 있는 신호의 개수는
$_2\Pi_n = 2^n$

만들려고 하는 신호의 개수가 100 이상이므로
$2^n \geq 100$ …… ㉠

이때 $2^6 = 64$, $2^7 = 128$이므로 ㉠을 만족시키는 자연수 n의 최솟값은 7이다.

답 7

32

(1) 천의 자리에는 0이 올 수 없으므로 5가지
  백의 자리, 십의 자리에는 0, 1, 2, 3, 4, 5가 모두 중복하여 올 수 있으므로 $_6\Pi_2 = 6^2 = 36$
  일의 자리에는 0, 2, 4가 올 수 있으므로 3가지
  따라서 구하는 짝수의 개수는
  $5 \times 36 \times 3 = 540$

⑵ ⒤ 0 또는 한 자리의 정수의 개수

6

　⒤⒤ 두 자리의 정수의 개수

십의 자리에는 0이 올 수 없으므로 5가지, 일의 자리에는 0, 1, 2, 3, 4, 5가 올 수 있으므로 6가지

$$\therefore \ 5 \times 6 = 30$$

　⒤⒤⒤ 세 자리의 정수의 개수

백의 자리에는 0이 올 수 없으므로 5가지, 십의 자리와 일의 자리에는 0, 1, 2, 3, 4, 5가 모두 중복하여 올 수 있으므로

$$_6\Pi_2 = 6^2 = 36$$

$$\therefore \ 5 \times 36 = 180$$

⒤ ~ ⒤⒤⒤에 의하여 구하는 정수의 개수는

$$6 + 30 + 180 = 216$$

답 ⑴ 540　⑵ 216

33

2000보다 큰 수는 2□□□, 3□□□의 꼴이다.

2□□□, 3□□□ 꼴의 자연수의 개수는 4개의 숫자에서 3개를 택하는 중복순열의 수와 같으므로

$$2 \times {}_4\Pi_3 = 2 \times 4^3 = 128$$

그런데 2000보다 큰 자연수이므로 2000은 제외된다.

따라서 2000보다 큰 자연수의 개수는

$$128 - 1 = 127$$

답 127

34

X에서 Y로의 함수의 개수는 집합 Y의 원소 a, b, c, d, e의 5개에서 중복을 허용하여 3개를 뽑아 집합 X의 원소 1, 2, 3에 대응시키는 중복순열의 수와 같으므로

$$m = {}_5\Pi_3 = 5^3 = 125$$

X에서 Y로의 일대일함수의 개수는 집합 Y의 원소 a, b, c, d, e의 5개에서 서로 다른 3개를 뽑아 집합 X의 원소 1, 2, 3에 대응시키는 순열의 수와 같으므로

$$n = {}_5P_3 = 60$$

$$\therefore \ m + n = 125 + 60 = 185$$

답 185

35

$f(1)$, $f(3)$의 값은 짝수이므로 $\{1, 3\}$에서 $\{6, 8\}$로의 함수의 개수는 원소 6, 8의 2개에서 중복을 허용하여 2개를 뽑아 원소 1, 3에 대응시키는 중복순열의 수와 같다.

$$\therefore \ _2\Pi_2 = 2^2 = 4$$

$f(2)$, $f(4)$의 값은 홀수이므로 $\{2, 4\}$에서 $\{5, 7, 9\}$로의 함수의 개수는 원소 5, 7, 9의 3개에서 중복을 허용하여 2개를 뽑아 원소 2, 4에 대응시키는 중복순열의 수와 같다.

$$\therefore \ _3\Pi_2 = 3^2 = 9$$

따라서 구하는 함수 f의 개수는

$$4 \times 9 = 36$$

답 36

36

일의 자리에 올 수 있는 수는 1이므로 나머지 네 자리에 1이 2개, 2가 2개인 숫자를 일렬로 나열하는 순열의 수이다.

따라서 구하는 홀수의 개수는

$$\frac{4!}{2!2!} = 6$$

답 6

37

⒤ 일의 자리에 0이 오는 경우

나머지 여섯 자리에 1, 1, 1, 2, 2, 3을 일렬로 나열하는 경우의 수이고, 이때 6개의 숫자 중 1이 3개, 2가 2개이므로

$$\frac{6!}{3!2!} = 60$$

⒤⒤ 일의 자리에 2가 오는 경우

나머지 여섯 자리에 0, 1, 1, 1, 2, 3을 일렬로 나열하는 경우의 수는 6개의 숫자 중 1이 3개이므로

$$\frac{6!}{3!} = 120$$

맨 앞자리에 0이 오는 경우의 수는 맨 앞자리의 수를 뺀 1, 1, 1, 2, 3의 5개의 숫자를 일렬로 나열하는 경우의 수이고, 이때 5개의 숫자 중 1이 3개이므로

$$\frac{5!}{3!} = 20$$

따라서 만들 수 있는 짝수의 개수는
$$120-20=100$$
(i), (ii)에서 구하는 짝수의 개수는
$$60+100=160$$
답 160

38

3의 배수인 경우는 각 자리의 숫자의 합이 3의 배수일 때이다.

1, 1, 2, 2, 2, 3, 3에서 4개를 택하여 그 합이

6이 되는 경우는 (1, 1, 2, 2)

9가 되는 경우는 (1, 2, 3, 3), (2, 2, 2, 3)

(i) (1, 1, 2, 2)로 만들 수 있는 3의 배수의 개수는
$$\frac{4!}{2!2!}=6$$

(ii) (1, 2, 3, 3)으로 만들 수 있는 3의 배수의 개수는
$$\frac{4!}{2!}=12$$

(iii) (2, 2, 2, 3)으로 만들 수 있는 3의 배수의 개수는
$$\frac{4!}{3!}=4$$

(i)~(iii)에서 구하는 3의 배수의 개수는
$$6+12+4=22$$
답 22

39

m□⋯□m과 같이 양 끝에 m을 나열하고 중간에 (9개)

a, t, h, e, a, t, i, c, s를 일렬로 나열하면 되는데 a, t가 각각 2개씩이므로 구하는 경우의 수는
$$\frac{9!}{2!2!}=90720$$
답 90720

40

8개의 문자를 일렬로 나열하는 경우의 수는 8개의 문자 중 n이 2개, t가 2개, e가 2개이므로
$$\frac{8!}{2!2!2!}=5040$$
t□□□□□□t와 같이 양 끝에 t를 나열하고 중간에 i, n, e, r, n, e를 일렬로 나열하는 경우의 수는 6개의 문자 중 n이 2개, e가 2개이므로
$$\frac{6!}{2!2!}=180$$

따라서 구하는 경우의 수는
$$5040-180=4860$$
답 4860

41

자음 c, l, n, d, r를 한 문자 A로 생각하면

A, a, e, a의 4개의 문자를 일렬로 나열하는 경우의 수는 4개의 문자 중 a가 2개이므로
$$\frac{4!}{2!}=12$$
이때 자음 c, l, n, d, r끼리 자리를 바꾸는 경우의 수는
$$5!=120$$
따라서 구하는 경우의 수는
$$12\times120=1440$$
답 1440

42

t, n, i의 순서가 정해져 있으므로 t, n, i를 모두 A로 생각하면 A, A, A, e, c, h, q, u, e의 9개의 문자를 일렬로 나열한 후 첫 번째 A는 t, 두 번째 A는 n, 세 번째 A는 i로 바꾸면 된다.

따라서 구하는 경우의 수는
$$\frac{9!}{3!2!}=30240$$
답 30240

43

d, y의 순서가 정해져 있으므로 d, y를 모두 A로 생각하면 A, A, s, t, u의 5개의 문자를 일렬로 나열한 후 첫 번째 A는 d, 두 번째 A는 y로 바꾸면 된다.

따라서 구하는 경우의 수는
$$\frac{5!}{2!}=60$$
답 60

44

모음 a, i, e를 한 문자로 생각하고, 자음 h, p, p, n, s, s를 다른 한 문자로 생각할 때, 모음이 자음보다 앞에 오도록 나열하는 경우의 수는 1

이때 모음끼리 자리를 바꾸는 경우의 수는 $3!=6$

또, 자음끼리 자리를 바꾸는 경우의 수는 $\dfrac{6!}{2!2!}=180$

따라서 구하는 경우의 수는

$1 \times 6 \times 180 = 1080$

답 1080

45

A 지점에서 B 지점까지 최단 거리로 가는 경우의 수는

$\dfrac{9!}{5!\,4!} = 126$

A 지점에서 C 지점을 거쳐 B 지점까지 최단 거리로 가는 경우의 수는

$\dfrac{4!}{2!\,2!} \times \dfrac{5!}{3!\,2!} = 6 \times 10 = 60$

따라서 A 지점에서 C 지점을 거치지 않고 B 지점까지 최단 거리로 가는 경우의 수는

$126 - 60 = 66$

답 66

46

다음 그림에서 A 지점에서 B 지점까지 최단 거리로 가는 경우는 A → P → Q → R → S → B이다.

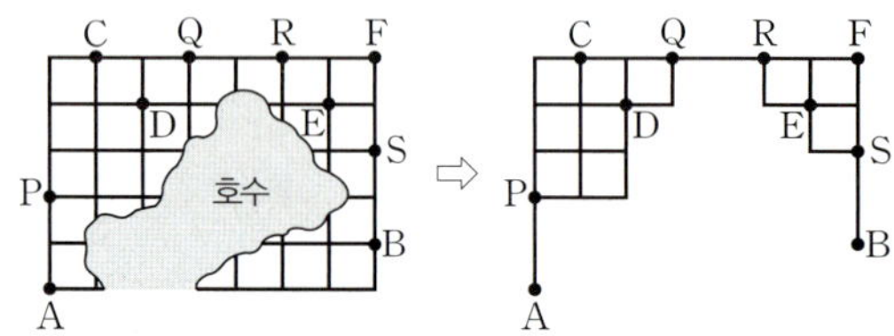

(ⅰ) A → P로 가는 경우의 수: 1

(ⅱ) P → Q로 가는 경우의 수

$\quad$ P → C → Q: $\dfrac{4!}{3!} \times 1 = 4$

$\quad$ P → D → Q: $\dfrac{4!}{2!\,2!} \times \dfrac{2!}{1!\,1!} = 6 \times 2 = 12$

$\quad \therefore\ 4 + 12 = 16$

(ⅲ) Q → R로 가는 경우의 수: 1

(ⅳ) R → S로 가는 경우의 수

$\quad$ R → E → S: $\dfrac{2!}{1!\,1!} \times \dfrac{2!}{1!\,1!} = 2 \times 2 = 4$

$\quad$ R → F → S: $1 \times 1 = 1$

$\quad \therefore\ 4 + 1 = 5$

(ⅴ) S → B로 가는 경우의 수: 1

따라서 구하는 경우의 수는

$1 \times 16 \times 1 \times 5 \times 1 = 80$

답 80

47

(1) $_7H_4 = {}_{7+4-1}C_4 = {}_{10}C_4 = 210$

(2) $_2H_5 = {}_{2+5-1}C_5 = {}_6C_5 = {}_6C_1 = 6$

(3) $_4H_4 = {}_{4+4-1}C_4 = {}_7C_4 = {}_7C_3 = 35$

(4) $_3H_0 = {}_{3+0-1}C_0 = {}_2C_0 = 1$

답 (1) 210　(2) 6　(3) 35　(4) 1

48

(1) $_5H_2 = {}_6C_2$이므로 $n = 6$

(2) $_2H_3 = {}_4C_3 = {}_4C_1$이므로 $n = 4$

답 (1) 6　(2) 4

49

서로 다른 4개에서 5개를 택하는 중복조합의 수와 같으므로

$_4H_5 = {}_8C_5 = {}_8C_3 = 56$

답 56

50

서로 다른 3개에서 5개를 택하는 중복조합의 수와 같으므로

$_3H_5 = {}_7C_5 = {}_7C_2 = 21$

답 21

51

서로 다른 4개에서 6개를 택하는 중복조합의 수와 같으므로

$_4H_6 = {}_9C_6 = {}_9C_3 = 84$

답 84

52

서로 다른 3개에서 10개를 택하는 중복조합의 수와 같으므로

$_3H_{10} = {}_{12}C_{10} = {}_{12}C_2 = 66$

답 66

53

서로 다른 3개에서 7개를 택하는 중복조합의 수와 같으므로

$_3H_7 = {}_9C_7 = {}_9C_2 = 36$

답 36

54

각 학생에게 적어도 한 장의 영화표를 나누어 주어야 하므로 먼저 4명의 학생에게 영화표를 한 장씩 나누어 주고 나머지 4장의 영화표를 중복을 허용하여 4명의 학생에게 나누어 주면 된다.

따라서 구하는 경우의 수는

$$_4H_4={}_7C_4={}_7C_3=35$$

답 35

55

먼저 오렌지 주스 2병, 사과 주스 4병을 산 후, 오렌지 주스, 사과 주스, 포도 주스, 딸기 주스 중에서 중복을 허용하여 5병의 주스를 사면 된다.

따라서 구하는 경우의 수는

$$_4H_5={}_8C_5={}_8C_3=56$$

답 56

56

초콜릿 5개를 4명의 아이에게 먼저 1개씩 나누어 주고 남은 초콜릿 1개를 한 명에게 주면 되므로 서로 같은 종류의 초콜릿 5개를 4명의 아이에게 각각 1개 이상씩 나누어 주는 경우의 수는 4이다.

이때 초콜릿을 1개 받은 3명의 아이에게만 먼저 사탕 1개씩을 나누어 주고 남은 4개의 사탕을 중복을 허용하여 나누어 주면 되므로 1개의 초콜릿을 받은 아이에게만 사탕을 1개 이상씩 나누어 주는 경우의 수는

$$_3H_4={}_6C_4={}_6C_2=15$$

따라서 구하는 경우의 수는

$$4\times15=60$$

답 60

57

(1) 서로 다른 2개의 문자 a, b 중에서 중복을 허용하여 4개를 택하는 중복조합의 수와 같으므로

$$_2H_4={}_5C_4={}_5C_1=5$$

(2) 서로 다른 3개의 문자 a, b, c 중에서 중복을 허용하여 6개를 택하는 중복조합의 수와 같으므로

$$_3H_6={}_8C_6={}_8C_2=28$$

답 (1) 5 (2) 28

58

$(a+b)^5$을 전개할 때 생기는 서로 다른 항의 개수는 서로 다른 2개의 문자 a, b 중에서 중복을 허용하여 5개를 택하는 중복조합의 수와 같으므로

$$_2H_5={}_6C_5={}_6C_1=6$$

$(x+y+z)^4$을 전개할 때 생기는 서로 다른 항의 개수는 서로 다른 3개의 문자 x, y, z 중에서 중복을 허용하여 4개를 택하는 중복조합의 수와 같으므로

$$_3H_4={}_6C_4={}_6C_2=15$$

따라서 구하는 항의 개수는

$$6\times15=90$$

답 90

59

$(a+b+c)^3$을 전개할 때 생기는 서로 다른 항의 개수는 서로 다른 3개의 문자 a, b, c 중에서 중복을 허용하여 3개를 택하는 중복조합의 수와 같으므로

$$_3H_3={}_5C_3={}_5C_2=10$$

$(p-q)^2$을 전개할 때 생기는 서로 다른 항의 개수는 서로 다른 2개의 문자 p, q 중에서 중복을 허용하여 2개를 택하는 중복조합의 수와 같으므로

$$_2H_2={}_3C_2={}_3C_1=3$$

$(x+y+z+w)$에서 서로 다른 항의 개수는 4이다.

따라서 구하는 항의 개수는

$$10\times3\times4=120$$

답 120

60

(1) 음이 아닌 정수해의 개수는 서로 다른 4개의 문자 x, y, z, w에서 중복을 허용하여 8개를 택하는 중복조합의 수와 같으므로

$$_4H_8={}_{11}C_8={}_{11}C_3=165$$

(2) $x=x'+1$, $y=y'+1$, $z=z'+1$, $w=w'+1$이라 하면

$$(x'+1)+(y'+1)+(z'+1)+(w'+1)=8$$

$$\therefore\ x'+y'+z'+w'=4$$

$$(x',\ y',\ z',\ w'\text{은 음이 아닌 정수})$$

따라서 구하는 양의 정수해의 개수는 방정식

$x'+y'+z'+w'=4$의 음이 아닌 정수해의 개수와 같으므로

$$_4H_4={}_7C_4={}_7C_3=35$$

답 (1) 165 (2) 35

61

$x,\ y,\ z$가 음이 아닌 정수이므로

$x+y+z=0$ 또는 $x+y+z=1$ 또는 $x+y+z=2$

(ⅰ) 방정식 $x+y+z=0$의 음이 아닌 정수해의 개수는
$$_3H_0={}_2C_0=1$$

(ⅱ) 방정식 $x+y+z=1$의 음이 아닌 정수해의 개수는
$$_3H_1={}_3C_1=3$$

(ⅲ) 방정식 $x+y+z=2$의 음이 아닌 정수해의 개수는
$$_3H_2={}_4C_2=6$$

(ⅰ)~(ⅲ)에서 구하는 해의 개수는

$1+3+6=10$ 답 10

62

조건 ㈎에서 $a\times b\times c$의 값이 홀수이므로 $a,\ b,\ c$는 모두 홀수이어야 한다.

조건 ㈏에서 $a,\ b,\ c$는 12 이하이고 $a\le b\le c$이므로 6개의 홀수 중에서 중복을 허용하여 3개를 택하는 중복조합의 수와 같다.

$$\therefore\ _6H_3={}_8C_3=56$$

즉, 구하는 순서쌍 $(a,\ b,\ c)$의 개수는 56이다. 답 56

63

$1<a<b\le5<c\le d\le10$ $\qquad\cdots\cdots\ \boxdot$

㉠에서 자연수 $a,\ b$의 순서쌍 $(a,\ b)$는 2, 3, 4, 5 중에서 서로 다른 두 자연수를 택하면 되므로 이 경우의 수는

$$_4C_2=6$$

이 각각에 대하여 자연수 $c,\ d$의 순서쌍 $(c,\ d)$는 6, 7, 8, 9, 10 중에서 중복을 허용하여 두 자연수를 택하면 되므로 이 경우의 수는 서로 다른 5개에서 2개를 택하는 중복조합의 수와 같다.

$$\therefore\ _5H_2={}_6C_2=15$$

따라서 구하는 모든 순서쌍 $(a,\ b,\ c,\ d)$의 개수는

$6\times15=90$ 답 90

64

주어진 조건에 의하여 $f(1)\ge f(2)\ge f(3)$

즉, 집합 Y의 원소 6개 중 3개를 순서에 상관없이 중복을 허용하여 뽑아 크기가 크거나 같은 것부터 차례로 $f(1),\ f(2),\ f(3)$에 대응시키면 된다.

따라서 함수 f의 개수는 집합 Y의 원소 6개 중 3개를 택하는 중복조합의 수와 같으므로

$$_6H_3={}_8C_3=56$$ 답 56

65

답 $_6C_1,\ _6C_4,\ \mathbf{5},\ _6C_6,\ \mathbf{6},\ \mathbf{15},\ \mathbf{5}$

66

(1) $(2a+1)^4$
$$={}_4C_0(2a)^4+{}_4C_1(2a)^3\times1+{}_4C_2(2a)^2\times1^2$$
$$+{}_4C_3(2a)\times1^3+{}_4C_4\times1^4$$
$$=16a^4+32a^3+24a^2+8a+1$$

(2) $(3x-2y)^5$
$$={}_5C_0(3x)^5+{}_5C_1(3x)^4(-2y)$$
$$+{}_5C_2(3x)^3(-2y)^2+{}_5C_3(3x)^2(-2y)^3$$
$$+{}_5C_4(3x)(-2y)^4+{}_5C_5(-2y)^5$$
$$=243x^5-810x^4y+1080x^3y^2-720x^2y^3$$
$$+240xy^4-32y^5$$

(3) $\left(x+\dfrac{1}{x}\right)^6$
$$={}_6C_0x^6+{}_6C_1x^5\times\dfrac{1}{x}+{}_6C_2x^4\times\dfrac{1}{x^2}+{}_6C_3x^3\times\dfrac{1}{x^3}$$
$$+{}_6C_4x^2\times\dfrac{1}{x^4}+{}_6C_5x\times\dfrac{1}{x^5}+{}_6C_6\dfrac{1}{x^6}$$
$$=x^6+6x^4+15x^2+20+\dfrac{15}{x^2}+\dfrac{6}{x^4}+\dfrac{1}{x^6}$$

답 (1) $\mathbf{16a^4+32a^3+24a^2+8a+1}$
(2) $\mathbf{243x^5-810x^4y+1080x^3y^2-720x^2y^3}$
$$\mathbf{+240xy^4-32y^5}$$
(3) $\mathbf{x^6+6x^4+15x^2+20+\dfrac{15}{x^2}+\dfrac{6}{x^4}+\dfrac{1}{x^6}}$

67

(1) $(2a-3b)^5$의 전개식의 일반항은
$$_5C_r(2a)^{5-r}(-3b)^r={}_5C_r2^{5-r}a^{5-r}(-3)^rb^r$$
$$={}_5C_r2^{5-r}(-3)^ra^{5-r}b^r$$

(2) $(x^2+x)^4$의 전개식의 일반항은
$$_4C_r(x^2)^{4-r}x^r={}_4C_rx^{8-2r}x^r$$
$$={}_4C_rx^{8-r}$$

(3) $\left(x-\dfrac{2}{y}\right)^6$의 전개식의 일반항은
$$_6C_rx^{6-r}\left(-\dfrac{2}{y}\right)^r={}_6C_rx^{6-r}\dfrac{(-2)^r}{y^r}$$
$$={}_6C_r(-2)^r\dfrac{x^{6-r}}{y^r}$$

(4) $\left(x^2+\dfrac{1}{x}\right)^8$의 전개식의 일반항은
$$_8C_r(x^2)^{8-r}\left(\dfrac{1}{x}\right)^r={}_8C_rx^{16-2r}\dfrac{1}{x^r}$$
$$={}_8C_r\dfrac{x^{16-2r}}{x^r}$$

$$\text{답 } (1)\ {}_5C_r2^{5-r}(-3)^ra^{5-r}b^r \quad (2)\ {}_4C_rx^{8-r}$$
$$(3)\ {}_6C_r(-2)^r\dfrac{x^{6-r}}{y^r} \quad (4)\ {}_8C_r\dfrac{x^{16-2r}}{x^r}$$

68

(1) $(2x-y)^7$의 전개식의 일반항은
$$_7C_r(2x)^{7-r}(-y)^r={}_7C_r2^{7-r}(-1)^rx^{7-r}y^r$$
x^4y^3항은 $7-r=4$일 때이므로 $r=3$
따라서 x^4y^3의 계수는
$$_7C_32^4(-1)^3=-560$$

(2) $\left(2x^3+\dfrac{1}{x}\right)^8$의 전개식의 일반항은
$$_8C_r(2x^3)^{8-r}\left(\dfrac{1}{x}\right)^r={}_8C_r2^{8-r}\dfrac{x^{24-3r}}{x^r}$$
상수항은 $24-3r-r=0$일 때이므로 $r=6$
따라서 상수항은
$$_8C_62^2=112$$

(3) $\left(x^3-\dfrac{1}{x}\right)^{10}$의 전개식의 일반항은
$$_{10}C_r(x^3)^{10-r}\left(-\dfrac{1}{x}\right)^r={}_{10}C_r(-1)^r\dfrac{x^{30-3r}}{x^r}$$

$\dfrac{1}{x^2}$항은 $r-(30-3r)=2$일 때이므로 $r=8$

따라서 $\dfrac{1}{x^2}$의 계수는 $_{10}C_8(-1)^8=45$

(4) $\left(x-\dfrac{1}{y}\right)^7$의 전개식의 일반항은

$$_7C_rx^{7-r}\left(-\dfrac{1}{y}\right)^r={}_7C_r(-1)^r\dfrac{x^{7-r}}{y^r}$$

$\dfrac{x^4}{y^3}$항은 $7-r=4$일 때이므로 $r=3$

따라서 $\dfrac{x^4}{y^3}$의 계수는 $_7C_3(-1)^3=-35$

$$\text{답 } (1)\ \mathbf{-560} \quad (2)\ \mathbf{112} \quad (3)\ \mathbf{45} \quad (4)\ \mathbf{-35}$$

69

$\left(x-\dfrac{a}{x^2}\right)^6$의 전개식의 일반항은

$$_6C_rx^{6-r}\left(-\dfrac{a}{x^2}\right)^r={}_6C_r(-a)^r\dfrac{x^{6-r}}{x^{2r}}$$

상수항은 $6-r-2r=0$일 때이므로 $r=2$
따라서 상수항은 $_6C_2(-a)^2=60$
$15a^2=60,\ a^2=4$
$\therefore a=2\ (\because a>0)$
$$\text{답 } \mathbf{2}$$

70

$\left(x-\dfrac{2}{x}\right)^5$의 전개식의 일반항은

$$_5C_rx^{5-r}\left(-\dfrac{2}{x}\right)^r={}_5C_r(-2)^r\dfrac{x^{5-r}}{x^r} \quad \cdots\cdots \text{㉠}$$

이때 $(2x+3)\left(x-\dfrac{2}{x}\right)^5=2x\left(x-\dfrac{2}{x}\right)^5+3\left(x-\dfrac{2}{x}\right)^5$

이므로 전개식에서 x항은 $2x\times(\text{㉠의 상수항})$,
$3\times(\text{㉠의 }x\text{항})$일 때 나타난다.

(i) ㉠에서 상수항은 $5-r-r=0$, 즉 $r=\dfrac{5}{2}$일 때이다.

그런데 r는 $0\le r\le 5$인 정수이므로 ㉠에서 상수항
은 존재하지 않는다.

(ii) ㉠에서 x항은 $5-r-r=1$, 즉 $r=2$일 때이므로
$$_5C_2(-2)^2x=40x$$

(i), (ii)에서 구하는 x의 계수는
$3\times40=120$
$$\text{답 } \mathbf{120}$$

71

$\dfrac{(1+2x)^5-1}{x}$의 전개식에서 x^2의 계수는

$(1+2x)^5$의 전개식에서 x^3의 계수와 같다.

$(1+2x)^5$의 전개식의 일반항은

$${}_5C_r 1^{5-r}(2x)^r={}_5C_r 2^r x^r \qquad \therefore r=3$$

따라서 구하는 x^2의 계수는 ${}_5C_3 2^3=80$ **답 80**

72

$x(x+a)(x+2)^4$의 전개식에서 x^4의 계수는

$(x+a)(x+2)^4$의 전개식에서 x^3의 계수와 같다.

$(x+2)^4$의 전개식의 일반항은

$${}_4C_r x^{4-r}2^r={}_4C_r 2^r x^{4-r} \qquad \cdots\cdots \text{㉠}$$

이때 $(x+a)(x+2)^4=x(x+2)^4+a(x+2)^4$이므

로 전개식에서 x^3항은 $x\times(\text{㉠의 }x^2\text{항})$,

$a\times(\text{㉠의 }x^3\text{항})$일 때 나타난다.

(ⅰ) ㉠에서 x^2항은 $4-r=2$, 즉 $r=2$일 때이므로

$${}_4C_2 2^2 x^2=24x^2$$

(ⅱ) ㉠에서 x^3항은 $4-r=3$, 즉 $r=1$일 때이므로

$${}_4C_1 2x^3=8x^3$$

따라서 $(x+a)(x+2)^4$의 전개식에서 x^3항은

$$x\times 24x^2+a\times 8x^3=(24+8a)x^3$$

이므로 $24+8a=32$

$$\therefore a=1 \qquad \textbf{답 1}$$

73

$(x+3)^4$의 전개식의 일반항은

$${}_4C_r x^{4-r}3^r={}_4C_r 3^r x^{4-r} \qquad \cdots\cdots \text{㉠}$$

$(3x^2+1)^3$의 전개식의 일반항은

$${}_3C_p(3x^2)^{3-p}1^p={}_3C_p 3^{3-p}x^{6-2p} \qquad \cdots\cdots \text{㉡}$$

$$(x+3)^4(3x^2+1)^3 \qquad \cdots\cdots \text{㉢}$$

㉢의 전개식에서 x^4항은

$(\text{㉠의 }x^4\text{항})\times(\text{㉡의 상수항})$

$\qquad\qquad +(\text{㉠의 }x^2\text{항})\times(\text{㉡의 }x^2\text{항})$

$\qquad\qquad +(\text{㉠의 상수항})\times(\text{㉡의 }x^4\text{항})$

이므로

$${}_4C_0 x^4\times 1+{}_4C_2 3^2 x^2\times {}_3C_2 3x^2+3^4\times {}_3C_1 3^2 x^4$$

$$=x^4+486x^4+2187x^4=2674x^4$$

따라서 x^4의 계수는 2674이다. **답 2674**

74

$(1+x)^m$의 전개식의 일반항은

$${}_mC_r 1^{m-r}x^r={}_mC_r x^r$$

$(1+x^2)^5$의 전개식의 일반항은

$${}_5C_p 1^{5-p}(x^2)^p={}_5C_p x^{2p}$$

$$(1+x)^m(1+x^2)^5 \qquad \cdots\cdots \text{㉠}$$

㉠의 전개식에서 x^2항은

$(1+x)^m$의 상수항과 $(1+x^2)^5$의 x^2항을 곱할 때와

$(1+x)^m$의 x^2항과 $(1+x^2)^5$의 상수항을 곱할 때이

다.

따라서 ㉠의 전개식에서 x^2항은

$m=1$일 때, $1\times {}_5C_1 x^2=5x^2$

$m\geq 2$일 때, $1\times {}_5C_1 x^2+{}_mC_2 x^2\times 1=(5+{}_mC_2)x^2$

그런데 x^2의 계수가 11이므로 $m\neq 1$

따라서 $m\geq 2$일 때, $(5+{}_mC_2)x^2=11x^2$이므로

$$5+\frac{m(m-1)}{2\times 1}=11, \ \frac{m(m-1)}{2}=6$$

$$m^2-m-12=0, \ (m+3)(m-4)=0$$

$$\therefore m=4 \ (\because m\text{은 자연수}) \qquad \textbf{답 4}$$

75

답 (1) **4, 10, 5, 15, 15**

　　(2) ${}_2C_1,\ {}_4C_1,\ {}_4C_3,\ {}_5C_2,\ {}_5C_4$

76

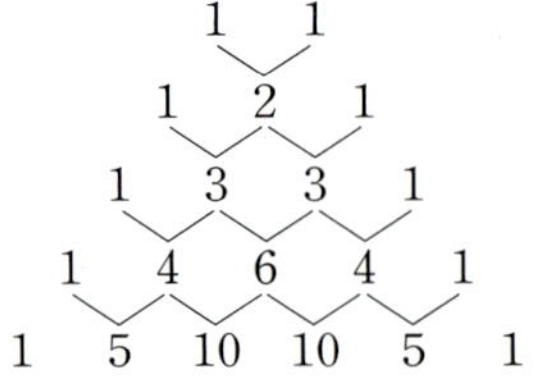

(1) 위의 그림의 파스칼의 삼각형에서 $(x+y)^5$의 전개

식의 이항계수는 1, 5, 10, 10, 5, 1이므로

$$(2x+1)^5=(2x)^5+5\times(2x)^4+10\times(2x)^3$$
$$+10\times(2x)^2+5\times 2x+1$$
$$=32x^5+80x^4+80x^3+40x^2+10x+1$$

(2) 앞의 그림의 파스칼의 삼각형에서 $(a+b)^4$의 전개
식의 이항계수는 1, 4, 6, 4, 1이므로
$$(a-2b)^4=a^4+4a^3(-2b)+6a^2(-2b)^2$$
$$+4a(-2b)^3+(-2b)^4$$
$$=a^4-8a^3b+24a^2b^2-32ab^3+16b^4$$

답 (1) $\boldsymbol{32x^5+80x^4+80x^3+40x^2+10x+1}$
(2) $\boldsymbol{a^4-8a^3b+24a^2b^2-32ab^3+16b^4}$

77

(1) $_3C_0+{_3}C_1+{_3}C_2+{_3}C_3=2^3=8$

(2) $_{10}C_0-{_{10}}C_1+{_{10}}C_2-{_{10}}C_3+\cdots+{_{10}}C_{10}=0$

(3) $_{51}C_0+{_{51}}C_2+{_{51}}C_4+\cdots+{_{51}}C_{50}=2^{51-1}=2^{50}$

(4) $_{100}C_1+{_{100}}C_3+{_{100}}C_5+\cdots+{_{100}}C_{99}=2^{100-1}=2^{99}$

답 (1) **8** (2) **0** (3) $\boldsymbol{2^{50}}$ (4) $\boldsymbol{2^{99}}$

78

(1) $_2C_0+{_3}C_1+{_4}C_2+{_5}C_3+\cdots+{_{11}}C_9$
$$=({_3}C_0+{_3}C_1)+{_4}C_2+{_5}C_3+\cdots+{_{11}}C_9$$
$$(\because {_2}C_0={_3}C_0)$$
$$=({_4}C_1+{_4}C_2)+{_5}C_3+\cdots+{_{11}}C_9$$
$$(\because {_3}C_0+{_3}C_1={_4}C_1)$$
$$=({_5}C_2+{_5}C_3)+\cdots+{_{11}}C_9\ (\because {_4}C_1+{_4}C_2={_5}C_2)$$
$$\vdots$$
$$={_{11}}C_8+{_{11}}C_9={_{12}}C_9={_{12}}C_3=220$$

(2) $_3C_3+{_4}C_3+{_5}C_3+{_6}C_3+\cdots+{_{10}}C_3$
$$=({_4}C_4+{_4}C_3)+{_5}C_3+{_6}C_3+\cdots+{_{10}}C_3$$
$$(\because {_3}C_3={_4}C_4)$$
$$=({_5}C_4+{_5}C_3)+{_6}C_3+\cdots+{_{10}}C_3$$
$$(\because {_4}C_4+{_4}C_3={_5}C_4)$$
$$=({_6}C_4+{_6}C_3)+\cdots+{_{10}}C_3\ (\because {_5}C_4+{_5}C_3={_6}C_4)$$
$$\vdots$$
$$={_{10}}C_4+{_{10}}C_3={_{11}}C_4=330$$

답 (1) **220** (2) **330**

79

$_{15}C_6+{_{16}}C_7+{_{17}}C_8+{_{18}}C_9+{_{19}}C_{10}+{_{20}}C_{11}$
$$=({_{15}}C_5+{_{15}}C_6)+{_{16}}C_7+{_{17}}C_8+{_{18}}C_9+{_{19}}C_{10}+{_{20}}C_{11}$$
$$-{_{15}}C_5$$
$$=({_{16}}C_6+{_{16}}C_7)+{_{17}}C_8+{_{18}}C_9+{_{19}}C_{10}+{_{20}}C_{11}-{_{15}}C_5$$
$$=({_{17}}C_7+{_{17}}C_8)+{_{18}}C_9+{_{19}}C_{10}+{_{20}}C_{11}-{_{15}}C_5$$
$$=({_{18}}C_8+{_{18}}C_9)+{_{19}}C_{10}+{_{20}}C_{11}-{_{15}}C_5$$
$$=({_{19}}C_9+{_{19}}C_{10})+{_{20}}C_{11}-{_{15}}C_5$$
$$=({_{20}}C_{10}+{_{20}}C_{11})-{_{15}}C_5$$
$$={_{21}}C_{11}-{_{15}}C_5$$

답 ②

80

$(1+x^3)^n$의 전개식의 일반항은 $_nC_r(x^3)^r={_n}C_r x^{3r}$이
고 $2\le n\le 15$인 경우에만 x^6항이 나오므로
$(1+x^3)^2$의 전개식에서 x^6의 계수는 $_2C_2$
$(1+x^3)^3$의 전개식에서 x^6의 계수는 $_3C_2$
$$\vdots$$
$(1+x^3)^{15}$의 전개식에서 x^6의 계수는 $_{15}C_2$
따라서 x^6의 계수는
$$_2C_2+{_3}C_2+{_4}C_2+\cdots+{_{15}}C_2$$
$$=({_3}C_3+{_3}C_2)+{_4}C_2+\cdots+{_{15}}C_2\ (\because {_2}C_2={_3}C_3)$$
$$=({_4}C_3+{_4}C_2)+\cdots+{_{15}}C_2\ (\because {_3}C_3+{_3}C_2={_4}C_3)$$
$$\vdots$$
$$={_{15}}C_3+{_{15}}C_2$$
$$={_{16}}C_3=560$$

답 560

다른풀이 $(1+x^3)+(1+x^3)^2+(1+x^3)^3$
$$+\cdots+(1+x^3)^{15}\qquad\cdots\cdots\ \text{㉠}$$
㉠은 첫째항이 $1+x^3$, 공비가 $1+x^3$, 항의 개수가 15
인 등비수열의 합이므로
$$\frac{(1+x^3)\{(1+x^3)^{15}-1\}}{(1+x^3)-1}=\frac{(1+x^3)^{16}-(1+x^3)}{x^3}$$
$$\cdots\cdots\ \text{㉡}$$
㉠의 전개식에서 x^6의 계수는 ㉡의 $(1+x^3)^{16}$의 전개
식에서 x^9의 계수와 같다.
이때 $(1+x^3)^{16}$의 전개식의 일반항은
$$_{16}C_r(x^3)^r={_{16}}C_r x^{3r}$$
따라서 $r=3$일 때이므로 구하는 계수는 $_{16}C_3=560$

81

$x^2(1+x^2)^n$의 전개식의 일반항은

$x^2 \times {}_n\mathrm{C}_r (x^2)^r = x^2 \times {}_n\mathrm{C}_r x^{2r} = {}_n\mathrm{C}_r x^{2r+2}$

이때 $4 \le n \le 10$인 경우에만 x^{10}항이 나오므로

$x^2(1+x^2)^4$의 전개식에서 x^{10}의 계수는 ${}_4\mathrm{C}_4$

$x^2(1+x^2)^5$의 전개식에서 x^{10}의 계수는 ${}_5\mathrm{C}_4$

$$\vdots$$

$x^2(1+x^2)^{10}$의 전개식에서 x^{10}의 계수는 ${}_{10}\mathrm{C}_4$

따라서 x^{10}의 계수는

${}_4\mathrm{C}_4 + {}_5\mathrm{C}_4 + {}_6\mathrm{C}_4 + \cdots + {}_{10}\mathrm{C}_4$

$= ({}_5\mathrm{C}_5 + {}_5\mathrm{C}_4) + {}_6\mathrm{C}_4 + \cdots {}_{10}\mathrm{C}_4 \ (\because {}_4\mathrm{C}_4 = {}_5\mathrm{C}_5)$

$= ({}_6\mathrm{C}_5 + {}_6\mathrm{C}_4) + \cdots + {}_{10}\mathrm{C}_4 \ (\because {}_5\mathrm{C}_5 + {}_5\mathrm{C}_4 = {}_6\mathrm{C}_5)$

$$\vdots$$

$= {}_{10}\mathrm{C}_5 + {}_{10}\mathrm{C}_4$

$= {}_{11}\mathrm{C}_5 = 462$

답 462

다른풀이 $x^2(1+x^2) + x^2(1+x^2)^2 + x^2(1+x^2)^3$

$\qquad\qquad + \cdots + x^2(1+x^2)^{10}$ $\quad\cdots\cdots$ ㉠

㉠은 첫째항이 $x^2(1+x^2)$, 공비가 $1+x^2$, 항의 개수가 10인 등비수열의 합이므로

$$\frac{x^2(1+x^2)\{(1+x^2)^{10}-1\}}{(1+x^2)-1} = (1+x^2)^{11} - (1+x^2)$$

$\qquad\qquad\qquad\qquad\qquad\qquad \cdots\cdots$ ㉡

㉠의 전개식에서 x^{10}의 계수는 ㉡의 $(1+x^2)^{11}$의 전개식에서 x^{10}의 계수와 같다.

이때 $(1+x^2)^{11}$의 전개식의 일반항은

${}_{11}\mathrm{C}_r (x^2)^r = {}_{11}\mathrm{C}_r x^{2r}$

따라서 $r=5$일 때이므로 구하는 계수는 ${}_{11}\mathrm{C}_5 = 462$

82

${}_{19}\mathrm{C}_0 + {}_{19}\mathrm{C}_2 + {}_{19}\mathrm{C}_4 + \cdots + {}_{19}\mathrm{C}_{18} = 2^{19-1} = 2^{18}$이므로

${}_{19}\mathrm{C}_2 + {}_{19}\mathrm{C}_4 + {}_{19}\mathrm{C}_6 + \cdots + {}_{19}\mathrm{C}_{18} = 2^{18} - {}_{19}\mathrm{C}_0$

$\qquad\qquad\qquad\qquad\qquad\qquad = 2^{18} - 1$

답 $2^{18}-1$

83

${}_{15}\mathrm{C}_k = {}_{15}\mathrm{C}_{15-k} \ (k=0, 1, 2, \cdots, 15)$이므로

${}_{15}\mathrm{C}_8 + {}_{15}\mathrm{C}_9 + {}_{15}\mathrm{C}_{10} + \cdots + {}_{15}\mathrm{C}_{15}$

$= {}_{15}\mathrm{C}_7 + {}_{15}\mathrm{C}_6 + {}_{15}\mathrm{C}_5 + \cdots + {}_{15}\mathrm{C}_0$

이때 ${}_{15}\mathrm{C}_0 + {}_{15}\mathrm{C}_1 + {}_{15}\mathrm{C}_2 + \cdots + {}_{15}\mathrm{C}_{15} = 2^{15}$이므로

${}_{15}\mathrm{C}_8 + {}_{15}\mathrm{C}_9 + {}_{15}\mathrm{C}_{10} + \cdots + {}_{15}\mathrm{C}_{15} = \dfrac{1}{2} \times 2^{15} = 2^{14}$

답 2^{14}

84

${}_n\mathrm{C}_0 + {}_n\mathrm{C}_1 + {}_n\mathrm{C}_2 + \cdots + {}_n\mathrm{C}_n = 2^n$이므로

${}_n\mathrm{C}_1 + {}_n\mathrm{C}_2 + \cdots + {}_n\mathrm{C}_n = 2^n - {}_n\mathrm{C}_0 = 2^n - 1$

따라서 주어진 식은 $2000 < 2^n - 1 < 3000$

$\therefore 2001 < 2^n < 3001$

이때 $2^{10} = 1024$, $2^{11} = 2048$, $2^{12} = 4096$이므로

$n = 11$

답 11

85

$31^{12} = (1+30)^{12}$

$\qquad = {}_{12}\mathrm{C}_0 + {}_{12}\mathrm{C}_1 30 + {}_{12}\mathrm{C}_2 30^2 + \cdots + {}_{12}\mathrm{C}_{12} 30^{12}$

이때 ${}_{12}\mathrm{C}_2 30^2 + \cdots + {}_{12}\mathrm{C}_{12} 30^{12}$은 900으로 나누어떨어진다.

따라서 31^{12}을 900으로 나누었을 때의 나머지는

${}_{12}\mathrm{C}_0 + {}_{12}\mathrm{C}_1 30 = 361$을 900으로 나누었을 때의 나머지와 같으므로 구하는 나머지는 361이다.

답 361

86

$(1+x)^n = {}_n\mathrm{C}_0 + {}_n\mathrm{C}_1 x + {}_n\mathrm{C}_2 x^2 + \cdots + {}_n\mathrm{C}_n x^n$이므로

$x = 3$, $n = 15$를 대입하면

$(1+3)^{15} = {}_{15}\mathrm{C}_0 + {}_{15}\mathrm{C}_1 3 + {}_{15}\mathrm{C}_2 3^2 + \cdots + {}_{15}\mathrm{C}_{15} 3^{15}$

$\therefore {}_{15}\mathrm{C}_0 + 3\, {}_{15}\mathrm{C}_1 + 3^2\, {}_{15}\mathrm{C}_2 + \cdots + 3^{15}\, {}_{15}\mathrm{C}_{15} = 4^{15} = 2^{30}$

답 2^{30}

II. 확률

87

$A=\{1, 3, 5, 7\}$, $B=\{3, 6\}$, $C=\{1, 2, 4\}$이므로
$A \cap B=\{3\}$, $B \cap C=\varnothing$, $A \cap C=\{1\}$
따라서 서로 배반사건인 것은 ㄴ이다. **답 ㄴ**

88

사건 E와 서로 배반인 사건은
$E^C=\{4, 5, 6\}$의 부분집합이고,
사건 F와 서로 배반인 사건은
$F^C=\{1, 5, 6\}$의 부분집합이다.
따라서 두 사건 E, F와 모두 배반인 사건 H는
$H=E^C \cap F^C=\{5, 6\}$
의 부분집합이다.
따라서 사건 H의 개수는
$2^2=4$ **답 4**

89

표본공간을 S라 하면
$n(S)=6 \times 6=36$
(ⅰ) 나오는 두 눈의 수의 차가 3인 경우
  $(1, 4)$, $(2, 5)$, $(3, 6)$, $(4, 1)$, $(5, 2)$, $(6, 3)$
  의 6가지
(ⅱ) 나오는 두 눈의 수의 차가 4인 경우
  $(1, 5)$, $(2, 6)$, $(5, 1)$, $(6, 2)$의 4가지
(ⅲ) 나오는 두 눈의 수의 차가 5인 경우
  $(1, 6)$, $(6, 1)$의 2가지
(ⅰ)~(ⅲ)에서 나오는 두 눈의 수의 차가 3 이상인 사건
을 A라 하면
$n(A)=6+4+2=12$
따라서 구하는 확률은
$P(A)=\dfrac{n(A)}{n(S)}=\dfrac{12}{36}=\dfrac{1}{3}$ **답 $\dfrac{1}{3}$**

90

$108=2^2 \times 3^3$이므로 108의 양의 약수의 개수는
$(2+1) \times (3+1)=12$
108의 양의 약수 중 60의 양의 약수는 108과 60의 공
약수와 같다.
$60=2^2 \times 3 \times 5$이므로 108과 60의 최대공약수는
$2^2 \times 3$
따라서 108과 60의 공약수의 개수는
$(2+1) \times (1+1)=6$
이므로 구하는 확률은
$\dfrac{6}{12}=\dfrac{1}{2}$ **답 $\dfrac{1}{2}$**

91

여섯 사람이 한 줄로 서는 경우의 수는 6!
특정한 세 사람을 한 사람으로 생각하여 4명이 한 줄로
서는 경우의 수는 4!
특정한 세 사람끼리 자리를 바꾸는 경우의 수는 3!
즉, 특정한 세 사람이 이웃하여 서게 되는 경우의 수는
$4! \times 3!$
따라서 구하는 확률은
$\dfrac{4! \times 3!}{6!}=\dfrac{1}{5}$ **답 $\dfrac{1}{5}$**

92

7개의 문자를 일렬로 나열하는 경우의 수는 7!
자음 p, r, m, s를 일렬로 나열하는 경우의 수는 4!
$$\vee \;ⓟ\; \vee \;ⓡ\; \vee \;ⓜ\; \vee \;ⓢ\; \vee$$
자음 사이사이와 양 끝의 5개의 자리 중 3개의 자리에
모음 o, i, e를 하나씩 나열하는 경우의 수는 $_5P_3$
즉, 모음끼리 이웃하지 않는 경우의 수는 $4! \times {_5P_3}$
따라서 구하는 확률은
$\dfrac{4! \times {_5P_3}}{7!}=\dfrac{2}{7}$ **답 $\dfrac{2}{7}$**

93

5명의 학생을 일렬로 세우는 경우의 수는 5!
A, B를 양 끝에 세우는 경우의 수는 2!

나머지 3명을 그 사이에 일렬로 세우 $\boxed{A}$ C D E $\boxed{B}$
는 경우의 수는 3!

즉, A, B가 양 끝에 서게 되는 경우의 수는

$2! \times 3!$

따라서 구하는 확률은

$$\frac{2! \times 3!}{5!} = \frac{1}{10}$$

답 $\dfrac{1}{10}$

94

8명이 원탁에 둘러앉는 경우의 수는

$(8-1)! = 7!$

영국인 4명이 원탁에 둘러앉는 경우의 수는

$(4-1)! = 3!$

영국인 사이사이의 4개의 자리에 프랑스인 4명이 앉는 경우의 수는 4!

즉, 영국인과 프랑스인이 교대로 앉는 경우의 수는

$3! \times 4!$

따라서 구하는 확률은

$$\frac{3! \times 4!}{7!} = \frac{1}{35}$$

답 $\dfrac{1}{35}$

95

8가지의 색을 원에 모두 칠하는 경우의 수는

$(8-1)! = 7!$

빨간색을 칠한 맞은편에 초록색을 칠하고 나머지 6가지 색을 6개의 영역에 칠하는 경우의 수는

$_6P_6 = 6!$

따라서 구하는 확률은

$$\frac{6!}{7!} = \frac{1}{7}$$

답 $\dfrac{1}{7}$

96

세 사람이 다섯 가지 맛 아이스크림 중에서 임의로 하나씩 택하는 경우의 수는

$_5\Pi_3 = 5^3 = 125$

세 사람이 서로 다른 맛 아이스크림을 택하는 경우의 수는

$_5P_3 = 60$

따라서 구하는 확률은

$$\frac{60}{125} = \frac{12}{25}$$

답 $\dfrac{12}{25}$

97

집합 X에서 집합 Y로의 함수 f의 개수는

$_3\Pi_3 = 3^3 = 27$

이때 일대일대응의 개수는

$_3P_3 = 3! = 6$

따라서 구하는 확률은

$$\frac{6}{27} = \frac{2}{9}$$

답 $\dfrac{2}{9}$

> **KEY Point**
>
> **함수의 개수**
>
> 두 집합 X, Y가
> $X = \{a_1, a_2, \cdots, a_r\}$, $Y = \{b_1, b_2, \cdots, b_n\}(r \leq n)$일 때,
> X에서 Y로의 함수 f에 대하여
> ① 함수 f의 개수 $\Rightarrow$ $_n\Pi_r$
> ② 일대일함수의 개수 $\Rightarrow$ $_nP_r$
> ③ 일대일대응의 개수 (단, $r=n$) $\Rightarrow$ $_nP_n$
> ④ $p < q$이면 $f(p) < f(q)$를 만족시키는 함수 f의 개수
> $\quad \Rightarrow$ $_nC_r$
> ⑤ $p < q$이면 $f(p) \leq f(q)$를 만족시키는 함수 f의 개수
> $\quad \Rightarrow$ $_nH_r$

98

백의 자리에는 0이 올 수 없으므로 0, 1, 2의 세 개의 숫자 중에서 중복을 허용하여 만들 수 있는 세 자리 정수의 개수는

$2 \times {}_3\Pi_2 = 2 \times 3^2 = 18$

이때 십의 자리의 숫자가 0인 정수의 개수는 $2 \times 3 = 6$

따라서 구하는 확률은

$$\frac{6}{18} = \frac{1}{3}$$

답 $\dfrac{1}{3}$

99

6개의 문자 P, E, P, P, E, R를 일렬로 나열하는 경우의 수는

$$\frac{6!}{3!2!} = 60$$

맨 앞에 E를 나열하고 나머지 문자 P, P, P, E, R를
일렬로 나열하는 경우의 수는

$$\frac{5!}{3!}=20$$

따라서 구하는 확률은

$$\frac{20}{60}=\frac{1}{3}$$

답 $\dfrac{1}{3}$

100

7개의 숫자 1, 1, 2, 3, 4, 4, 5를 일렬로 나열하는 경
우의 수는

$$\frac{7!}{2!2!}=1260$$

짝수 2, 4, 4와 홀수 1, 1, 3, 5를 각각 한 숫자로 생각
하여 2개의 숫자를 일렬로 나열하는 경우의 수는

$$2!=2$$

짝수 2, 4, 4를 일렬로 나열하는 경우의 수는

$$\frac{3!}{2!}=3$$

홀수 1, 1, 3, 5를 일렬로 나열하는 경우의 수는

$$\frac{4!}{2!}=12$$

즉, 짝수는 짝수끼리, 홀수는 홀수끼리 이웃하도록 나
열하는 경우의 수는

$$2\times3\times12=72$$

따라서 구하는 확률은

$$\frac{72}{1260}=\frac{2}{35}$$

답 $\dfrac{2}{35}$

101

X에서 X로의 함수 f의 개수는

$$_3\Pi_3=3^3=27$$

$f(1)+f(2)+f(3)=8$을 만족시키는 함수 f의 개수
는 2, 3, 3을 일렬로 나열하는 경우의 수와 같으므로

$$\frac{3!}{2!}=3$$

따라서 구하는 확률은

$$\frac{3}{27}=\frac{1}{9}$$

답 $\dfrac{1}{9}$

102

16개의 제비 중에서 3개의 제비를 뽑는 경우의 수는

$$_{16}C_3=560$$

(1) 7개의 당첨 제비 중에서 3개를 뽑는 경우의 수는

$$_7C_3=35$$

따라서 구하는 확률은

$$\frac{35}{560}=\frac{1}{16}$$

(2) 7개의 당첨 제비 중에서 1개, 당첨 제비가 아닌 9개
의 제비 중에서 2개를 뽑는 경우의 수는

$$_7C_1\times{}_9C_2=7\times36=252$$

따라서 구하는 확률은

$$\frac{252}{560}=\frac{9}{20}$$

(3) 7개의 당첨 제비 중에서 2개, 당첨 제비가 아닌 9개
의 제비 중에서 1개를 뽑는 경우의 수는

$$_7C_2\times{}_9C_1=21\times9=189$$

따라서 구하는 확률은

$$\frac{189}{560}=\frac{27}{80}$$

답 (1) $\dfrac{1}{16}$ (2) $\dfrac{9}{20}$ (3) $\dfrac{27}{80}$

103

6명 중에서 3명의 대표를 뽑는 경우의 수는

$$_6C_3=20$$

A는 포함되고 C는 포함되지 않는 경우의 수는 A, C
를 제외한 4명 중에서 2명을 뽑고 A를 포함시키는 경
우의 수와 같으므로

$$_4C_2=6$$

따라서 구하는 확률은

$$\frac{6}{20}=\frac{3}{10}$$

답 $\dfrac{3}{10}$

104

6개의 공 중에서 2개의 공을 꺼내는 경우의 수는

$$_6C_2=15$$

흰 공의 개수를 x라 하면 x개의 흰 공 중에서 2개를 꺼
내는 경우의 수는 $_xC_2$이므로 2개 모두 흰 공일 확률은

$$\frac{_xC_2}{15}=\frac{2}{5},\ \frac{x(x-1)}{30}=\frac{2}{5}$$

$x^2-x-12=0$, $(x-4)(x+3)=0$

$\therefore x=4\ (\because x>0)$

따라서 흰 공의 개수는 4이다.   답 **4**

105

10명의 유권자가 3명의 후보에게 무기명으로 투표하는 경우의 수는 서로 다른 3개에서 10개를 택하는 중복조합의 수와 같으므로

$_3\mathrm{H}_{10}={}_{12}\mathrm{C}_{10}=66$

C 후보가 한 표도 받지 못하는 경우는 10명의 유권자가 후보 A, B 중 한 명에게 투표하는 경우이므로 그 경우의 수는 서로 다른 2개에서 10개를 택하는 중복조합의 수와 같다. 즉,

$_2\mathrm{H}_{10}={}_{11}\mathrm{C}_{10}=11$

따라서 구하는 확률은

$\dfrac{11}{66}=\dfrac{1}{6}$ 답 $\dfrac{1}{6}$

106

방정식 $x+y+z=7$의 음이 아닌 정수해의 개수는 3개의 문자 x, y, z 중에서 7개를 택하는 중복조합의 수와 같으므로

$_3\mathrm{H}_7={}_9\mathrm{C}_7=36$

$x+y+z=7$에서 x의 값이 3이면

$y+z=4$

즉, x의 값이 3인 경우의 수는 2개의 문자 y, z 중에서 4개를 택하는 중복조합의 수와 같으므로

$_2\mathrm{H}_4={}_5\mathrm{C}_4=5$

따라서 구하는 확률은 $\dfrac{5}{36}$이다.   답 $\dfrac{5}{36}$

107

치료제를 투여한 쥐의 수는 100이고, 치료제를 투여한 후 완치되기까지 걸린 기간이 2일 이하인 쥐의 수는

$22+43=65$

따라서 구하는 확률은

$\dfrac{65}{100}=\dfrac{13}{20}$ 답 $\dfrac{13}{20}$

108

조사한 고등학교의 전체 학생 수는

$72+104+160+56+8=400$

스마트폰 사용 시간이 3시간 미만인 학생 수는

$72+104+160=336$

따라서 구하는 확률은

$\dfrac{336}{400}=\dfrac{21}{25}$ 답 $\dfrac{21}{25}$

109

과녁 전체의 넓이는

$\pi\times4^2=16\pi$

작은 원부터 넓이가 4π, 9π, 16π이므로 색칠한 도형의 넓이는

$16\pi-9\pi=7\pi$

따라서 화살이 색칠한 도형에 맞을 확률은

$\dfrac{7\pi}{16\pi}=\dfrac{7}{16}$ 답 $\dfrac{7}{16}$

110

이차방정식 $x^2-4ax+5a=0$의 판별식을 D라 할 때, 이 이차방정식이 실근을 가지려면

$\dfrac{D}{4}=(-2a)^2-5a\geq0$

$a(4a-5)\geq0$

$\therefore a\leq0$ 또는 $a\geq\dfrac{5}{4}$ $\cdots\cdots$ ㉠

이때 $-3\leq a\leq2$와 ㉠의 공통부분을 수직선 위에 나타내면 오른쪽 그림과 같다.

따라서 구하는 확률은

$\dfrac{\{0-(-3)\}+\left(2-\dfrac{5}{4}\right)}{2-(-3)}=\dfrac{3}{4}$ 답 $\dfrac{3}{4}$

111

⑴ $\mathrm{P}(A\cup B)=\mathrm{P}(A)+\mathrm{P}(B)-\mathrm{P}(A\cap B)$

$=\dfrac{1}{3}+\dfrac{1}{4}-\dfrac{1}{12}=\dfrac{1}{2}$

(2) $P(A\cup B)=P(A)+P(B)-P(A\cap B)$이므로

$0.6=0.2+0.5-P(A\cap B)$

$\therefore P(A\cap B)=0.1$

답 (1) $\dfrac{1}{2}$ (2) **0.1**

112

표본공간을 S라 하면 $S=\{1,\ 2,\ 3,\ 4,\ 5,\ 6\}$

두 사건 A, B는 $A=\{2,\ 4,\ 6\}$, $B=\{1,\ 2,\ 4\}$

(1) $P(A)=\dfrac{3}{6}=\dfrac{1}{2}$

(2) $P(B)=\dfrac{3}{6}=\dfrac{1}{2}$

(3) $A\cap B=\{2,\ 4\}$이므로 $P(A\cap B)=\dfrac{2}{6}=\dfrac{1}{3}$

(4) $P(A\cup B)=P(A)+P(B)-P(A\cap B)$

$=\dfrac{1}{2}+\dfrac{1}{2}-\dfrac{1}{3}=\dfrac{2}{3}$

답 (1) $\dfrac{1}{2}$ (2) $\dfrac{1}{2}$ (3) $\dfrac{1}{3}$ (4) $\dfrac{2}{3}$

113

$P(A^{c})=1-P(A)=1-\dfrac{3}{8}=\dfrac{5}{8}$

답 $\dfrac{5}{8}$

114

(1) $P(A)=\dfrac{{}_{6}C_{2}}{{}_{9}C_{2}}=\dfrac{15}{36}=\dfrac{5}{12}$

(2) $P(A^{c})=1-P(A)=1-\dfrac{5}{12}=\dfrac{7}{12}$

답 (1) $\dfrac{5}{12}$ (2) $\dfrac{7}{12}$

115

36명의 학생 중에서 임의로 한 학생을 택하였을 때, 버스를 이용하는 학생인 사건을 A, 지하철을 이용하는 학생인 사건을 B라 하면

$n(A)=16$, $n(B)=11$, $n(A\cap B)=7$

$\therefore P(A)=\dfrac{16}{36}=\dfrac{4}{9}$, $P(B)=\dfrac{11}{36}$, $P(A\cap B)=\dfrac{7}{36}$

따라서 구하는 확률은

$P(A\cup B)=P(A)+P(B)-P(A\cap B)$

$=\dfrac{4}{9}+\dfrac{11}{36}-\dfrac{7}{36}=\dfrac{5}{9}$

답 $\dfrac{5}{9}$

116

갑, 을이 문제를 푸는 사건을 각각 A, B라 하면

$P(A)=0.7$, $P(B)=0.5$, $P(A\cup B)=0.85$

따라서 갑, 을 모두 문제를 풀 확률은

$P(A\cap B)=P(A)+P(B)-P(A\cup B)$

$=0.7+0.5-0.85=0.35$

답 **0.35**

117

서로 다른 두 개의 주사위를 동시에 던질 때 모든 경우의 수는

$6\times 6=36$

두 눈의 수의 합이 5인 사건을 A, 차가 5인 사건을 B라 하면

$A=\{(1,\ 4),\ (2,\ 3),\ (3,\ 2),\ (4,\ 1)\}$

$B=\{(1,\ 6),\ (6,\ 1)\}$

$\therefore P(A)=\dfrac{4}{36}=\dfrac{1}{9}$, $P(B)=\dfrac{2}{36}=\dfrac{1}{18}$

이때 두 사건 A, B는 서로 배반사건이므로 구하는 확률은

$P(A\cup B)=P(A)+P(B)$

$=\dfrac{1}{9}+\dfrac{1}{18}=\dfrac{1}{6}$

답 $\dfrac{1}{6}$

118

딸기 맛 사탕이 포도 맛 사탕보다 많으려면 5개의 사탕 중에서 딸기 맛 사탕이 3개 또는 4개이어야 한다.

딸기 맛 사탕이 3개인 사건을 A, 4개인 사건을 B라 하면

$P(A)=\dfrac{{}_{4}C_{3}\times{}_{5}C_{2}}{{}_{9}C_{5}}=\dfrac{20}{63}$, $P(B)=\dfrac{{}_{4}C_{4}\times{}_{5}C_{1}}{{}_{9}C_{5}}=\dfrac{5}{126}$

이때 두 사건 A, B는 서로 배반사건이므로 구하는 확률은

$P(A\cup B)=P(A)+P(B)$

$=\dfrac{20}{63}+\dfrac{5}{126}=\dfrac{5}{14}$

답 $\dfrac{5}{14}$

119

$P(A^{c}\cup B^{c})=P((A\cap B)^{c})=1-P(A\cap B)=\dfrac{5}{6}$

$\therefore P(A\cap B)=\dfrac{1}{6}$

$P(A \cap B^c) = P(A) - P(A \cap B)$에서

$$\frac{1}{2} = P(A) - \frac{1}{6}$$

$$\therefore P(A) = \frac{2}{3}$$

$$\therefore P(A^c) = 1 - P(A) = 1 - \frac{2}{3} = \frac{1}{3}$$

답 $\dfrac{1}{3}$

120

치역의 모든 원소의 곱이 짝수인 함수인 사건을 A라 하면 치역의 모든 원소의 곱이 홀수인 함수인 사건은 A^c이다.

이때 치역의 모든 원소의 곱이 홀수이려면 치역의 모든 원소가 홀수이어야 하고, 집합 X의 원소 중 홀수는 3, 5의 2개이므로

$$P(A^c) = \frac{{}_2\Pi_3}{{}_3\Pi_3} = \frac{2^3}{3^3} = \frac{8}{27}$$

$$\therefore P(A) = 1 - P(A^c) = 1 - \frac{8}{27} = \frac{19}{27}$$

답 $\dfrac{19}{27}$

121

적어도 한 명의 남자가 포함되는 사건을 A라 하면 남자가 한 명도 포함되지 않는 사건은 A^c이므로

$$P(A^c) = \frac{{}_6C_3}{{}_{10}C_3} = \frac{1}{6}$$

$$\therefore P(A) = 1 - P(A^c) = 1 - \frac{1}{6} = \frac{5}{6}$$

답 $\dfrac{5}{6}$

122

A와 B 사이에 적어도 한 명의 학생을 세우는 사건을 A라 하면 A와 B를 이웃하게 세우는 사건은 A^c이므로

$$P(A^c) = \frac{5! \times 2!}{6!} = \frac{1}{3}$$

$$\therefore P(A) = 1 - P(A^c) = 1 - \frac{1}{3} = \frac{2}{3}$$

답 $\dfrac{2}{3}$

123

적어도 1개가 당첨 제비인 사건을 A라 하면 2개 모두 당첨 제비가 아닌 사건은 A^c이므로

$$P(A^c) = \frac{{}_{20-n}C_2}{{}_{20}C_2} = \frac{(20-n)(19-n)}{380}$$

$$\therefore P(A) = 1 - P(A^c)$$
$$= 1 - \frac{(20-n)(19-n)}{380} = \frac{7}{19}$$

$n^2 - 39n + 140 = 0, \ (n-35)(n-4) = 0$

$\therefore n = 35$ 또는 $n = 4$

그런데 $0 \le n \le 20$이므로 $n = 4$

답 4

124

유통기한이 2일 남은 우유가 2개 이하인 사건을 A라 하면 유통기한이 2일 남은 우유가 3개인 사건은 A^c이므로

$$P(A^c) = \frac{{}_4C_3}{{}_{12}C_3} = \frac{1}{55}$$

$$\therefore P(A) = 1 - P(A^c) = 1 - \frac{1}{55} = \frac{54}{55}$$

답 $\dfrac{54}{55}$

125

흰 공이 2개 이상 나오는 사건을 A라 하면 흰 공이 1개 이하로 나오는 사건은 A^c이다.

(i) 흰 공 1개, 파란 공 3개를 꺼낼 확률은

$$\frac{{}_6C_1 \times {}_4C_3}{{}_{10}C_4} = \frac{4}{35}$$

(ii) 파란 공 4개를 꺼낼 확률은

$$\frac{{}_4C_4}{{}_{10}C_4} = \frac{1}{210}$$

(i), (ii)에서 $P(A^c) = \dfrac{4}{35} + \dfrac{1}{210} = \dfrac{5}{42}$

$$\therefore P(A) = 1 - P(A^c) = 1 - \frac{5}{42} = \frac{37}{42}$$

답 $\dfrac{37}{42}$

126

네 자리 정수가 4500 이하인 사건을 A라 하면 4500보다 큰 사건은 A^c이다.

이때 4500보다 큰 정수는 45□□ 꼴 또는 5□□□ 꼴이다.

(i) 45□□ 꼴일 확률은 $\dfrac{{}_3P_2}{{}_5P_4} = \dfrac{1}{20}$

(ii) 5□□□ 꼴일 확률은 $\dfrac{{}_4P_3}{{}_5P_4} = \dfrac{1}{5}$

(i), (ii)에서 $P(A^c) = \dfrac{1}{20} + \dfrac{1}{5} = \dfrac{1}{4}$

따라서 구하는 확률은

$$P(A)=1-P(A^C)=1-\frac{1}{4}=\frac{3}{4}$$

답 $\dfrac{3}{4}$

127

(1) $P(B\,|\,A)=\dfrac{P(A\cap B)}{P(A)}=\dfrac{\frac{1}{10}}{\frac{1}{2}}=\dfrac{1}{5}$

(2) $P(A\,|\,B)=\dfrac{P(A\cap B)}{P(B)}=\dfrac{\frac{1}{10}}{\frac{2}{5}}=\dfrac{1}{4}$

답 (1) $\dfrac{1}{5}$　(2) $\dfrac{1}{4}$

128

$A=\{2,\,4,\,6\}$, $B=\{2,\,3,\,5\}$에서

(1) $P(A)=\dfrac{3}{6}=\dfrac{1}{2}$

(2) $A\cap B=\{2\}$이므로 $P(A\cap B)=\dfrac{1}{6}$

(3) $P(B\,|\,A)=\dfrac{P(A\cap B)}{P(A)}=\dfrac{\frac{1}{6}}{\frac{1}{2}}=\dfrac{1}{3}$

답 (1) $\dfrac{1}{2}$　(2) $\dfrac{1}{6}$　(3) $\dfrac{1}{3}$

129

(1) $P(A\cap B)=P(A)P(B\,|\,A)$

$\qquad\quad =0.2\times0.3=0.06$

(2) $P(A\,|\,B)=\dfrac{P(A\cap B)}{P(B)}=\dfrac{0.06}{0.6}=0.1$

답 (1) 0.06　(2) 0.1

130

(1) $P(A)=\dfrac{3}{10}$

(2) 갑이 당첨 제비를 뽑았으므로 상자 안에는 9개의 제비 중 2개의 당첨 제비가 들어 있다.

따라서 구하는 확률은 $P(B\,|\,A)=\dfrac{2}{9}$

(3) $P(A\cap B)=P(A)P(B\,|\,A)=\dfrac{3}{10}\times\dfrac{2}{9}=\dfrac{1}{15}$

답 (1) $\dfrac{3}{10}$　(2) $\dfrac{2}{9}$　(3) $\dfrac{1}{15}$

131

$$P(A\cup B)=P(A)+P(B)-P(A\cap B)$$

$$=\frac{3}{8}+\frac{1}{2}-\frac{1}{4}=\frac{5}{8}$$

$$\therefore\ P(B^C\,|\,A^C)=\frac{P(A^C\cap B^C)}{P(A^C)}=\frac{P((A\cup B)^C)}{P(A^C)}$$

$$=\frac{1-P(A\cup B)}{1-P(A)}=\frac{1-\frac{5}{8}}{1-\frac{3}{8}}=\frac{\frac{3}{8}}{\frac{5}{8}}$$

$$=\frac{3}{5}$$

답 $\dfrac{3}{5}$

132

$P(A\cap B^C)=P(A)-P(A\cap B)$에서

$P(A\cap B)=P(A)-P(A\cap B^C)$

$$=\frac{2}{3}-\frac{1}{4}=\frac{5}{12}$$

$$\therefore\ P(B\,|\,A)=\frac{P(A\cap B)}{P(A)}=\frac{\frac{5}{12}}{\frac{2}{3}}=\frac{5}{8}$$

답 $\dfrac{5}{8}$

KEY Point

$$A\cap B^C=A-B=A-(A\cap B)$$

133

$P(A\,|\,B)=\dfrac{P(A\cap B)}{P(B)}=\dfrac{1}{4}$에서

$P(A\cap B)=\dfrac{1}{4}P(B)$

$P(A^C\cap B^C)=\dfrac{1}{6}$이므로

$P(A\cup B)=1-P((A\cup B)^C)$

$\qquad\qquad =1-P(A^C\cap B^C)$

$\qquad\qquad =1-\dfrac{1}{6}=\dfrac{5}{6}$

이때 $P(A\cup B)=P(A)+P(B)-P(A\cap B)$이므로

$\dfrac{5}{6}=\dfrac{1}{3}+P(B)-\dfrac{1}{4}P(B)$

$\dfrac{3}{4}P(B)=\dfrac{1}{2}$

$\therefore\ P(B)=\dfrac{2}{3}$

답 $\dfrac{2}{3}$

134

두 눈의 수의 합이 6인 사건을 A, 두 눈의 수가 모두 3의 약수인 사건을 B라 하면

$A=\{(1, 5), (2, 4), (3, 3), (4, 2), (5, 1)\}$
$B=\{(1, 1), (1, 3), (3, 1), (3, 3)\}$
$A\cap B=\{(3, 3)\}$
$\therefore \mathrm{P}(A)=\dfrac{5}{36},\ \mathrm{P}(A\cap B)=\dfrac{1}{36}$

따라서 구하는 확률은

$$\mathrm{P}(B\,|\,A)=\dfrac{\mathrm{P}(A\cap B)}{\mathrm{P}(A)}=\dfrac{\frac{1}{36}}{\frac{5}{36}}=\dfrac{1}{5}$$

답 $\dfrac{1}{5}$

135

임의로 뽑은 한 명이 여학생인 사건을 A, 자전거로 통학하는 학생인 사건을 B라 하면

$$\mathrm{P}(A)=\dfrac{10}{30}=\dfrac{1}{3}$$

$$\mathrm{P}(A\cap B)=\dfrac{7}{30}$$

따라서 구하는 확률은

$$\mathrm{P}(B\,|\,A)=\dfrac{\mathrm{P}(A\cap B)}{\mathrm{P}(A)}=\dfrac{\frac{7}{30}}{\frac{1}{3}}=\dfrac{7}{10}$$

답 $\dfrac{7}{10}$

136

임의로 뽑은 한 명의 혈액형이 A형인 사건을 A, 뽑은 한 명이 남학생인 사건을 B라 하면

$$\mathrm{P}(A)=\dfrac{50}{100}=\dfrac{1}{2}$$

$$\mathrm{P}(A\cap B)=\dfrac{40}{100}=\dfrac{2}{5}$$

따라서 구하는 확률은

$$\mathrm{P}(B\,|\,A)=\dfrac{\mathrm{P}(A\cap B)}{\mathrm{P}(A)}=\dfrac{\frac{2}{5}}{\frac{1}{2}}=\dfrac{4}{5}$$

답 $\dfrac{4}{5}$

137

갑이 탈락하는 사건을 A, 을이 탈락하지 않는 사건을 B라 하면

갑이 탈락할 확률은 $\mathrm{P}(A)=\dfrac{3}{9}=\dfrac{1}{3}$

갑이 탈락했을 때, 을이 탈락하지 않을 확률은

$$\mathrm{P}(B\,|\,A)=\dfrac{6}{8}=\dfrac{3}{4}$$

따라서 구하는 확률은
$\mathrm{P}(A\cap B)=\mathrm{P}(A)\mathrm{P}(B\,|\,A)$

$$=\dfrac{1}{3}\times\dfrac{3}{4}=\dfrac{1}{4}$$

답 $\dfrac{1}{4}$

138

상자 B를 택하는 사건을 B, 딸기 맛 젤리를 꺼내는 사건을 E라 하면

상자 B를 택할 확률은 $\mathrm{P}(B)=\dfrac{1}{2}$

상자 B를 택하였을 때, 딸기 맛 젤리를 꺼낼 확률은

$$\mathrm{P}(E\,|\,B)=\dfrac{2}{6}=\dfrac{1}{3}$$

따라서 구하는 확률은
$\mathrm{P}(B\cap E)=\mathrm{P}(B)\mathrm{P}(E\,|\,B)$

$$=\dfrac{1}{2}\times\dfrac{1}{3}=\dfrac{1}{6}$$

답 $\dfrac{1}{6}$

139

갑, 을이 흰 공을 꺼내는 사건을 각각 A, B라 하면
(i) 갑이 흰 공을 꺼냈을 때, 을도 흰 공을 꺼낼 확률

$$\mathrm{P}(A)=\dfrac{5}{15}=\dfrac{1}{3},\ \mathrm{P}(B\,|\,A)=\dfrac{4}{14}=\dfrac{2}{7}\text{이므로}$$

$$\mathrm{P}(A\cap B)=\mathrm{P}(A)\mathrm{P}(B\,|\,A)$$

$$=\dfrac{1}{3}\times\dfrac{2}{7}=\dfrac{2}{21}$$

(ii) 갑이 검은 공을 꺼냈을 때, 을이 흰 공을 꺼낼 확률

$$\mathrm{P}(A^{c})=\dfrac{10}{15}=\dfrac{2}{3},\ \mathrm{P}(B\,|\,A^{c})=\dfrac{5}{14}\text{이므로}$$

$$\mathrm{P}(A^{c}\cap B)=\mathrm{P}(A^{c})\mathrm{P}(B\,|\,A^{c})$$

$$=\dfrac{2}{3}\times\dfrac{5}{14}=\dfrac{5}{21}$$

(ⅰ), (ⅱ)에서 구하는 확률은

$$P(B)=P(A\cap B)+P(A^C\cap B)$$
$$=\frac{2}{21}+\frac{5}{21}=\frac{1}{3}$$

답 $\dfrac{1}{3}$

참고 $P(B\,|\,A^C)$는 갑이 검은 공을 꺼냈다는 조건하에서 을이 흰 공을 꺼낼 확률이다.

즉, 갑이 검은 공을 꺼낸 뒤, 남아 있는 공 14개 중 흰 공이 5개 있으므로

$$P(B\,|\,A^C)=\frac{5}{14}$$

140

A반 학생을 뽑는 사건을 A, B반 학생을 뽑는 사건을 B, 수학 경시대회에 참가한 학생을 뽑는 사건을 E라 하면

(ⅰ) A반이고 수학 경시대회에 참가한 학생일 확률

$$P(A)=\frac{6}{11},\ P(E\,|\,A)=\frac{10}{100}=\frac{1}{10}\text{이므로}$$
$$P(A\cap E)=P(A)P(E\,|\,A)=\frac{6}{11}\times\frac{1}{10}=\frac{3}{55}$$

(ⅱ) B반이고 수학 경시대회에 참가한 학생일 확률

$$P(B)=\frac{5}{11},\ P(E\,|\,B)=\frac{20}{100}=\frac{1}{5}\text{이므로}$$
$$P(B\cap E)=P(B)P(E\,|\,B)=\frac{5}{11}\times\frac{1}{5}=\frac{1}{11}$$

(ⅰ), (ⅱ)에서 구하는 확률은

$$P(E)=P(A\cap E)+P(B\cap E)$$
$$=\frac{3}{55}+\frac{1}{11}=\frac{8}{55}$$

답 $\dfrac{8}{55}$

141

주머니 A, B를 택하는 사건을 각각 A, B, 노란 구슬을 꺼내는 사건을 E라 하면

(ⅰ) 주머니 A를 택하여 꺼낸 구슬이 노란 구슬일 확률은

$$P(A\cap E)=P(A)P(E\,|\,A)=\frac{2}{3}\times\frac{2}{5}=\frac{4}{15}$$

(ⅱ) 주머니 B를 택하여 꺼낸 구슬이 노란 구슬일 확률은

$$P(B\cap E)=P(B)P(E\,|\,B)=\frac{1}{3}\times\frac{3}{6}=\frac{1}{6}$$

(ⅰ), (ⅱ)에서 두 사건 A, B는 서로 배반사건이므로

$$P(E)=P(A\cap E)+P(B\cap E)$$
$$=\frac{4}{15}+\frac{1}{6}=\frac{13}{30}$$

따라서 구하는 확률은

$$P(A\,|\,E)=\frac{P(A\cap E)}{P(E)}=\frac{\dfrac{4}{15}}{\dfrac{13}{30}}=\frac{8}{13}$$

답 $\dfrac{8}{13}$

참고 주머니 A를 택하는 사건은 한 개의 주사위를 던져서 나온 눈의 수가 4 이하인 사건과 같으므로

$$P(A)=\frac{4}{6}=\frac{2}{3}$$

마찬가지로 주머니 B를 택할 확률은

$$P(B)=\frac{2}{6}=\frac{1}{3}$$

142

임의로 택한 제품이 기계 A, B에서 생산된 제품인 사건을 각각 A, B, 불량품인 사건을 E라 하면

(ⅰ) 임의로 택한 제품이 기계 A에서 생산된 불량품일 확률은

$$P(A\cap E)=P(A)P(E\,|\,A)$$
$$=\frac{40}{100}\times\frac{5}{100}=\frac{1}{50}$$

(ⅱ) 임의로 택한 제품이 기계 B에서 생산된 불량품일 확률은

$$P(B\cap E)=P(B)P(E\,|\,B)$$
$$=\frac{60}{100}\times\frac{3}{100}=\frac{9}{500}$$

(ⅰ), (ⅱ)에서 두 사건 A, B는 서로 배반사건이므로

$$P(E)=P(A\cap E)+P(B\cap E)$$
$$=\frac{1}{50}+\frac{9}{500}=\frac{19}{500}$$

따라서 구하는 확률은

$$P(A\,|\,E)=\frac{P(A\cap E)}{P(E)}=\frac{\dfrac{1}{50}}{\dfrac{19}{500}}=\frac{10}{19}$$

답 $\dfrac{10}{19}$

143

(1) $P(B\,|\,A)=P(B)=\dfrac{1}{4}$

(2) $P(A\,|\,B)=P(A)=\dfrac{1}{3}$

답 (1) $\dfrac{1}{4}$ (2) $\dfrac{1}{3}$

144

(1) $P(B^C|A)=P(B^C)=1-\dfrac{1}{6}=\dfrac{5}{6}$

(2) $P(A^C|B^C)=P(A^C)=1-\dfrac{3}{5}=\dfrac{2}{5}$

(3) $P(A\cap B)=P(A)P(B)=\dfrac{3}{5}\times\dfrac{1}{6}=\dfrac{1}{10}$

(4) $P(A\cap B^C)=P(A)P(B^C)$

$\qquad =\dfrac{3}{5}\times\left(1-\dfrac{1}{6}\right)$

$\qquad =\dfrac{3}{5}\times\dfrac{5}{6}=\dfrac{1}{2}$

답 (1) $\dfrac{5}{6}$　(2) $\dfrac{2}{5}$　(3) $\dfrac{1}{10}$　(4) $\dfrac{1}{2}$

145

(1) $P(A)P(B)=0.15\times0.4=0.06$이므로

$P(A\cap B)=P(A)P(B)$

따라서 두 사건 A와 B는 서로 독립이다.

(2) $P(A)P(B)=0.7\times0.3=0.21$이므로

$P(A\cap B)\neq P(A)P(B)$

따라서 두 사건 A와 B는 서로 종속이다.

답 (1) **독립**　(2) **종속**

146

(1) 두 사건 A와 B는 서로 일어날 확률에 영향을 주지 않으므로 독립이다.

(2) 두 사건 A와 B는 서로 독립이고

$P(A)=0.6$, $P(B)=0.8$이므로

$P(A\cap B)=P(A)P(B)$

$\qquad\qquad =0.6\times0.8=0.48$

답 (1) **독립**　(2) **0.48**

147

$A=\{3,\ 6,\ 9,\ \cdots,\ 18\}$, $B=\{5,\ 10,\ 15,\ 20\}$,

$A\cap B=\{15\}$이므로

$P(A)=\dfrac{6}{20}=\dfrac{3}{10}$

$P(B)=\dfrac{4}{20}=\dfrac{1}{5}$

$P(A\cap B)=\dfrac{1}{20}$

$\therefore P(A\cap B)\neq P(A)P(B)$

따라서 두 사건 A와 B는 서로 종속이다.　　답 **종속**

148

동전을 세 번 던질 때, 모든 경우의 수는

$2\times2\times2=8$

동전의 앞면을 H, 뒷면을 T라 하면

$A=\{(H,\ H,\ H),\ (H,\ H,\ T),\ (H,\ T,\ H),$

$\qquad\qquad\qquad\qquad\qquad (H,\ T,\ T)\}$

$B=\{(H,\ H,\ H),\ (H,\ H,\ T),\ (T,\ H,\ H),$

$\qquad\qquad\qquad\qquad\qquad (T,\ H,\ T)\}$

$C=\{(H,\ H,\ T),\ (T,\ H,\ H)\}$

$A\cap B=\{(H,\ H,\ H),\ (H,\ H,\ T)\}$

$A\cap C=\{(H,\ H,\ T)\}$

$B\cap C=\{(H,\ H,\ T),\ (T,\ H,\ H)\}$

ㄱ. $P(A)=\dfrac{1}{2}$, $P(B)=\dfrac{1}{2}$, $P(A\cap B)=\dfrac{1}{4}$이므로

$P(A\cap B)=P(A)P(B)$

따라서 두 사건 A와 B는 서로 독립이다.

ㄴ. $P(A)=\dfrac{1}{2}$, $P(C)=\dfrac{1}{4}$, $P(A\cap C)=\dfrac{1}{8}$이므로

$P(A\cap C)=P(A)P(C)$

따라서 두 사건 A와 C는 서로 독립이다.

ㄷ. $P(B)=\dfrac{1}{2}$, $P(C)=\dfrac{1}{4}$, $P(B\cap C)=\dfrac{1}{4}$이므로

$P(B\cap C)\neq P(B)P(C)$

따라서 두 사건 B와 C는 서로 종속이다.

이상에서 두 사건이 서로 독립인 것은 ㄱ, ㄴ이다.

답 **ㄱ, ㄴ**

149

$P(A^C)=1-P(A)=\dfrac{1}{3}$이므로

$P(A)=\dfrac{2}{3}$

두 사건 A, B가 서로 독립이므로

$P(A\cap B)=P(A)P(B)$

$\qquad\qquad =\dfrac{2}{3}\times\dfrac{1}{3}=\dfrac{2}{9}$　　　답 $\dfrac{2}{9}$

150

$\mathrm{P}(A^c \cap B^c) = \mathrm{P}((A \cup B)^c) = 1 - \mathrm{P}(A \cup B)$에서

$\dfrac{2}{5} = 1 - \mathrm{P}(A \cup B)$

$\therefore \mathrm{P}(A \cup B) = \dfrac{3}{5}$

두 사건 A, B가 서로 독립이므로

$\mathrm{P}(A \cap B) = \mathrm{P}(A)\mathrm{P}(B) = \dfrac{3}{10}\mathrm{P}(B)$

즉, $\mathrm{P}(A \cup B) = \mathrm{P}(A) + \mathrm{P}(B) - \mathrm{P}(A \cap B)$에서

$\dfrac{3}{5} = \dfrac{3}{10} + \mathrm{P}(B) - \dfrac{3}{10}\mathrm{P}(B)$

$\therefore \mathrm{P}(B) = \dfrac{3}{7}$ 답 $\dfrac{3}{7}$

151

$\mathrm{P}((A-B) \cup (B-A))$

$= \mathrm{P}(A-B) + \mathrm{P}(B-A)$ $\leftarrow$ $A-B$와 $B-A$는 서로 배반사건

$= \mathrm{P}(A \cap B^c) + \mathrm{P}(B \cap A^c)$

$= \mathrm{P}(A)\mathrm{P}(B^c) + \mathrm{P}(B)\mathrm{P}(A^c)$

$= \dfrac{3}{4} \times \left(1 - \dfrac{5}{6}\right) + \dfrac{5}{6} \times \left(1 - \dfrac{3}{4}\right)$

$= \dfrac{1}{3}$ 답 $\dfrac{1}{3}$

152

A, B가 전 구간을 완주하는 사건을 각각 A, B라 하면 A, B는 서로 독립이다.

(1) (i) A만 완주할 확률은

$\mathrm{P}(A \cap B^c) = \mathrm{P}(A)\mathrm{P}(B^c)$

$= \dfrac{1}{5} \times \left(1 - \dfrac{1}{4}\right) = \dfrac{3}{20}$

(ii) B만 완주할 확률은

$\mathrm{P}(A^c \cap B) = \mathrm{P}(A^c)\mathrm{P}(B)$

$= \left(1 - \dfrac{1}{5}\right) \times \dfrac{1}{4} = \dfrac{1}{5}$

(i), (ii)에서 구하는 확률은

$\dfrac{3}{20} + \dfrac{1}{5} = \dfrac{7}{20}$

(2) 두 사람 중 적어도 한 사람이 완주하는 사건은 두 사람 모두 완주하지 못하는 사건의 여사건이다.

두 사람 모두 완주하지 못할 확률은

$\mathrm{P}(A^c \cap B^c) = \mathrm{P}(A^c)\mathrm{P}(B^c)$

$= \left(1 - \dfrac{1}{5}\right) \times \left(1 - \dfrac{1}{4}\right) = \dfrac{3}{5}$

따라서 구하는 확률은

$1 - \mathrm{P}(A^c \cap B^c) = 1 - \dfrac{3}{5} = \dfrac{2}{5}$

답 (1) $\dfrac{7}{20}$ (2) $\dfrac{2}{5}$

153

두 선수 A, B가 승부차기를 성공하는 사건을 각각 A, B라 하면 A, B는 서로 독립이다.

이때 두 선수 중 A만 성공할 확률은

$\mathrm{P}(A \cap B^c) = \mathrm{P}(A)\mathrm{P}(B^c)$

$= \dfrac{2}{3}(1-p)$

즉, $\dfrac{2}{3}(1-p) = \dfrac{4}{15}$이므로

$1 - p = \dfrac{2}{5}$ $\therefore p = \dfrac{3}{5}$ 답 $\dfrac{3}{5}$

154

이 바둑 기사가 대국에서 이길 확률은 $\dfrac{3}{4}$, 이기지 못할 확률은 $\dfrac{1}{4}$이다.

(1) $_5\mathrm{C}_3 \left(\dfrac{3}{4}\right)^3 \left(\dfrac{1}{4}\right)^2 = \dfrac{135}{512}$

(2) (i) 4번 이길 확률은

$_5\mathrm{C}_4 \left(\dfrac{3}{4}\right)^4 \left(\dfrac{1}{4}\right)^1 = \dfrac{405}{1024}$

(ii) 5번 이길 확률은

$\left(\dfrac{3}{4}\right)^5 = \dfrac{243}{1024}$

(i), (ii)에서 구하는 확률은

$\dfrac{405}{1024} + \dfrac{243}{1024} = \dfrac{81}{128}$

답 (1) $\dfrac{135}{512}$ (2) $\dfrac{81}{128}$

155

(i) A반이 1세트, 2세트 모두 이길 확률은

$\left(\dfrac{2}{3}\right)^2 = \dfrac{4}{9}$

(ⅱ) A반이 1세트, 2세트 중 1번 이기고 3세트에서 이
길 확률은

$$_2C_1\left(\frac{2}{3}\right)^1\left(\frac{1}{3}\right)^1\times\frac{2}{3}=\frac{8}{27}$$

(ⅰ), (ⅱ)에서 구하는 확률은

$$\frac{4}{9}+\frac{8}{27}=\frac{20}{27}$$

답 $\dfrac{20}{27}$

156

한 개의 동전을 던질 때, 앞면이 나올 확률은 $\dfrac{1}{2}$, 뒷면
이 나올 확률은 $\dfrac{1}{2}$이다.

(ⅰ) 상자에서 흰 공이 나오고, 한 개의 동전을 3번 던
져서 앞면이 3번 나올 확률은

$$\frac{2}{5}\times\left(\frac{1}{2}\right)^3=\frac{1}{20}$$

(ⅱ) 상자에서 검은 공이 나오고, 한 개의 동전을 4번
던져서 앞면이 3번 나올 확률은

$$\frac{3}{5}\times{}_4C_3\left(\frac{1}{2}\right)^3\left(\frac{1}{2}\right)^1=\frac{3}{20}$$

(ⅰ), (ⅱ)에서 구하는 확률은

$$\frac{1}{20}+\frac{3}{20}=\frac{1}{5}$$

답 $\dfrac{1}{5}$

157

한 개의 주사위를 던질 때, 짝수의 눈이 나올 확률은
$\dfrac{1}{2}$, 홀수의 눈이 나올 확률은 $\dfrac{1}{2}$이다.

(ⅰ) 짝수가 적힌 공이 나오고, 한 개의 주사위를 4번
던져서 짝수의 눈이 1번 나올 확률은

$$\frac{1}{2}\times{}_4C_1\left(\frac{1}{2}\right)^1\left(\frac{1}{2}\right)^3=\frac{1}{8}$$

(ⅱ) 9의 약수가 적힌 공이 나오고, 한 개의 주사위를
3번 던져서 짝수의 눈이 1번 나올 확률은

$$\frac{3}{10}\times{}_3C_1\left(\frac{1}{2}\right)^1\left(\frac{1}{2}\right)^2=\frac{9}{80}$$

(ⅰ), (ⅱ)에서 구하는 확률은

$$\frac{1}{8}+\frac{9}{80}=\frac{19}{80}$$

답 $\dfrac{19}{80}$

158

한 개의 주사위를 던질 때, 6의 약수의 눈이 나올 확률
은 $\dfrac{4}{6}=\dfrac{2}{3}$, 그 이외의 눈이 나올 확률은 $\dfrac{1}{3}$이다.

주사위를 4번 던져서 6의 약수의 눈이 나오는 횟수를
x, 그 이외의 눈이 나오는 횟수를 y라 하면

$$x+y=4 \qquad\qquad \cdots\cdots ㉠$$

또, 점 P의 위치가 2이므로

$$x-y=2 \qquad\qquad \cdots\cdots ㉡$$

㉠, ㉡을 연립하여 풀면 $x=3$, $y=1$

따라서 주사위를 4번 던져서 6의 약수의 눈이 3번, 그
이외의 눈이 1번 나와야 하므로 구하는 확률은

$$_4C_3\left(\frac{2}{3}\right)^3\left(\frac{1}{3}\right)^1=\frac{32}{81}$$

답 $\dfrac{32}{81}$

159

한 개의 동전을 던질 때, 앞면이 나올 확률은 $\dfrac{1}{2}$, 뒷면
이 나올 확률은 $\dfrac{1}{2}$이다.

동전을 3번 던져서 앞면이 나오는 횟수를 x, 뒷면이 나
오는 횟수를 y라 하면

$$x+y=3 \qquad\qquad \cdots\cdots ㉠$$

또, 꼭짓점 A를 출발한 점 P가 다시 꼭짓점 A로 돌아
올 때까지 움직인 거리는 4이므로

$$x+2y=4 \qquad\qquad \cdots\cdots ㉡$$

㉠, ㉡을 연립하여 풀면 $x=2$, $y=1$

따라서 동전을 3번 던져서 앞면이 2번, 뒷면이 1번 나
와야 하므로 구하는 확률은

$$_3C_2\left(\frac{1}{2}\right)^2\left(\frac{1}{2}\right)^1=\frac{3}{8}$$

답 $\dfrac{3}{8}$

참고 동전을 총 3번 던지므로 3번 모두 뒷면이 나올
때 점 P가 움직이는 거리는 6으로 최대이다. 즉, 꼭짓
점 A를 출발한 점 P가 다시 꼭짓점 A로 돌아올 때까
지 움직인 거리는 4가 되어야 한다.

Ⅲ. 통계

160

이산확률변수는 확률변수가 가질 수 있는 값을 셀 수
있어야 하므로 보기에서 이산확률변수인 것은 ㄱ, ㄷ,
ㄹ이다.　　　　　　　　　　　　　**답 ㄱ, ㄷ, ㄹ**

161

동전의 앞면을 H, 뒷면을 T라 하자.

$X=0$인 경우는 (T, T, T)의 1가지이므로

$$P(X=0)=\frac{1}{8}$$

$X=1$인 경우는 (H, T, T), (T, H, T), (T, T, H)
의 3가지이므로

$$P(X=1)=\frac{3}{8}$$

$X=2$인 경우는 (H, H, T), (H, T, H), (T, H, H)
의 3가지이므로

$$P(X=2)=\frac{3}{8}$$

$X=3$인 경우는 (H, H, H)의 1가지이므로

$$P(X=3)=\frac{1}{8}$$

따라서 X의 확률분포를 표로 나타내면 다음과 같다.

X	0	1	2	3	합계
$P(X=x)$	$\frac{1}{8}$	$\frac{3}{8}$	$\frac{3}{8}$	$\frac{1}{8}$	1

답 풀이 참조

162

(1) 확률변수 X가 가질 수 있는 값은 0, 1, 2

(2) 한 개의 주사위를 한 번 던질 때, 홀수의 눈이 나올
　확률은 $\frac{1}{2}$, 짝수의 눈이 나올 확률은 $\frac{1}{2}$이므로

$$P(X=0)=\frac{1}{2}\times\frac{1}{2}=\frac{1}{4}$$

$$P(X=1)=\frac{1}{2}\times\frac{1}{2}+\frac{1}{2}\times\frac{1}{2}=\frac{1}{2}$$

$$P(X=2)=\frac{1}{2}\times\frac{1}{2}=\frac{1}{4}$$

(3)

X	0	1	2	합계
$P(X=x)$	$\frac{1}{4}$	$\frac{1}{2}$	$\frac{1}{4}$	1

답 풀이 참조

163

(1) 확률의 총합은 1이므로

$$\frac{1}{5}+a+\frac{3}{10}+\frac{1}{10}=1 \qquad \therefore a=\frac{2}{5}$$

(2) $P(X=1$ 또는 $X=4)=P(X=1)+P(X=4)$

$$=\frac{1}{5}+\frac{1}{10}=\frac{3}{10}$$

(3) $P(X\geq 3)=P(X=3)+P(X=4)$

$$=\frac{3}{10}+\frac{1}{10}=\frac{2}{5}$$

답 (1) $\dfrac{2}{5}$　(2) $\dfrac{3}{10}$　(3) $\dfrac{2}{5}$

164

확률의 총합은 1이므로

$$a^2+\frac{1}{3}+\frac{a}{3}=1, \ 3a^2+a-2=0$$

$$(3a-2)(a+1)=0 \qquad \therefore a=\frac{2}{3} \ \text{또는} \ a=-1$$

이때 $0\leq P(X=x)\leq 1$이므로 $a=\dfrac{2}{3}$　　**답 $\dfrac{2}{3}$**

165

확률변수 X의 확률분포를 표로 나타내면 다음과 같다.

X	1	2	$\cdots$	7	합계
$P(X=x)$	$\frac{k}{1\times 2}$	$\frac{k}{2\times 3}$	$\cdots$	$\frac{k}{7\times 8}$	1

확률의 총합은 1이므로

$$P(X=1)+P(X=2)+\cdots+P(X=7)$$

$$=\frac{k}{1\times 2}+\frac{k}{2\times 3}+\cdots+\frac{k}{7\times 8}$$

$$=k\left\{\left(1-\frac{1}{2}\right)+\left(\frac{1}{2}-\frac{1}{3}\right)+\cdots+\left(\frac{1}{7}-\frac{1}{8}\right)\right\}$$

$$=k\left(1-\frac{1}{8}\right)=1$$

$$\frac{7}{8}k=1 \qquad \therefore k=\frac{8}{7} \qquad\qquad \text{답 } \frac{8}{7}$$

166

$P(-1\le X\le 0)=\dfrac{3}{4}$에서

$P(X=-1)+P(X=0)=a+\dfrac{1}{4}=\dfrac{3}{4}$

$\therefore a=\dfrac{1}{2}$

확률의 총합은 1이므로

$a+\dfrac{1}{4}+b=1,\ \dfrac{1}{2}+\dfrac{1}{4}+b=1$

$\therefore b=\dfrac{1}{4}$

$\therefore a-b=\dfrac{1}{2}-\dfrac{1}{4}=\dfrac{1}{4}$

답 $\dfrac{1}{4}$

167

확률변수 X의 확률분포를 표로 나타내면 다음과 같다.

X	0	1	2	3	4	합계
$P(X=x)$	k	$k-\dfrac{1}{3}$	$\dfrac{k}{3}$	$\dfrac{k}{2}$	$\dfrac{2}{3}k$	1

확률의 총합은 1이므로

$k+\left(k-\dfrac{1}{3}\right)+\dfrac{k}{3}+\dfrac{k}{2}+\dfrac{2}{3}k=1$

$\dfrac{7}{2}k-\dfrac{1}{3}=1 \qquad \therefore k=\dfrac{8}{21}$

$\therefore P(X\le 2)=P(X=0)+P(X=1)+P(X=2)$

$=\dfrac{8}{21}+\dfrac{1}{21}+\dfrac{8}{63}=\dfrac{5}{9}$

답 $\dfrac{5}{9}$

168

(1) 청소 당번 2명을 뽑을 때, 뽑힌 여학생 수가 확률변수 X이므로 X가 가질 수 있는 값은 0, 1, 2이다.

이때 남학생 4명과 여학생 3명 중에서 2명을 뽑는 경우의 수는 $_7\mathrm{C}_2$이고 뽑힌 학생 중에서 여학생이 x명인 경우의 수는 $_3\mathrm{C}_x\times{}_4\mathrm{C}_{2-x}$이므로 X의 확률질량함수는

$P(X=x)=\dfrac{_3\mathrm{C}_x\times{}_4\mathrm{C}_{2-x}}{_7\mathrm{C}_2}\ (x=0,\ 1,\ 2)$

X의 각 값에 대한 확률은 다음과 같다.

$P(X=0)=\dfrac{_3\mathrm{C}_0\times{}_4\mathrm{C}_2}{_7\mathrm{C}_2}=\dfrac{2}{7}$

$P(X=1)=\dfrac{_3\mathrm{C}_1\times{}_4\mathrm{C}_1}{_7\mathrm{C}_2}=\dfrac{4}{7}$

$P(X=2)=\dfrac{_3\mathrm{C}_2\times{}_4\mathrm{C}_0}{_7\mathrm{C}_2}=\dfrac{1}{7}$

따라서 X의 확률분포를 표로 나타내면 다음과 같다.

X	0	1	2	합계
$P(X=x)$	$\dfrac{2}{7}$	$\dfrac{4}{7}$	$\dfrac{1}{7}$	1

(2) 여학생이 1명 이하로 뽑힐 확률은

$P(X\le 1)=P(X=0)+P(X=1)$

$=\dfrac{2}{7}+\dfrac{4}{7}=\dfrac{6}{7}$

답 (1) **풀이 참조** (2) $\dfrac{6}{7}$

다른풀이 (2) $P(X\le 1)=1-P(X>1)$

$=1-P(X=2)$

$=1-\dfrac{1}{7}=\dfrac{6}{7}$

169

5장의 카드 중에서 2장을 뽑는 경우의 수는

$_5\mathrm{C}_2=10$

두 수의 차가 1인 경우는

$(5,\ 4),\ (4,\ 3),\ (3,\ 2),\ (2,\ 1)$의 4가지

두 수의 차가 2인 경우는

$(5,\ 3),\ (4,\ 2),\ (3,\ 1)$의 3가지

두 수의 차가 3인 경우는

$(5,\ 2),\ (4,\ 1)$의 2가지

두 수의 차가 4인 경우는

$(5,\ 1)$의 1가지

즉, 확률변수 X가 가질 수 있는 값은 1, 2, 3, 4이고 X의 각 값에 대한 확률은 다음과 같다.

$P(X=1)=\dfrac{4}{10}=\dfrac{2}{5},\ P(X=2)=\dfrac{3}{10},$

$P(X=3)=\dfrac{2}{10}=\dfrac{1}{5},\ P(X=4)=\dfrac{1}{10}$

따라서 X의 확률분포를 표로 나타내면 다음과 같다.

X	1	2	3	4	합계
$P(X=x)$	$\dfrac{2}{5}$	$\dfrac{3}{10}$	$\dfrac{1}{5}$	$\dfrac{1}{10}$	1

$$\therefore \mathrm{P}(X=1 \text{ 또는 } X=3)=\mathrm{P}(X=1)+\mathrm{P}(X=3)$$
$$=\frac{2}{5}+\frac{1}{5}=\frac{3}{5} \qquad \text{답 } \frac{3}{5}$$

170

(1) $\mathrm{E}(X)=0\times\frac{1}{3}+3\times\frac{1}{6}+6\times\frac{1}{3}+9\times\frac{1}{6}=4$

(2) $\mathrm{E}(X^2)=0^2\times\frac{1}{3}+3^2\times\frac{1}{6}+6^2\times\frac{1}{3}+9^2\times\frac{1}{6}$
$$=27$$

이므로
$$\mathrm{V}(X)=\mathrm{E}(X^2)-\{\mathrm{E}(X)\}^2$$
$$=27-4^2=11$$

(3) $\sigma(X)=\sqrt{\mathrm{V}(X)}=\sqrt{11}$

답 (1) **4** (2) **11** (3) $\sqrt{11}$

다른풀이

(2) $\mathrm{V}(X)=(0-4)^2\times\frac{1}{3}+(3-4)^2\times\frac{1}{6}$
$$+(6-4)^2\times\frac{1}{3}+(9-4)^2\times\frac{1}{6}$$
$$=11$$

171

(1) 한 개의 동전을 던질 때 앞면이 나올 확률은 $\frac{1}{2}$이므로

$$\mathrm{P}(X=0)=\frac{1}{2}\times\frac{1}{2}=\frac{1}{4}$$
$$\mathrm{P}(X=1)=\frac{1}{2}\times\frac{1}{2}+\frac{1}{2}\times\frac{1}{2}=\frac{1}{2}$$
$$\mathrm{P}(X=2)=\frac{1}{2}\times\frac{1}{2}=\frac{1}{4}$$

따라서 X의 확률분포를 표로 나타내면 다음과 같다.

X	0	1	2	합계
$\mathrm{P}(X=x)$	$\frac{1}{4}$	$\frac{1}{2}$	$\frac{1}{4}$	1

(2) $\mathrm{E}(X)=0\times\frac{1}{4}+1\times\frac{1}{2}+2\times\frac{1}{4}=1$

$\mathrm{E}(X^2)=0^2\times\frac{1}{4}+1^2\times\frac{1}{2}+2^2\times\frac{1}{4}=\frac{3}{2}$이므로

$\mathrm{V}(X)=\mathrm{E}(X^2)-\{\mathrm{E}(X)\}^2=\frac{3}{2}-1^2=\frac{1}{2}$

$$\sigma(X)=\sqrt{\frac{1}{2}}=\frac{\sqrt{2}}{2}$$

답 (1) **풀이 참조**

(2) $\mathrm{E}(X)=1,\ \mathrm{V}(X)=\frac{1}{2},\ \sigma(X)=\frac{\sqrt{2}}{2}$

172

$\mathrm{V}(X)=4$에서 $\sigma(X)=2$

(1) $\mathrm{E}(Y)=\mathrm{E}(2X-1)=2\mathrm{E}(X)-1$
$$=2\times3-1=5$$
$\mathrm{V}(Y)=\mathrm{V}(2X-1)=2^2\mathrm{V}(X)=4\times4=16$
$\sigma(Y)=\sigma(2X-1)=|2|\sigma(X)=2\times2=4$

(2) $\mathrm{E}(Y)=\mathrm{E}(-3X+2)=-3\mathrm{E}(X)+2$
$$=-3\times3+2=-7$$
$\mathrm{V}(Y)=\mathrm{V}(-3X+2)=(-3)^2\mathrm{V}(X)$
$$=9\times4=36$$
$\sigma(Y)=\sigma(-3X+2)=|-3|\sigma(X)$
$$=3\times2=6$$

답 (1) $\mathrm{E}(Y)=5,\ \mathrm{V}(Y)=16,\ \sigma(Y)=4$

(2) $\mathrm{E}(Y)=-7,\ \mathrm{V}(Y)=36,\ \sigma(Y)=6$

173

(1) $\mathrm{E}(X)=(-1)\times\frac{5}{8}+0\times\frac{1}{4}+1\times\frac{1}{8}=-\frac{1}{2}$

$\mathrm{E}(X^2)=(-1)^2\times\frac{5}{8}+0^2\times\frac{1}{4}+1^2\times\frac{1}{8}=\frac{3}{4}$

이므로

$\mathrm{V}(X)=\mathrm{E}(X^2)-\{\mathrm{E}(X)\}^2=\frac{3}{4}-\left(-\frac{1}{2}\right)^2=\frac{1}{2}$

$\sigma(X)=\sqrt{\mathrm{V}(X)}=\frac{\sqrt{2}}{2}$

(2) $\mathrm{E}(Y)=\mathrm{E}(4X-3)=4\mathrm{E}(X)-3$
$$=4\times\left(-\frac{1}{2}\right)-3=-5$$
$\mathrm{V}(Y)=\mathrm{V}(4X-3)=4^2\mathrm{V}(X)=16\times\frac{1}{2}=8$
$\sigma(Y)=\sigma(4X-3)=|4|\sigma(X)=4\times\frac{\sqrt{2}}{2}=2\sqrt{2}$

답 (1) $\mathrm{E}(X)=-\frac{1}{2},\ \mathrm{V}(X)=\frac{1}{2},\ \sigma(X)=\frac{\sqrt{2}}{2}$

(2) $\mathrm{E}(Y)=-5,\ \mathrm{V}(Y)=8,\ \sigma(Y)=2\sqrt{2}$

174

확률의 총합은 1이므로

$$\frac{1}{4}+a+\frac{1}{8}+b=1 \qquad \therefore a+b=\frac{5}{8} \qquad \cdots\cdots ㉠$$

$E(X)=5$이므로

$$1\times\frac{1}{4}+2\times a+4\times\frac{1}{8}+8\times b=5$$

$$\therefore a+4b=\frac{17}{8} \qquad\qquad\qquad \cdots\cdots ㉡$$

㉠, ㉡을 연립하여 풀면 $a=\dfrac{1}{8}$, $b=\dfrac{1}{2}$

$$E(X^2)=1^2\times\frac{1}{4}+2^2\times\frac{1}{8}+4^2\times\frac{1}{8}+8^2\times\frac{1}{2}=\frac{139}{4}$$

이므로

$$V(X)=E(X^2)-\{E(X)\}^2$$
$$=\frac{139}{4}-5^2=\frac{39}{4}$$

답 $\dfrac{39}{4}$

175

확률의 총합은 1이므로

$$\frac{1}{4}+\frac{1}{4}+p=1 \qquad \therefore p=\frac{1}{2}$$

$E(X)=\dfrac{1}{2}$이므로

$$-k\times\frac{1}{4}+0\times\frac{1}{4}+k\times\frac{1}{2}=\frac{1}{2}$$

$$\therefore k=2$$

따라서 X의 확률분포는 다음 표와 같다.

X	-2	0	2	합계
$P(X=x)$	$\dfrac{1}{4}$	$\dfrac{1}{4}$	$\dfrac{1}{2}$	1

$E(X^2)=(-2)^2\times\dfrac{1}{4}+0^2\times\dfrac{1}{4}+2^2\times\dfrac{1}{2}=3$이므로

$$V(X)=E(X^2)-\{E(X)\}^2=3-\left(\frac{1}{2}\right)^2=\frac{11}{4}$$

$$\therefore \sigma(X)=\sqrt{V(X)}=\sqrt{\frac{11}{4}}=\frac{\sqrt{11}}{2}$$

답 $\dfrac{\sqrt{11}}{2}$

176

동전의 앞면을 H, 뒷면을 T라 하자.

앞면이 0개인 경우는

(T, T, T)의 1가지

앞면이 1개인 경우는

(H, T, T), (T, H, T), (T, T, H)의 3가지

앞면이 2개인 경우는

(H, H, T), (H, T, H), (T, H, H)의 3가지

앞면이 3개인 경우는

(H, H, H)의 1가지

즉, 확률변수 X가 가질 수 있는 값은 0, 1, 2, 3이고, 그 확률은 각각

$$P(X=0)=\frac{1}{8}, \ P(X=1)=\frac{3}{8},$$

$$P(X=2)=\frac{3}{8}, \ P(X=3)=\frac{1}{8}$$

이므로 X의 확률분포를 표로 나타내면 다음과 같다.

X	0	1	2	3	합계
$P(X=x)$	$\dfrac{1}{8}$	$\dfrac{3}{8}$	$\dfrac{3}{8}$	$\dfrac{1}{8}$	1

$$\therefore E(X)=0\times\frac{1}{8}+1\times\frac{3}{8}+2\times\frac{3}{8}+3\times\frac{1}{8}=\frac{3}{2}$$

또, $E(X^2)=0^2\times\dfrac{1}{8}+1^2\times\dfrac{3}{8}+2^2\times\dfrac{3}{8}+3^2\times\dfrac{1}{8}=3$

이므로

$$V(X)=E(X^2)-\{E(X)\}^2=3-\left(\frac{3}{2}\right)^2=\frac{3}{4}$$

$$\therefore \sigma(X)=\sqrt{V(X)}=\sqrt{\frac{3}{4}}=\frac{\sqrt{3}}{2}$$

답 $E(X)=\dfrac{3}{2}$, $\sigma(X)=\dfrac{\sqrt{3}}{2}$

177

확률변수 X가 가질 수 있는 값은 0, 1, 2이고, 그 확률은 각각

$$P(X=0)=\frac{{}_7C_2}{{}_{10}C_2}=\frac{7}{15}$$

$$P(X=1)=\frac{{}_7C_1\times{}_3C_1}{{}_{10}C_2}=\frac{7}{15}$$

$$P(X=2)=\frac{{}_3C_2}{{}_{10}C_2}=\frac{1}{15}$$

이므로 X의 확률분포를 표로 나타내면 다음과 같다.

X	0	1	2	합계
$P(X=x)$	$\dfrac{7}{15}$	$\dfrac{7}{15}$	$\dfrac{1}{15}$	1

$$\therefore \mathrm{E}(X)=0\times\frac{7}{15}+1\times\frac{7}{15}+2\times\frac{1}{15}=\frac{3}{5}$$

또, $\mathrm{E}(X^2)=0^2\times\dfrac{7}{15}+1^2\times\dfrac{7}{15}+2^2\times\dfrac{1}{15}=\dfrac{11}{15}$이므로

$$\mathrm{V}(X)=\mathrm{E}(X^2)-\{\mathrm{E}(X)\}^2=\frac{11}{15}-\left(\frac{3}{5}\right)^2=\frac{28}{75}$$

$$\therefore \sigma(X)=\sqrt{\mathrm{V}(X)}=\sqrt{\frac{28}{75}}=\frac{2\sqrt{21}}{15}$$

$$\text{답 } \mathbf{E}(X)=\frac{3}{5},\ \sigma(X)=\frac{2\sqrt{21}}{15}$$

178

확률변수 X가 가질 수 있는 값은 1, 2, 3이고, 그 확률은 각각

$$\mathrm{P}(X=1)=\frac{{}_3\mathrm{C}_1\times{}_2\mathrm{C}_2}{{}_5\mathrm{C}_3}=\frac{3}{10}$$

$$\mathrm{P}(X=2)=\frac{{}_3\mathrm{C}_2\times{}_2\mathrm{C}_1}{{}_5\mathrm{C}_3}=\frac{3}{5}$$

$$\mathrm{P}(X=3)=\frac{{}_3\mathrm{C}_3}{{}_5\mathrm{C}_3}=\frac{1}{10}$$

이므로 X의 확률분포를 표로 나타내면 다음과 같다.

X	1	2	3	합계
$\mathrm{P}(X=x)$	$\dfrac{3}{10}$	$\dfrac{3}{5}$	$\dfrac{1}{10}$	1

$$\therefore \mathrm{E}(X)=1\times\frac{3}{10}+2\times\frac{3}{5}+3\times\frac{1}{10}=\frac{9}{5}$$

또, $\mathrm{E}(X^2)=1^2\times\dfrac{3}{10}+2^2\times\dfrac{3}{5}+3^2\times\dfrac{1}{10}=\dfrac{18}{5}$이므로

$$\mathrm{V}(X)=\mathrm{E}(X^2)-\{\mathrm{E}(X)\}^2=\frac{18}{5}-\left(\frac{9}{5}\right)^2=\frac{9}{25}$$

$$\therefore \sigma(X)=\sqrt{\mathrm{V}(X)}=\sqrt{\frac{9}{25}}=\frac{3}{5} \qquad \text{답 } \frac{3}{5}$$

179

한 장의 복권으로 받을 수 있는 상금을 확률변수 X라 할 때, X의 확률분포를 표로 나타내면 다음과 같다.

X	10000	5000	1000	0	합계
$\mathrm{P}(X=x)$	$\dfrac{1}{200}$	$\dfrac{1}{40}$	$\dfrac{1}{20}$	$\dfrac{23}{25}$	1

$$\therefore \mathrm{E}(X)=10000\times\frac{1}{200}+5000\times\frac{1}{40}$$
$$+1000\times\frac{1}{20}+0\times\frac{23}{25}$$
$$=225$$

따라서 구하는 기댓값은 225원이다. **답 225원**

180

한 번의 시행에서 받을 수 있는 상금을 확률변수 X라 하면 X가 가질 수 있는 값은 500, 750, 1000이고, 그 확률은 각각

$$\mathrm{P}(X=500)=\frac{{}_3\mathrm{C}_2}{{}_5\mathrm{C}_2}=\frac{3}{10}$$

$$\mathrm{P}(X=750)=\frac{{}_3\mathrm{C}_1\times{}_2\mathrm{C}_1}{{}_5\mathrm{C}_2}=\frac{3}{5}$$

$$\mathrm{P}(X=1000)=\frac{{}_2\mathrm{C}_2}{{}_5\mathrm{C}_2}=\frac{1}{10}$$

이므로 X의 확률분포를 표로 나타내면 다음과 같다.

X	500	750	1000	합계
$\mathrm{P}(X=x)$	$\dfrac{3}{10}$	$\dfrac{3}{5}$	$\dfrac{1}{10}$	1

$$\therefore \mathrm{E}(X)=500\times\frac{3}{10}+750\times\frac{3}{5}+1000\times\frac{1}{10}=700$$

따라서 구하는 기댓값은 700원이다. **답 700원**

181

$\mathrm{E}(-2X+3)=1$에서

$$-2\mathrm{E}(X)+3=1 \qquad \therefore \mathrm{E}(X)=1$$

$\sigma(X)=2$에서 $\mathrm{V}(X)=2^2=4$

이때 $\mathrm{V}(X)=\mathrm{E}(X^2)-\{\mathrm{E}(X)\}^2$이므로

$$\mathrm{E}(X^2)=\mathrm{V}(X)+\{\mathrm{E}(X)\}^2=4+1^2=5 \qquad \text{답 } \mathbf{5}$$

182

$\mathrm{E}(X)=5$, $\mathrm{E}(X^2)=125$이므로

$$\mathrm{V}(X)=\mathrm{E}(X^2)-\{\mathrm{E}(X)\}^2=125-5^2=100$$

$\mathrm{E}(Y)=42$에서

$$\mathrm{E}(aX+b)=42,\ a\mathrm{E}(X)+b=42$$

$$\therefore 5a+b=42 \qquad\qquad \cdots\cdots\ \text{㉠}$$

또, $\mathrm{V}(Y)=16$에서

$$\mathrm{V}(aX+b)=16,\ a^2\mathrm{V}(X)=16$$

$$100a^2 = 16 \qquad \therefore a = \frac{2}{5} \ (\because a > 0)$$

$a = \dfrac{2}{5}$ 를 ㉠에 대입하면

$$5 \times \frac{2}{5} + b = 42 \qquad \therefore b = 40$$

답 **40**

183

$\mathrm{E}(X) = 1080$, $\sigma(X) = 100$이므로

$$\mathrm{E}(Y) = \mathrm{E}\left(\frac{5}{4}X + 300\right) = \frac{5}{4}\mathrm{E}(X) + 300$$
$$= \frac{5}{4} \times 1080 + 300 = 1650$$
$$\sigma(Y) = \sigma\left(\frac{5}{4}X + 300\right) = \left|\frac{5}{4}\right|\sigma(X)$$
$$= \frac{5}{4} \times 100 = 125$$

답 $\mathrm{E}(Y) = 1650,\ \sigma(Y) = 125$

184

확률의 총합은 1이므로

$$a + \frac{a}{2} + a^2 = 1$$
$$2a^2 + 3a - 2 = 0, \quad (2a-1)(a+2) = 0$$
$$\therefore a = \frac{1}{2} \ (\because 0 \le a \le 1)$$
$$\therefore \mathrm{E}(X) = (-1) \times \frac{1}{2} + 0 \times \frac{1}{4} + 1 \times \frac{1}{4} = -\frac{1}{4}$$

또, $\mathrm{E}(X^2) = (-1)^2 \times \dfrac{1}{2} + 0^2 \times \dfrac{1}{4} + 1^2 \times \dfrac{1}{4} = \dfrac{3}{4}$이

므로

$$V(X) = \mathrm{E}(X^2) - \{\mathrm{E}(X)\}^2 = \frac{3}{4} - \left(-\frac{1}{4}\right)^2 = \frac{11}{16}$$
$$\therefore \sigma(X) = \sqrt{V(X)} = \sqrt{\frac{11}{16}} = \frac{\sqrt{11}}{4}$$

따라서 확률변수 $Y = 2X + 1$의 평균, 분산, 표준편차
는 각각

$$\mathrm{E}(Y) = \mathrm{E}(2X+1) = 2\mathrm{E}(X) + 1$$
$$= 2 \times \left(-\frac{1}{4}\right) + 1 = \frac{1}{2}$$
$$V(Y) = V(2X+1) = 2^2 V(X) = 4 \times \frac{11}{16} = \frac{11}{4}$$
$$\sigma(Y) = \sigma(2X+1) = |2|\sigma(X) = 2 \times \frac{\sqrt{11}}{4} = \frac{\sqrt{11}}{2}$$

답 $\mathrm{E}(Y) = \dfrac{1}{2},\ V(Y) = \dfrac{11}{4},\ \sigma(Y) = \dfrac{\sqrt{11}}{2}$

185

확률변수 X의 확률분포를 표로 나타내면 다음과 같다.

X	1	2	3	4	합계
$\mathrm{P}(X=x)$	k	$4k$	$9k$	$16k$	1

확률의 총합은 1이므로

$$k + 4k + 9k + 16k = 1$$
$$30k = 1 \qquad \therefore k = \frac{1}{30}$$
$$\therefore \mathrm{E}(X) = 1 \times \frac{1}{30} + 2 \times \frac{4}{30} + 3 \times \frac{9}{30} + 4 \times \frac{16}{30}$$
$$= \frac{10}{3}$$
$$\therefore \mathrm{E}(-9X - 2) = -9\mathrm{E}(X) - 2$$
$$= (-9) \times \frac{10}{3} - 2 = -32$$

답 -32

186

확률변수 X가 가질 수 있는 값은 0, 1, 2, 3이고, 그
확률은 각각

$$\mathrm{P}(X=0) = \frac{{}_4\mathrm{C}_3 \times {}_3\mathrm{C}_0}{{}_7\mathrm{C}_3} = \frac{4}{35}$$
$$\mathrm{P}(X=1) = \frac{{}_4\mathrm{C}_2 \times {}_3\mathrm{C}_1}{{}_7\mathrm{C}_3} = \frac{18}{35}$$
$$\mathrm{P}(X=2) = \frac{{}_4\mathrm{C}_1 \times {}_3\mathrm{C}_2}{{}_7\mathrm{C}_3} = \frac{12}{35}$$
$$\mathrm{P}(X=3) = \frac{{}_4\mathrm{C}_0 \times {}_3\mathrm{C}_3}{{}_7\mathrm{C}_3} = \frac{1}{35}$$

이므로 X의 확률분포를 표로 나타내면 다음과 같다.

X	0	1	2	3	합계
$\mathrm{P}(X=x)$	$\dfrac{4}{35}$	$\dfrac{18}{35}$	$\dfrac{12}{35}$	$\dfrac{1}{35}$	1

$$\therefore \mathrm{E}(X) = 0 \times \frac{4}{35} + 1 \times \frac{18}{35} + 2 \times \frac{12}{35} + 3 \times \frac{1}{35}$$
$$= \frac{9}{7}$$
$$\therefore \mathrm{E}(7X - 2) = 7\mathrm{E}(X) - 2 = 7 \times \frac{9}{7} - 2 = 7$$

답 **7**

187

1의 양의 약수는 1의 1개,

2의 양의 약수는 1, 2의 2개,

3의 양의 약수는 1, 3의 2개,

4의 양의 약수는 1, 2, 4의 3개,

5의 양의 약수는 1, 5의 2개

6의 양의 약수는 1, 2, 3, 6의 4개

이므로 확률변수 X가 가질 수 있는 값은 1, 2, 3, 4이고 X의 확률분포를 표로 나타내면 다음과 같다.

X	1	2	3	4	합계
$\mathrm{P}(X=x)$	$\dfrac{1}{6}$	$\dfrac{1}{2}$	$\dfrac{1}{6}$	$\dfrac{1}{6}$	1

$$\therefore \mathrm{E}(X)=1\times\frac{1}{6}+2\times\frac{1}{2}+3\times\frac{1}{6}+4\times\frac{1}{6}=\frac{7}{3}$$

또, $\mathrm{E}(X^2)=1^2\times\dfrac{1}{6}+2^2\times\dfrac{1}{2}+3^2\times\dfrac{1}{6}+4^2\times\dfrac{1}{6}=\dfrac{19}{3}$

이므로

$$\mathrm{V}(X)=\mathrm{E}(X^2)-\{\mathrm{E}(X)\}^2$$
$$=\frac{19}{3}-\left(\frac{7}{3}\right)^2=\frac{8}{9}$$
$$\therefore \sigma(X)=\sqrt{\mathrm{V}(X)}$$
$$=\sqrt{\frac{8}{9}}=\frac{2\sqrt{2}}{3}$$
$$\therefore \sigma(-6X+5)=|-6|\sigma(X)$$
$$=6\times\frac{2\sqrt{2}}{3}=4\sqrt{2}$$

답 $4\sqrt{2}$

188

(1) 한 개의 주사위를 던질 때 짝수의 눈이 나올 확률은 $\dfrac{1}{2}$이고 각 주사위의 결과는 서로 독립이므로 짝수의 눈이 나오는 주사위의 개수 X는 이항분포 $\mathrm{B}\left(10, \dfrac{1}{2}\right)$을 따른다.

(2) 제비를 차례대로 2개 뽑을 때, 처음 1개를 뽑는 시행과 다음 1개를 뽑는 시행은 서로 독립이 아니므로 이항분포를 따르지 않는다.

(3) 자유투를 한 번 던질 때 성공할 확률은 0.85이고 각 자유투의 결과는 서로 독립이므로 농구 선수가 자유투를 던져서 성공하는 횟수 X는 이항분포 $\mathrm{B}(50, 0.85)$를 따른다.

(4) 화장품을 재구매할 확률은 0.4이고 각 구매자가 재구매하는 것은 서로 독립이므로 화장품을 재구매하는 인원수 X는 이항분포 $\mathrm{B}(100, 0.4)$를 따른다.

답 (1) $\mathrm{B}\left(10, \dfrac{1}{2}\right)$　　(2) 이항분포를 따르지 않는다.

(3) $\mathrm{B}(50, 0.85)$　　(4) $\mathrm{B}(100, 0.4)$

189

(1) $\mathrm{P}(X=x)=\begin{cases} {}_3\mathrm{C}_0\left(\dfrac{1}{3}\right)^3 & (x=0) \\[2mm] {}_3\mathrm{C}_x\left(\dfrac{2}{3}\right)^x\left(\dfrac{1}{3}\right)^{3-x} & (x=1,\,2) \\[2mm] {}_3\mathrm{C}_3\left(\dfrac{2}{3}\right)^3 & (x=3) \end{cases}$

(2) $\mathrm{P}(X=2)={}_3\mathrm{C}_2\left(\dfrac{2}{3}\right)^2\left(\dfrac{1}{3}\right)^1=\dfrac{4}{9}$

답 (1) 풀이 참조　(2) $\dfrac{4}{9}$

190

(1) $\mathrm{E}(X)=36\times\dfrac{1}{3}=12$

$\mathrm{V}(X)=36\times\dfrac{1}{3}\times\dfrac{2}{3}=8$

$\sigma(X)=\sqrt{\mathrm{V}(X)}=\sqrt{8}=2\sqrt{2}$

(2) $\mathrm{E}(X)=100\times\dfrac{2}{5}=40$

$\mathrm{V}(X)=100\times\dfrac{2}{5}\times\dfrac{3}{5}=24$

$\sigma(X)=\sqrt{\mathrm{V}(X)}=\sqrt{24}=2\sqrt{6}$

답 (1) $\mathrm{E}(X)=12$, $\mathrm{V}(X)=8$, $\sigma(X)=2\sqrt{2}$

(2) $\mathrm{E}(X)=40$, $\mathrm{V}(X)=24$, $\sigma(X)=2\sqrt{6}$

191

(1) 4명의 환자에게 주사를 놓는 것이므로 4회의 독립시행이고, 한 환자에게 주사를 놓았을 때 치유될 확률이 $\dfrac{3}{4}$이므로 확률변수 X는 이항분포 $\mathrm{B}\left(4, \dfrac{3}{4}\right)$을 따른다.

(2) X의 확률질량함수는

$\mathrm{P}(X=x)=\begin{cases} {}_4\mathrm{C}_0\left(\dfrac{1}{4}\right)^4 & (x=0) \\[2mm] {}_4\mathrm{C}_x\left(\dfrac{3}{4}\right)^x\left(\dfrac{1}{4}\right)^{4-x} & (x=1,\,2,\,3) \\[2mm] {}_4\mathrm{C}_4\left(\dfrac{3}{4}\right)^4 & (x=4) \end{cases}$

(3) $P(X \geq 1) = 1 - P(X=0) = 1 - {}_4C_0\left(\frac{1}{4}\right)^4$

$$= 1 - \frac{1}{4^4} = \frac{255}{256}$$

답 (1) $B\left(4, \frac{3}{4}\right)$　(2) 풀이 참조　(3) $\dfrac{255}{256}$

192

5가구를 조사하므로 5회의 독립시행이고, 한 가구에서 드라마를 시청할 확률이 $\frac{1}{5}$이므로 확률변수 X는 이항분포 $B\left(5, \frac{1}{5}\right)$을 따른다.

따라서 X의 확률질량함수는

$$P(X=x) = \begin{cases} {}_5C_0\left(\frac{4}{5}\right)^5 & (x=0) \\ {}_5C_x\left(\frac{1}{5}\right)^x\left(\frac{4}{5}\right)^{5-x} & (x=1,\ 2,\ 3,\ 4) \\ {}_5C_5\left(\frac{1}{5}\right)^5 & (x=5) \end{cases}$$

이므로 구하는 확률은

$P(X \geq 4) = P(X=4) + P(X=5)$

$$= {}_5C_4\left(\frac{1}{5}\right)^4\left(\frac{4}{5}\right)^1 + {}_5C_5\left(\frac{1}{5}\right)^5$$

$$= \frac{21}{3125}$$

답 $\dfrac{21}{3125}$

193

(1) 확률변수 X는 이항분포 $B\left(50, \frac{1}{5}\right)$을 따른다.

(2) 확률변수 X의 평균, 분산, 표준편차는 각각

$$E(X) = 50 \times \frac{1}{5} = 10$$

$$V(X) = 50 \times \frac{1}{5} \times \frac{4}{5} = 8$$

$$\sigma(X) = \sqrt{8} = 2\sqrt{2}$$

답 (1) $B\left(50, \dfrac{1}{5}\right)$

(2) $E(X)=10,\ V(X)=8,\ \sigma(X)=2\sqrt{2}$

194

$E(X)=5$에서 $20p=5$

$$\therefore p = \frac{1}{4}$$

따라서 확률변수 X는 이항분포 $B\left(20, \frac{1}{4}\right)$을 따르므로

$$V(X) = 20 \times \frac{1}{4} \times \frac{3}{4} = \frac{15}{4}$$

$V(X) = E(X^2) - \{E(X)\}^2$에서

$E(X^2) = V(X) + \{E(X)\}^2$

$$= \frac{15}{4} + 5^2 = \frac{115}{4}$$

답 $\dfrac{115}{4}$

195

$E(X) = \frac{4}{5}$이므로

$$E(X) = np = \frac{4}{5} \qquad\qquad \cdots\cdots ㉠$$

또, $E(X^2) = \frac{32}{25}$이므로

$$V(X) = E(X^2) - \{E(X)\}^2 = \frac{32}{25} - \left(\frac{4}{5}\right)^2 = \frac{16}{25}$$

$$\therefore V(X) = np(1-p) = \frac{16}{25} \qquad \cdots\cdots ㉡$$

㉠을 ㉡에 대입하면

$$\frac{4}{5}(1-p) = \frac{16}{25} \qquad \therefore p = \frac{1}{5}$$

$p = \frac{1}{5}$을 ㉠에 대입하면

$$\frac{1}{5}n = \frac{4}{5} \qquad \therefore n = 4$$

따라서 확률변수 X는 이항분포 $B\left(4, \frac{1}{5}\right)$을 따르므로

$$P(X=3) = {}_4C_3\left(\frac{1}{5}\right)^3\left(\frac{4}{5}\right)^1 = \frac{16}{625}$$

답 $\dfrac{16}{625}$

196

씨앗 100개를 심으므로 100회의 독립시행이고, 씨앗 하나가 발아할 확률은 20 %, 즉 $\frac{1}{5}$이므로 확률변수 X는 이항분포 $B\left(100, \frac{1}{5}\right)$을 따른다.

$$\therefore E(X) = 100 \times \frac{1}{5} = 20$$

답 20

197

3개의 동전을 동시에 160번 던지므로 160회의 독립시행이고, 3개의 동전을 동시에 한 번 던져서 앞면이 2개,

뒷면이 1개 나올 확률은

$$_3C_2\left(\frac{1}{2}\right)^2\left(\frac{1}{2}\right)^1=\frac{3}{8}$$

이므로 확률변수 X는 이항분포 $B\left(160,\ \frac{3}{8}\right)$을 따른다.

$$\therefore \sigma(X)=\sqrt{160\times\frac{3}{8}\times\frac{5}{8}}=\frac{5\sqrt{6}}{2}$$

답 $\dfrac{5\sqrt{6}}{2}$

198

갑, 을 두 사람이 가위바위보를 10번 하므로 10회의 독립시행이고, 가위바위보를 한 번 하여 갑이 이길 확률은 $\frac{1}{3}$이므로 확률변수 X는 이항분포 $B\left(10,\ \frac{1}{3}\right)$을 따른다.

$$\therefore E(X)=10\times\frac{1}{3}=\frac{10}{3}$$

$$V(X)=10\times\frac{1}{3}\times\frac{2}{3}=\frac{20}{9}$$

이때 $V(X)=E(X^2)-\{E(X)\}^2$이므로

$$E(X^2)=V(X)+\{E(X)\}^2$$
$$=\frac{20}{9}+\left(\frac{10}{3}\right)^2=\frac{40}{3}$$

답 $\dfrac{40}{3}$

199

200명의 환자가 이 약을 복용하므로 200회의 독립시행이고, 약을 복용한 환자 한 명이 완치될 확률은 $\frac{4}{5}$이므로 확률변수 X는 이항분포 $B\left(200,\ \frac{4}{5}\right)$를 따른다.

$$\therefore E(X)=200\times\frac{4}{5}=160$$

$$V(X)=200\times\frac{4}{5}\times\frac{1}{5}=32$$

$$\sigma(X)=\sqrt{V(X)}=\sqrt{32}=4\sqrt{2}$$

따라서 확률변수 $Y=2X-1$의 평균과 표준편차는 각각

$$E(Y)=E(2X-1)=2E(X)-1$$
$$=2\times160-1=319$$

$$\sigma(Y)=\sigma(2X-1)=|2|\sigma(X)$$
$$=2\times4\sqrt{2}=8\sqrt{2}$$

답 $E(Y)=319,\ \sigma(Y)=8\sqrt{2}$

200

4개의 동전을 동시에 n번 던지므로 n회의 독립시행이고, 4개의 동전을 동시에 한 번 던져서 앞면이 1개, 뒷면이 3개 나올 확률은

$$_4C_1\left(\frac{1}{2}\right)^1\left(\frac{1}{2}\right)^3=\frac{1}{4}$$

이므로 확률변수 X는 이항분포 $B\left(n,\ \frac{1}{4}\right)$을 따른다.

$$\therefore E(X)=n\times\frac{1}{4}=\frac{1}{4}n$$

$$V(X)=n\times\frac{1}{4}\times\frac{3}{4}=\frac{3}{16}n$$

이때 $V(X)=E(X^2)-\{E(X)\}^2$이므로

$$\frac{3}{16}n=70-\left(\frac{1}{4}n\right)^2,\ n^2+3n-1120=0$$

$$(n+35)(n-32)=0 \qquad \therefore n=32\ (\because n>0)$$

따라서 $V(X)=\dfrac{3}{16}\times32=6$이므로

$$V(3X-2)=3^2V(X)=9\times6=54$$

답 54

201

(1) $\displaystyle\int_0^4 kx^2\,dx=k\left[\frac{1}{3}x^3\right]_0^4=1$

$$\frac{64}{3}k=1 \qquad \therefore k=\frac{3}{64}$$

(2) $\displaystyle P(2\leq X\leq4)=\int_2^4\frac{3}{64}x^2\,dx=\frac{3}{64}\left[\frac{1}{3}x^3\right]_2^4$

$$=\frac{3}{64}\times\frac{56}{3}=\frac{7}{8}$$

답 (1) $\dfrac{3}{64}$ (2) $\dfrac{7}{8}$

202

연속확률변수는 어떤 범위에 속하는 모든 실수 값을 가질 수 있으므로 보기 중에서 연속확률변수인 것은 ㄱ, ㄴ, ㄹ이다.

답 ㄱ, ㄴ, ㄹ

203

(1) $-1\leq x\leq1$에서 $f(x)\geq0$이고, 함수 $y=f(x)$의 그래프와 x축 및 두 직선 $x=-1$, $x=1$로 둘러싸인 도형의 넓이가 $\frac{1}{2}\times2=1$이므로 확률밀도함수가 될 수 있다.

(2) $-1\leq x<0$에서 $f(x)<0$이므로 확률밀도함수가 될 수 없다.

(3) 함수 $y=f(x)$의 그래프와 x축 및 직선 $x=1$로 둘러싸인 도형의 넓이가 $\frac{1}{2}\times2\times2=2$이므로 확률밀도함수가 될 수 없다.

(4) $-1\leq x\leq1$에서 $f(x)\geq0$이고, 함수 $y=f(x)$의 그래프와 x축 및 두 직선 $x=-1$, $x=1$로 둘러싸인 도형의 넓이가 $\frac{1}{2}\times1\times1+\frac{1}{2}\times1\times1=1$이므로 확률밀도함수가 될 수 있다.

답 풀이 참조

참고 함수 $f(x)$에 대하여 $y=f(x)$ $(-1\leq x\leq1)$의 그래프는 다음과 같다.

(1) 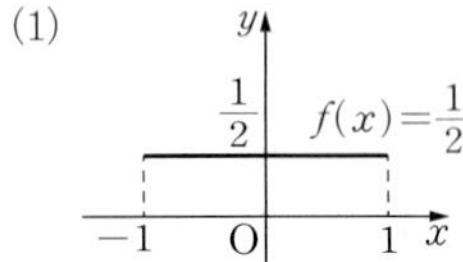 (2) 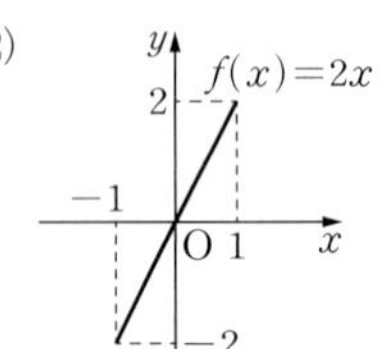

(3) 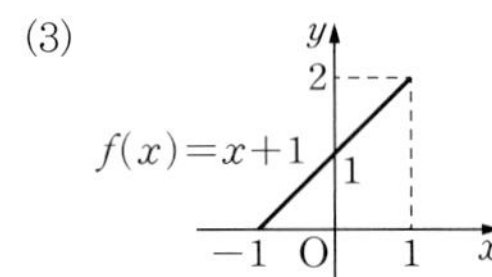 (4) 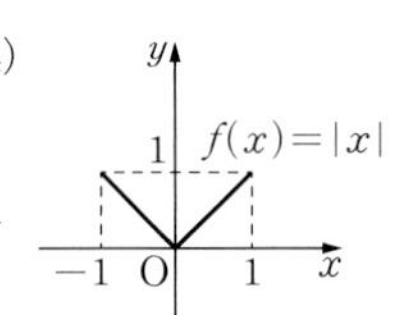

204

(1) 오른쪽 그림에서 함수 $y=f(x)$의 그래프와 x축 및 두 직선 $x=-2$, $x=2$로 둘러싸인 도형의 넓이가 1이므로

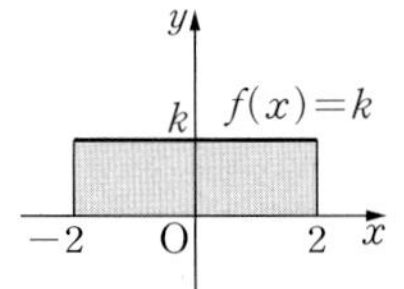

$$4\times k=1 \qquad \therefore k=\frac{1}{4}$$

(2) 오른쪽 그림에서 함수 $y=f(x)$의 그래프와 x축 및 직선 $x=1$로 둘러싸인 도형의 넓이가 1이므로

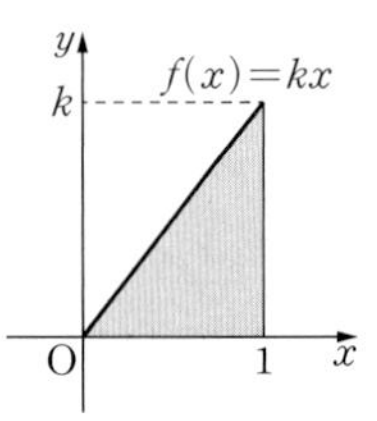

$$\frac{1}{2}\times1\times k=1$$
$$\therefore k=2$$

답 (1) $\frac{1}{4}$ (2) 2

205

$P(0\leq X\leq1)$은 오른쪽 그림에서 함수 $y=f(x)$의 그래프와 x축 및 두 직선 $x=0$, $x=1$로 둘러싸인 도형의 넓이와 같으므로

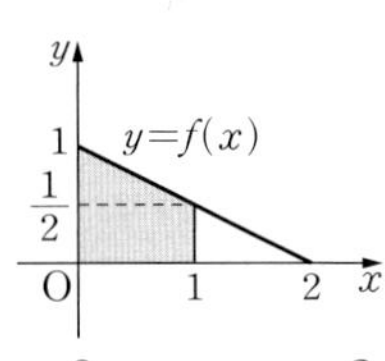

$$P(0\leq X\leq1)=\frac{1}{2}\times\left(1+\frac{1}{2}\right)\times1=\frac{3}{4}$$

답 $\frac{3}{4}$

206

함수 $y=f(x)$의 그래프와 x축 및 두 직선 $x=0$, $x=5$로 둘러싸인 도형의 넓이가 1이므로

$$\frac{1}{2}\times2\times k+\frac{1}{2}\times(5-2)\times k=1$$
$$\frac{5}{2}k=1 \qquad \therefore k=\frac{2}{5}$$

답 $\frac{2}{5}$

207

함수 $y=f(x)$의 그래프는 오른쪽 그림과 같고 그래프와 x축 및 직선 $x=3$으로 둘러싸인 도형의 넓이가 1이므로

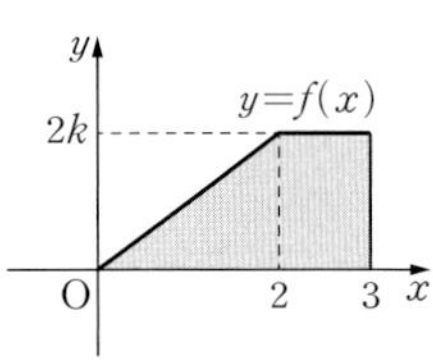

$$\frac{1}{2}\times(1+3)\times2k=1$$
$$\therefore k=\frac{1}{4}$$

답 $\frac{1}{4}$

208

$$f(x)=|x-1| \ (0\leq x\leq2)$$
$$=\begin{cases}1-x & (0\leq x\leq1)\\x-1 & (1\leq x\leq2)\end{cases}$$

이때 $P\left(\frac{1}{2}\leq X\leq\frac{3}{2}\right)$은 오른쪽 그림에서 색칠한 도형의 넓이와 같으므로

$$P\left(\frac{1}{2}\leq X\leq\frac{3}{2}\right)=\frac{1}{2}\times\frac{1}{2}\times\frac{1}{2}+\frac{1}{2}\times\frac{1}{2}\times\frac{1}{2}$$
$$=\frac{1}{4}$$

답 $\frac{1}{4}$

209

$P(0 \leq X \leq a)$는 오른쪽 그림
에서 색칠한 도형의 넓이와 같

으므로 $P(0 \leq X \leq a) = \dfrac{3}{4}$에서

$\dfrac{1}{2} \times \left\{ 1 + \left(1 - \dfrac{a}{2} \right) \right\} \times a = \dfrac{3}{4}$

$a^2 - 4a + 3 = 0$

$(a-1)(a-3) = 0$

$\therefore a = 1$ 또는 $a = 3$

이때 $0 \leq a \leq 2$이므로 $a = 1$ **답 1**

210

(1) 평균이 5, 분산이 $9 = 3^2$이므로

　$N(5, 3^2)$

(2) 평균이 12, 분산이 $16 = 4^2$이므로

　$N(12, 4^2)$

답 (1) $N(5, 3^2)$　(2) $N(12, 4^2)$

211

(1) m의 값이 일정할 때, σ의 값이 클수록 곡선의 높이
　는 낮아진다.

(2) σ의 값이 일정할 때, m의 값이 변하면 대칭축의 위
　치는 바뀐다.

답 (1) (가)　(2) (가)

212

(1) $P(Z \geq 2) = P(Z \geq 0) - P(0 \leq Z \leq 2)$
　　　　　$= 0.5 - 0.4772 = 0.0228$

(2) $P(Z \leq 0.5) = P(Z \leq 0) + P(0 \leq Z \leq 0.5)$
　　　　　$= 0.5 + 0.1915 = 0.6915$

(3) $P(1 \leq Z \leq 2) = P(0 \leq Z \leq 2) - P(0 \leq Z \leq 1)$
　　　　　$= 0.4772 - 0.3413 = 0.1359$

(4) $P(-1 \leq Z \leq 1.5)$
　$= P(-1 \leq Z \leq 0) + P(0 \leq Z \leq 1.5)$
　$= P(0 \leq Z \leq 1) + P(0 \leq Z \leq 1.5)$
　$= 0.3413 + 0.4332 = 0.7745$

답 (1) 0.0228　(2) 0.6915
　　　(3) 0.1359　(4) 0.7745

213

(1) $m = 8$, $\sigma = 2$이므로 $Z = \dfrac{X-8}{2}$

(2) $m = 20$, $\sigma = 5$이므로 $Z = \dfrac{X-20}{5}$

답 (1) $Z = \dfrac{X-8}{2}$　(2) $Z = \dfrac{X-20}{5}$

214

정규분포곡선은 직선 $x = 20$에 대하여 대칭이고,

$P(X \leq a) = P(X \geq 29)$이므로

$\dfrac{a + 29}{2} = 20$, $a + 29 = 40$

$\therefore a = 11$ **답 11**

215

정규분포곡선은 직선 $x = m$에 대하여 대칭이고,

$P(X \leq 6) = P(X \geq 16)$이므로

$m = \dfrac{6 + 16}{2} = 11$

또, $V\left(\dfrac{1}{9} X \right) = 1$에서 $\dfrac{1}{81} V(X) = 1$

$\therefore V(X) = 81$

즉, $\sigma^2 = 81$이므로 $\sigma = 9$ $(\because \sigma > 0)$

$\therefore m + \sigma = 11 + 9 = 20$ **답 20**

216

확률변수 X의 확률밀도함수는 $x = 32$에서 최댓값을
갖고, 정규분포곡선은 직선 $x = 32$에 대하여 대칭이
다. 따라서
$P(k-3 \leq X \leq k+1)$이 최
대가 되려면

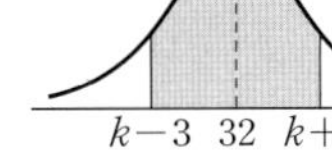

$\dfrac{(k-3) + (k+1)}{2} = 32$, $k - 1 = 32$

$\therefore k = 33$ **답 33**

217

$Z = \dfrac{X-60}{4}$으로 놓으면 확률변수 Z는 표준정규분포
$N(0, 1)$을 따른다.

⑴ $P(48 \leq X \leq 64)$

$\quad = P\left(\dfrac{48-60}{4} \leq Z \leq \dfrac{64-60}{4}\right)$

$\quad = P(-3 \leq Z \leq 1)$

$\quad = P(-3 \leq Z \leq 0) + P(0 \leq Z \leq 1)$

$\quad = P(0 \leq Z \leq 3) + P(0 \leq Z \leq 1)$

$\quad = 0.4987 + 0.3413 = 0.84$

⑵ $P(|X-64| \leq 4)$

$\quad = P(-4 \leq X-64 \leq 4)$

$\quad = P(60 \leq X \leq 68)$

$\quad = P\left(\dfrac{60-60}{4} \leq Z \leq \dfrac{68-60}{4}\right)$

$\quad = P(0 \leq Z \leq 2) = 0.4772$

답 ⑴ 0.84 ⑵ 0.4772

218

$Z = \dfrac{X-32}{5}$ 로 놓으면 확률변수 Z는 표준정규분포 $N(0,\,1)$을 따른다.

$P(28 \leq X \leq 36) = 0.5762$에서

$P\left(\dfrac{28-32}{5} \leq Z \leq \dfrac{36-32}{5}\right) = 0.5762$

$P(-0.8 \leq Z \leq 0.8) = 0.5762$

$2P(0 \leq Z \leq 0.8) = 0.5762$

$\therefore P(0 \leq Z \leq 0.8) = 0.2881$

따라서 구하는 확률은

$P(X \geq 28) = \left(Z \geq \dfrac{28-32}{5}\right)$

$\quad\quad = P(Z \geq -0.8)$

$\quad\quad = P(-0.8 \leq Z \leq 0) + P(Z \geq 0)$

$\quad\quad = P(0 \leq Z \leq 0.8) + P(Z \geq 0)$

$\quad\quad = 0.2881 + 0.5 = 0.7881$ 답 0.7881

219

$Z = \dfrac{X-16}{2}$ 으로 놓으면 확률변수 Z는 표준정규분포 $N(0,\,1)$을 따른다.

$P(k \leq X \leq 22) = 0.9759$에서

$P\left(\dfrac{k-16}{2} \leq Z \leq \dfrac{22-16}{2}\right) = 0.9759$

$P\left(\dfrac{k-16}{2} \leq Z \leq 3\right) = 0.9759$

$P\left(\dfrac{k-16}{2} \leq Z \leq 0\right) + P(0 \leq Z \leq 3) = 0.9759$

$P\left(0 \leq Z \leq -\dfrac{k-16}{2}\right) + 0.4987 = 0.9759$

$\therefore P\left(0 \leq Z \leq -\dfrac{k-16}{2}\right) = 0.4772$

이때 $P(0 \leq Z \leq 2) = 0.4772$이므로

$-\dfrac{k-16}{2} = 2 \quad\quad \therefore k = 12$ 답 12

220

$Z = \dfrac{X-m}{10}$ 으로 놓으면 확률변수 Z는 표준정규분포 $N(0,\,1)$을 따른다.

$P(X \leq 45) = 0.1587$에서

$P\left(Z \leq \dfrac{45-m}{10}\right) = 0.1587$

$P(Z \leq 0) - P\left(\dfrac{45-m}{10} \leq Z \leq 0\right) = 0.1587$

$0.5 - P\left(0 \leq Z \leq -\dfrac{45-m}{10}\right) = 0.1587$

$\therefore P\left(0 \leq Z \leq -\dfrac{45-m}{10}\right) = 0.3413$

이때 $P(0 \leq Z \leq 1) = 0.3413$이므로

$-\dfrac{45-m}{10} = 1 \quad\quad \therefore m = 55$ 답 55

221

학생들의 몸무게를 확률변수 X라 하면 X는 정규분포 $N(53,\,6^2)$을 따르므로 $Z = \dfrac{X-53}{6}$ 으로 놓으면 Z는 표준정규분포 $N(0,\,1)$을 따른다.

$\therefore P(50 \leq X \leq 65)$

$\quad = P\left(\dfrac{50-53}{6} \leq Z \leq \dfrac{65-53}{6}\right)$

$\quad = P(-0.5 \leq Z \leq 2)$

$\quad = P(-0.5 \leq Z \leq 0) + P(0 \leq Z \leq 2)$

$\quad = P(0 \leq Z \leq 0.5) + P(0 \leq Z \leq 2)$

$\quad = 0.1915 + 0.4772 = 0.6687$

따라서 몸무게가 50 kg 이상 65 kg 이하인 학생은 전체의 66.87 %이다. 답 66.87 %

222

연필의 길이를 확률변수 X라 하면 X는 정규분포 $N(154,\ 4^2)$을 따르므로 $Z=\dfrac{X-154}{4}$로 놓으면 Z는 표준정규분포 $N(0,\ 1)$을 따른다.

$$\therefore P(X\le 148)=P\left(Z\le\frac{148-154}{4}\right)$$
$$=P(Z\le -1.5)$$
$$=P(Z\le 0)-P(-1.5\le Z\le 0)$$
$$=P(Z\le 0)-P(0\le Z\le 1.5)$$
$$=0.5-0.43=0.07$$

따라서 길이가 148 mm 이하인 연필은
$400\times 0.07=28(\text{자루})$ **답 28자루**

223

민식이가 등교하는 데 걸리는 시간을 확률변수 X라 하면 X는 정규분포 $N(30,\ 5^2)$을 따르므로 $Z=\dfrac{X-30}{5}$으로 놓으면 Z는 표준정규분포 $N(0,\ 1)$을 따른다.

따라서 $X>38$일 때 지각하게 되므로 지각할 확률은

$$P(X>38)=P\left(Z>\frac{38-30}{5}\right)$$
$$=P(Z>1.6)$$
$$=P(Z\ge 0)-P(0\le Z\le 1.6)$$
$$=0.5-0.4452$$
$$=0.0548$$ **답 0.0548**

224

시험에 응시한 수험생의 성적을 확률변수 X라 하면 X는 정규분포 $N(75,\ 9^2)$을 따르므로 $Z=\dfrac{X-75}{9}$로 놓으면 Z는 표준정규분포 $N(0,\ 1)$을 따른다.

평점 A를 받기 위한 최저 점수를 k라 하면

$$P(X\ge k)=0.1$$
$$P\left(Z\ge\frac{k-75}{9}\right)=0.1$$
$$P(Z\ge 0)-P\left(0\le Z\le\frac{k-75}{9}\right)=0.1$$
$$0.5-P\left(0\le Z\le\frac{k-75}{9}\right)=0.1$$

$$\therefore P\left(0\le Z\le\frac{k-75}{9}\right)=0.4$$

이때 $P(0\le Z\le 1.28)=0.4$이므로

$$\frac{k-75}{9}=1.28 \qquad \therefore k=86.52$$

따라서 평점 A를 받기 위한 최저 점수는 86.52점이다.

답 86.52점

225

학생의 키를 확률변수 X라 하면 X는 정규분포 $N(165,\ 10^2)$을 따르므로 $Z=\dfrac{X-165}{10}$로 놓으면 Z는 표준정규분포 $N(0,\ 1)$을 따른다.

키가 큰 쪽에서 100번째인 학생의 키를 k라 하면

$$P(X\ge k)=\frac{100}{500}=0.2$$
$$P\left(Z\ge\frac{k-165}{10}\right)=0.2$$
$$P(Z\ge 0)-P\left(0\le Z\le\frac{k-165}{10}\right)=0.2$$
$$0.5-P\left(0\le Z\le\frac{k-165}{10}\right)=0.2$$
$$\therefore P\left(0\le Z\le\frac{k-165}{10}\right)=0.3$$

이때 $P(0\le Z\le 0.84)=0.3$이므로

$$\frac{k-165}{10}=0.84 \qquad \therefore k=173.4$$

따라서 키가 큰 쪽에서 100번째인 학생의 키는 173.4 cm이다. **답 173.4 cm**

226

확률변수 X는 이항분포 $B\left(48,\ \dfrac{3}{4}\right)$을 따르므로

$$E(X)=48\times\frac{3}{4}=36$$
$$V(X)=48\times\frac{3}{4}\times\frac{1}{4}=9$$

이때 48은 충분히 큰 수이므로 확률변수 X는 근사적으로 정규분포 $N(36,\ 3^2)$을 따른다.

따라서 $Z=\dfrac{X-36}{3}$으로 놓으면 확률변수 Z는 표준정규분포 $N(0,\ 1)$을 따른다.

$$\therefore \mathrm{P}(33 \leq X \leq 39)$$
$$= \mathrm{P}\left(\frac{33-36}{3} \leq Z \leq \frac{39-36}{3}\right)$$
$$= \mathrm{P}(-1 \leq Z \leq 1)$$
$$= 2\mathrm{P}(0 \leq Z \leq 1)$$
$$= 2 \times 0.3413 = 0.6826$$

답 0.6826

227

확률변수 X는 이항분포 $\mathrm{B}\left(450, \dfrac{2}{3}\right)$를 따르므로

$$\mathrm{E}(X) = 450 \times \frac{2}{3} = 300$$
$$\mathrm{V}(X) = 450 \times \frac{2}{3} \times \frac{1}{3} = 100$$

이때 450은 충분히 큰 수이므로 확률변수 X는 근사적으로 정규분포 $\mathrm{N}(300, 10^2)$을 따른다.

따라서 $Z = \dfrac{X-300}{10}$으로 놓으면 확률변수 Z는 표준정규분포 $\mathrm{N}(0, 1)$을 따른다.

$$\therefore \mathrm{P}(X \geq 280) = \mathrm{P}\left(Z \geq \frac{280-300}{10}\right)$$
$$= \mathrm{P}(Z \geq -2)$$
$$= \mathrm{P}(Z \geq 0) + \mathrm{P}(-2 \leq Z \leq 0)$$
$$= \mathrm{P}(Z \geq 0) + \mathrm{P}(0 \leq Z \leq 2)$$
$$= 0.5 + 0.4772$$
$$= 0.9772$$

답 0.9772

228

100개의 제품 중 불량품의 개수를 확률변수 X라 하면 제품 1개가 불량품일 확률은 $\dfrac{1}{10}$이므로 X는 이항분포 $\mathrm{B}\left(100, \dfrac{1}{10}\right)$을 따른다.

$$\therefore \mathrm{E}(X) = 100 \times \frac{1}{10} = 10$$
$$\mathrm{V}(X) = 100 \times \frac{1}{10} \times \frac{9}{10} = 9$$

이때 100은 충분히 큰 수이므로 확률변수 X는 근사적으로 정규분포 $\mathrm{N}(10, 3^2)$을 따른다.

따라서 $Z = \dfrac{X-10}{3}$으로 놓으면 확률변수 Z는 표준정규분포 $\mathrm{N}(0, 1)$을 따른다.

$$\therefore \mathrm{P}(7 \leq X \leq 16)$$
$$= \mathrm{P}\left(\frac{7-10}{3} \leq Z \leq \frac{16-10}{3}\right)$$
$$= \mathrm{P}(-1 \leq Z \leq 2)$$
$$= \mathrm{P}(-1 \leq Z \leq 0) + \mathrm{P}(0 \leq Z \leq 2)$$
$$= \mathrm{P}(0 \leq Z \leq 1) + \mathrm{P}(0 \leq Z \leq 2)$$
$$= 0.3413 + 0.4772 = 0.8185$$

답 0.8185

229

432번의 시행 중 동전 2개가 모두 앞면이 나오는 횟수를 확률변수 X라 하면 동전 2개를 동시에 한 번 던져 2개 모두 앞면이 나올 확률은 $\dfrac{1}{4}$이므로 X는 이항분포 $\mathrm{B}\left(432, \dfrac{1}{4}\right)$을 따른다.

$$\therefore \mathrm{E}(X) = 432 \times \frac{1}{4} = 108$$
$$\mathrm{V}(X) = 432 \times \frac{1}{4} \times \frac{3}{4} = 81$$

이때 432는 충분히 큰 수이므로 확률변수 X는 근사적으로 정규분포 $\mathrm{N}(108, 9^2)$을 따른다.

따라서 $Z = \dfrac{X-108}{9}$로 놓으면 확률변수 Z는 표준정규분포 $\mathrm{N}(0, 1)$을 따른다.

$$\therefore \mathrm{P}(X \leq 90) = \mathrm{P}\left(Z \leq \frac{90-108}{9}\right)$$
$$= \mathrm{P}(Z \leq -2)$$
$$= \mathrm{P}(Z \leq 0) - \mathrm{P}(-2 \leq Z \leq 0)$$
$$= \mathrm{P}(Z \leq 0) - \mathrm{P}(0 \leq Z \leq 2)$$
$$= 0.5 - 0.4772 = 0.0228$$

답 0.0228

230

가위바위보를 72번 하여 이기는 횟수를 확률변수 X라 하면 가위바위보를 한 번 하여 이길 확률은 $\dfrac{1}{3}$이므로 X는 이항분포 $\mathrm{B}\left(72, \dfrac{1}{3}\right)$을 따른다.

$$\therefore \mathrm{E}(X) = 72 \times \frac{1}{3} = 24$$
$$\mathrm{V}(X) = 72 \times \frac{1}{3} \times \frac{2}{3} = 16$$

이때 72는 충분히 큰 수이므로 확률변수 X는 근사적으로 정규분포 $\mathrm{N}(24, 4^2)$을 따른다.

따라서 $Z=\dfrac{X-24}{4}$로 놓으면 확률변수 Z는 표준정

규분포 $N(0, 1)$을 따른다.

$P(X \geq k)=0.16$에서

$P\left(Z \geq \dfrac{k-24}{4}\right)=0.16$

$P(Z \geq 0)-P\left(0 \leq Z \leq \dfrac{k-24}{4}\right)=0.16$

$0.5-P\left(0 \leq Z \leq \dfrac{k-24}{4}\right)=0.16$

$\therefore P\left(0 \leq Z \leq \dfrac{k-24}{4}\right)=0.34$

이때 $P(0 \leq Z \leq 1)=0.34$이므로

$\dfrac{k-24}{4}=1 \qquad \therefore k=28$ 답 **28**

231

답 ㄱ

232

크기가 2인 표본을 복원추출하는 경우의 수는

$_{10}\Pi_2=10^2=100$ 답 **100**

233

(1) 표본평균 $\overline{X}$의 확률분포를 표로 나타내면 다음과

같다.

$\overline{X}$	1	2	3	4	5	합계
$P(\overline{X}=\overline{x})$	$\dfrac{1}{9}$	$\dfrac{2}{9}$	$\dfrac{1}{3}$	$\dfrac{2}{9}$	$\dfrac{1}{9}$	1

(2) $E(\overline{X})=1 \times \dfrac{1}{9}+2 \times \dfrac{2}{9}+3 \times \dfrac{1}{3}+4 \times \dfrac{2}{9}+5 \times \dfrac{1}{9}$

$\qquad =3$

$V(\overline{X})=1^2 \times \dfrac{1}{9}+2^2 \times \dfrac{2}{9}+3^2 \times \dfrac{1}{3}+4^2 \times \dfrac{2}{9}$

$\qquad\qquad\qquad\qquad +5^2 \times \dfrac{1}{9}-3^2$

$\qquad =\dfrac{4}{3}$

$\sigma(\overline{X})=\sqrt{\dfrac{4}{3}}=\dfrac{2\sqrt{3}}{3}$

답 (1) **풀이 참조**

(2) $E(\overline{X})=3, V(\overline{X})=\dfrac{4}{3}, \sigma(\overline{X})=\dfrac{2\sqrt{3}}{3}$

234

모평균이 30, 모분산이 16, 표본의 크기가 100이므로

(1) $E(\overline{X})=30$

(2) $V(\overline{X})=\dfrac{16}{100}=\dfrac{4}{25}$

(3) $\sigma(\overline{X})=\sqrt{\dfrac{4}{25}}=\dfrac{2}{5}$

답 (1) **30** (2) $\dfrac{4}{25}$ (3) $\dfrac{2}{5}$

235

(1) 모평균 $m=200$, 모표준편차 $\sigma=10$, 표본의 크기

$n=100$이므로 표본평균 $\overline{X}$의 평균과 표준편차는

$E(\overline{X})=m=200$

$\sigma(\overline{X})=\dfrac{\sigma}{\sqrt{n}}=\dfrac{10}{\sqrt{100}}=1$

(2) 표본평균 $\overline{X}$는 정규분포 $N(200, 1^2)$을 따르므로

$Z=\dfrac{\overline{X}-200}{1}$으로 놓으면 확률변수 Z는 표준정규

분포 $N(0, 1)$을 따른다.

따라서 구하는 확률은

$P(\overline{X} \geq 202)=P\left(Z \geq \dfrac{202-200}{1}\right)$

$\qquad\qquad =P(Z \geq 2)$

$\qquad\qquad =P(Z \geq 0)-P(0 \leq Z \leq 2)$

$\qquad\qquad =0.5-0.4772=0.0228$

답 (1) $E(\overline{X})=200, \sigma(\overline{X})=1$ (2) **0.0228**

236

모집단이 정규분포 $N(40, 4)$를 따르므로 모평균이

40, 모표준편차가 2이고, 표본의 크기가 n이다.

$E(\overline{X})=m=40$

$V(\overline{X})=\dfrac{2^2}{n}=\dfrac{1}{15} \qquad \therefore n=60$

$\therefore m+n=100$ 답 **100**

237

모표준편차가 12, 표본의 크기가 n이므로

표본평균 $\overline{X}$에 대하여

$$\sigma(\overline{X})=\frac{12}{\sqrt{n}}\leq 1,\ \sqrt{n}\geq 12$$

$$\therefore\ n\geq 144$$

따라서 n의 최솟값은 144이다.   **답 144**

238

상자에서 임의로 1개의 공을 꺼낼 때, 공에 적힌 숫자를 확률변수 X라 하면 X의 확률분포는 다음 표와 같다.

X	1	2	4	합계
$P(X=x)$	$\frac{1}{3}$	$\frac{1}{2}$	$\frac{1}{6}$	1

$$\therefore\ E(X)=1\times\frac{1}{3}+2\times\frac{1}{2}+4\times\frac{1}{6}=2$$

$$V(X)=1^2\times\frac{1}{3}+2^2\times\frac{1}{2}+4^2\times\frac{1}{6}-2^2=1$$

이때 표본의 크기가 4이므로

$$V(\overline{X})=\frac{1}{4}$$

$$\therefore\ V(2\overline{X}+3)=2^2V(\overline{X})=4\times\frac{1}{4}=1$$ **답 1**

239

모집단이 정규분포 $N(70,\ 20^2)$을 따르고 표본의 크기가 100이므로 표본평균 $\overline{X}$는 정규분포 $N\left(70,\ \frac{20^2}{100}\right)$, 즉 $N(70,\ 2^2)$을 따른다.

이때 $Z=\dfrac{\overline{X}-70}{2}$으로 놓으면 확률변수 Z는 표준정규분포 $N(0,\ 1)$을 따르므로

$$\begin{aligned}
P(\overline{X}\geq 73)&=P\left(Z\geq\frac{73-70}{2}\right)\\
&=P(Z\geq 1.5)\\
&=P(Z\geq 0)-P(0\leq Z\leq 1.5)\\
&=0.5-0.4332=0.0668
\end{aligned}$$
     답 0.0668

240

모집단이 정규분포 $N(200,\ 10^2)$을 따르고 표본의 크기가 25이므로 25명의 성적의 평균을 $\overline{X}$라 하면 표본평균 $\overline{X}$는 정규분포 $N\left(200,\ \frac{10^2}{25}\right)$, 즉 $N(200,\ 2^2)$을 따른다.

이때 $Z=\dfrac{\overline{X}-200}{2}$으로 놓으면 확률변수 Z는 표준정규분포 $N(0,\ 1)$을 따르므로

$$\begin{aligned}
&P(198\leq\overline{X}\leq 204)\\
&=P\left(\frac{198-200}{2}\leq Z\leq\frac{204-200}{2}\right)\\
&=P(-1\leq Z\leq 2)\\
&=P(-1\leq Z\leq 0)+P(0\leq Z\leq 2)\\
&=P(0\leq Z\leq 1)+P(0\leq Z\leq 2)\\
&=0.3413+0.4772=0.8185
\end{aligned}$$
     답 0.8185

241

모집단이 정규분포 $N(50,\ 10^2)$을 따르고 표본의 크기가 n이므로 표본평균 $\overline{X}$는 정규분포 $N\left(50,\ \frac{10^2}{n}\right)$을 따른다.

$Z=\dfrac{\overline{X}-50}{\dfrac{10}{\sqrt{n}}}$으로 놓으면 확률변수 Z는 표준정규분포 $N(0,\ 1)$을 따르므로 $P(\overline{X}\geq 52)=0.1587$에서

$$P\left(Z\geq\frac{52-50}{\dfrac{10}{\sqrt{n}}}\right)=0.1587$$

$$P\left(Z\geq\frac{\sqrt{n}}{5}\right)=0.1587$$

$$P(Z\geq 0)-P\left(0\leq Z\leq\frac{\sqrt{n}}{5}\right)=0.1587$$

$$0.5-P\left(0\leq Z\leq\frac{\sqrt{n}}{5}\right)=0.1587$$

$$\therefore\ P\left(0\leq Z\leq\frac{\sqrt{n}}{5}\right)=0.3413$$

이때 $P(0\leq Z\leq 1)=0.3413$이므로

$$\frac{\sqrt{n}}{5}=1,\ \sqrt{n}=5 \qquad \therefore\ n=25$$
     답 25

242

모집단이 정규분포 $N(1000,\ 50^2)$을 따르고 표본의 크기가 100이므로 표본평균 $\overline{X}$는 정규분포 $N\left(1000,\ \frac{50^2}{100}\right)$, 즉 $N(1000,\ 5^2)$을 따른다.

$Z=\dfrac{\overline{X}-1000}{5}$으로 놓으면 확률변수 Z는 표준정규분포 $N(0,\ 1)$을 따르므로

$P(\overline{X}\geq k)=0.0228$에서

$P\left(Z\geq\dfrac{k-1000}{5}\right)=0.0228$

$0.5-P\left(0\leq Z\leq\dfrac{k-1000}{5}\right)=0.0228$

$\therefore P\left(0\leq Z\leq\dfrac{k-1000}{5}\right)=0.4772$

이때 $P(0\leq Z\leq 2)=0.4772$이므로

$\dfrac{k-1000}{5}=2,\ k-1000=10$

$\therefore k=1010$ **답 1010**

243

표본평균 $\overline{x}=167$, 표본의 크기 $n=64$이고, n은 충분히 크므로 모표준편차 대신 표본표준편차 12를 이용한다.

따라서 모평균 m의 신뢰도 95%의 신뢰구간은

$167-1.96\times\dfrac{12}{\sqrt{64}}\leq m\leq 167+1.96\times\dfrac{12}{\sqrt{64}}$

$\therefore 164.06\leq m\leq 169.94$ **답 $164.06\leq m\leq 169.94$**

244

표본평균 $\overline{x}=150$, 모표준편차 $\sigma=5$이므로 모평균 m의 신뢰도 99%의 신뢰구간은

$150-2.58\times\dfrac{5}{\sqrt{n}}\leq m\leq 150+2.58\times\dfrac{5}{\sqrt{n}}$

이때 $148.71\leq m\leq 151.29$이므로

$150-2.58\times\dfrac{5}{\sqrt{n}}=148.71$

$150+2.58\times\dfrac{5}{\sqrt{n}}=151.29$

따라서 $2.58\times\dfrac{5}{\sqrt{n}}=1.29$이므로

$\sqrt{n}=10$ $\therefore n=100$ **답 100**

245

모집단이 정규분포를 따르고, 표본의 크기 100이 충분히 크므로 모표준편차 대신 표본표준편차 15를 이용한다.

따라서 모평균 m의 신뢰도 99%의 신뢰구간 $\alpha\leq m\leq\beta$에 대하여

$\beta-\alpha=2\times 2.58\times\dfrac{15}{\sqrt{100}}=7.74$ **답 7.74**

246

표본의 크기를 n이라 하면 모표준편차가 5이고, 모평균 m의 신뢰도 99%의 신뢰구간 $\alpha\leq m\leq\beta$에 대하여 $\beta-\alpha\leq 0.3$이므로

$2\times 2.58\times\dfrac{5}{\sqrt{n}}\leq 0.3,\ \sqrt{n}\geq 86$

$\therefore n\geq 7396$

따라서 표본의 크기의 최솟값은 7396이다. **답 7396**

247

표본의 크기를 n이라 하면

신뢰도 95%로 추정한 모평균 m의 신뢰구간은

$\overline{x}-1.96\times\dfrac{30}{\sqrt{n}}\leq m\leq\overline{x}+1.96\times\dfrac{30}{\sqrt{n}}$

$-1.96\times\dfrac{30}{\sqrt{n}}\leq m-\overline{x}\leq 1.96\times\dfrac{30}{\sqrt{n}}$

$|m-\overline{x}|\leq 1.96\times\dfrac{30}{\sqrt{n}}$

모평균 m과 표본평균 $\overline{x}$의 차가 $2\,\mathrm{g}$ 이하이어야 하므로

$1.96\times\dfrac{30}{\sqrt{n}}\leq 2,\ \sqrt{n}\geq 29.4$

$\therefore n\geq 864.36$

따라서 적어도 865개의 제품을 조사해야 한다.

답 865개

248

표본의 크기를 n이라 하면

신뢰도 99%로 추정한 모평균 m의 신뢰구간은

$\overline{x}-2.58\times\dfrac{75}{\sqrt{n}}\leq m\leq\overline{x}+2.58\times\dfrac{75}{\sqrt{n}}$

$-2.58\times\dfrac{75}{\sqrt{n}}\leq m-\overline{x}\leq 2.58\times\dfrac{75}{\sqrt{n}}$

$|m-\overline{x}|\leq 2.58\times\dfrac{75}{\sqrt{n}}$

모평균 m과 표본평균 $\overline{x}$의 차가 $12.9\,\mathrm{m}$ 이하이어야 하므로

$2.58\times\dfrac{75}{\sqrt{n}}\leq 12.9,\ \sqrt{n}\geq 15$

$\therefore n\geq 225$

따라서 표본의 크기의 최솟값은 225이다. **답 225**

I. 경우의 수

1

3학년 3명을 한 사람으로 생각하면 모두 4명이고, 이들이 원탁에 둘러앉는 경우의 수는

$(4-1)!=3!=6$

이때 각 경우에 대하여 3학년끼리 자리를 바꾸는 경우의 수는

$3!=6$

따라서 구하는 경우의 수는

$6 \times 6=36$ 답 ④

2

A, B, C 3명을 한 사람으로 생각하면 모두 3명이고, 이들이 원탁에 둘러앉는 경우의 수는

$(3-1)!=2!=2$

A를 가운데 두고 B, C가 자리를 바꾸는 경우의 수는

$2!=2$

따라서 구하는 경우의 수는

$2 \times 2=4$ 답 4

3

(i) 탁자 A에 4명이 둘러앉는 경우의 수는

$(4-1)!=3!=6$

$\therefore a=6$

(ii) 8명이 원형으로 둘러앉는 경우의 수는

$(8-1)!=7!=5040$

8명이 직사각형 모양의 탁자 B에 둘러앉을 때, ①의 자리를 어느 자리에 고정시키느냐에 따라 둘러앉는 경우가 다음 그림과 같이 4가지 경우로 달라진다.

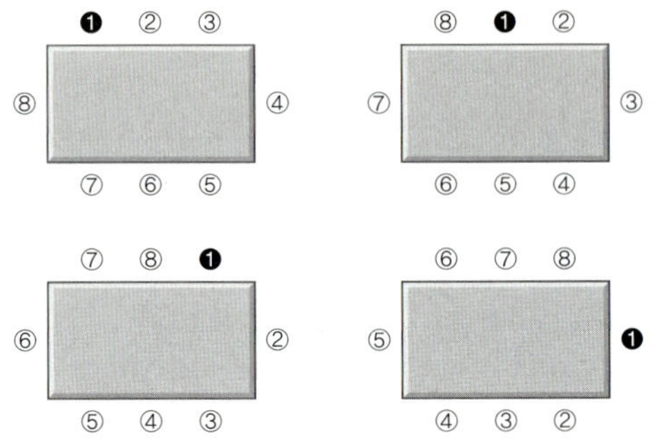

따라서 탁자 B에 8명이 둘러앉는 경우의 수는

$5040 \times 4=20160$ $\qquad \therefore b=20160$

(i), (ii)에서 $a+b=20166$ 답 20166

4

서로 다른 영화 3편에서 4개를 택하는 중복순열의 수와 같으므로

$_3\Pi_4=3^4=81$ 답 ⑤

5

천의 자리에는 0이 올 수 없으므로 4가지

백의 자리, 십의 자리에는 0, 1, 2, 3, 4가 모두 중복하여 올 수 있으므로

$_5\Pi_2=5^2=25(가지)$

일의 자리에는 0, 2, 4가 올 수 있으므로 3가지

따라서 구하는 짝수의 개수는

$4 \times 25 \times 3=300$ 답 300

6

3000보다 작은 수는 2□□□, 1□□□의 꼴이다.

2□□□, 1□□□ 꼴의 자연수의 개수는 5개의 숫자에서 3개를 택하는 중복순열의 수와 같으므로

$2 \times _5\Pi_3=2 \times 5^3=250$ 답 250

7

X에서 X로의 일대일대응의 개수는 집합 X의 원소 1, 2, 3, $\cdots$, n에서 서로 다른 n개를 뽑는 순열의 수와 같으므로

$_n\mathrm{P}_n = n \times (n-1) \times \cdots \times 1 = 120$

이때 $120 = 5 \times 4 \times 3 \times 2 \times 1$이므로 $n = 5$

따라서 X에서 X로의 함수의 개수는 집합 X의 원소

1, 2, 3, 4, 5의 5개에서 중복을 허용하여 5개를 뽑아

집합 X의 원소 1, 2, 3, 4, 5에 대응시키는 중복순열

의 수와 같으므로

$_5\Pi_5 = 5^5 = 3125$

답 3125

8

a, a, b, b의 4개의 문자를 일렬로 나열하는 경우의 수는

$$\frac{4!}{2!2!} = 6$$

a, a, b, b의 양 끝과 사이사이에 c, d를 배열하는 경우의 수는 $_5\mathrm{P}_2 = 20$

따라서 구하는 경우의 수는

$6 \times 20 = 120$

답 120

다른풀이 a, a, b, b, c, d의 6개의 문자를 일렬로 나열하는 경우의 수는

$$\frac{6!}{2!2!} = 180$$

c, d가 이웃한다고 할 때, c, d를 한 문자 A로 생각하면 a, a, b, b, A의 5개의 문자를 일렬로 나열하는 경우의 수는

$$\frac{5!}{2!2!} = 30$$

이때 c와 d가 자리를 바꾸는 경우의 수는 $2! = 2$

즉, c와 d가 이웃하도록 나열하는 경우의 수는

$30 \times 2 = 60$

따라서 구하는 경우의 수는

$180 - 60 = 120$

9

오른쪽 그림과 같이 지나갈 수 없는 길을 점선으로 연결하고 두 지점 P, Q를 잡으면 A 지점에서 B 지점까지 최단 거리로 가는 경우의 수는

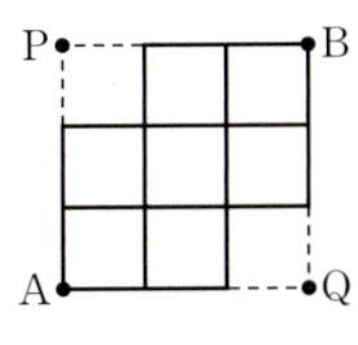

$$\frac{6!}{3!3!} = 20$$

그런데

A → P → B로 가는 경우의 수: 1

A → Q → B로 가는 경우의 수: 1

이므로 구하는 경우의 수는

$20 - (1+1) = 18$

답 18

10

각 쌍을 묶어서 세 사람으로 생각하면 3명이 원탁에 둘러앉는 경우의 수는

$(3-1)! = 2! = 2$

세 쌍의 부부가 각각 자리를 바꾸는 경우의 수는

$2! \times 2! \times 2! = 8$

따라서 구하는 경우의 수는

$2 \times 8 = 16$

답 16

11

A, B가 네 모퉁이에 앉지 않는 경우는 그림과 같은 경우이다.

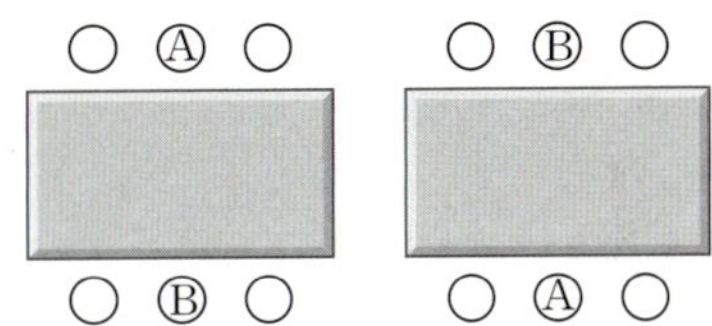

이때 위의 두 경우는 회전하여 일치하므로 서로 같은 경우이다.

따라서 A, B를 제외한 4명을 남은 네 자리에 앉히는 경우의 수는

$4! = 4 \times 3 \times 2 \times 1 = 24$

답 24

12

다섯 자리의 자연수 중 0을 세 번만 포함하는 경우는

$\square\square000$, $\square0\square00$, $\square00\square0$, $\square000\square$

의 4가지가 있다.

각각의 꼴의 자연수의 개수는 1, 2, 3의 3개의 숫자에서 중복을 허용하여 2개를 택하는 중복순열의 수와 같으므로

$_3\Pi_2 = 3^2 = 9$

따라서 구하는 자연수의 개수는

$4 \times 9 = 36$ **답 36**

13

0, 1, 2, 3으로 중복을 허용하여 만든 자연수는 맨 앞 자리에는 0을 제외한 3개의 숫자가 올 수 있고 나머지 자리에는 4개의 숫자가 중복하여 올 수 있다.

(i) 한 자리의 자연수의 개수: 3

(ii) 두 자리의 자연수의 개수: $3 \times {}_4\Pi_1 = 3 \times 4 = 12$

(iii) 세 자리의 자연수의 개수: $3 \times {}_4\Pi_2 = 3 \times 4^2 = 48$

(iv) 10□□ 꼴의 자연수의 개수: ${}_4\Pi_2 = 4^2 = 16$

(v) 11□□ 꼴의 자연수의 개수: ${}_4\Pi_2 = 4^2 = 16$

(vi) 120□ 꼴의 자연수의 개수: 4

(i)~(vi)에서 $3 + 12 + 48 + 16 + 16 + 4 = 99$이고,

이 이후의 숫자는 1210, 1211, 1212, 1213, …이므로 100번째에 해당하는 자연수는 1210이다.

답 1210

14

X에서 Y로의 함수의 개수는

${}_4\Pi_3 = 4^3 = 64$

X에서 Y로의 함수 중 $f(1) = 1$인 함수의 개수는

${}_4\Pi_2 = 4^2 = 16$

따라서 구하는 함수의 개수는

$64 - 16 = 48$ **답 ②**

다른풀이 $f(1)$의 값이 될 수 있는 수는 1을 제외한 3개, $f(2)$의 값이 될 수 있는 수는 4개, $f(3)$의 값이 될 수 있는 수는 4개이므로 구하는 함수의 개수는

$3 \times 4 \times 4 = 48$

15

일의 자리의 숫자가 1 또는 3일 때 홀수가 된다.

(i) 일의 자리의 숫자가 1일 때

(□□□□□1인 경우의 수)

　　　　　　　$- (0□□□□1$인 경우의 수)

$= \dfrac{6!}{3!} - \dfrac{5!}{2!} = 120 - 60 = 60$

(ii) 일의 자리의 숫자가 3일 때

(□□□□□3인 경우의 수)

　　　　　　　$- (0□□□□3$인 경우의 수)

$= \dfrac{6!}{3!2!} - \dfrac{5!}{2!2!} = 60 - 30 = 30$

(i), (ii)에서 구하는 홀수의 개수는

$60 + 30 = 90$ **답 90**

16

a와 c, b와 e의 순서가 각각 정해져 있으므로 a, c를 모두 x로, b, e를 모두 y로 생각하여 7개의 문자 x, y, x, d, y, f, g를 일렬로 나열한 후 첫 번째 x는 a, 두 번째 x는 c, 첫 번째 y는 b, 두 번째 y는 e로 바꾸면 된다.

따라서 구하는 경우의 수는

$\dfrac{7!}{2!2!} = 1260$ **답 1260**

17

(i) $f(-2)$, $f(-1)$, $f(0)$, $f(1)$, $f(2)$가 모두 1인 함수 f의 개수는 1이다.

(ii) $f(-2)$, $f(-1)$, $f(0)$, $f(1)$, $f(2)$ 중 -1이 2개, 1이 3개인 함수 f의 개수는

$\dfrac{5!}{2!3!} = 10$

(iii) $f(-2)$, $f(-1)$, $f(0)$, $f(1)$, $f(2)$ 중 -1이 4개, 1이 1개인 함수 f의 개수는

$\dfrac{5!}{4!1!} = 5$

(i)~(iii)에서 구하는 함수의 개수는

$1 + 10 + 5 = 16$ **답 ③**

18

오른쪽 그림과 같이 세 지점 P, Q, R를 잡으면 A 지점에서 B 지점까지 최단 거리로 가는 경우는

$A \to P \to B$,

$A \to Q \to B$,

$A \to R \to B$이다.

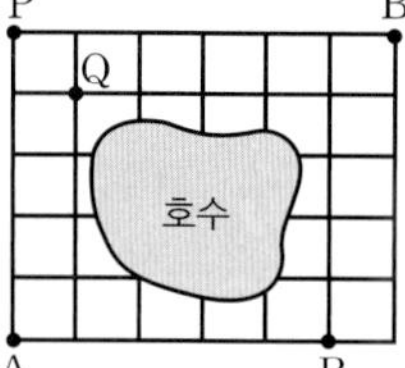

(i) A $\rightarrow$ P $\rightarrow$ B로 가는 경우의 수: 1

(ii) A $\rightarrow$ Q $\rightarrow$ B로 가는 경우의 수: $\dfrac{5!}{4!} \times \dfrac{6!}{5!} = 30$

(iii) A $\rightarrow$ R $\rightarrow$ B로 가는 경우의 수: $1 \times \dfrac{6!}{5!} = 6$

따라서 구하는 경우의 수는 $1+30+6=37$ **답 37**

19

정삼각형에 칠할 색을 정하는 경우의 수는

$_8C_2 = 28$

나머지 6개의 색으로 등변사다리꼴을 칠하는 경우의 수는

$_6C_3 \times (3-1)! \times 3! = 240$

따라서 구하는 경우의 수는

$28 \times 240 = 6720$ **답 ③**

20

(i) $a\square\square\square$ 꼴의 문자열의 개수는 $_4\Pi_3 = 4^3 = 64$

(ii) $ba\square\square$ 꼴의 문자열의 개수는 $_4\Pi_2 = 4^2 = 16$

(iii) $bba\square$ 꼴의 문자열의 개수는 4

(iv) $bbb\square$ 꼴의 문자열의 개수는 4

(i)~(iv)에서 $64+16+4+4=88$이고, 이 이후의 문자열은 $bbca$, $bbcb$, $bbcc$, $bbcd$, …이므로 90번째에 오는 문자열은 $bbcb$이다. **답 $bbcb$**

21

$f(1)+f(2)+f(3)=11$을 만족시키는 함수 f의 개수는 집합 Y의 원소인 1, 2, 3, 4, 5에서 중복을 허용하여 3개를 택하여 그 합이 11이 되도록 하는 경우의 수와 같으므로 합이 11인 경우를 순서쌍으로 나타내면

$(1, 5, 5)$, $(2, 4, 5)$, $(3, 3, 5)$, $(3, 4, 4)$

이고 각각에 대하여 함수 f의 개수는 일렬로 나열하는 순열의 수와 같다.

(i) $(1, 5, 5)$를 나열하는 경우의 수: $\dfrac{3!}{2!} = 3$

(ii) $(2, 4, 5)$를 나열하는 경우의 수: $3! = 6$

(iii) $(3, 3, 5)$를 나열하는 경우의 수: $\dfrac{3!}{2!} = 3$

(iv) $(3, 4, 4)$를 나열하는 경우의 수: $\dfrac{3!}{2!} = 3$

따라서 구하는 함수 f의 개수는

$3+6+3+3=15$ **답 15**

22

갑과 을의 속력이 같으므로 갑과 을은 오른쪽 그림의 선분 EF의 중점에서 만나게 된다. 따라서 병은 선분 EF를 거쳐야 한다. 즉, 병은 B $\rightarrow$ F $\rightarrow$ E $\rightarrow$ D의 경로로 가야 하므로 구하는 경우의 수는

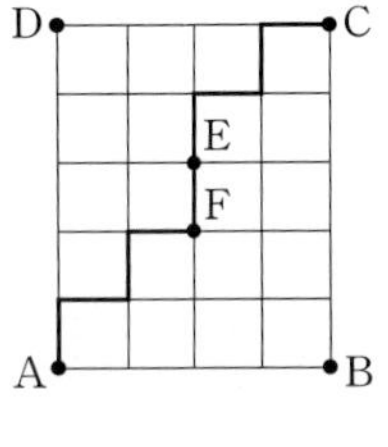

$\dfrac{4!}{2!2!} \times 1 \times \dfrac{4!}{2!2!} = 36$ **답 36**

23

오른쪽 그림과 같이 지나갈 수 없는 모서리를 점선으로 연결하고 두 점 C, D를 잡자. 가로로 한 칸 가는 것을 a, 세로로 한 칸 가는 것을

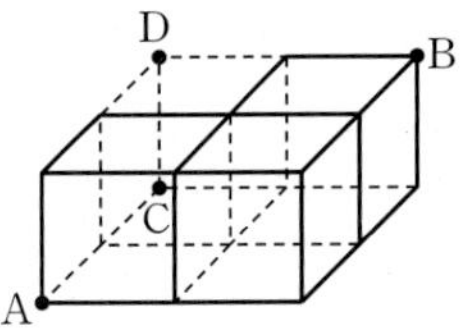

b, 위로 한 칸 가는 것을 c라 하면 꼭짓점 A에서 꼭짓점 B까지 최단 거리로 가는 경우의 수는 a, a, b, b, c를 일렬로 나열하는 경우의 수와 같으므로

$\dfrac{5!}{2!2!} = 30$

(i) A $\rightarrow$ C $\rightarrow$ B로 가는 경우의 수: $1 \times \dfrac{3!}{2!} = 3$

(ii) A $\rightarrow$ D $\rightarrow$ B로 가는 경우의 수: $\dfrac{3!}{2!} \times 1 = 3$

그런데 (i), (ii)에서 꼭짓점 C, D를 모두 지나는 경우, 즉 A $\rightarrow$ C $\rightarrow$ D $\rightarrow$ B로 가는 경우의 1가지가 중복되므로 구하는 경우의 수는

$30-(3+3-1)=25$ **답 25**

24

$_4H_0 + {}_4H_1 + {}_4H_2 + {}_4H_3 + {}_4H_4$
$= {}_3C_0 + {}_4C_1 + {}_5C_2 + {}_6C_3 + {}_7C_4$
$= 1+4+10+20+35 = 70$ **답 70**

25

$$_3H_n =\,_{n+2}C_n =\,_{n+2}C_2$$
$$=\frac{(n+2)(n+1)}{2}=21$$

이므로

$$n^2+3n-40=0,\ (n-5)(n+8)=0$$
$$\therefore n=5\ (\because n \text{은 자연수})$$

답 5

26

사과 주스, 포도 주스, 감귤 주스를 각각 먼저 1병씩 선택하고 사과 주스, 포도 주스, 감귤 주스 중에서 중복을 허용하여 5병을 선택하면 된다.

따라서 구하는 경우의 수는

$$_3H_5 =\,_7C_5 =\,_7C_2 =21$$

답 ③

27

$(a+b+c+d)$에서 서로 다른 항의 개수는 4이다.

$(x+y+z)^4$을 전개할 때 생기는 서로 다른 항의 개수는 서로 다른 3개의 문자 x, y, z 중에서 중복을 허용하여 4개를 택하는 중복조합의 수와 같으므로

$$_3H_4 =\,_6C_4 =\,_6C_2 =15$$

따라서 구하는 항의 개수는

$$4 \times 15 = 60$$

답 60

28

x, y, z가 양의 정수이므로 $x+y+z \geq 3$

$$\therefore 3 \leq x+y+z < 6$$

즉, $x+y+z=3$, $x+y+z=4$, $x+y+z=5$를 만족시키는 양의 정수해의 개수를 구한다.

이때 $x=x'+1$, $y=y'+1$, $z=z'+1$이라 하면

$x'+y'+z'=0$ 또는 $x'+y'+z'=1$ 또는

$x'+y'+z'=2$ (x', y', z'은 음이 아닌 정수)

(i) $x'+y'+z'=0$의 음이 아닌 정수해의 개수는

$$_3H_0 =\,_2C_0 =1$$

(ii) $x'+y'+z'=1$의 음이 아닌 정수해의 개수는

$$_3H_1 =\,_3C_1 =3$$

(iii) $x'+y'+z'=2$의 음이 아닌 정수해의 개수는

$$_3H_2 =\,_4C_2 =6$$

(i)~(iii)에서 구하는 해의 개수는

$$1+3+6=10$$

답 10

29

$_3H_r =\,_7C_2$에서 $_3H_r =\,_{r+2}C_r =\,_{r+2}C_2$이므로

$$_{r+2}C_2 =\,_7C_2 \qquad \therefore r=5$$
$$\therefore\,_5H_r =\,_5H_5 =\,_9C_5 =\,_9C_4 =126$$

답 126

30

3명 중 햄버거를 하나도 받지 못하는 학생 1명을 택하는 경우의 수는

$$_3C_1 =3$$

나머지 2명의 학생에게 햄버거를 1개씩 나누어 준 후 나머지 3개의 햄버거를 2명의 학생에게 나누어 주는 경우의 수는

$$_2H_3 =\,_4C_3 =\,_4C_1 =4$$

따라서 구하는 경우의 수는

$$3 \times 4 = 12$$

답 12

31

p는 포함하지 않고 r는 포함하는 항의 개수는 3개의 문자 q, r, s 중에서 중복을 허용하여 5개를 택하는 중복조합의 수와 같다.

따라서 구하는 항의 개수는

$$_3H_5 =\,_7C_5 =\,_7C_2 =21$$

답 21

32

$x+y+z=n$을 만족시키는 음이 아닌 정수해의 개수는 서로 다른 3개에서 중복을 허용하여 n개를 택하는 중복조합의 수와 같으므로

$$_3H_n =\,_{n+2}C_n =\,_{n+2}C_2$$
$$=\frac{(n+2)(n+1)}{2}=105$$
$$n^2+3n-208=0,\ (n+16)(n-13)=0$$
$$\therefore n=13\ (\because n \text{은 자연수})$$

답 13

33

조건 ㈎를 만족시키는 경우의 수는 5개의 원소 2, 3,
4, 5, 6 중에서 중복을 허용하여 3개를 택한 후 정의역
의 원소 1, 2, 3에 대응시키면 되므로

$$_5H_3 = {}_7C_3 = 35$$

조건 ㈏를 만족시키는 경우의 수는 4개의 원소 1, 2,
3, 4 중에서 중복을 허용하여 3개를 택한 후 정의역의
원소 4, 5, 6에 대응시키면 되므로

$$_4H_3 = {}_6C_3 = 20$$

따라서 구하는 함수 f의 개수는

$$35 \times 20 = 700$$

답 700

34

같은 종류의 사탕 5개를 3명의 아이에게 1개 이상씩
나누어 주는 경우의 수는 방정식 $x+y+z=2$의 음이
아닌 정수해의 개수와 같다.

이것은 서로 다른 3개에서 중복을 허용하여 2개를 택
하는 중복조합의 수와 같으므로

$$_3H_2 = {}_4C_2 = 6$$

즉, 3명의 아이가 받는 사탕의 개수를 순서쌍으로 나타
내면

$$(1, 1, 3), (1, 3, 1), (3, 1, 1),$$
$$(1, 2, 2), (2, 1, 2), (2, 2, 1)$$

각 경우에서 1개의 사탕을 받은 아이에게만 초콜릿
5개를 1개 이상씩 나누어 주는 경우의 수는 다음과 같
다.

(i) $(1, 1, 3), (1, 3, 1), (3, 1, 1)$의 경우

　먼저 1개의 사탕을 받은 2명의 아이에게 초콜릿
　1개씩을 나누어 준 다음 나머지 3개의 초콜릿을
　2명의 아이에게 나누어 주면 되므로 서로 다른 2개
　에서 중복을 허용하여 3개를 택하는 중복조합의 수
　와 같다.

$$\therefore \ _2H_3 = {}_4C_3 = 4$$

(ii) $(1, 2, 2), (2, 1, 2), (2, 2, 1)$의 경우

　각각 1가지이다.

따라서 구하는 경우의 수는

$$3 \times 4 + 3 \times 1 = 15$$

답 15

35

조건 ㈏에서 네 자연수 x, y, z, w 중에서 3으로 나눈
나머지가 1인 수 2개를 선택하고, 3으로 나눈 나머지
가 2인 수 2개를 선택하는 경우의 수는

$$_4C_2 \times {}_2C_2 = 6 \qquad \cdots\cdots\ \text{㉠}$$

x, y는 3으로 나눈 나머지가 1인 수, z, w는 3으로 나
눈 나머지가 2인 수라 하면

$$x = 3x'+1, \ y = 3y'+1, \ z = 3z'+2, \ w = 3w'+2$$

조건 ㈎에서 $x+y+z+w=12$이므로

$$(3x'+1)+(3y'+1)+(3z'+2)+(3w'+2)=12$$

$$\therefore \ x'+y'+z'+w'=2$$

$$(x', y', z', w' \text{은 음이 아닌 정수})$$

즉, x', y', z', w'에서 중복을 허용하여 2개를 택하는
중복조합의 수와 같으므로

$$_4H_2 = {}_5C_2 = 10 \qquad \cdots\cdots\ \text{㉡}$$

㉠, ㉡에서 구하는 모든 순서쌍 (x, y, z, w)의 개수는

$$6 \times 10 = 60$$

답 60

36

$\left(\dfrac{1}{x^2} - 2x\right)^7$의 전개식의 일반항은

$$_7C_r \left(\frac{1}{x^2}\right)^{7-r} (-2x)^r = {}_7C_r (-2)^r \frac{x^r}{x^{14-2r}}$$

$\dfrac{1}{x^2}$항은 $14-2r-r=2$일 때이므로 $r=4$

따라서 $\dfrac{1}{x^2}$의 계수는

$$_7C_4 (-2)^4 = 560$$

답 560

37

$\left(ax^3 + \dfrac{2}{x^2}\right)^4$의 전개식의 일반항은

$$_4C_r (ax^3)^{4-r} \left(\frac{2}{x^2}\right)^r = {}_4C_r\, 2^r a^{4-r} \frac{x^{12-3r}}{x^{2r}}$$

x^2항은 $12-3r-2r=2$일 때이므로 $r=2$

따라서 x^2의 계수는 $_4C_2\, 2^2 a^2 = 6$

$$24a^2 = 6, \ a^2 = \frac{1}{4}$$

$$\therefore \ a = \frac{1}{2} \ (\because a>0)$$

답 $\dfrac{1}{2}$

38

$(x+2y)^5$의 전개식의 일반항은
$$_5C_r\,x^{5-r}(2y)^r = {}_5C_r\,2^r x^{5-r}y^r \qquad \cdots\cdots \ \bigcirc$$
이때 $(3x+y)(x+2y)^5 = 3x(x+2y)^5 + y(x+2y)^5$
이므로 전개식에서 x^3y^3항은 $3x\times(\bigcirc$의 x^2y^3항$)$,
$y\times(\bigcirc$의 x^3y^2항$)$일 때 나타난다.

(i) $\bigcirc$에서 x^2y^3항은 $5-r=2$, 즉 $r=3$일 때이므로
$$_5C_3\,2^3 x^2y^3 = 80x^2y^3$$

(ii) $\bigcirc$에서 x^3y^2항은 $5-r=3$, 즉 $r=2$일 때이므로
$$_5C_2\,2^2 x^3y^2 = 40x^3y^2$$

(i), (ii)에서 구하는 x^3y^3의 계수는
$$3\times 80 + 40 = 280 \qquad\qquad \textbf{답 280}$$

39

$(2x+1)^4$의 전개식의 일반항은
$$_4C_r(2x)^{4-r}1^r = {}_4C_r\,2^{4-r}x^{4-r} \qquad \cdots\cdots \ \bigcirc$$
$(x-3)^3$의 전개식의 일반항은
$$_3C_p\,x^{3-p}(-3)^p = {}_3C_p(-3)^p x^{3-p} \qquad \cdots\cdots \ \bigcirc\!\bigcirc$$
$$(2x+1)^4(x-3)^3 \qquad \cdots\cdots \ \bigcirc\!\bigcirc\!\bigcirc$$
$\bigcirc\!\bigcirc\!\bigcirc$의 전개식에서 x^5항은 $(\bigcirc$의 x^4항$)\times(\bigcirc\!\bigcirc$의 x항$)$,
$(\bigcirc$의 x^3항$)\times(\bigcirc\!\bigcirc$의 x^2항$)$,
$(\bigcirc$의 x^2항$)\times(\bigcirc\!\bigcirc$의 x^3항$)$이므로 x^5의 계수는
$$_4C_0\,2^4\times {}_3C_2(-3)^2 + {}_4C_1\,2^3\times {}_3C_1(-3) + {}_4C_2\,2^2\times {}_3C_0$$
$$= 432 - 288 + 24 = 168 \qquad\qquad \textbf{답 168}$$

40

$$_3C_3 + {}_4C_3 + {}_5C_3 + {}_6C_3 + \cdots + {}_{11}C_3$$
$$= ({}_4C_4 + {}_4C_3) + {}_5C_3 + {}_6C_3 + \cdots + {}_{11}C_3 \ (\because {}_3C_3 = {}_4C_4)$$
$$= ({}_5C_4 + {}_5C_3) + {}_6C_3 + \cdots + {}_{11}C_3 \ (\because {}_4C_4 + {}_4C_3 = {}_5C_4)$$
$$= ({}_6C_4 + {}_6C_3) + \cdots + {}_{11}C_3 \ (\because {}_5C_4 + {}_5C_3 = {}_6C_4)$$
$$\vdots$$
$$= {}_{11}C_4 + {}_{11}C_3$$
$$= {}_{12}C_4 = {}_{12}C_8 \qquad\qquad \textbf{답 ③}$$

41

$(1+2x)^n$의 전개식의 일반항은
$$_nC_r(2x)^r = {}_nC_r\,2^r x^r \text{이고}$$

$3\le n\le 8$인 경우에만 x^3항이 나오므로
$(1+2x)^3$의 전개식에서 x^3의 계수는 $_3C_3\,2^3$
$(1+2x)^4$의 전개식에서 x^3의 계수는 $_4C_3\,2^3$
$$\vdots$$
$(1+2x)^8$의 전개식에서 x^3의 계수는 $_8C_3\,2^3$
따라서 x^3의 계수는
$$_3C_3\,2^3 + {}_4C_3\,2^3 + {}_5C_3\,2^3 + \cdots + {}_8C_3\,2^3$$
$$= 2^3({}_3C_3 + {}_4C_3 + {}_5C_3 + \cdots + {}_8C_3)$$
$$= 2^3\{({}_4C_4 + {}_4C_3) + {}_5C_3 + \cdots + {}_8C_3\} \ (\because {}_3C_3 = {}_4C_4)$$
$$= 2^3\{({}_5C_4 + {}_5C_3) + \cdots + {}_8C_3\} \ (\because {}_4C_4 + {}_4C_3 = {}_5C_4)$$
$$\vdots$$
$$= 2^3({}_8C_4 + {}_8C_3)$$
$$= 2^3\times {}_9C_4 = 1008 \qquad\qquad \textbf{답 1008}$$

다른풀이
$$(1+2x) + (1+2x)^2 + (1+2x)^3 + \cdots + (1+2x)^8 \qquad \cdots\cdots \ \bigcirc$$
$\bigcirc$은 첫째항이 $1+2x$, 공비가 $1+2x$, 항의 개수가 8
인 등비수열의 합이므로
$$\frac{(1+2x)\{(1+2x)^8 - 1\}}{(1+2x) - 1} = \frac{(1+2x)^9 - (1+2x)}{2x} \qquad \cdots\cdots \ \bigcirc\!\bigcirc$$

$\bigcirc$의 전개식에서 x^3의 계수는 $\bigcirc\!\bigcirc$의 $\dfrac{(1+2x)^9}{2x}$의 전개
식에서 x^3의 계수와 같다.
이때 $(1+2x)^9$의 전개식의 일반항은 $_9C_r\,2^r x^r$이므로
$\dfrac{(1+2x)^9}{2x}$의 전개식에서 일반항은 $\dfrac{{}_9C_r\,2^r x^r}{2x}$
따라서 $r=4$일 때이므로 구하는 계수는
$$\frac{{}_9C_4\,2^4}{2} = 1008$$

42

$_{19}C_k = {}_{19}C_{19-k} \ (k=0,\ 1,\ 2,\ \cdots,\ 19)$이므로
$$_{19}C_{10} + {}_{19}C_{11} + {}_{19}C_{12} + \cdots + {}_{19}C_{19}$$
$$= {}_{19}C_9 + {}_{19}C_8 + {}_{19}C_7 + \cdots + {}_{19}C_0$$
이때 $_{19}C_0 + {}_{19}C_1 + {}_{19}C_2 + \cdots + {}_{19}C_{19} = 2^{19}$이므로
$$_{19}C_{10} + {}_{19}C_{11} + {}_{19}C_{12} + \cdots + {}_{19}C_{19} = \frac{1}{2}\times 2^{19} = 2^{18}$$
$$\textbf{답 } 2^{18}$$

43

$_{20}C_0 + {}_{20}C_2 + {}_{20}C_4 + \cdots + {}_{20}C_{20} = 2^{20-1} = 2^{19}$이므로
$_{20}C_2 + {}_{20}C_4 + {}_{20}C_6 + \cdots + {}_{20}C_{18}$
$= 2^{19} - {}_{20}C_0 - {}_{20}C_{20} = 2^{19} - 2$ **답 $2^{19}-2$**

44

$(x+3)^n$의 전개식의 일반항은 $_nC_r x^{n-r} 3^r = {}_nC_r 3^r x^{n-r}$
상수항은 $r=n$일 때이므로
$_nC_n 3^n = 81,\ 3^n = 3^4$ $\therefore n=4$
즉, $(x+3)^4$의 전개식의 일반항은 $_4C_r 3^r x^{4-r}$
따라서 x항은 $r=3$일 때이므로
x의 계수는 $_4C_3 3^3 = 108$ **답 ①**

45

$(a+x)^5$의 전개식의 일반항은 $_5C_r a^{5-r} x^r$ $\cdots\cdots$ ㉠
이때 $(1+2x)(a+x)^5 = (a+x)^5 + 2x(a+x)^5$이므로 전개식에서 x^4항은 (㉠의 x^4항), $2x \times$ (㉠의 x^3항)일 때 나타난다.
(i) ㉠에서 x^4항은 $r=4$일 때이므로
  $_5C_4 ax^4 = 5ax^4$
(ii) ㉠에서 x^3항은 $r=3$일 때이므로
  $_5C_3 a^2 x^3 = 10a^2 x^3$
(i), (ii)에서 x^4항은
$5ax^4 + 2x \times 10a^2 x^3 = (5a + 20a^2)x^4$
이때 x^4의 계수가 195이므로
$5a + 20a^2 = 195$
$4a^2 + a - 39 = 0,\ (4a+13)(a-3) = 0$
$\therefore a = 3\ (\because a > 0)$
즉, $(1+2x)(3+x)^5$의 전개식에서 x^2항은
(㉠의 x^2항), $2x \times$ (㉠의 x항)일 때 나타난다.
(i) ㉠에서 x^2항은 $r=2$일 때이므로
  $_5C_2 3^3 x^2 = 270x^2$
(ii) ㉠에서 x항은 $r=1$일 때이므로
  $_5C_1 3^4 x = 405x$
(i), (ii)에서 구하는 x^2의 계수는
$270 + 2 \times 405 = 1080$ **답 1080**

46

$\left(x^2 + \dfrac{1}{x}\right)^6$의 전개식의 일반항은
$_6C_r (x^2)^{6-r} \left(\dfrac{1}{x}\right)^r = {}_6C_r \dfrac{x^{12-2r}}{x^r}$ $\cdots\cdots$ ㉠
$(x+1)^4$의 전개식의 일반항은
$_4C_p x^{4-p} 1^p = {}_4C_p x^{4-p}$ $\cdots\cdots$ ㉡
$\left(x^2 + \dfrac{1}{x}\right)^6 (x+1)^4$ $\cdots\cdots$ ㉢
㉢의 전개식에서 x^3항은 (㉠의 x^3항)$\times$(㉡의 상수항),
(㉠의 x^2항)$\times$(㉡의 x항), (㉠의 x항)$\times$(㉡의 x^2항),
(㉠의 상수항)$\times$(㉡의 x^3항),
$\left(㉠의 \dfrac{1}{x}항\right) \times$ (㉡의 x^4항)일 때 나타난다.
그런데 ㉠에서 x^2항은 $r=\dfrac{10}{3}$, x항은 $r=\dfrac{11}{3}$,
$\dfrac{1}{x}$항은 $r=\dfrac{13}{3}$일 때이고 $0 \le r \le 6$인 정수가 아니므로 x^2항, x항, $\dfrac{1}{x}$항은 존재하지 않는다.
따라서 ㉢의 전개식에서 x^3항은
(㉠의 x^3항)$\times$(㉡의 상수항)
$\qquad\qquad$ $+$ (㉠의 상수항)$\times$(㉡의 x^3항)
이므로 x^3의 계수는
$_6C_3 \times {}_4C_4 + {}_6C_4 \times {}_4C_1 = 20 + 60 = 80$ **답 80**

47

$(1+x)^n = {}_nC_0 + {}_nC_1 x + {}_nC_2 x^2 + \cdots + {}_nC_n x^n$이므로
$x=4$를 대입하면
$(1+4)^n = {}_nC_0 + {}_nC_1 4 + {}_nC_2 4^2 + \cdots + {}_nC_n 4^n$
따라서 $5^n = 5^{20}$에서 $n=20$ **답 20**

48

$19^{19} = (20-1)^{19}$
$\quad = {}_{19}C_0 20^{19} + {}_{19}C_1 20^{18}(-1) + {}_{19}C_2 20^{17}(-1)^2$
$\qquad\qquad + \cdots + {}_{19}C_{18} 20(-1)^{18} + {}_{19}C_{19}(-1)^{19}$
이때
$_{19}C_0 20^{19} + {}_{19}C_1 20^{18}(-1) + \cdots + {}_{19}C_{17} 20^2(-1)^{17}$
은 400으로 나누어떨어진다.

따라서 19^{19}을 400으로 나누었을 때의 나머지는
${}_{19}C_{18}20(-1)^{18}+{}_{19}C_{19}(-1)^{19}=379$를 400으로 나누었을 때의 나머지와 같으므로 구하는 나머지는 379이다.

답 379

49

$(1+x)^n$의 전개식의 일반항은 ${}_nC_r\,x^r$이므로 x^8의 계수는 ${}_nC_8$, x^9의 계수는 ${}_nC_9$, x^{10}의 계수는 ${}_nC_{10}$이다.

즉, $a_8={}_nC_8$, $a_9={}_nC_9$, $a_{10}={}_nC_{10}$이므로

$a_9-a_8=a_{10}-a_9$에서 ${}_nC_9-{}_nC_8={}_nC_{10}-{}_nC_9$

$2\times{}_nC_9={}_nC_8+{}_nC_{10}$

$$2\times\dfrac{n!}{9!(n-9)!}=\dfrac{n!}{8!(n-8)!}+\dfrac{n!}{10!(n-10)!}$$

양변에 $\dfrac{10!(n-8)!}{n!}$을 곱하면

$2\times10(n-8)=10\times9+(n-8)(n-9)$

$20n-160=90+n^2-17n+72$

$n^2-37n+322=0$, $(n-14)(n-23)=0$

$\therefore n=14$ 또는 $n=23$

답 14 또는 23

50

원소가 1개인 부분집합의 개수는 ${}_{20}C_1$,

원소가 3개인 부분집합의 개수는 ${}_{20}C_3$,

원소가 5개인 부분집합의 개수는 ${}_{20}C_5$,

$$\vdots$$

원소가 17개인 부분집합의 개수는 ${}_{20}C_{17}$,

원소가 19개인 부분집합의 개수는 ${}_{20}C_{19}$

이므로 원소의 개수가 홀수인 부분집합의 개수는

$${}_{20}C_1+{}_{20}C_3+{}_{20}C_5+\cdots+{}_{20}C_{17}+{}_{20}C_{19}=2^{20-1}=2^{19}$$

답 2^{19}

51

$11^{11}=(1+10)^{11}$

$\qquad={}_{11}C_0+{}_{11}C_1\,10+{}_{11}C_2\,10^2+{}_{11}C_3\,10^3$
$\qquad\qquad\qquad\qquad+\cdots+{}_{11}C_{11}\,10^{11}$

$\qquad=1+11\times10+55\times100$
$\qquad\qquad+10^3({}_{11}C_3+{}_{11}C_4\,10+\cdots+{}_{11}C_{11}\,10^8)$

$\qquad=5611+\underbrace{10^3\times(\text{자연수})}_{\textstyle\bigcirc}$

이때 $\bigcirc$은 1000의 배수이므로 11^{11}의 일의 자리, 십의 자리, 백의 자리의 숫자는 5611에서 각각 1, 1, 6이다.

따라서 $a=1$, $b=1$, $c=6$이므로

$a+b+c=8$

답 8

52

$$(1+x)^{10}(1+x)^{10}=(1+x)^{20} \qquad\cdots\cdots\ \bigcirc$$

$\bigcirc$의 좌변을 전개하였을 때 x^{10}의 계수는

${}_{10}C_0\times{}_{10}C_{10}+{}_{10}C_1\times{}_{10}C_9+\cdots+{}_{10}C_{10}\times{}_{10}C_0$

$=({}_{10}C_0)^2+({}_{10}C_1)^2+\cdots+({}_{10}C_{10})^2$

$\bigcirc$의 우변을 전개하였을 때 x^{10}의 계수는 ${}_{20}C_{10}$

따라서 구하는 자연수 n의 값은 20이다.

답 20

53

$(1+x)^n={}_nC_0+{}_nC_1x+{}_nC_2x^2+\cdots+{}_nC_nx^n$이고

${}_{10}C_{10}\times{}_{11}C_8+{}_{10}C_9\times{}_{11}C_7+{}_{10}C_8\times{}_{11}C_6$
$\qquad\qquad\qquad+\cdots+{}_{10}C_2\times{}_{11}C_0$

$={}_{10}C_0\times{}_{11}C_8+{}_{10}C_1\times{}_{11}C_7+{}_{10}C_2\times{}_{11}C_6$
$\qquad+\cdots+{}_{10}C_8\times{}_{11}C_0\ (\because {}_nC_r={}_nC_{n-r})$

이므로 주어진 식은 $(1+x)^{10}(1+x)^{11}$,

즉 $(1+x)^{21}$의 전개식에서 x^8의 계수와 같다.

$\therefore (\text{주어진 식})={}_{21}C_8$

답 ②

54

동주는 알사탕 $k\,(k=0,\ 1,\ 2,\ 3,\ 4,\ 5)$개와 박하사탕 $(5-k)$개를 진서에게 주면 된다.

이때 동주가 알사탕 k개를 택하는 경우의 수는 ${}_5C_k$이고, 박하사탕 $(5-k)$개를 택하는 경우의 수는 1이므로 구하는 경우의 수는

${}_5C_0+{}_5C_1+{}_5C_2+{}_5C_3+{}_5C_4+{}_5C_5=2^5=32$

답 32

55

사건 A와 서로 배반인 사건은 사건 A^c의 부분집합이고, 사건 B와 서로 배반인 사건은 사건 B^c의 부분집합이므로 사건 C는 $A^c \cap B^c$의 부분집합이다.

이때 $A = \{1, 2, 5, 10\}$에서 $A^c = \{3, 4, 6, 7, 8, 9\}$

이고 $B = \{1, 3, 5, 7, 9\}$에서 $B^c = \{2, 4, 6, 8, 10\}$

이므로 $A^c \cap B^c = \{4, 6, 8\}$

따라서 사건 C의 개수는

$2^3 = 8$

답 8

56

표본공간을 S라 하면

$n(S) = 6 \times 6 = 36$

(홀수) × (홀수) = (홀수)이고, 주사위의 눈의 수 중 홀수는 1, 3, 5의 3개이므로 나오는 두 눈의 수의 곱이 홀수인 사건을 A라 하면

$n(A) = 3 \times 3 = 9$

따라서 구하는 확률은

$$P(A) = \frac{n(A)}{n(S)} = \frac{9}{36} = \frac{1}{4}$$

답 $\dfrac{1}{4}$

57

집합 A의 부분집합의 개수는

$2^6 = 64$

원소 b는 포함하고 원소 f는 포함하지 않는 부분집합의 개수는

$2^{6-1-1} = 2^4 = 16$

따라서 구하는 확률은

$$\frac{16}{64} = \frac{1}{4}$$

답 $\dfrac{1}{4}$

58

6명이 일렬로 앉는 경우의 수는 6!

각 부부를 한 사람으로 생각하여 3명이 일렬로 앉는 경우의 수는 3!

각 부부가 서로 자리를 바꾸는 경우의 수는

$2! \times 2! \times 2!$

즉, 부부끼리 서로 이웃하여 앉는 경우의 수는

$3! \times 2! \times 2! \times 2!$

따라서 구하는 확률은

$$\frac{3! \times 2! \times 2! \times 2!}{6!} = \frac{1}{15}$$

답 ①

59

만들 수 있는 네 자리 정수의 개수는

$_7P_4 = 840$

이때 4200보다 큰 정수의 개수는 다음과 같다.

(ⅰ) 42□□, 43□□, 45□□, 46□□, 47□□ 꼴인 정수의 개수는

$5 \times _5P_2 = 100$

(ⅱ) 5□□□, 6□□□, 7□□□ 꼴인 정수의 개수는

$3 \times _6P_3 = 360$

(ⅰ), (ⅱ)에서 4200보다 큰 정수의 개수는

$100 + 360 = 460$

따라서 구하는 확률은

$$\frac{460}{840} = \frac{23}{42}$$

답 $\dfrac{23}{42}$

60

7명이 원탁에 둘러앉는 경우의 수는

$(7-1)! = 6! = 720$

남학생 4명이 원탁에 둘러앉는 경우의 수는

$(4-1)! = 3! = 6$

남학생 사이사이의 4개의 자리에 여학생 3명이 앉는 경우의 수는

$_4P_3 = 24$

즉, 여학생끼리 이웃하지 않게 앉는 경우의 수는

$6 \times 24 = 144$

따라서 구하는 확률은

$$\frac{144}{720} = \frac{1}{5}$$

답 $\dfrac{1}{5}$

61

X에서 X로의 함수의 개수는

$$_4\Pi_4 = 4^4 = 256$$

함숫값의 합이 7인 경우는 다음과 같다.

(i) 함숫값이 $(1, 1, 1, 4)$인 함수의 개수는 $\dfrac{4!}{3!} = 4$

(ii) 함숫값이 $(1, 1, 2, 3)$인 함수의 개수는 $\dfrac{4!}{2!} = 12$

(iii) 함숫값이 $(1, 2, 2, 2)$인 함수의 개수는 $\dfrac{4!}{3!} = 4$

(i)~(iii)에서 함숫값의 합이 7인 함수의 개수는

$$4 + 12 + 4 = 20$$

따라서 구하는 확률은 $\dfrac{20}{256} = \dfrac{5}{64}$ **답** $\dfrac{5}{64}$

62

6개의 공 중에서 3개의 공을 꺼내는 경우의 수는

$$_6C_3 = 20$$

이때 공의 색깔이 모두 다르려면 흰 공 1개, 노란 공 1개, 파란 공 1개를 꺼내야 하므로 이 경우의 수는

$$_2C_1 \times _2C_1 \times _2C_1 = 8$$

따라서 구하는 확률은 $\dfrac{8}{20} = \dfrac{2}{5}$ **답** ①

63

8개의 꼭짓점 중에서 서로 다른 2개의 꼭짓점을 택하는 경우의 수는

$$_8C_2 = 28$$

정육면체의 각 모서리의 길이는 1, 한 면에서의 대각선의 길이는 $\sqrt{2}$, 정육면체의 대각선의 길이는 $\sqrt{3}$이므로 선분의 길이가 $\sqrt{2}$ 이상인 경우는 다음과 같다.

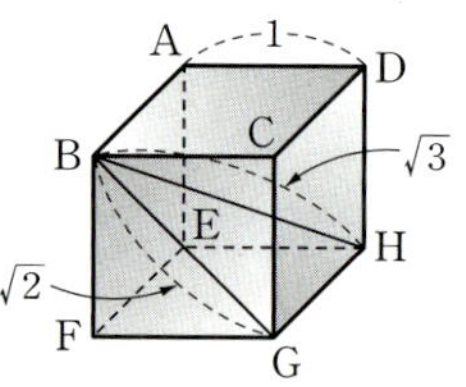

(i) 선분의 길이가 $\sqrt{2}$인 경우

각 면의 대각선의 개수와 같으므로

$$2 \times 6 = 12(가지)$$

(ii) 선분의 길이가 $\sqrt{3}$인 경우

정육면체의 대각선의 개수와 같으므로

$\overline{AG}$, $\overline{BH}$, $\overline{CE}$, $\overline{DF}$의 4가지

(i), (ii)에서 선분의 길이가 $\sqrt{2}$ 이상인 경우의 수는

$$12 + 4 = 16$$

따라서 구하는 확률은

$$\dfrac{16}{28} = \dfrac{4}{7}$$ **답** $\dfrac{4}{7}$

64

표본공간을 S라 하면

$$n(S) = 6 \times 6 = 36$$

이차방정식 $x^2 + 2ax + b = 0$의 판별식을 D라 할 때, 실근을 가지므로

$$\dfrac{D}{4} = a^2 - b \geq 0 \qquad \therefore a^2 \geq b$$

(i) $a = 1$일 때, $b = 1$의 1가지

(ii) $a = 2$일 때, $b = 1, 2, 3, 4$의 4가지

(iii) $a = 3, 4, 5, 6$일 때,

b의 값은 각각 $1, 2, 3, 4, 5, 6$이므로

$$4 \times 6 = 24(가지)$$

(i)~(iii)에서 주어진 이차방정식이 실근을 갖는 사건을 A라 하면

$$n(A) = 1 + 4 + 24 = 29$$

따라서 구하는 확률은

$$P(A) = \dfrac{n(A)}{n(S)} = \dfrac{29}{36}$$ **답** $\dfrac{29}{36}$

65

네 사람을 일렬로 세우는 경우의 수는

$$4! = 24$$

앞에서 두 번째에 서 있는 사람이 자신과 이웃한 두 사람보다 나이가 적으므로 두 번째에는 나이가 가장 적은 사람 또는 나이가 두 번째로 적은 사람이 설 수 있다.

(i) 나이가 가장 적은 사람이 두 번째에 서는 경우

나머지 3명을 남은 자리에 한 명씩 세우면 되므로 경우의 수는 $3! = 6$

(ii) 나이가 두 번째로 적은 사람이 두 번째에 서는 경우

나이가 가장 적은 사람을 네 번째에 세우고 나머지 2명을 첫 번째 자리, 세 번째 자리에 한 명씩 세우면 되므로 경우의 수는 $2! = 2$

(i), (ii)에서 앞에서 두 번째에 서 있는 사람이 자신과 이웃한 두 사람보다 나이가 적도록 세우는 경우의 수는
$6+2=8$

따라서 구하는 확률은 $\dfrac{8}{24}=\dfrac{1}{3}$

답 $\dfrac{1}{3}$

66

1, 2, 3의 세 개의 숫자 중에서 중복을 허용하여 만들 수 있는 세 자리 정수의 개수는
$_3\Pi_3=3^3=27$

이때 3의 배수가 되려면 각 자리의 숫자의 합이 3의 배수가 되어야 한다.

(i) 각 자리의 숫자의 합이 3인 경우
　　111의 1개

(ii) 각 자리의 숫자의 합이 6인 경우
　　123, 132, 213, 231, 312, 321, 222의 7개

(iii) 각 자리의 숫자의 합이 9인 경우
　　333의 1개

(i)~(iii)에서 3의 배수인 세 자리 정수의 개수는
$1+7+1=9$

따라서 구하는 확률은 $\dfrac{9}{27}=\dfrac{1}{3}$

답 $\dfrac{1}{3}$

67

7개의 공을 한 개씩 모두 꺼내는 경우의 수는 빨간 공 4개와 흰 공 3개를 일렬로 나열하는 경우의 수와 같으므로
$$\dfrac{7!}{4!\,3!}=35$$

5번째에서 흰 공을 모두 꺼내는 경우의 수는 빨간 공 2개와 흰 공 2개를 일렬로 나열하고, 5번째에 흰 공을 놓는 경우의 수와 같으므로
$$\dfrac{4!}{2!\,2!}=6$$

따라서 구하는 확률은 $\dfrac{6}{35}$이다.

답 $\dfrac{6}{35}$

68

8개의 점 중에서 3개의 점을 택하는 경우의 수는
$_8C_3=56$

이 중에서 삼각형이 만들어지는 경우는 다음과 같다.

(i) 직선 l에서 2개의 점을 택하고 직선 m에서 1개의 점을 택하는 경우
　　$_3C_2\times{_5}C_1=15$

(ii) 직선 l에서 1개의 점을 택하고 직선 m에서 2개의 점을 택하는 경우
　　$_3C_1\times{_5}C_2=30$

(i), (ii)에서 삼각형이 만들어지는 경우의 수는
$15+30=45$

따라서 구하는 확률은 $\dfrac{45}{56}$이다.

답 $\dfrac{45}{56}$

69

A에서 B로의 함수 f의 개수는
$_5\Pi_3=5^3=125$

$x_1<x_2$이면 $f(x_1)\leq f(x_2)$를 만족시키는 함수 f의 개수는 집합 B의 원소 5개 중에서 중복을 허용하여 원소 3개를 택하는 중복조합의 수와 같으므로
$_5H_3={_{5+3-1}}C_3={_7}C_3=35$

따라서 구하는 확률은
$$\dfrac{35}{125}=\dfrac{7}{25}$$

답 $\dfrac{7}{25}$

70

ㄱ. 임의의 사건 A에 대하여 $0\leq P(A)\leq 1$ (참)

ㄴ. $P(S)=1$, $P(\varnothing)=0$이므로
　　$P(S)-P(\varnothing)=1-0=1$ (참)

ㄷ. $A\cup A^C=S$이므로 $P(A\cup A^C)=P(S)=1$ (참)

ㄹ. $P(S)=1$, $0\leq P(A)\leq 1$, $0\leq P(B)\leq 1$이므로
　　$1\leq P(S)+P(A)+P(B)\leq 3$ (거짓)

따라서 옳은 것은 ㄱ, ㄴ, ㄷ이다.

답 ④

71

6명의 학생이 6개의 좌석에 앉는 경우의 수는
$6!=720$

같은 나라의 두 학생끼리 좌석 번호의 차가 1 또는 10이 되는 경우를 순서쌍으로 나타내면 다음과 같다.

(i) $(11, 12), (13, 23), (21, 22)$

(ii) $(11, 21), (12, 13), (22, 23)$

(iii) $(11, 21), (12, 22), (13, 23)$

(i)에서 각 순서쌍에 세 나라를 정하는 경우의 수는 $3!$
이고, 같은 나라의 학생 2명끼리 서로 자리를 바꾸는
경우의 수는 $2! \times 2! \times 2!$이므로 (i)과 같이 앉는 경우
의 수는

$3! \times 2! \times 2! \times 2! = 48$

같은 방법으로 (ii), (iii)과 같이 앉는 경우의 수도 각각

$3! \times 2! \times 2! \times 2! = 48$

따라서 구하는 확률은

$$\frac{48 \times 3}{720} = \frac{144}{720} = \frac{1}{5}$$

답 ④

72

6명의 학생이 주어진 직사각형 모양의 탁자에 둘러앉
는 경우의 수는 6명을 원형으로 배열하는 한 가지 방법
에 대하여 서로 다른 경우가 3가지씩 존재하므로

$(6-1)! \times 3 = 360$

남학생과 여학생이 바로 앞에 마
주 보고 앉으려면 오른쪽 그림에
서 남학생은 ①, ⑤ 중 하나, ②,
④ 중 하나, ③, ⑥ 중 하나에 앉

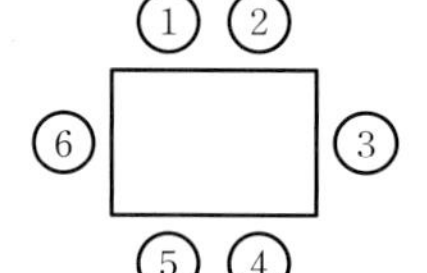

고 나머지의 자리에 여학생이 앉으면 된다.

이때 다음 그림과 같이 회전하여 일치하는 경우가 2가
지씩 존재한다.

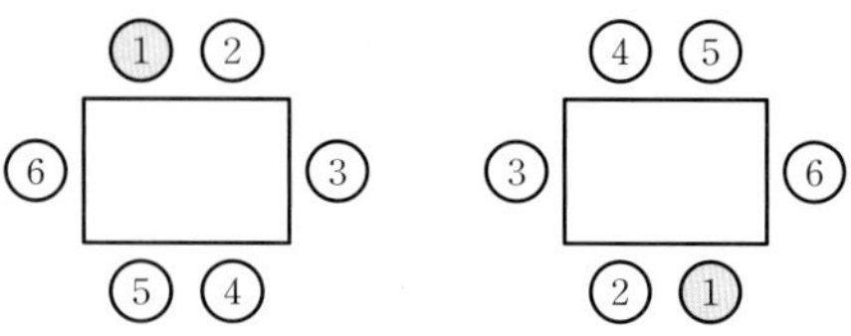

즉, 남학생과 여학생이 바로 앞에 마주 보고 앉는 경우
의 수는

$_2C_1 \times _2C_1 \times _2C_1 \times 3! \times 3! \times \frac{1}{2} = 144$

따라서 구하는 확률은

$$\frac{144}{360} = \frac{2}{5}$$

답 $\dfrac{2}{5}$

73

A 지점에서 C 지점까지 최단 거리로 가는 경우의 수는

$$\frac{11!}{6!5!} = 462$$

A 지점에서 B 지점을 지나 C 지점까지 최단 거리로
가는 경우의 수는

$$\frac{5!}{2!3!} \times \frac{6!}{4!2!} = 150$$

따라서 구하는 확률은

$$\frac{150}{462} = \frac{25}{77}$$

답 $\dfrac{25}{77}$

74

8개의 점 중에서 3개의 점을 택하는 경우의 수는

$_8C_3 = 56$

오른쪽 그림과 같이 원의 중심 O
를 지나는 한 개의 지름에 대하여
만들 수 있는 직각삼각형이 6개이
고 서로 다른 지름이 4개이므로
만들 수 있는 직각삼각형의 개수
는 $6 \times 4 = 24$

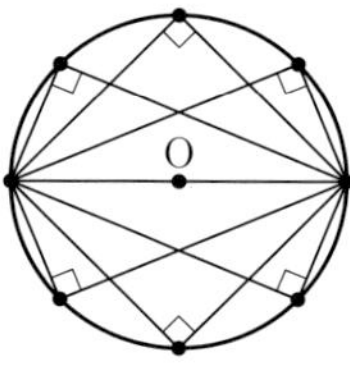

따라서 구하는 확률은

$$\frac{24}{56} = \frac{3}{7}$$

답 $\dfrac{3}{7}$

75

$f(1)=1$인 사건을 A, $f(2)=4$인 사건을 B라 하면

$P(A) = \frac{_4\Pi_2}{_4\Pi_3} = \frac{4^2}{4^3} = \frac{1}{4}$, $P(B) = \frac{_4\Pi_2}{_4\Pi_3} = \frac{4^2}{4^3} = \frac{1}{4}$,

$P(A \cap B) = \frac{_4\Pi_1}{_4\Pi_3} = \frac{4}{4^3} = \frac{1}{16}$

따라서 구하는 확률은

$P(A \cup B) = P(A) + P(B) - P(A \cap B)$

$= \frac{1}{4} + \frac{1}{4} - \frac{1}{16} = \frac{7}{16}$

답 $\dfrac{7}{16}$

76

2명 모두 남학생인 사건을 A, 2명 모두 여학생인 사건
을 B라 하면

$P(A) = \frac{_6C_2}{_{10}C_2} = \frac{1}{3}$, $P(B) = \frac{_4C_2}{_{10}C_2} = \frac{2}{15}$

이때 두 사건 A, B는 서로 배반사건이므로 구하는 확률은

$$P(A \cup B) = P(A) + P(B)$$
$$= \frac{1}{3} + \frac{2}{15} = \frac{7}{15}$$

답 $\dfrac{7}{15}$

77

$P(B^C) = 1 - P(B) = \dfrac{2}{3}$ 이므로 $P(B) = \dfrac{1}{3}$

$P(A \cup B) = P(A) + P(B) - P(A \cap B)$ 에서

$$\frac{1}{2} = \frac{1}{4} + \frac{1}{3} - P(A \cap B)$$

$$\therefore P(A \cap B) = \frac{1}{12}$$

답 $\dfrac{1}{12}$

78

A 또는 B가 뽑히는 사건을 A라 하면 A, B 모두 뽑히지 않는 사건은 A^C이므로

$$P(A^C) = \frac{{}_6 C_5}{{}_8 C_5} = \frac{3}{28}$$

$$\therefore P(A) = 1 - P(A^C) = 1 - \frac{3}{28} = \frac{25}{28}$$

답 ⑤

다른풀이 A가 뽑히는 사건을 A, B가 뽑히는 사건을 B라 하면

$$P(A) = \frac{{}_7 C_4}{{}_8 C_5} = \frac{5}{8}, \quad P(B) = \frac{{}_7 C_4}{{}_8 C_5} = \frac{5}{8},$$

$$P(A \cap B) = \frac{{}_6 C_3}{{}_8 C_5} = \frac{5}{14}$$

$$\therefore P(A \cup B) = P(A) + P(B) - P(A \cap B)$$
$$= \frac{5}{8} + \frac{5}{8} - \frac{5}{14} = \frac{25}{28}$$

79

W, O, R, L, D, C, U, P에서 모음은 O, U이다.
적어도 한 개의 모음이 포함되는 사건을 A라 하면 모음이 한 개도 포함되지 않는 사건은 A^C이므로

$$P(A^C) = \frac{{}_6 C_2}{{}_8 C_2} = \frac{15}{28}$$

$$\therefore P(A) = 1 - P(A^C) = 1 - \frac{15}{28} = \frac{13}{28}$$

답 $\dfrac{13}{28}$

80

남녀를 적어도 한 명씩 뽑는 사건을 A라 하면 모두 남자 또는 모두 여자를 뽑는 사건은 A^C이다.

(ⅰ) 4명 모두 남자를 뽑을 확률은

$$\frac{{}_6 C_4}{{}_{11} C_4} = \frac{1}{22}$$

(ⅱ) 4명 모두 여자를 뽑을 확률은

$$\frac{{}_5 C_4}{{}_{11} C_4} = \frac{1}{66}$$

(ⅰ), (ⅱ)에서 $P(A^C) = \dfrac{1}{22} + \dfrac{1}{66} = \dfrac{2}{33}$

$$\therefore P(A) = 1 - P(A^C) = 1 - \frac{2}{33} = \frac{31}{33}$$

답 $\dfrac{31}{33}$

81

0은 백의 자리에 올 수 없으므로 6개의 숫자로 만들 수 있는 세 자리 정수의 개수는

$$5 \times 5 \times 4 = 100$$

이때 일의 자리의 숫자가 0, 2, 4인 사건을 각각 A, B, C라 하면

$$P(A) = \frac{{}_5 P_2}{100} = \frac{1}{5}, \quad P(B) = \frac{4 \times 4}{100} = \frac{4}{25},$$

$$P(C) = \frac{4 \times 4}{100} = \frac{4}{25}$$

이때 세 사건 A, B, C는 모두 서로 배반사건이므로 구하는 확률은

$$P(A \cup B \cup C) = P(A) + P(B) + P(C)$$
$$= \frac{1}{5} + \frac{4}{25} + \frac{4}{25} = \frac{13}{25}$$

답 $\dfrac{13}{25}$

82

한 개의 주사위를 두 번 던질 때 모든 경우의 수는

$$6 \times 6 = 36$$

두 눈의 수의 합은 2, 3, 4, ⋯, 12 중 하나이고 이 중에서 12와 서로소인 것은 5, 7, 11이다.
두 눈의 수의 합이 5, 7, 11인 사건을 각각 A, B, C라 하면

$$A = \{(1, 4), (2, 3), (3, 2), (4, 1)\}$$
$$B = \{(1, 6), (2, 5), (3, 4), (4, 3), (5, 2), (6, 1)\}$$
$$C = \{(5, 6), (6, 5)\}$$

$$\therefore P(A) = \frac{4}{36} = \frac{1}{9}, \quad P(B) = \frac{6}{36} = \frac{1}{6},$$

$$P(C) = \frac{2}{36} = \frac{1}{18}$$

이때 세 사건 A, B, C는 모두 서로 배반사건이므로
구하는 확률은

$$P(A \cup B \cup C) = P(A) + P(B) + P(C)$$
$$= \frac{1}{9} + \frac{1}{6} + \frac{1}{18} = \frac{1}{3}$$

답 $\dfrac{1}{3}$

83

두 사건 A, B가 서로 배반사건이므로
$P(A \cup B) = P(A) + P(B)$에서
$$P(B) = P(A \cup B) - P(A)$$
$$= \frac{2}{3} - P(A)$$

이때 $\dfrac{1}{5} \leq P(A) \leq \dfrac{3}{5}$에서

$$-\frac{3}{5} \leq -P(A) \leq -\frac{1}{5}$$

$$\frac{1}{15} \leq \frac{2}{3} - P(A) \leq \frac{7}{15}$$

$$\therefore \frac{1}{15} \leq P(B) \leq \frac{7}{15}$$

따라서 $P(B)$의 최솟값은 $\dfrac{1}{15}$이다.

답 $\dfrac{1}{15}$

84

집합 $S = \{1, 2, 3, 4, 5, 6\}$의 부분집합 중에서 임의로 하나의 부분집합을 택할 때, 원소의 합이 4 이상인 사건을 A라 하면
원소의 합이 3 이하인 사건, 즉 원소의 합이 0 또는 1 또는 2 또는 3인 사건은 A^C이다.
집합 S의 부분집합의 개수는 2^6

(i) 원소의 합이 0인 경우는 $\varnothing$이므로

확률은 $\dfrac{1}{2^6} = \dfrac{1}{64}$

(ii) 원소의 합이 1인 경우는 $\{1\}$이므로

확률은 $\dfrac{1}{2^6} = \dfrac{1}{64}$

(iii) 원소의 합이 2인 경우는 $\{2\}$이므로

확률은 $\dfrac{1}{2^6} = \dfrac{1}{64}$

(iv) 원소의 합이 3인 경우는 $\{1, 2\}$, $\{3\}$이므로

확률은 $\dfrac{2}{2^6} = \dfrac{1}{32}$

(i)~(iv)에서
$$P(A^C) = \frac{1}{64} + \frac{1}{64} + \frac{1}{64} + \frac{1}{32} = \frac{5}{64}$$
$$\therefore P(A) = 1 - P(A^C)$$
$$= 1 - \frac{5}{64} = \frac{59}{64}$$

답 $\dfrac{59}{64}$

85

$6x^2 - 5ax + a^2 = 0$에서 $(2x - a)(3x - a) = 0$
$$\therefore x = \frac{a}{2} \text{ 또는 } x = \frac{a}{3}$$

주어진 이차방정식이 정수해를 가지려면 a는 2의 배수이거나 3의 배수이어야 한다.

a가 2의 배수인 사건을 A, 3의 배수인 사건을 B라 하면 $A \cap B$는 2와 3의 최소공배수인 6의 배수인 사건이므로

$$P(A) = \frac{25}{50} = \frac{1}{2}, \quad P(B) = \frac{16}{50} = \frac{8}{25},$$

$$P(A \cap B) = \frac{8}{50} = \frac{4}{25}$$

따라서 구하는 확률은
$$P(A \cup B) = P(A) + P(B) - P(A \cap B)$$
$$= \frac{1}{2} + \frac{8}{25} - \frac{4}{25} = \frac{33}{50}$$

답 $\dfrac{33}{50}$

86

방정식 $x + y + z = 10$을 만족시키는 음이 아닌 정수 x, y, z의 모든 순서쌍 (x, y, z)의 개수는
$${}_3H_{10} = {}_{3+10-1}C_{10} = {}_{12}C_{10} = 66$$

이때 $(x - y)(y - z)(z - x) = 0$에서 $x = y = z$를 만족시키는 음이 아닌 정수 x, y, z는 존재하지 않으므로 x, y, z 중에서 오직 두 개만 서로 같아야 한다.

$x = y$를 만족시키는 순서쌍 (x, y, z)는
$$(0, 0, 10), (1, 1, 8), (2, 2, 6), (3, 3, 4),$$
$$(4, 4, 2), (5, 5, 0)$$

의 6개이므로 $(x - y)(y - z)(z - x) = 0$을 만족시키는 순서쌍의 개수는
$${}_3C_2 \times 6 = 3 \times 6 = 18$$

즉, $(x-y)(y-z)(z-x)=0$을 만족시킬 확률은

$$\frac{18}{66}=\frac{3}{11}$$

이므로 $(x-y)(y-z)(z-x)\neq0$을 만족시킬 확률

은 $1-\frac{3}{11}=\frac{8}{11}$

따라서 $p=11$, $q=8$이므로

$p+q=11+8=19$ 답 **19**

87

$P(A\cup B)=P(A)+P(B)-P(A\cap B)$에서

$P(A\cap B)=P(A)+P(B)-P(A\cup B)$

$\qquad\qquad=0.3+0.2-0.4=0.1$

$P(A\cap B^C)=P(A)-P(A\cap B)$

$\qquad\qquad=0.3-0.1=0.2$

$\therefore P(A|B^C)=\dfrac{P(A\cap B^C)}{P(B^C)}$

$\qquad\qquad=\dfrac{P(A\cap B^C)}{1-P(B)}$

$\qquad\qquad=\dfrac{0.2}{1-0.2}$

$\qquad\qquad=\dfrac{0.2}{0.8}=0.25$ 답 **0.25**

88

A가 위원으로 뽑히는 사건을 A, B가 위원으로 뽑히는 사건을 B라 하면

A가 위원으로 뽑힐 확률은

$P(A)=\dfrac{{}_5C_2}{{}_6C_3}=\dfrac{1}{2}$

A, B가 모두 위원으로 뽑힐 확률은

$P(A\cap B)=\dfrac{{}_4C_1}{{}_6C_3}=\dfrac{1}{5}$

따라서 구하는 확률은

$P(B|A)=\dfrac{P(A\cap B)}{P(A)}$

$\qquad\quad=\dfrac{\frac{1}{5}}{\frac{1}{2}}=\dfrac{2}{5}$ 답 $\dfrac{2}{5}$

89

첫 번째에 3의 배수가 적힌 카드를 뒤집는 사건을 A, 두 번째에 3의 배수가 적힌 카드를 뒤집는 사건을 B라 하면

첫 번째에 3의 배수가 적힌 카드를 뒤집을 확률은

$P(A)=\dfrac{4}{12}=\dfrac{1}{3}$

첫 번째에 3의 배수가 적힌 카드를 뒤집었을 때, 두 번째에도 3의 배수가 적힌 카드를 뒤집을 확률은

$P(B|A)=\dfrac{3}{11}$

따라서 구하는 확률은

$P(A\cap B)=P(A)P(B|A)$

$\qquad\qquad=\dfrac{1}{3}\times\dfrac{3}{11}=\dfrac{1}{11}$ 답 $\dfrac{1}{11}$

90

합격생 1명을 임의로 선택하였을 때, 수도권 출신인 사건을 A, 지방 출신인 사건을 B, 남학생인 사건을 E라 하면

(i) 선택한 합격생이 수도권 출신 남학생일 확률은

$\quad P(A\cap E)=P(A)P(E|A)$

$\qquad\qquad\quad=\dfrac{40}{100}\times\dfrac{45}{100}=\dfrac{9}{50}$

(ii) 선택한 합격생이 지방 출신 남학생일 확률은

$\quad P(B\cap E)=P(B)P(E|B)$

$\qquad\qquad\quad=\dfrac{60}{100}\times\dfrac{55}{100}=\dfrac{33}{100}$

(i), (ii)에서 구하는 확률은

$P(E)=P(A\cap E)+P(B\cap E)$

$\qquad=\dfrac{9}{50}+\dfrac{33}{100}=\dfrac{51}{100}$ 답 $\dfrac{51}{100}$

91

갑, 을이 '형사'라고 적힌 카드를 꺼내는 사건을 각각 A, B라 하면

(i) 갑이 '형사'라고 적힌 카드를 꺼내고 을도 '형사'라고 적힌 카드를 꺼낼 확률은

$\quad P(A\cap B)=P(A)P(B|A)=\dfrac{4}{6}\times\dfrac{3}{5}=\dfrac{2}{5}$

(ii) 갑이 '범인'이라고 적힌 카드를 꺼내고 을이 '형사'라고 적힌 카드를 꺼낼 확률은

$$P(A^c \cap B) = P(A^c)P(B|A^c) = \frac{2}{6} \times \frac{4}{5} = \frac{4}{15}$$

(i), (ii)에서 두 사건 A, B가 서로 배반사건이므로

$$P(B) = P(A \cap B) + P(A^c \cap B) = \frac{2}{5} + \frac{4}{15} = \frac{2}{3}$$

따라서 구하는 확률은

$$P(A|B) = \frac{P(A \cap B)}{P(B)} = \frac{\dfrac{2}{5}}{\dfrac{2}{3}} = \frac{3}{5}$$

답 $\dfrac{3}{5}$

92

버스로 등교하는 사건을 A, 걸어서 등교하는 사건을 B, 지각하는 사건을 E라 하면

(i) 버스로 등교한 학생이 지각할 확률은

$$P(A \cap E) = P(A)P(E|A)$$
$$= \frac{60}{100} \times \frac{1}{20} = \frac{3}{100}$$

(ii) 걸어서 등교한 학생이 지각할 확률은

$$P(B \cap E) = P(B)P(E|B)$$
$$= \frac{40}{100} \times \frac{1}{15} = \frac{2}{75}$$

(i), (ii)에서 두 사건 A, B는 서로 배반사건이므로

$$P(E) = P(A \cap E) + P(B \cap E)$$
$$= \frac{3}{100} + \frac{2}{75} = \frac{17}{300}$$

따라서 구하는 확률은

$$P(A|E) = \frac{P(A \cap E)}{P(E)} = \frac{\dfrac{3}{100}}{\dfrac{17}{300}} = \frac{9}{17}$$

답 ⑤

93

주어진 조건을 표로 나타내면 다음과 같다.

(단위: 명)

	남학생	여학생	합계
중국어	12	9	21
일본어	6	7	13
합계	18	16	34

따라서 이 학급에서 임의로 뽑은 한 학생이 중국어 수업을 받는 사건을 A, 여학생인 사건을 B라 하면

$$P(A) = \frac{21}{34}, \quad P(A \cap B) = \frac{9}{34}$$

따라서 구하는 확률은

$$P(B|A) = \frac{P(A \cap B)}{P(A)} = \frac{\dfrac{9}{34}}{\dfrac{21}{34}} = \frac{3}{7}$$

답 $\dfrac{3}{7}$

94

임의로 뽑은 관객 한 명이 여자인 사건을 A, 배우 D를 선호하는 사건을 B라 하면

$$P(A) = \frac{10+x}{35+x}, \quad P(A \cap B) = \frac{x}{35+x}$$

이때 $P(B|A) = \dfrac{P(A \cap B)}{P(A)} = \dfrac{1}{6}$에서

$$\frac{\dfrac{x}{35+x}}{\dfrac{10+x}{35+x}} = \frac{1}{6}, \quad \frac{x}{10+x} = \frac{1}{6}$$

$$6x = 10 + x \qquad \therefore x = 2$$

답 2

95

뽑은 제비 중 당첨 제비가 있는 사건을 A, 뽑은 제비 중 2등 당첨 제비가 있는 사건을 B라 하자.

당첨 제비가 있는 사건은 뽑은 제비 2개 모두 당첨 제비가 아닌 사건의 여사건이므로

$$P(A) = 1 - \frac{{}_6C_2}{{}_{10}C_2}$$
$$= 1 - \frac{1}{3} = \frac{2}{3}$$

2등 당첨 제비가 있는 사건은 뽑은 제비 2개 모두 2등 당첨 제비가 아닌 사건의 여사건이므로

$$P(A \cap B) = 1 - \frac{{}_7C_2}{{}_{10}C_2}$$
$$= 1 - \frac{7}{15} = \frac{8}{15}$$

따라서 구하는 확률은

$$P(B|A) = \frac{P(A \cap B)}{P(A)} = \frac{\dfrac{8}{15}}{\dfrac{2}{3}} = \frac{4}{5}$$

답 $\dfrac{4}{5}$

96

첫 번째에 노란 구슬이 나오는 사건을 A, 두 번째에 파란 구슬이 나오는 사건을 B라 하면

$$P(A)=\frac{n}{n+4},\ P(B|A)=\frac{4}{n+3}$$

즉, 첫 번째에 노란 구슬이 나오고 두 번째에 파란 구슬이 나올 확률은

$$P(A\cap B)=P(A)P(B|A)$$
$$=\frac{n}{n+4}\times\frac{4}{n+3}$$
$$=\frac{4n}{(n+4)(n+3)}$$

이므로

$$\frac{4n}{(n+4)(n+3)}=\frac{1}{5},\ (n+4)(n+3)=20n$$
$$n^2-13n+12=0,\ (n-1)(n-12)=0$$
$$\therefore n=1\ \text{또는}\ n=12$$

따라서 모든 n의 값의 합은

$$1+12=13$$

답 13

97

두 주머니 A, B에서 흰 공을 꺼내는 사건을 각각 A, B라 하면

$$P(A)=\frac{2}{5},\ P(A^c)=\frac{3}{5}$$

주머니 B에서 흰 공을 꺼내는 경우는 다음과 같이 나누어 생각할 수 있다.

(ⅰ) 주머니 A에서 흰 공을 꺼내는 경우

주머니 B에 흰 공 2개를 넣으므로 주머니 B에는 흰 공 3개, 검은 공 3개가 들어 있다.

이때 주머니 B에서 흰 공을 꺼낼 확률은

$$P(B|A)=\frac{3}{6}=\frac{1}{2}\text{이므로}$$

$$P(A\cap B)=P(A)P(B|A)=\frac{2}{5}\times\frac{1}{2}=\frac{1}{5}$$

(ⅱ) 주머니 A에서 검은 공을 꺼내는 경우

주머니 B에 검은 공 2개를 넣으므로 주머니 B에는 흰 공 1개, 검은 공 5개가 들어 있다.

이때 주머니 B에서 흰 공을 꺼낼 확률은

$$P(B|A^c)=\frac{1}{6}\text{이므로}$$

$$P(A^c\cap B)=P(A^c)P(B|A^c)$$
$$=\frac{3}{5}\times\frac{1}{6}=\frac{1}{10}$$

(ⅰ), (ⅱ)에서 구하는 확률은

$$P(B)=P(A\cap B)+P(A^c\cap B)$$
$$=\frac{1}{5}+\frac{1}{10}=\frac{3}{10}$$

답 ⑤

98

$$P(A|B)=\frac{P(A\cap B)}{P(B)}=\frac{P(A\cap B)}{\frac{1}{2}}=2P(A\cap B)$$

(ⅰ) $P(A|B)$의 최댓값 M

$P(A)>P(B)$이므로 $P(A\cap B)$가 최대가 되는 것은 $A\cap B=B$일 때이다.

즉, $P(A\cap B)$의 최댓값은 $P(B)=\frac{1}{2}$이므로

$$M=2P(A\cap B)=2\times\frac{1}{2}=1$$

(ⅱ) $P(A|B)$의 최솟값 m

$P(A\cup B)=P(A)+P(B)-P(A\cap B)$에서

$$P(A\cap B)=P(A)+P(B)-P(A\cup B)$$
$$=\frac{7}{8}+\frac{1}{2}-P(A\cup B)$$
$$=\frac{11}{8}-P(A\cup B)$$

이므로 $P(A\cap B)$가 최소가 되는 것은 $P(A\cup B)$가 최대일 때, 즉 $P(A\cup B)=1$일 때이다.

즉, $P(A\cap B)$의 최솟값은 $\frac{11}{8}-1=\frac{3}{8}$이므로

$$m=2P(A\cap B)=2\times\frac{3}{8}=\frac{3}{4}$$

(ⅰ), (ⅱ)에서

$$M+m=1+\frac{3}{4}=\frac{7}{4}$$

답 $\frac{7}{4}$

99

임의로 선택한 학생이 남학생인 사건을 A, K자격증을 가지고 있는 학생인 사건을 B라 하면

$$P(A)=\frac{2}{5},\ P(B)=\frac{7}{10},\ P(A\cap B)=\frac{1}{5}$$

$P(A)=P(A \cap B)+P(A \cap B^c)$이므로

$\dfrac{2}{5}=\dfrac{1}{5}+P(A \cap B^c)$

$\therefore P(A \cap B^c)=\dfrac{1}{5}$

한편, $P(B^c)=1-P(B)=\dfrac{3}{10}$이고

$P(B^c)=P(A \cap B^c)+P(A^c \cap B^c)$이므로

$\dfrac{3}{10}=\dfrac{1}{5}+P(A^c \cap B^c)$

$\therefore P(A^c \cap B^c)=\dfrac{1}{10}$

따라서 구하는 확률은

$$P(A^c \mid B^c)=\dfrac{P(A^c \cap B^c)}{P(B^c)}=\dfrac{\frac{1}{10}}{\frac{3}{10}}=\dfrac{1}{3}$$ 답 ②

다른풀이 남학생 수와 여학생 수의 비가 2 : 3이므로 각각 $200n$, $300n$(n은 자연수)이라 하고 주어진 조건을 표로 나타내면 다음과 같다.

(단위: 명)

	남학생	여학생	합계
자격증 소유	$100n$	$250n$	$350n$
자격증 미소유	$100n$	$50n$	$150n$
합계	$200n$	$300n$	$500n$

임의로 선택한 학생이 남학생인 사건을 A, K자격증을 가지고 있는 학생인 사건을 B라 하면

$n(B^c)=150n$, $n(A^c \cap B^c)=50n$

따라서 구하는 확률은

$$P(A^c \mid B^c)=\dfrac{n(A^c \cap B^c)}{n(B^c)}=\dfrac{50n}{150n}=\dfrac{1}{3}$$

100

$A=\{2,\,4,\,6\}$, $B=\{2,\,3,\,5\}$, $C=\{1,\,3\}$이므로
$A \cap B=\{2\}$, $A \cap C=\varnothing$, $B \cap C=\{3\}$

(i) $P(A)=\dfrac{1}{2}$, $P(B)=\dfrac{1}{2}$, $P(A \cap B)=\dfrac{1}{6}$이므로

$P(A \cap B) \neq P(A)P(B)$

즉, A와 B는 서로 종속이고 배반사건이 아니다.

(ii) $P(A)=\dfrac{1}{2}$, $P(C)=\dfrac{1}{3}$, $P(A \cap C)=0$이므로

$P(A \cap C) \neq P(A)P(C)$

즉, A와 C는 서로 종속이고 배반사건이다.

(iii) $P(B)=\dfrac{1}{2}$, $P(C)=\dfrac{1}{3}$, $P(B \cap C)=\dfrac{1}{6}$이므로

$P(B \cap C)=P(B)P(C)$

즉, B와 C는 서로 독립이고 배반사건이 아니다.

따라서 옳은 것은 ②이다. 답 ②

101

3개의 동전을 동시에 던질 때, 모든 경우의 수는

$2 \times 2 \times 2=8$

동전의 앞면을 H, 뒷면을 T라 하면

$A=\{(H,\,T,\,T),\,(T,\,H,\,T),\,(T,\,T,\,H),$
$\qquad\qquad\qquad\qquad (T,\,T,\,T)\}$

$B=\{(H,\,H,\,H),\,(T,\,T,\,T)\}$

ㄱ. $P(A)=\dfrac{4}{8}=\dfrac{1}{2}$ (참)

ㄴ. $A \cap B=\{(T,\,T,\,T)\}$이므로

$P(A \cap B)=\dfrac{1}{8}$ (참)

ㄷ. $P(A)=\dfrac{1}{2}$, $P(B)=\dfrac{1}{4}$, $P(A \cap B)=\dfrac{1}{8}$이므로

$P(A \cap B)=P(A)P(B)$

따라서 두 사건 A와 B는 서로 독립이다. (참)

이상에서 옳은 것은 ㄱ, ㄴ, ㄷ이다. 답 ⑤

102

$P(A)=P(A \mid B)$이므로 두 사건 A, B는 서로 독립이다.

① $P(A \mid B)=P(A)$, $P(A \mid B^c)=P(A)$

$\quad \therefore P(A \mid B)=P(A \mid B^c)$

② $P(B)=P(B \mid A)=P(B \mid A^c)$

③ $P(A \cup B)=P(A)+P(B)-P(A \cap B)$

이때 두 사건 A, B가 서로 독립이라고 해서
$P(A \cap B)=0$인 것은 아니다.

④ $P(A \cap B)=P(A)P(B)$

⑤ $P(B)=P(A \cap B)+P(A^c \cap B)$
$\qquad\quad =P(A)P(B)+P(A^c)P(B)$

따라서 옳지 않은 것은 ③이다. 답 ③

103

두 사건 A와 C는 서로 독립이므로

$P(A \cap C)=P(A)P(C)$

즉, $\dfrac{1}{4}=\dfrac{1}{2}\mathrm{P}(A)$이므로

$$\mathrm{P}(A)=\dfrac{1}{2}$$

또, 두 사건 A와 B는 서로 배반사건이므로

$$\mathrm{P}(A\cap B)=0$$

따라서 $\mathrm{P}(A\cup B)=\mathrm{P}(A)+\mathrm{P}(B)$에서

$$\dfrac{2}{3}=\dfrac{1}{2}+\mathrm{P}(B)$$

$$\therefore \mathrm{P}(B)=\dfrac{1}{6}$$

답 $\dfrac{1}{6}$

104

A가 표적을 맞히는 사건을 A, B가 표적을 맞히는 사건을 B라 하면 A와 B는 서로 독립이다.

A와 B 중 적어도 한 사람이 표적을 맞히는 사건은 A와 B 모두 표적을 맞히지 못하는 사건의 여사건이므로

$$1-\mathrm{P}(A^c\cap B^c)=1-\mathrm{P}(A^c)\mathrm{P}(B^c)$$
$$=1-\left(1-\dfrac{2}{3}\right)\{1-\mathrm{P}(B)\}$$
$$=\dfrac{2}{3}+\dfrac{1}{3}\mathrm{P}(B)$$

즉, $\dfrac{2}{3}+\dfrac{1}{3}\mathrm{P}(B)=\dfrac{3}{4}$이므로

$$\mathrm{P}(B)=\dfrac{1}{4}$$

따라서 B가 표적을 맞힐 확률은 $\dfrac{1}{4}$이다.

답 $\dfrac{1}{4}$

105

ㄱ. (반례) 한 개의 동전을 던지는 시행에서 앞면, 뒷면이 나오는 사건을 각각 A, B라 하면 두 사건 A, B는 서로 배반사건이다.

그러나 $\mathrm{P}(A)=\dfrac{1}{2}$, $\mathrm{P}(B)=\dfrac{1}{2}$, $\mathrm{P}(A\cap B)=0$에서 $\mathrm{P}(A\cap B)\neq\mathrm{P}(A)\mathrm{P}(B)$이므로 두 사건 A, B는 서로 종속이다. (거짓)

ㄴ. 두 사건 A, B가 서로 배반사건이면

$\mathrm{P}(A\cap B)=0$이므로

$$\mathrm{P}(A\cup B)=\mathrm{P}(A)+\mathrm{P}(B)-\mathrm{P}(A\cap B)$$
$$=\mathrm{P}(A)+\mathrm{P}(B)\leq 1\ (참)$$

ㄷ. 두 사건 A, B가 서로 독립이면 두 사건 A, B^c도 서로 독립이다.

$$\therefore \mathrm{P}(A^c)+\mathrm{P}(A\,|\,B^c)=\mathrm{P}(A^c)+\mathrm{P}(A)$$
$$=1\ (참)$$

따라서 옳은 것은 ㄴ, ㄷ이다.

답 ㄴ, ㄷ

106

(i) 관람객 투표 점수 A(40), 심사 위원 점수 C(30)을 받을 확률은 $\dfrac{1}{2}\times\dfrac{1}{6}=\dfrac{1}{12}$

(ii) 관람객 투표 점수 B(30), 심사 위원 점수 B(40)을 받을 확률은 $\dfrac{1}{3}\times\dfrac{1}{3}=\dfrac{1}{9}$

(iii) 관람객 투표 점수 C(20), 심사 위원 점수 A(50)을 받을 확률은 $\dfrac{1}{6}\times\dfrac{1}{2}=\dfrac{1}{12}$

(i)~(iii)에서 구하는 확률은

$$\dfrac{1}{12}+\dfrac{1}{9}+\dfrac{1}{12}=\dfrac{5}{18}$$

답 ③

107

첫 번째와 두 번째 나온 수를 순서쌍으로 나타내면 합이 4가 되는 경우는 $(1,\ 3)$ 또는 $(2,\ 2)$ 또는 $(3,\ 1)$이다.

(i) $(1,\ 3)$인 경우, 세 번째 나온 수가 홀수일 확률은

$$\dfrac{3}{6}\times\dfrac{1}{6}\times\dfrac{4}{6}=\dfrac{1}{18}$$

(ii) $(2,\ 2)$인 경우, 세 번째 나온 수가 홀수일 확률은

$$\dfrac{2}{6}\times\dfrac{2}{6}\times\dfrac{4}{6}=\dfrac{2}{27}$$

(iii) $(3,\ 1)$인 경우, 세 번째 나온 수가 홀수일 확률은

$$\dfrac{1}{6}\times\dfrac{3}{6}\times\dfrac{4}{6}=\dfrac{1}{18}$$

(i)~(iii)에서 구하는 확률은

$$\dfrac{1}{18}+\dfrac{2}{27}+\dfrac{1}{18}=\dfrac{5}{27}$$

답 ①

108

각 스위치가 열려 있을 확률과 닫혀 있을 확률은 각각 $\dfrac{1}{2}$이다.

7개의 스위치 a, b, c, d, e, f, g가 닫혀 있는 사건을 각각 A, B, C, D, E, F, G라 하자.

주어진 그림에서 P에서 Q로 적어도 하나의 선만 연결되면 전류는 흐르므로 P에서 Q로 전류가 흐르지 않을 확률은 다음과 같이 나누어 생각할 수 있다.

(ⅰ) 스위치 g가 열려 있을 확률은 $\mathrm{P}(G^C)=\dfrac{1}{2}$

(ⅱ) 스위치 g가 닫혀 있고, 스위치 a는 열려 있고, 스위치 b, c, d 중 적어도 하나가 열려 있고, 스위치 e, f 중 적어도 하나가 열려 있을 확률은

$$\mathrm{P}(G\cap A^C\cap(B\cap C\cap D)^C\cap(E\cap F)^C)$$
$$=\frac{1}{2}\times\frac{1}{2}\times\left(1-\frac{1}{2}\times\frac{1}{2}\times\frac{1}{2}\right)\times\left(1-\frac{1}{2}\times\frac{1}{2}\right)$$
$$=\frac{21}{128}$$

(ⅰ), (ⅱ)에서 전류가 흐르지 않을 확률은

$$\frac{1}{2}+\frac{21}{128}=\frac{85}{128}$$

따라서 구하는 확률은

$$1-\frac{85}{128}=\frac{43}{128}$$

답 $\dfrac{43}{128}$

109

적어도 2발은 10점 과녁에 맞히는 사건은 10점 과녁에 1발 이하로 맞히는 사건의 여사건이다.

(ⅰ) 10점 과녁에 0발 맞힐 확률은

$$\left(\frac{1}{3}\right)^4=\frac{1}{81}$$

(ⅱ) 10점 과녁에 1발 맞힐 확률은

$${}_4\mathrm{C}_1\left(\frac{2}{3}\right)^1\left(\frac{1}{3}\right)^3=\frac{8}{81}$$

(ⅰ), (ⅱ)에서 구하는 확률은

$$1-\left(\frac{1}{81}+\frac{8}{81}\right)=\frac{8}{9}$$

답 $\dfrac{8}{9}$

110

한 개의 동전을 5번 던져서 앞면과 뒷면이 나오는 횟수의 곱이 6이려면 앞면이 나오는 횟수를 a, 뒷면이 나오는 횟수를 b라 할 때, $a+b=5$, $ab=6$이어야 하므로
$a=2$, $b=3$ 또는 $a=3$, $b=2$

(ⅰ) $a=2$, $b=3$일 확률은

$${}_5\mathrm{C}_2\left(\frac{1}{2}\right)^2\left(\frac{1}{2}\right)^3=\frac{5}{16}$$

(ⅱ) $a=3$, $b=2$일 확률은

$${}_5\mathrm{C}_3\left(\frac{1}{2}\right)^3\left(\frac{1}{2}\right)^2=\frac{5}{16}$$

(ⅰ), (ⅱ)에서 구하는 확률은

$$\frac{5}{16}+\frac{5}{16}=\frac{5}{8}$$

답 ①

111

다섯 번째 시합에서 갑이 우승하려면 네 번째 시합까지 2번 이기고 다섯 번째 시합에서 이겨야 한다.

따라서 구하는 확률은

$${}_4\mathrm{C}_2\left(\frac{2}{3}\right)^2\left(\frac{1}{3}\right)^2\times\frac{2}{3}=\frac{16}{81}$$

답 $\dfrac{16}{81}$

112

한 개의 동전을 던질 때, 앞면이 나올 확률은 $\dfrac{1}{2}$, 뒷면이 나올 확률은 $\dfrac{1}{2}$이다.

(ⅰ) 꺼낸 2개의 공의 색이 서로 다르고, 한 개의 동전을 3번 던져서 앞면이 2번 나올 확률은

$$\frac{{}_4\mathrm{C}_1\times{}_3\mathrm{C}_1}{{}_7\mathrm{C}_2}\times{}_3\mathrm{C}_2\left(\frac{1}{2}\right)^2\left(\frac{1}{2}\right)^1=\frac{3}{14}$$

(ⅱ) 꺼낸 2개의 공의 색이 서로 같고, 한 개의 동전을 2번 던져서 앞면이 2번 나올 확률은

$$\frac{{}_4\mathrm{C}_2+{}_3\mathrm{C}_2}{{}_7\mathrm{C}_2}\times\left(\frac{1}{2}\right)^2=\frac{3}{28}$$

(ⅰ), (ⅱ)에서 구하는 확률은

$$\frac{3}{14}+\frac{3}{28}=\frac{9}{28}$$

답 ①

113

점 O에서 출발하여 점 P에 도달하려면 오른쪽으로 3칸, 위쪽으로 1칸 움직여야 한다.

한 개의 주사위를 던질 때, 1 또는 6의 눈이 나올 확률은 $\dfrac{1}{3}$이고 그 이외의 눈이 나올 확률은 $\dfrac{2}{3}$이므로 점 P에 도달할 확률은

$${}_4\mathrm{C}_3\left(\frac{1}{3}\right)^3\left(\frac{2}{3}\right)^1=\frac{8}{81}$$

답 $\dfrac{8}{81}$

114

(i) A팀이 4차전, 5차전, 6차전에서 연속하여 이길 확률은

$$\left(\frac{1}{2}\right)^3=\frac{1}{8}$$

(ii) A팀이 4차전, 5차전, 6차전 중 두 번 이기고, 7차전에서 이길 확률은

$$_3C_2\left(\frac{1}{2}\right)^2\left(\frac{1}{2}\right)^1\times\frac{1}{2}=\frac{3}{16}$$

(i), (ii)에서 구하는 확률은

$$\frac{1}{8}+\frac{3}{16}=\frac{5}{16}$$

답 $\dfrac{5}{16}$

115

1단계 치료 결과와 2단계 치료 결과는 서로 독립이고
1단계 치료와 2단계 치료에 성공할 확률이 각각 $\dfrac{1}{2}$, $\dfrac{2}{3}$
이므로 완치된 것으로 판단될 확률은

$$\frac{1}{2}\times\frac{2}{3}=\frac{1}{3}$$

따라서 구하는 확률은

$$_4C_2\left(\frac{1}{3}\right)^2\left(\frac{2}{3}\right)^2=\frac{8}{27}$$

답 ②

116

동전의 앞면의 개수 : 가능한 주사위의 눈의 수 ⇨ 확률
로 나타내면 다음과 같다.

6개 : 1, 2, 3, 4, 5 ⇨ $\left(\dfrac{1}{2}\right)^6\times\dfrac{5}{6}=\dfrac{5}{384}$

5개 : 1, 2, 3, 4 ⇨ $_6C_5\left(\dfrac{1}{2}\right)^5\left(\dfrac{1}{2}\right)^1\times\dfrac{2}{3}=\dfrac{1}{16}$

4개 : 1, 2, 3 ⇨ $_6C_4\left(\dfrac{1}{2}\right)^4\left(\dfrac{1}{2}\right)^2\times\dfrac{1}{2}=\dfrac{15}{128}$

3개 : 1, 2 ⇨ $_6C_3\left(\dfrac{1}{2}\right)^3\left(\dfrac{1}{2}\right)^3\times\dfrac{1}{3}=\dfrac{5}{48}$

2개 : 1 ⇨ $_6C_2\left(\dfrac{1}{2}\right)^2\left(\dfrac{1}{2}\right)^4\times\dfrac{1}{6}=\dfrac{5}{128}$

따라서 구하는 확률은

$$\frac{5}{384}+\frac{1}{16}+\frac{15}{128}+\frac{5}{48}+\frac{5}{128}=\frac{43}{128}$$

답 $\dfrac{43}{128}$

117

한 개의 주사위를 던질 때, 홀수의 눈이 나올 확률은
$\dfrac{1}{2}$, 짝수의 눈이 나올 확률은 $\dfrac{1}{2}$이다.

주사위를 4번 던져서 홀수의 눈이 나오는 횟수를 x, 짝수의 눈이 나오는 횟수를 y라 하면

$$x+y=4 \qquad\qquad \cdots\cdots ㉠$$

또, 처음 출발 위치로 돌아오려면 정팔각형의 둘레의 길이인 8만큼 움직여야 하므로

$$3x+y=8 \qquad\qquad \cdots\cdots ㉡$$

㉠, ㉡을 연립하여 풀면 $x=2$, $y=2$
따라서 주사위를 4번 던져서 홀수의 눈이 2번, 짝수의 눈이 2번 나와야 하므로 구하는 확률은

$$_4C_2\left(\frac{1}{2}\right)^2\left(\frac{1}{2}\right)^2=\frac{3}{8}$$

답 $\dfrac{3}{8}$

118

한 개의 주사위를 던질 때, 짝수의 눈이 나올 확률은
$\dfrac{1}{2}$, 홀수의 눈이 나올 확률은 $\dfrac{1}{2}$이다.

주사위를 10번 던져서 짝수의 눈이 나오는 횟수를 x, 홀수의 눈이 나오는 횟수를 y라 하면

$$x+y=10 \qquad\qquad \cdots\cdots ㉠$$

또, 원점에서 점 P까지의 거리가 3 이하이므로

$$|x-y|\leq3 \qquad\qquad \cdots\cdots ㉡$$

이때 ㉠에서 $y=10-x$이므로 이를 ㉡에 대입하면

$$|2x-10|\leq3, \quad -3\leq2x-10\leq3$$

$$\therefore \frac{7}{2}\leq x\leq\frac{13}{2}$$

즉, 짝수의 눈이 4번 또는 5번 또는 6번 나와야 한다.
따라서 구하는 확률은

$$_{10}C_4\left(\frac{1}{2}\right)^4\left(\frac{1}{2}\right)^6+_{10}C_5\left(\frac{1}{2}\right)^5\left(\frac{1}{2}\right)^5+_{10}C_6\left(\frac{1}{2}\right)^6\left(\frac{1}{2}\right)^4$$

$$=\frac{105}{512}+\frac{63}{256}+\frac{105}{512}=\frac{21}{32}$$

답 $\dfrac{21}{32}$

119

확률변수 X의 확률분포를 표로 나타내면 다음과 같다.

X	-2	-1	0	1	2	합계
$\mathrm{P}(X=x)$	$k+\dfrac{2}{9}$	$k+\dfrac{1}{9}$	k	$k+\dfrac{1}{9}$	$k+\dfrac{2}{9}$	1

확률의 총합은 1이므로

$$\left(k+\frac{2}{9}\right)+\left(k+\frac{1}{9}\right)+k+\left(k+\frac{1}{9}\right)+\left(k+\frac{2}{9}\right)=1$$

$$5k+\frac{2}{3}=1 \qquad \therefore k=\frac{1}{15}$$

답 ①

120

확률의 총합은 1이므로

$$3k^2+k+(k^2+2k)=1, \quad 4k^2+3k-1=0$$

$$(4k-1)(k+1)=0 \qquad \therefore k=\frac{1}{4} \text{ 또는 } k=-1$$

이때 $0\leq\mathrm{P}(X=x)\leq1$이므로 $k=\dfrac{1}{4}$

즉, $\mathrm{P}(X=-1)=\dfrac{3}{16}$, $\mathrm{P}(X=0)=\dfrac{1}{4}$,

$\mathrm{P}(X=1)=\dfrac{9}{16}$이므로

$$\mathrm{P}(|X|=1)=\mathrm{P}(X=-1 \text{ 또는 } X=1)$$
$$=\mathrm{P}(X=-1)+\mathrm{P}(X=1)$$
$$=\frac{3}{16}+\frac{9}{16}=\frac{3}{4}$$

답 $\dfrac{3}{4}$

121

정사면체를 2번 던질 때, 모든 경우의 수는

$4\times4=16$

두 수의 합이 3인 경우는

$(1,\,2),\,(2,\,1)$의 2가지

두 수의 합이 4인 경우는

$(1,\,3),\,(2,\,2),\,(3,\,1)$의 3가지

두 수의 합이 5인 경우는

$(1,\,4),\,(2,\,3),\,(3,\,2),\,(4,\,1)$의 4가지

즉, $\mathrm{P}(X=3)=\dfrac{2}{16}=\dfrac{1}{8}$, $\mathrm{P}(X=4)=\dfrac{3}{16}$,

$\mathrm{P}(X=5)=\dfrac{4}{16}=\dfrac{1}{4}$이므로

$$\mathrm{P}(3\leq X\leq5)$$
$$=\mathrm{P}(X=3)+\mathrm{P}(X=4)+\mathrm{P}(X=5)$$
$$=\frac{1}{8}+\frac{3}{16}+\frac{1}{4}=\frac{9}{16}$$

답 $\dfrac{9}{16}$

참고 확률변수 X의 확률분포를 표로 나타내면 다음과 같다.

X	2	3	4	5	6	7	8	합계
$\mathrm{P}(X=x)$	$\dfrac{1}{16}$	$\dfrac{1}{8}$	$\dfrac{3}{16}$	$\dfrac{1}{4}$	$\dfrac{3}{16}$	$\dfrac{1}{8}$	$\dfrac{1}{16}$	1

122

확률의 총합은 1이므로

$$\frac{1}{4}+\frac{1}{2}+a+b=1 \qquad \therefore a+b=\frac{1}{4} \qquad \cdots\cdots \ \text{㉠}$$

또, $\mathrm{P}(X=2)=4\mathrm{P}(X=3)$이므로

$$a=4b \qquad\qquad\qquad\qquad \cdots\cdots \ \text{㉡}$$

㉠, ㉡을 연립하여 풀면 $a=\dfrac{1}{5}$, $b=\dfrac{1}{20}$

$$\therefore ab=\frac{1}{5}\times\frac{1}{20}=\frac{1}{100}$$

답 $\dfrac{1}{100}$

123

$$\mathrm{P}(X=x)=\frac{k}{\sqrt{x+1}+\sqrt{x}}$$
$$=\frac{k(\sqrt{x+1}-\sqrt{x})}{(\sqrt{x+1}+\sqrt{x})(\sqrt{x+1}-\sqrt{x})}$$
$$=k(\sqrt{x+1}-\sqrt{x})$$

확률의 총합은 1이므로

$$k\{(\sqrt{2}-\sqrt{1})+(\sqrt{3}-\sqrt{2})+\cdots+(\sqrt{9}-\sqrt{8})\}$$
$$=k(\sqrt{9}-\sqrt{1})=1$$

$$2k=1 \qquad \therefore k=\frac{1}{2}$$

$$\therefore \mathrm{P}(X\geq3)$$
$$=\mathrm{P}(X=3)+\mathrm{P}(X=4)+\cdots+\mathrm{P}(X=8)$$
$$=\frac{1}{2}\{(\sqrt{4}-\sqrt{3})+(\sqrt{5}-\sqrt{4})+\cdots+(\sqrt{9}-\sqrt{8})\}$$
$$=\frac{1}{2}(\sqrt{9}-\sqrt{3})=\frac{3-\sqrt{3}}{2}$$

답 $\dfrac{3-\sqrt{3}}{2}$

124

$p_2-p_1=p_3-p_2=p_4-p_3=\dfrac{1}{8}$이므로 $p_1=a$라 하면

$$p_2=p_1+\frac{1}{8}=a+\frac{1}{8}$$

$$p_3=p_2+\frac{1}{8}=a+\frac{2}{8}$$

$$p_4=p_3+\frac{1}{8}=a+\frac{3}{8}$$

확률의 총합은 1이므로 $p_1+p_2+p_3+p_4=1$에서

$$a+\left(a+\frac{1}{8}\right)+\left(a+\frac{2}{8}\right)+\left(a+\frac{3}{8}\right)=1$$

$$4a+\frac{3}{4}=1 \qquad \therefore a=\frac{1}{16}$$

$$\begin{aligned}
\therefore \mathrm{P}(X^2-6X+8<0)&=\mathrm{P}((X-2)(X-4)<0)\\
&=\mathrm{P}(2<X<4)\\
&=\mathrm{P}(X=3)\\
&=p_3=a+\frac{2}{8}\\
&=\frac{1}{16}+\frac{2}{8}=\frac{5}{16}
\end{aligned}$$

답 $\dfrac{5}{16}$

125

확률의 총합은 1이므로

$$\frac{1}{10}+\frac{1}{5}+\frac{2}{5}+a+b=1$$

$$\therefore a+b=\frac{3}{10} \qquad \cdots\cdots ㉠$$

$\mathrm{E}(X)=3$이므로

$$1\times\frac{1}{10}+2\times\frac{1}{5}+3\times\frac{2}{5}+4\times a+5\times b=3$$

$$\therefore 4a+5b=\frac{13}{10} \qquad \cdots\cdots ㉡$$

㉠, ㉡을 연립하여 풀면 $a=\dfrac{1}{5}$, $b=\dfrac{1}{10}$

$$\begin{aligned}
\mathrm{E}(X^2)=&1^2\times\frac{1}{10}+2^2\times\frac{1}{5}+3^2\times\frac{2}{5}+4^2\times\frac{1}{5}\\
&+5^2\times\frac{1}{10}\\
=&\frac{51}{5}
\end{aligned}$$

이므로 $\mathrm{V}(X)=\mathrm{E}(X^2)-\{\mathrm{E}(X)\}^2=\dfrac{51}{5}-3^2=\dfrac{6}{5}$

$$\therefore \sigma(X)=\sqrt{\mathrm{V}(X)}=\sqrt{\frac{6}{5}}=\frac{\sqrt{30}}{5}$$

답 $\dfrac{\sqrt{30}}{5}$

126

확률변수 X가 가질 수 있는 값은 0, 1, 2이고, 그 확률은 각각

$$\mathrm{P}(X=0)=\frac{{}_3\mathrm{C}_2}{{}_5\mathrm{C}_2}=\frac{3}{10}$$

$$\mathrm{P}(X=1)=\frac{{}_3\mathrm{C}_1\times{}_2\mathrm{C}_1}{{}_5\mathrm{C}_2}=\frac{3}{5}$$

$$\mathrm{P}(X=2)=\frac{{}_2\mathrm{C}_2}{{}_5\mathrm{C}_2}=\frac{1}{10}$$

이므로 X의 확률분포를 표로 나타내면 다음과 같다.

X	0	1	2	합계
$\mathrm{P}(X=x)$	$\dfrac{3}{10}$	$\dfrac{3}{5}$	$\dfrac{1}{10}$	1

$$\therefore \mathrm{E}(X)=0\times\frac{3}{10}+1\times\frac{3}{5}+2\times\frac{1}{10}=\frac{4}{5}$$

또, $\mathrm{E}(X^2)=0^2\times\dfrac{3}{10}+1^2\times\dfrac{3}{5}+2^2\times\dfrac{1}{10}=1$이므로

$$\begin{aligned}
\mathrm{V}(X)&=\mathrm{E}(X^2)-\{\mathrm{E}(X)\}^2\\
&=1-\left(\frac{4}{5}\right)^2=\frac{9}{25}
\end{aligned}$$

답 $\dfrac{9}{25}$

127

$\mathrm{V}(X)=\mathrm{E}(X^2)-\{\mathrm{E}(X)\}^2$에서

$$\mathrm{E}(X^2)=\mathrm{V}(X)+\{\mathrm{E}(X)\}^2 \qquad \cdots\cdots ㉠$$

$$\begin{aligned}
\therefore \mathrm{E}((X-3)^2)&=\mathrm{E}(X^2-6X+9)\\
&=\mathrm{E}(X^2)-6\mathrm{E}(X)+9\\
&=\mathrm{V}(X)+\{\mathrm{E}(X)\}^2-6\mathrm{E}(X)+9 \ (\because ㉠)\\
&=7+2^2-6\times2+9\\
&=8
\end{aligned}$$

답 8

128

$\mathrm{E}(X)=m$, $\sigma(X)=\sigma(\sigma>0)$이므로

$$\begin{aligned}
\mathrm{E}(T)&=\mathrm{E}\left(10\times\frac{X-m}{\sigma}+50\right)\\
&=\mathrm{E}\left(\frac{10}{\sigma}X-\frac{10m}{\sigma}+50\right)\\
&=\frac{10}{\sigma}\mathrm{E}(X)-\frac{10m}{\sigma}+50\\
&=\frac{10m}{\sigma}-\frac{10m}{\sigma}+50=50
\end{aligned}$$

$$\sigma(T)=\sigma\left(10\times\frac{X-m}{\sigma}+50\right)$$
$$=\left|\frac{10}{\sigma}\right|\sigma(X)$$
$$=\frac{10}{\sigma}\times\sigma=10$$

답 $\mathbf{E}(T)=50,\ \sigma(T)=10$

129

확률변수 X의 확률분포를 표로 나타내면 다음과 같다.

X	1	2	3	4	5	합계
P$(X=x)$	$\frac{3}{7}$	$\frac{2}{7}$	$\frac{1}{7}$	0	$\frac{1}{7}$	1

$$\therefore \mathrm{E}(X)=1\times\frac{3}{7}+2\times\frac{2}{7}+3\times\frac{1}{7}+4\times0+5\times\frac{1}{7}$$
$$=\frac{15}{7}$$
$$\therefore \mathrm{E}(14X+5)=14\mathrm{E}(X)+5$$
$$=14\times\frac{15}{7}+5=35$$

답 ②

130

확률변수 X가 가질 수 있는 값은 1, 2, 4이고, 그 확률은 각각
$$P(X=1)=\frac{2}{6}=\frac{1}{3}$$
$$P(X=2)=\frac{3}{6}=\frac{1}{2}$$
$$P(X=4)=\frac{1}{6}$$

이므로 X의 확률분포를 표로 나타내면 다음과 같다.

X	1	2	4	합계
P$(X=x)$	$\frac{1}{3}$	$\frac{1}{2}$	$\frac{1}{6}$	1

$$\therefore \mathrm{E}(X)=1\times\frac{1}{3}+2\times\frac{1}{2}+4\times\frac{1}{6}=2$$
$$\therefore \mathrm{E}(5X+3)=5\mathrm{E}(X)+3$$
$$=5\times2+3=13$$

답 13

131

확률의 총합은 1이므로
$$b+\frac{1}{4}+a=1$$
$$\therefore b=\frac{3}{4}-a \qquad\qquad \cdots\cdots\ \text{㉠}$$
$$\mathrm{E}(X)=1\times b+2\times\frac{1}{4}+3\times a$$
$$=\left(\frac{3}{4}-a\right)+\frac{1}{2}+3a\ (\because\ \text{㉠})$$
$$=2a+\frac{5}{4}$$
$$\mathrm{E}(X^2)=1^2\times b+2^2\times\frac{1}{4}+3^2\times a$$
$$=\left(\frac{3}{4}-a\right)+1+9a\ (\because\ \text{㉠})$$
$$=8a+\frac{7}{4}$$

이므로
$$\mathrm{V}(X)=\mathrm{E}(X^2)-\{\mathrm{E}(X)\}^2$$
$$=8a+\frac{7}{4}-\left(2a+\frac{5}{4}\right)^2$$
$$=-4a^2+3a+\frac{3}{16}$$
$$=-4\left(a-\frac{3}{8}\right)^2+\frac{3}{4}$$

따라서 X의 분산은 $a=\frac{3}{8}$일 때 최대이다. 답 $\frac{3}{8}$

132

한 개의 주사위를 한 번 던져서 나오는 눈의 수에 대한 상금을 확률변수 X라 하면

눈의 수가 1일 때, $X=1\times200=200$
눈의 수가 2일 때, $X=2\times100=200$
눈의 수가 3일 때, $X=3\times200=600$
눈의 수가 4일 때, $X=4\times100=400$
눈의 수가 5일 때, $X=5\times200=1000$
눈의 수가 6일 때, $X=6\times100=600$

이므로 X가 가질 수 있는 값은 200, 400, 600, 1000 이고 X의 확률분포를 표로 나타내면 다음과 같다.

X	200	400	600	1000	합계
P$(X=x)$	$\frac{1}{3}$	$\frac{1}{6}$	$\frac{1}{3}$	$\frac{1}{6}$	1

$$\therefore \mathrm{E}(X)=200\times\frac{1}{3}+400\times\frac{1}{6}+600\times\frac{1}{3}$$
$$+1000\times\frac{1}{6}$$
$$=500$$

따라서 구하는 기댓값은 500원이다. **답 500원**

133

$$\mathrm{E}(X)=0\times\frac{1}{8}+2\times\frac{3}{8}+4\times\frac{3}{8}+6\times\frac{1}{8}=3$$
$$\mathrm{E}(X^2)=0^2\times\frac{1}{8}+2^2\times\frac{3}{8}+4^2\times\frac{3}{8}+6^2\times\frac{1}{8}=12$$

이므로

$$\mathrm{V}(X)=\mathrm{E}(X^2)-\{\mathrm{E}(X)\}^2=12-3^2=3$$
$\mathrm{E}(Y)=6$에서 $\mathrm{E}(aX+b)=6$
$a\mathrm{E}(X)+b=6 \qquad \therefore 3a+b=6 \quad \cdots\cdots \ \bigcirc$
$\mathrm{V}(Y)=3$에서 $\mathrm{V}(aX+b)=3$
$a^2\mathrm{V}(X)=3,\ 3a^2=3$
$a^2=1 \qquad \therefore a=-1\ (\because a<0)$
$a=-1$을 $\bigcirc$에 대입하면 $b=9$
$\therefore a+b=(-1)+9=8$ **답 8**

134

한 개의 주사위를 두 번 던질 때, 모든 경우의 수는
$6\times6=36$

오른쪽 그림에서 확률변수 X가 가질 수 있는 값은 $0,\ 1,\ \sqrt{3},\ 2$ 이다.

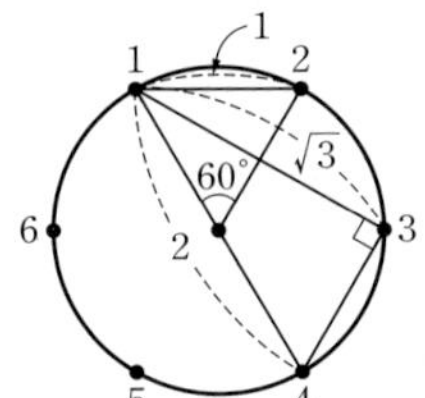

(ⅰ) $X=0$일 때,
　　$(1,\ 1),\ (2,\ 2),\ (3,\ 3),$
　　$(4,\ 4),\ (5,\ 5),\ (6,\ 6)$
　　의 6가지이므로
$$\mathrm{P}(X=0)=\frac{6}{36}=\frac{1}{6}$$
(ⅱ) $X=1$일 때,
　　$(1,\ 2),\ (2,\ 3),\ (3,\ 4),\ (4,\ 5),\ (5,\ 6),\ (6,\ 1),$
　　$(2,\ 1),\ (3,\ 2),\ (4,\ 3),\ (5,\ 4),\ (6,\ 5),\ (1,\ 6)$
　　의 12가지이므로
$$\mathrm{P}(X=1)=\frac{12}{36}=\frac{1}{3}$$

(ⅲ) $X=\sqrt{3}$일 때,
　　$(1,\ 3),\ (2,\ 4),\ (3,\ 5),\ (4,\ 6),\ (5,\ 1),\ (6,\ 2),$
　　$(3,\ 1),\ (4,\ 2),\ (5,\ 3),\ (6,\ 4),\ (1,\ 5),\ (2,\ 6)$
　　의 12가지이므로
$$\mathrm{P}(X=\sqrt{3})=\frac{12}{36}=\frac{1}{3}$$
(ⅳ) $X=2$일 때,
　　$(1,\ 4),\ (2,\ 5),\ (3,\ 6),\ (4,\ 1),\ (5,\ 2),\ (6,\ 3)$
　　의 6가지이므로
$$\mathrm{P}(X=2)=\frac{6}{36}=\frac{1}{6}$$

(ⅰ)～(ⅳ)에서 X의 확률분포를 표로 나타내면 다음과 같다.

X	0	1	$\sqrt{3}$	2	합계
$\mathrm{P}(X=x)$	$\dfrac{1}{6}$	$\dfrac{1}{3}$	$\dfrac{1}{3}$	$\dfrac{1}{6}$	1

$$\therefore \mathrm{E}(X)=0\times\frac{1}{6}+1\times\frac{1}{3}+\sqrt{3}\times\frac{1}{3}+2\times\frac{1}{6}$$
$$=\frac{2+\sqrt{3}}{3}$$ **답 ④**

135

확률변수 X가 가질 수 있는 값은 1, 2, 3이다.
(ⅰ) $X=1$일 때,
　　여학생 3명 중 1명을 맨 앞에 세우고, 그 뒤에 나머지 4명을 세우면 되므로
$$\mathrm{P}(X=1)=\frac{{}_3\mathrm{P}_1\times4!}{5!}=\frac{3}{5}$$
(ⅱ) $X=2$일 때,
　　맨 앞에 남학생 2명 중 1명을, 두 번째 자리에 여학생 3명 중 1명을 세우고, 그 뒤에 나머지 3명을 세우면 되므로
$$\mathrm{P}(X=2)=\frac{{}_2\mathrm{P}_1\times{}_3\mathrm{P}_1\times3!}{5!}=\frac{3}{10}$$
(ⅲ) $X=3$일 때,
　　남학생 2명을 세우고, 그 뒤에 여학생 3명을 세우면 되므로
$$\mathrm{P}(X=3)=\frac{2!\times3!}{5!}=\frac{1}{10}$$

(i)~(iii)에서 X의 확률분포를 표로 나타내면 다음과 같다.

X	1	2	3	합계
$P(X=x)$	$\dfrac{3}{5}$	$\dfrac{3}{10}$	$\dfrac{1}{10}$	1

$$\therefore E(X)=1\times\frac{3}{5}+2\times\frac{3}{10}+3\times\frac{1}{10}=\frac{3}{2}$$

또, $E(X^2)=1^2\times\dfrac{3}{5}+2^2\times\dfrac{3}{10}+3^2\times\dfrac{1}{10}=\dfrac{27}{10}$

이므로

$$V(X)=E(X^2)-\{E(X)\}^2=\frac{27}{10}-\left(\frac{3}{2}\right)^2=\frac{9}{20}$$

$$\therefore V(10X)=10^2 V(X)=100\times\frac{9}{20}=45 \qquad \text{답 } 45$$

136

합격한 제품의 개수를 확률변수 X라 하자.

5개의 퓨즈를 검사하므로 5회의 독립시행이고, 이 공장에서 생산된 퓨즈 하나가 품질 기준에 합격할 확률은 $\dfrac{9}{10}$이므로 X는 이항분포 $B\left(5, \dfrac{9}{10}\right)$를 따른다.

따라서 X의 확률질량함수는

$$P(X=x)=\begin{cases} {}_5C_0\left(\dfrac{1}{10}\right)^5 & (x=0) \\[2mm] {}_5C_x\left(\dfrac{9}{10}\right)^x\left(\dfrac{1}{10}\right)^{5-x} & (x=1,\,2,\,3,\,4) \\[2mm] {}_5C_5\left(\dfrac{9}{10}\right)^5 & (x=5) \end{cases}$$

이므로 구하는 확률은

$$P(X\leq1)=P(X=0)+P(X=1)$$
$$={}_5C_0\left(\frac{1}{10}\right)^5+{}_5C_1\left(\frac{9}{10}\right)^1\left(\frac{1}{10}\right)^4$$
$$=\frac{23}{50000} \qquad \text{답 } \frac{23}{50000}$$

137

확률변수 X의 확률질량함수는

$$P(X=x)=\begin{cases} {}_{160}C_0\left(\dfrac{1}{4}\right)^{160} & (x=0) \\[2mm] {}_{160}C_x\left(\dfrac{3}{4}\right)^x\left(\dfrac{1}{4}\right)^{160-x} & \\[1mm] & (x=1,\,2,\,3,\,\cdots,\,159) \\[2mm] {}_{160}C_{160}\left(\dfrac{3}{4}\right)^{160} & (x=160) \end{cases}$$

이므로 X는 이항분포 $B\left(160, \dfrac{3}{4}\right)$을 따른다.

따라서 X의 평균과 분산은 각각

$$E(X)=160\times\frac{3}{4}=120$$

$$V(X)=160\times\frac{3}{4}\times\frac{1}{4}=30$$

$$\text{답 } E(X)=120,\ V(X)=30$$

138

$E(X)=15$, $V(X)=\left(\dfrac{3\sqrt5}{2}\right)^2=\dfrac{45}{4}$이므로

$$E(X)=np=15 \qquad \cdots\cdots \text{㉠}$$

$$V(X)=np(1-p)=\frac{45}{4} \qquad \cdots\cdots \text{㉡}$$

㉠을 ㉡에 대입하면 $15(1-p)=\dfrac{45}{4}$

$$\therefore p=\frac{1}{4}$$

$p=\dfrac{1}{4}$을 ㉠에 대입하면 $\dfrac{1}{4}n=15 \qquad \therefore n=60$

$$\therefore 4(n+p)=4\left(60+\frac{1}{4}\right)=241 \qquad \text{답 } 241$$

139

49번 공을 꺼내므로 49회의 독립시행이고, 1회의 시행에서 같은 색의 공이 나올 확률은

$$\frac{{}_3C_2}{{}_7C_2}+\frac{{}_4C_2}{{}_7C_2}=\frac{1}{7}+\frac{2}{7}=\frac{3}{7}$$

이므로 확률변수 X는 이항분포 $B\left(49, \dfrac{3}{7}\right)$을 따른다.

$$\therefore \sigma(X)=\sqrt{49\times\frac{3}{7}\times\frac{4}{7}}=2\sqrt3 \qquad \text{답 } 2\sqrt3$$

140

$E(3X-2)=16$에서

$3E(X)-2=16 \qquad \therefore E(X)=6$

이때 $E(X^2)=40$이므로

$$V(X)=E(X^2)-\{E(X)\}^2=40-6^2=4$$

$$\therefore V(3X-2)=3^2 V(X)=9\times4=36 \qquad \text{답 } 36$$

141

동전 2개를 동시에 10번 던지므로 10회의 독립시행이고, 1회의 시행에서 동전 2개 모두 앞면이 나올 확률은

$$_2C_2\left(\frac{1}{2}\right)^2=\frac{1}{4}$$

이므로 확률변수 X는 이항분포 $B\left(10,\ \frac{1}{4}\right)$을 따른다.

따라서 $V(X)=10\times\frac{1}{4}\times\frac{3}{4}=\frac{15}{8}$이므로

$$V(4X+1)=4^2V(X)=16\times\frac{15}{8}=30$$

답 30

142

확률변수 X는 이항분포 $B(3,\ p)$를 따르므로

$$P(X=3)={}_3C_3p^3=p^3$$

확률변수 Y는 이항분포 $B(4,\ 2p)$를 따르므로

$$\begin{aligned}
P(Y\geq3)&=P(Y=3)+P(Y=4)\\
&={}_4C_3(2p)^3(1-2p)+{}_4C_4(2p)^4\\
&=32p^3(1-2p)+16p^4\\
&=16p^3(2-3p)
\end{aligned}$$

$10P(X=3)=P(Y\geq3)$에서

$$10p^3=16p^3(2-3p)$$

$$10=16(2-3p)\ (\because\ p>0)$$

$$\therefore p=\frac{11}{24}$$

답 $\dfrac{11}{24}$

143

$$\begin{aligned}
\sigma(X)&=\sqrt{10p(1-p)}=\sqrt{-10(p^2-p)}\\
&=\sqrt{-10\left(p-\frac{1}{2}\right)^2+\frac{5}{2}}
\end{aligned}$$

따라서 $p=\dfrac{1}{2}$일 때 표준편차 $\sigma(X)$가 최대이므로 이때의 X의 평균은

$$E(X)=10\times p=10\times\frac{1}{2}=5$$

답 5

144

1개의 구슬을 n번 꺼내므로 n회의 독립시행이고, 1회의 시행에서 검은 구슬이 나올 확률은 $\dfrac{x}{x+3}$이므로 확률변수 X는 이항분포 $B\left(n,\ \dfrac{x}{x+3}\right)$를 따른다.

$$E(X)=n\times\frac{x}{x+3}=4 \qquad \cdots\cdots\ \text{㉠}$$

$$V(X)=n\times\frac{x}{x+3}\times\frac{3}{x+3}=\frac{12}{5} \qquad \cdots\cdots\ \text{㉡}$$

㉠을 ㉡에 대입하면 $\dfrac{12}{x+3}=\dfrac{12}{5}$ $\qquad \therefore x=2$

$x=2$를 ㉠에 대입하면 $\dfrac{2}{5}n=4$ $\qquad \therefore n=10$

$$\therefore x+n=2+10=12$$

답 12

145

한 개의 동전을 3번 던지므로 3회의 독립시행이고, 1회의 시행에서 앞면이 나올 확률은 $\dfrac{1}{2}$이므로 확률변수 X는 이항분포 $B\left(3,\ \dfrac{1}{2}\right)$을 따른다.

$$\therefore E(X)=3\times\frac{1}{2}=\frac{3}{2}$$

$$V(X)=3\times\frac{1}{2}\times\frac{1}{2}=\frac{3}{4}$$

이때 $V(X)=E(X^2)-\{E(X)\}^2$이므로

$$E(X^2)=V(X)+\{E(X)\}^2=\frac{3}{4}+\left(\frac{3}{2}\right)^2=3$$

$$\begin{aligned}
\therefore f(a)&=E((X-a)^2)\\
&=E(X^2)-2aE(X)+a^2\\
&=3-2a\times\frac{3}{2}+a^2\\
&=\left(a-\frac{3}{2}\right)^2+\frac{3}{4}
\end{aligned}$$

따라서 $a=\dfrac{3}{2}$일 때 $f(a)$는 최솟값 $\dfrac{3}{4}$을 갖는다.

답 $\dfrac{3}{4}$

다른풀이 $\begin{aligned}[t]f(a)&=E((X-a)^2)\\&=E(X^2)-2aE(X)+a^2\end{aligned}$

한편, X의 확률분포를 표로 나타내면 다음과 같다.

X	0	1	2	3	합계
$P(X=x)$	$\dfrac{1}{8}$	$\dfrac{3}{8}$	$\dfrac{3}{8}$	$\dfrac{1}{8}$	1

$$E(X)=0\times\frac{1}{8}+1\times\frac{3}{8}+2\times\frac{3}{8}+3\times\frac{1}{8}=\frac{3}{2}$$

$$E(X^2)=0^2\times\frac{1}{8}+1^2\times\frac{3}{8}+2^2\times\frac{3}{8}+3^2\times\frac{1}{8}=3$$

이므로

$$f(a)=3-3a+a^2=\left(a-\frac{3}{2}\right)^2+\frac{3}{4}$$

따라서 $a=\dfrac{3}{2}$일 때 $f(a)$는 최솟값 $\dfrac{3}{4}$을 갖는다.

146

빨간 공이 나오는 횟수를 확률변수 X라 하자.

5번 공을 꺼내므로 5회의 독립시행이고, 1회의 시행에서 빨간 공이 나올 확률은 $\dfrac{2}{5}$이므로 X는 이항분포 $B\left(5, \dfrac{2}{5}\right)$를 따른다.

$$\therefore E(X)=5\times\dfrac{2}{5}=2$$

이때 받는 총 금액을 확률변수 Y라 하면

$$Y=100X+200(5-X)$$
$$=-100X+1000$$

$$\therefore E(Y)=E(-100X+1000)$$
$$=-100E(X)+1000$$
$$=-100\times 2+1000$$
$$=800$$

따라서 구하는 기댓값은 800원이다. **답 800원**

147

두 주사위 A, B를 동시에 던질 때 일어나는 모든 경우의 수는

$$6\times 6=36$$

$1\le m\le 6$, $1\le n\le 6$인 자연수 m, n에 대하여 $m^2+n^2\le 25$가 되는 사건 E가 일어나는 경우는 다음과 같다.

(i) $m=1$일 때,

　　$n^2\le 24$이므로 $n=1,\ 2,\ 3,\ 4$의 4가지

(ii) $m=2$일 때,

　　$n^2\le 21$이므로 $n=1,\ 2,\ 3,\ 4$의 4가지

(iii) $m=3$일 때,

　　$n^2\le 16$이므로 $n=1,\ 2,\ 3,\ 4$의 4가지

(iv) $m=4$일 때,

　　$n^2\le 9$이므로 $n=1,\ 2,\ 3$의 3가지

(v) $m=5$ 또는 $m=6$일 때,

　　부등식 $m^2+n^2\le 25$를 만족시키는 자연수 n은 존재하지 않는다.

(i)～(v)에서 사건 E가 일어나는 경우의 수는

$$4+4+4+3=15 \qquad \therefore P(E)=\dfrac{15}{36}=\dfrac{5}{12}$$

즉, 확률변수 X는 이항분포 $B\left(12, \dfrac{5}{12}\right)$를 따르므로

$$V(X)=12\times\dfrac{5}{12}\times\dfrac{7}{12}=\dfrac{35}{12}$$

따라서 $p=12$, $q=35$이므로

$$p+q=12+35=47 \qquad\qquad \textbf{답 47}$$

148

오른쪽 그림에서 함수 $y=f(x)$의 그래프와 x축 및 두 직선 $x=0$, $x=4$로 둘러싸인 도형의 넓이가 1이므로

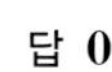

$$\dfrac{1}{2}\times\left\{k+\left(\dfrac{1}{2}+k\right)\right\}\times 4=1$$

$$\therefore k=0 \qquad\qquad \textbf{답 0}$$

149

오른쪽 그림에서 함수 $y=f(x)$의 그래프와 x축 및 두 직선 $x=0$, $x=2k$로 둘러싸인 도형의 넓이가 1이므로

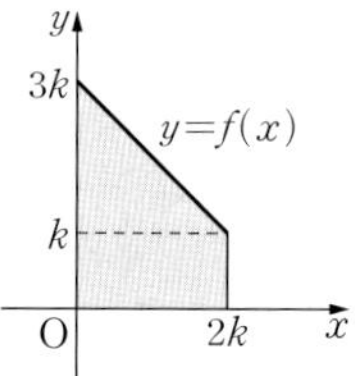

$$\dfrac{1}{2}\times(3k+k)\times 2k=1$$

$$4k^2=1 \qquad \therefore k=\dfrac{1}{2}\ (\because k\ge 0)$$

따라서 $f(x)=\dfrac{3}{2}-x$이므로

오른쪽 그림에서

$$P(0\le X\le k)$$
$$=P\left(0\le X\le\dfrac{1}{2}\right)$$
$$=\dfrac{1}{2}\times\left(\dfrac{3}{2}+1\right)\times\dfrac{1}{2}$$
$$=\dfrac{5}{8}$$

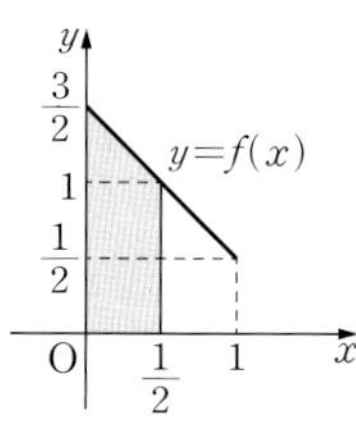

$$\qquad\qquad \textbf{답} \dfrac{5}{8}$$

150

오른쪽 그림에서 함수 $y=f(x)$의 그래프와 x축 및 두 직선 $x=0$, $x=2$로 둘러싸인 도형의 넓이가 1이므로

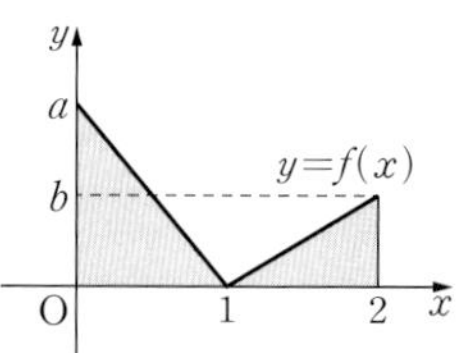

$$\frac{1}{2}\times 1\times a+\frac{1}{2}\times 1\times b=1$$

$$\therefore a+b=2 \qquad\qquad \cdots\cdots \text{㉠}$$

또, $\mathrm{P}(1\leq X\leq 2)$는 오른
쪽 그림에서 색칠한 도형의
넓이와 같고,

$\mathrm{P}(1\leq X\leq 2)=\dfrac{a}{6}$이므로

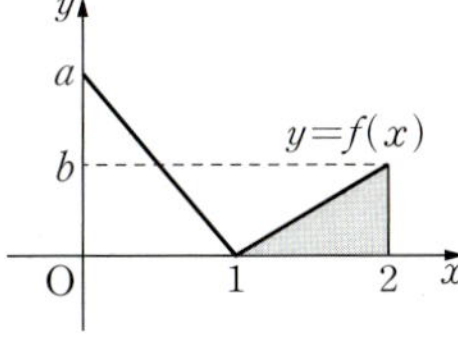

$$\frac{1}{2}\times 1\times b=\frac{a}{6} \qquad \therefore a=3b \qquad \cdots\cdots \text{㉡}$$

㉠, ㉡을 연립하여 풀면

$$a=\frac{3}{2},\ b=\frac{1}{2}$$

$$\therefore a-b=1 \qquad\qquad\qquad \text{답 ①}$$

151

함수 $y=f(x)$의 그래프와 x축으로 둘러싸인 도형의
넓이는 1이므로

$$\frac{1}{2}\times 1\times k+1\times k+\frac{1}{2}\times 2\times k=1$$

$$\therefore k=\frac{2}{5}$$

$k=\dfrac{2}{5}$이므로 $2\leq x\leq 4$에서의 확률밀도함수의 그래프
는 두 점 $\left(2,\ \dfrac{2}{5}\right)$, $(4,\ 0)$을 지나는 직선이다. 이 직선
의 방정식은

$$y=\frac{\frac{2}{5}-0}{2-4}(x-4)$$

$$\therefore y=-\frac{1}{5}x+\frac{4}{5}\ (2\leq x\leq 4)$$

따라서 $x=3$일 때 y의 값은

$\dfrac{1}{5}$이고 $\mathrm{P}(1\leq X\leq 3)$은 오
른쪽 그림에서 색칠한 도형
의 넓이와 같으므로

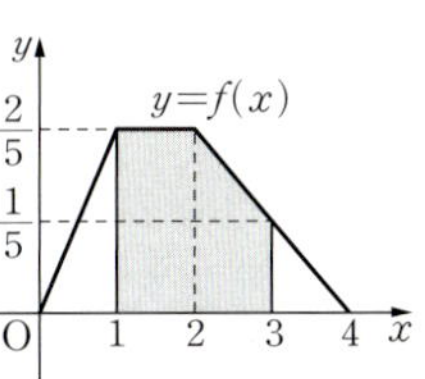

$$\mathrm{P}(1\leq X\leq 3)$$

$$=1\times\frac{2}{5}+\frac{1}{2}\times\left(\frac{2}{5}+\frac{1}{5}\right)\times 1$$

$$=\frac{7}{10} \qquad\qquad\qquad \text{답 } \dfrac{7}{10}$$

152

조건 ㈎에서 함수 $y=f(x)$의 그래프는 y축에 대하여
대칭이고, $\mathrm{P}(-2\leq X\leq 2)=1$이므로

$$\mathrm{P}(-2\leq X\leq 0)=\mathrm{P}(0\leq X\leq 2)=\frac{1}{2}$$

조건 ㈏에서 $\mathrm{P}\left(\dfrac{3}{2}\leq X\leq 2\right)=5\mathrm{P}\left(0\leq X\leq\dfrac{3}{2}\right)$이므로

$$\mathrm{P}(0\leq X\leq 2)$$

$$=\mathrm{P}\left(0\leq X\leq\frac{3}{2}\right)+\mathrm{P}\left(\frac{3}{2}\leq X\leq 2\right)$$

$$=\mathrm{P}\left(0\leq X\leq\frac{3}{2}\right)+5\mathrm{P}\left(0\leq X\leq\frac{3}{2}\right)$$

$$=6\mathrm{P}\left(0\leq X\leq\frac{3}{2}\right)=\frac{1}{2}$$

$$\therefore \mathrm{P}\left(0\leq X\leq\frac{3}{2}\right)=\frac{1}{12}$$

$$\therefore \mathrm{P}\left(|X|\leq\frac{3}{2}\right)=\mathrm{P}\left(-\frac{3}{2}\leq X\leq\frac{3}{2}\right)$$

$$=2\mathrm{P}\left(0\leq X\leq\frac{3}{2}\right)$$

$$=2\times\frac{1}{12}=\frac{1}{6} \qquad \text{답 } \dfrac{1}{6}$$

153

$Z=\dfrac{X-30}{4}$으로 놓으면 확률변수 Z는 표준정규분포
$\mathrm{N}(0,\ 1)$을 따른다.

$\mathrm{P}(30\leq X\leq k)=\mathrm{P}(0\leq Z\leq 2)$에서

$$\mathrm{P}\left(\frac{30-30}{4}\leq Z\leq\frac{k-30}{4}\right)=\mathrm{P}\left(0\leq Z\leq\frac{k-30}{4}\right)$$

$$=\mathrm{P}(0\leq Z\leq 2)$$

따라서 $\dfrac{k-30}{4}=2$이므로

$$k=38 \qquad\qquad\qquad\qquad \text{답 38}$$

154

$Z=\dfrac{X-4}{2}$로 놓으면 확률변수 Z는 표준정규분포
$\mathrm{N}(0,\ 1)$을 따른다.

$$① \ \mathrm{P}(1\leq X\leq 4)=\mathrm{P}\left(\frac{1-4}{2}\leq Z\leq\frac{4-4}{2}\right)$$

$$=\mathrm{P}(-1.5\leq Z\leq 0)$$

$$=\mathrm{P}(0\leq Z\leq 1.5)$$

$$=0.4332$$

② $P(1 \leq X \leq 7) = P\left(\dfrac{1-4}{2} \leq Z \leq \dfrac{7-4}{2}\right)$
$\qquad = P(-1.5 \leq Z \leq 1.5)$
$\qquad = 2P(0 \leq Z \leq 1.5)$
$\qquad = 2 \times 0.4332 = 0.8664$

③ $P(4 \leq X \leq 7) = P\left(\dfrac{4-4}{2} \leq Z \leq \dfrac{7-4}{2}\right)$
$\qquad = P(0 \leq Z \leq 1.5) = 0.4332$

④ $P(X \leq 4) = P\left(Z \leq \dfrac{4-4}{2}\right) = P(Z \leq 0) = 0.5$

⑤ $P(X \geq 7) = P\left(Z \geq \dfrac{7-4}{2}\right) = P(Z \geq 1.5)$
$\qquad = P(Z \geq 0) - P(0 \leq Z \leq 1.5)$
$\qquad = 0.5 - 0.4332 = 0.0668$

따라서 확률이 가장 큰 것은 ②이다. **답** ②

155

$E(X) = 42$, $\sigma(X) = 3$에서
$E(Y) = E(2X+4) = 2E(X) + 4$
$\qquad = 2 \times 42 + 4 = 88$
$\sigma(Y) = \sigma(2X+4) = |2|\sigma(X) = 2 \times 3 = 6$
이때 X가 정규분포 $N(42, 3^2)$을 따르므로 Y는 정규분포 $N(88, 6^2)$을 따른다.
$Z = \dfrac{Y-88}{6}$로 놓으면 확률변수 Z는 표준정규분포 $N(0, 1)$을 따르므로
$P(Y \geq 100) = P\left(Z \geq \dfrac{100-88}{6}\right)$
$\qquad = P(Z \geq 2)$
$\qquad = P(Z \geq 0) - P(0 \leq Z \leq 2)$
$\qquad = 0.5 - 0.4772 = 0.0228$ **답 0.0228**

다른풀이 $Y = 2X+4$이므로
$P(Y \geq 100) = P(2X+4 \geq 100) = P(X \geq 48)$
$Z = \dfrac{X-42}{3}$로 놓으면 확률변수 Z는 표준정규분포 $N(0, 1)$을 따르므로
$P(Y \geq 100) = P(X \geq 48)$
$\qquad = P\left(Z \geq \dfrac{48-42}{3}\right) = P(Z \geq 2)$
$\qquad = P(Z \geq 0) - P(0 \leq Z \leq 2)$
$\qquad = 0.5 - 0.4772 = 0.0228$

156

연구원이 추출한 호르몬의 양을 확률변수 X라 하면 X는 정규분포 $N(30.2, 0.6^2)$을 따르므로 $Z = \dfrac{X-30.2}{0.6}$로 놓으면 확률변수 Z는 표준정규분포 $N(0, 1)$을 따른다.
$\therefore P(29.6 \leq X \leq 31.4)$
$\qquad = P\left(\dfrac{29.6-30.2}{0.6} \leq Z \leq \dfrac{31.4-30.2}{0.6}\right)$
$\qquad = P(-1 \leq Z \leq 2)$
$\qquad = P(-1 \leq Z \leq 0) + P(0 \leq Z \leq 2)$
$\qquad = P(0 \leq Z \leq 1) + P(0 \leq Z \leq 2)$
$\qquad = 0.3413 + 0.4772 = 0.8185$ **답** ⑤

157

내용물의 용량을 확률변수 X라 하면 X는 정규분포 $N(180, 4^2)$을 따르므로 $Z = \dfrac{X-180}{4}$으로 놓으면 확률변수 Z는 표준정규분포 $N(0, 1)$을 따른다.
$\therefore P(186 \leq X \leq 188)$
$\qquad = P\left(\dfrac{186-180}{4} \leq Z \leq \dfrac{188-180}{4}\right)$
$\qquad = P(1.5 \leq Z \leq 2)$
$\qquad = P(0 \leq Z \leq 2) - P(0 \leq Z \leq 1.5)$
$\qquad = 0.4772 - 0.4332 = 0.044$
따라서 내용물의 용량이 186 mL 이상 188 mL 이하인 음료수는
$500 \times 0.044 = 22$(캔) **답 22캔**

158

수험생의 시험 성적을 확률변수 X라 하면 X는 정규분포 $N(248, 65^2)$을 따르므로 $Z = \dfrac{X-248}{65}$로 놓으면 확률변수 Z는 표준정규분포 $N(0, 1)$을 따른다.
합격자의 최저 점수를 k라 하면
$P(X \geq k) = \dfrac{800}{4000} = 0.2$
$P\left(Z \geq \dfrac{k-248}{65}\right) = 0.2$
$P(Z \geq 0) - P\left(0 \leq Z \leq \dfrac{k-248}{65}\right) = 0.2$

$$0.5-\mathrm{P}\left(0\leq Z\leq\frac{k-248}{65}\right)=0.2$$

$$\therefore \mathrm{P}\left(0\leq Z\leq\frac{k-248}{65}\right)=0.3$$

이때 $\mathrm{P}(0\leq Z\leq0.84)=0.3$이므로

$$\frac{k-248}{65}=0.84 \qquad \therefore k=302.6$$

따라서 합격자의 최저 점수는 302.6점이다.

답 302.6점

159

ㄱ. A, B 두 고등학교 학생들의 성적의 평균이 같고, A고등학교 학생들의 성적의 표준편차가 B고등학교보다 크므로 A고등학교에 성적이 우수한 학생들이 더 많이 있다. (참)

ㄴ. A, B 두 고등학교 학생들의 성적의 평균은 같다. (거짓)

ㄷ. B고등학교 학생들의 성적의 표준편차가 C고등학교보다 더 작다. (참)

따라서 옳은 것은 ㄱ, ㄷ이다.　　　　　**답 ㄱ, ㄷ**

160

이차방정식 $x^2+Zx+1=0$이 서로 다른 두 실근을 가지므로 판별식을 D라 하면

$$D=Z^2-4>0 \qquad \therefore Z<-2 \text{ 또는 } Z>2$$

확률변수 Z는 표준정규분포 $\mathrm{N}(0,1)$을 따르므로

$$\begin{aligned}
\mathrm{P}(Z<-2 \text{ 또는 } Z>2)&=\mathrm{P}(|Z|>2)\\
&=1-\mathrm{P}(|Z|\leq2)\\
&=1-2\times0.4772\\
&=0.0456
\end{aligned}$$

답 0.0456

161

정규분포 $\mathrm{N}(m,\ \sigma^2)$을 따르는 확률변수 X의 정규분포곡선은 오른쪽 그림과 같이 직선 $x=m$에 대하여 대칭이고, 조건 ㈎에서

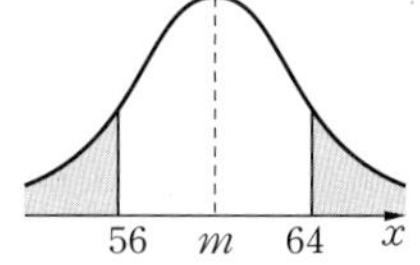

$$\mathrm{P}(X\geq64)=\mathrm{P}(X\leq56)$$이므로

$$m=\frac{64+56}{2}=60, \text{ 즉 } \mathrm{E}(X)=60$$

조건 ㈏에 의하여

$$\mathrm{V}(X)=\mathrm{E}(X^2)-\{\mathrm{E}(X)\}^2=3616-3600=16$$

$$\therefore \sigma=\sqrt{16}=4$$

$$\begin{aligned}
\therefore \mathrm{P}(X\leq68)&=\mathrm{P}(X\leq60+2\times4)\\
&=\mathrm{P}(X\leq m+2\sigma)\\
&=\mathrm{P}(X\leq m)+\mathrm{P}(m\leq X\leq m+2\sigma)\\
&=0.5+0.4772=0.9772
\end{aligned}$$

　　　　답 ④

162

확률변수 X는 정규분포 $\mathrm{N}(5,\ 3^2)$을 따르므로 $Z_X=\dfrac{X-5}{3}$로 놓으면 Z_X는 표준정규분포 $\mathrm{N}(0,\ 1)$을 따른다.

$$\therefore \mathrm{P}(X\geq k)=\mathrm{P}\left(Z_X\geq\frac{k-5}{3}\right)$$

또, 확률변수 Y는 정규분포 $\mathrm{N}(16,\ 4^2)$을 따르므로 $Z_Y=\dfrac{Y-16}{4}$으로 놓으면 Z_Y는 표준정규분포 $\mathrm{N}(0,\ 1)$을 따른다.

$$\begin{aligned}
\therefore \mathrm{P}(Y\leq -k)&=\mathrm{P}\left(Z_Y\leq\frac{-k-16}{4}\right)\\
&=\mathrm{P}\left(Z_Y\geq-\frac{-k-16}{4}\right)
\end{aligned}$$

즉, $\mathrm{P}\left(Z_X\geq\dfrac{k-5}{3}\right)=\mathrm{P}\left(Z_Y\geq-\dfrac{-k-16}{4}\right)$이므로

$$\frac{k-5}{3}=-\frac{-k-16}{4},\ 4k-20=3k+48$$

$$\therefore k=68$$　　　　**답 68**

163

학생들의 국어, 영어, 수학 성적을 각각 확률변수 $X_1,\ X_2,\ X_3$이라 하면 $X_1,\ X_2,\ X_3$은 각각 정규분포 $\mathrm{N}(50,\ 13^2)$, $\mathrm{N}(64,\ 17^2)$, $\mathrm{N}(62,\ 14^2)$을 따르므로

$$Z_1=\frac{X_1-50}{13},\ Z_2=\frac{X_2-64}{17},\ Z_3=\frac{X_3-62}{14}$$

로 놓으면 확률변수 $Z_1,\ Z_2,\ Z_3$은 모두 표준정규분포 $\mathrm{N}(0,\ 1)$을 따른다.

A의 국어, 영어, 수학 성적을 표준화하면

국어: $Z_1=\dfrac{65-50}{13}=\dfrac{15}{13}$

영어: $Z_2=\dfrac{82-64}{17}=\dfrac{18}{17}$

수학: $Z_3 = \dfrac{75-62}{14} = \dfrac{13}{14}$

이고 Z_1, Z_2, Z_3 중 그 값이 클수록 다른 학생에 비해 성적이 좋은 편이다.

따라서 $Z_1 > Z_2 > Z_3$이므로 상대적으로 가장 성적이 좋은 과목은 국어이다. **답 국어**

164

고객의 집에서 시장까지의 거리를 확률변수 X라 하면 X는 정규분포 $N(1740, 500^2)$을 따르므로

$Z = \dfrac{X-1740}{500}$으로 놓으면 확률변수 Z는 표준정규분포 $N(0, 1)$을 따른다.

$$\therefore \ P(X \geq 2000) = P\left(Z \geq \dfrac{2000-1740}{500}\right)$$
$$= P(Z \geq 0.52)$$
$$= P(Z \geq 0) - P(0 \leq Z \leq 0.52)$$
$$= 0.5 - 0.2 = 0.3$$
$$P(X < 2000) = 1 - P(X \geq 2000)$$
$$= 1 - 0.3 = 0.7$$

집에서 시장까지의 거리가 2000 m 미만인 사건을 A, 자가용을 이용하여 시장에 오는 사건을 B라 하면

$$P(A \cap B) = P(A)P(B|A)$$
$$= 0.7 \times 0.05 = 0.035$$
$$P(A^C \cap B) = P(A^C)P(B|A^C)$$
$$= 0.3 \times 0.15 = 0.045$$
$$\therefore \ P(B) = P(A \cap B) + P(A^C \cap B)$$
$$= 0.035 + 0.045 = 0.08$$

따라서 구하는 확률은

$$P(A|B) = \dfrac{P(A \cap B)}{P(B)} = \dfrac{0.035}{0.08} = \dfrac{7}{16}$$ **답 ②**

165

확률변수 X가 이항분포 $B(100, p)$를 따르므로

$$E(X) = 100p \qquad \cdots\cdots ㉠$$

100은 충분히 큰 수이므로 확률변수 X는 근사적으로 정규분포를 따른다.

이때 $P(X \geq 25) = 0.5$이므로

$$E(X) = 25 \qquad \cdots\cdots ㉡$$

㉠, ㉡에서 $100p = 25$ $\qquad \therefore \ p = \dfrac{1}{4}$

따라서 $V(X) = 100 \times \dfrac{1}{4} \times \dfrac{3}{4} = \dfrac{75}{4}$이므로

$$V(2X) = 2^2 V(X) = 4 \times \dfrac{75}{4} = 75$$ **답 75**

166

192명의 고객 중 C 회사의 제품을 선택할 고객의 수를 확률변수 X라 하면 한 명의 고객이 C 회사의 제품을 선택할 확률은 $\dfrac{25}{100} = \dfrac{1}{4}$이므로 X는 이항분포 $B\left(192, \dfrac{1}{4}\right)$을 따른다.

$$\therefore \ E(X) = 192 \times \dfrac{1}{4} = 48$$
$$V(X) = 192 \times \dfrac{1}{4} \times \dfrac{3}{4} = 36$$

이때 192는 충분히 큰 수이므로 확률변수 X는 근사적으로 정규분포 $N(48, 6^2)$을 따른다.

따라서 $Z = \dfrac{X-48}{6}$로 놓으면 확률변수 Z는 표준정규분포 $N(0, 1)$을 따른다.

$$\therefore \ P(X \geq 42) = P\left(Z \geq \dfrac{42-48}{6}\right) = P(Z \geq -1)$$
$$= P(Z \geq 0) + P(-1 \leq Z \leq 0)$$
$$= P(Z \geq 0) + P(0 \leq Z \leq 1)$$
$$= 0.5 + 0.3413 = 0.8413$$ **답 ⑤**

167

주어진 식은 한 번의 시행에서 일어날 확률이 $\dfrac{1}{5}$인 사건이 100번의 시행 중 22번 이상 일어날 확률이다.

한 번의 시행에서 어떤 사건이 일어날 확률이 $\dfrac{1}{5}$일 때, 100번의 독립시행에서 이 사건이 일어나는 횟수를 확률변수 X라 하면 X는 이항분포 $B\left(100, \dfrac{1}{5}\right)$을 따르므로

$$E(X) = 100 \times \dfrac{1}{5} = 20$$
$$V(X) = 100 \times \dfrac{1}{5} \times \dfrac{4}{5} = 16$$

이때 100은 충분히 큰 수이므로 확률변수 X는 근사적으로 정규분포 $N(20, 4^2)$을 따른다.

따라서 $Z=\dfrac{X-20}{4}$으로 놓으면 확률변수 Z는 표준

정규분포 N$(0, 1)$을 따른다.

$\therefore$ (주어진 식)

$\quad =$P$(X=22)+$P$(X=23)+\cdots+$P$(X=100)$

$\quad =$P$(X\geq22)$

$\quad =$P$\left(Z\geq\dfrac{22-20}{4}\right)$

$\quad =$P$(Z\geq0.5)$

$\quad =$P$(Z\geq0)-$P$(0\leq Z\leq0.5)$

$\quad =0.5-0.1915=0.3085$ **답 0.3085**

168

한 개의 주사위를 450번 던질 때, 1 또는 2의 눈이 나오는 횟수를 확률변수 X라 하면 주사위를 1번 던져 1 또는 2의 눈이 나올 확률은 $\dfrac{2}{6}=\dfrac{1}{3}$이므로 X는 이항분포 B$\left(450, \dfrac{1}{3}\right)$을 따른다.

$\therefore$ E$(X)=450\times\dfrac{1}{3}=150$

$\quad$ V$(X)=450\times\dfrac{1}{3}\times\dfrac{2}{3}=100$

이때 450은 충분히 큰 수이므로 확률변수 X는 근사적으로 정규분포 N$(150, 10^2)$을 따른다.

따라서 $Z=\dfrac{X-150}{10}$으로 놓으면 확률변수 Z는 표준 정규분포 N$(0, 1)$을 따른다.

즉, P$(130\leq X\leq c)=0.8185$에서

P$\left(\dfrac{130-150}{10}\leq Z\leq\dfrac{c-150}{10}\right)=0.8185$

P$\left(-2\leq Z\leq\dfrac{c-150}{10}\right)=0.8185$

P$(-2\leq Z\leq0)+$P$\left(0\leq Z\leq\dfrac{c-150}{10}\right)=0.8185$

P$(0\leq Z\leq2)+$P$\left(0\leq Z\leq\dfrac{c-150}{10}\right)=0.8185$

$0.4772+$P$\left(0\leq Z\leq\dfrac{c-150}{10}\right)=0.8185$

$\therefore$ P$\left(0\leq Z\leq\dfrac{c-150}{10}\right)=0.3413$

이때 P$(0\leq Z\leq1)=0.3413$이므로

$\dfrac{c-150}{10}=1$ $\therefore c=160$ **답 160**

169

1600번의 시행 중 10점을 얻는 횟수를 확률변수 X, 2점을 잃는 횟수를 확률변수 Y라 하면

$X+Y=1600$ $\cdots\cdots$ ㉠

점수가 832점인 경우는

$10X-2Y=832$ $\cdots\cdots$ ㉡

㉠, ㉡을 연립하여 풀면 $X=336$, $Y=1264$

즉, 게임을 1600번 독립적으로 시행한 후의 점수가 832점 이상이려면 $X\geq336$이어야 한다.

이때 X는 이항분포 B$\left(1600, \dfrac{1}{5}\right)$을 따르므로

E$(X)=1600\times\dfrac{1}{5}=320$

V$(X)=1600\times\dfrac{1}{5}\times\dfrac{4}{5}=256$

이때 1600은 충분히 큰 수이므로 확률변수 X는 근사적으로 정규분포 N$(320, 16^2)$을 따른다.

따라서 $Z=\dfrac{X-320}{16}$으로 놓으면 확률변수 Z는 표준 정규분포 N$(0, 1)$을 따른다.

$\therefore$ P$(X\geq336)=$P$\left(Z\geq\dfrac{336-320}{16}\right)=P(Z\geq1)$

$\quad =$P$(Z\geq0)-$P$(0\leq Z\leq1)$

$\quad =0.5-0.3413=0.1587$ **답 0.1587**

170

주머니에서 임의로 1장의 카드를 꺼낼 때, 카드에 적힌 숫자를 확률변수 X라 하면 X의 확률분포는 다음 표와 같다.

X	1	3	5	7	9	합계
P$(X=x)$	$\dfrac{1}{5}$	$\dfrac{1}{5}$	$\dfrac{1}{5}$	$\dfrac{1}{5}$	$\dfrac{1}{5}$	1

$\therefore$ E$(X)=1\times\dfrac{1}{5}+3\times\dfrac{1}{5}+5\times\dfrac{1}{5}+7\times\dfrac{1}{5}+9\times\dfrac{1}{5}$

$\qquad =5$

$\quad$ V$(X)=1^2\times\dfrac{1}{5}+3^2\times\dfrac{1}{5}+5^2\times\dfrac{1}{5}+7^2\times\dfrac{1}{5}$

$\qquad\qquad\qquad\qquad\qquad +9^2\times\dfrac{1}{5}-5^2$

$\qquad =8$

이때 표본의 크기가 2이므로
$$E(\overline{X})=E(X)=5$$
$$V(\overline{X})=\frac{V(X)}{2}=\frac{8}{2}=4$$
따라서 $E(\overline{X}^2)=V(\overline{X})+\{E(\overline{X})\}^2=4+5^2=29,$
$V(4\overline{X}+2)=4^2V(\overline{X})=16\times4=64$이므로
$$E(\overline{X}^2)+V(4\overline{X}+2)=93$$

답 93

171

상자에서 임의로 1개의 공을 꺼낼 때, 공에 적힌 숫자를 확률변수 X라 하면 X의 확률분포는 다음 표와 같다.

X	1	2	3	합계
$P(X=x)$	$\frac{1}{6}$	$\frac{1}{3}$	$\frac{1}{2}$	1

$$\therefore E(X)=1\times\frac{1}{6}+2\times\frac{1}{3}+3\times\frac{1}{2}=\frac{7}{3}$$
$$V(X)=1^2\times\frac{1}{6}+2^2\times\frac{1}{3}+3^2\times\frac{1}{2}-\left(\frac{7}{3}\right)^2$$
$$=\frac{5}{9}$$

이때 표본의 크기가 n이고 표본평균 $\overline{X}$의 분산이 $\frac{5}{36}$
이므로
$$V(\overline{X})=\frac{V(X)}{n}=\frac{\frac{5}{9}}{n}=\frac{5}{36}$$
$$\therefore n=4$$

답 4

172

모집단이 정규분포 $N(170,\ 12^2)$을 따르고 표본의 크기가 16이므로 표본평균 $\overline{X}$는 정규분포
$N\left(170,\ \frac{12^2}{16}\right)$, 즉 $N(170,\ 3^2)$을 따른다.

이때 $Z=\frac{\overline{X}-170}{3}$으로 놓으면 확률변수 Z는 표준정
규분포 $N(0,\ 1)$을 따르므로
$P(167\leq\overline{X}\leq k)=0.8185$에서
$$P\left(\frac{167-170}{3}\leq Z\leq\frac{k-170}{3}\right)=0.8185$$
$$P\left(-1\leq Z\leq\frac{k-170}{3}\right)=0.8185$$
$$P(0\leq Z\leq1)+P\left(0\leq Z\leq\frac{k-170}{3}\right)=0.8185$$

$$0.3413+P\left(0\leq Z\leq\frac{k-170}{3}\right)=0.8185$$
$$\therefore P\left(0\leq Z\leq\frac{k-170}{3}\right)=0.8185-0.3413$$
$$=0.4772$$
그런데 $P(0\leq Z\leq2)=0.4772$이므로
$$\frac{k-170}{3}=2,\ k-170=6$$
$$\therefore k=176$$

답 176

173

모집단이 정규분포 $N(75,\ 4^2)$을 따르고 표본의 크기가 n이므로 표본평균 $\overline{X}$는 정규분포 $N\left(75,\ \left(\frac{4}{\sqrt{n}}\right)^2\right)$
을 따른다.

이때 $Z=\dfrac{\overline{X}-75}{\dfrac{4}{\sqrt{n}}}$로 놓으면 확률변수 Z는 표준정규

분포 $N(0,\ 1)$을 따르므로
$P(73\leq\overline{X}\leq77)\geq0.9544$에서
$$P\left(\frac{73-75}{\dfrac{4}{\sqrt{n}}}\leq Z\leq\frac{77-75}{\dfrac{4}{\sqrt{n}}}\right)\geq0.9544$$
$$P\left(-\frac{\sqrt{n}}{2}\leq Z\leq\frac{\sqrt{n}}{2}\right)\geq0.9544$$
$$2P\left(0\leq Z\leq\frac{\sqrt{n}}{2}\right)\geq0.9544$$
$$\therefore P\left(0\leq Z\leq\frac{\sqrt{n}}{2}\right)\geq0.4772$$
그런데 $P(0\leq Z\leq2)=0.4772$이므로
$$\frac{\sqrt{n}}{2}\geq2,\ \sqrt{n}\geq4\qquad\therefore n\geq16$$
따라서 n의 최솟값은 16이다.

답 16

174

표본평균 $\overline{x}=300$, 표본의 크기 $n=400$이고, n은 충분히 크므로 모표준편차 대신 표본표준편차 50을 이용한다.

즉, 모평균 m의 신뢰도 95 %의 신뢰구간은
$$300-1.96\times\frac{50}{\sqrt{400}}\leq m\leq300+1.96\times\frac{50}{\sqrt{400}}$$
$$\therefore 295.1\leq m\leq304.9$$

따라서 신뢰구간에 속하는 자연수는 296, 297, $\cdots$,
304의 9개이다.　　　　　　　　　　　　　　**답 9**

175

표본의 크기 1600이 충분히 크므로 모표준편차 대신
표본표준편차 16을 이용한다.
따라서 모평균 m의 신뢰도 95 %의 신뢰구간
$\alpha \le m \le \beta$에 대하여

$$\beta - \alpha = 2 \times 1.96 \times \frac{16}{\sqrt{1600}} = 1.568$$　　**답 1.568**

176

표본의 크기를 n이라 하면
신뢰도 99 %로 추정한 모평균 m의 신뢰구간은

$$\bar{x} - 2.58 \times \frac{1}{\sqrt{n}} \le m \le \bar{x} + 2.58 \times \frac{1}{\sqrt{n}}$$

$$-2.58 \times \frac{1}{\sqrt{n}} \le m - \bar{x} \le 2.58 \times \frac{1}{\sqrt{n}}$$

$$|m - \bar{x}| \le 2.58 \times \frac{1}{\sqrt{n}}$$

모평균 m과 표본평균 $\bar{x}$의 차가 0.43 km/L 이하이어
야 하므로

$$2.58 \times \frac{1}{\sqrt{n}} \le 0.43, \ \sqrt{n} \ge 6$$

$$\therefore \ n \ge 36$$

따라서 적어도 36대의 자동차를 조사해야 한다.

　　　　　　　　　　　　　　　　　답 36대

177

모집단이 정규분포 $N(70, 2.5^2)$을 따르고 표본의 크
기가 16이므로 표본평균 $\overline{X}$는 정규분포
$N\left(70, \dfrac{2.5^2}{16}\right)$, 즉 $N\left(70, \left(\dfrac{2.5}{4}\right)^2\right)$을 따른다.

이때 $Z = \dfrac{\overline{X} - 70}{\dfrac{2.5}{4}}$으로 놓으면 확률변수 Z는 표준정

규분포 $N(0, 1)$을 따르므로
$P(\,|\overline{X} - 70| \le a) = 0.9544$에서

$$P\left(|Z| \le \frac{a}{\frac{2.5}{4}}\right) = 0.9544, \ P\left(|Z| \le \frac{8}{5}a\right) = 0.9544$$

그런데 $P(\,|Z| \le 2) = 0.9544$이므로

$$\frac{8}{5}a = 2 \qquad \therefore \ a = 1.25$$　　　**답 ②**

178

모집단이 정규분포 $N(9.27, 4^2)$을 따르고 표본의 크
기가 64이므로 표본평균 $\overline{X}$는 정규분포
$N\left(9.27, \dfrac{4^2}{64}\right)$, 즉 $N\left(9.27, \left(\dfrac{1}{2}\right)^2\right)$을 따른다.

이때 $Z = \dfrac{\overline{X} - 9.27}{\dfrac{1}{2}}$로 놓으면 확률변수 Z는 표준정

규분포 $N(0, 1)$을 따르므로
$P(\overline{X} \ge c) \le 0.9830$에서 $P\left(Z \ge \dfrac{c - 9.27}{\dfrac{1}{2}}\right) \le 0.9830$

$$P(Z \ge 2(c - 9.27)) \le 0.9830$$

$$P(2(c - 9.27) \le Z \le 0) + P(Z \ge 0) \le 0.9830$$

$$\therefore \ P(2(c - 9.27) \le Z \le 0) \le 0.4830$$

그런데 $P(0 \le Z \le 2.12) = 0.4830$이므로

$$2(c - 9.27) \ge -2.12$$

$$c - 9.27 \ge -1.06$$

$$\therefore \ c \ge 8.21$$

따라서 c의 최솟값은 8.21이다.　　　**답 8.21**

179

모집단이 정규분포 $N(1400, 100^2)$을 따르고 표본의
크기가 n이므로 표본평균 $\overline{X}$는 정규분포
$N\left(1400, \left(\dfrac{100}{\sqrt{n}}\right)^2\right)$을 따른다.

이때 $Z = \dfrac{\overline{X} - 1400}{\dfrac{100}{\sqrt{n}}}$으로 놓으면 확률변수 Z는 표준

정규분포 $N(0, 1)$을 따르므로

$$P\left(\overline{X} \ge 1350 + \frac{165}{\sqrt{n}}\right) \ge 0.90$$에서

$$P\left(Z \ge \frac{-50 + \dfrac{165}{\sqrt{n}}}{\dfrac{100}{\sqrt{n}}}\right) \ge 0.90$$

$$P\left(Z \ge 1.65 - \frac{\sqrt{n}}{2}\right) \ge 0.90$$

$$\mathrm{P}\!\left(1.65-\frac{\sqrt{n}}{2}\leq Z\leq 0\right)+\mathrm{P}(Z\geq 0)\geq 0.90$$

$$\therefore \mathrm{P}\!\left(1.65-\frac{\sqrt{n}}{2}\leq Z\leq 0\right)\geq 0.40$$

그런데 $\mathrm{P}(0\leq Z\leq 1.28)=0.40$이므로

$$1.65-\frac{\sqrt{n}}{2}\leq -1.28,\ \sqrt{n}\geq 5.86$$

$$\therefore n\geq 34.3396$$

따라서 n의 최솟값은 35이다. **답 35**

180

표본평균 $\overline{x}=20$, 표본표준편차 $s=5$의 결과를 이용하여 모평균 m을 신뢰도 95 %로 추정한 신뢰구간은

$$20-1.96\times\frac{5}{\sqrt{n}}\leq m\leq 20+1.96\times\frac{5}{\sqrt{n}}$$

이때 주어진 신뢰구간이 $19.02\leq m\leq a$이므로

$$20-1.96\times\frac{5}{\sqrt{n}}=19.02$$에서 $0.98=1.96\times\frac{5}{\sqrt{n}}$

$$\sqrt{n}=10 \qquad \therefore n=100$$

$$20+1.96\times\frac{5}{\sqrt{n}}=a$$에서 $a=20.98$

$$\therefore n+a=120.98$$ **답 120.98**

181

모표준편차가 σ, 표본평균이 $\overline{x_1}$, 표본의 크기가 4인 신뢰도 95 %의 신뢰구간 $a\leq m\leq b$에 대하여

$$b-a=2\times 2\times\frac{\sigma}{\sqrt{4}}=2\sigma$$

또, 모표준편차가 σ, 표본평균이 $\overline{x_2}$, 표본의 크기가 n인 신뢰도 99 %의 신뢰구간 $c\leq m\leq d$에 대하여

$$d-c=2\times 3\times\frac{\sigma}{\sqrt{n}}=\frac{6\sigma}{\sqrt{n}}$$

이때 $b-a=2(d-c)$가 성립하므로

$$2\sigma=2\times\frac{6\sigma}{\sqrt{n}}$$

$$\sqrt{n}=6 \qquad \therefore n=36$$ **답 36**

182

일반적으로 $\mathrm{P}(-k\leq Z\leq k)=\dfrac{a}{100}$일 때, 모평균 m의 신뢰도 a %의 신뢰구간은

$$\overline{x}-k\frac{\sigma}{\sqrt{n}}\leq m\leq \overline{x}+k\frac{\sigma}{\sqrt{n}}$$

이므로 $b-a=2k\dfrac{\sigma}{\sqrt{n}}$

ㄱ. n이 일정할 때, 신뢰도 a %가 커지면 k의 값이 커지므로 $b-a$의 값은 커진다. (참)

ㄴ. 신뢰도 a %가 일정하면 k의 값도 일정하므로 n이 커지면 $b-a$의 값은 작아진다. (거짓)

ㄷ. 신뢰도 a %가 일정하면 k의 값도 일정하므로 n이 2배가 되면 $b-a$의 값은 $\dfrac{1}{\sqrt{2}}$배가 된다. (거짓)

따라서 옳은 것은 ㄱ이다. **답 ㄱ**

개념원리

확률과 통계